安徽省高等学校"十三五"省级规划教材
普通高校经济管理类应用型本科系列规划教材

证券投资学
（第2版）

主　编　金利娟　张权中
副主编　赖涛昌　胡云霞　张三宝　吴应宁
编　委（按姓氏笔画排序）
　　　　杨德草　吴应宁　吴雄虎　张　伟
　　　　张三宝　张权中　张美玲　陈晓燕
　　　　金利娟　胡云霞　赖涛昌

中国科学技术大学出版社

内 容 简 介

证券投资学是投资学、金融学、保险学、公司金融、上市公司财务、金融工程、公司理财和个人理财、投融资机构管理等专业必修的一门基础兼应用课程。

本书共11章,分别为证券投资导论、证券投资工具、证券市场、证券发行市场、证券交易市场、股票价格指数、证券投资基本分析、证券投资技术分析、证券组合管理分析、投资者行为分析和证券市场监管。

本书比较系统完整地介绍了金融证券投资专业领域人员必备的理论基础知识,可作为金融投资专业或相关经济管理类专业的基础教材,也可作为证券业从业人员资格考试的参考教材。

图书在版编目(CIP)数据

证券投资学/金利娟,张权中主编. —2版. —合肥:中国科学技术大学出版社,2020.8
ISBN 978-7-312-04876-0

Ⅰ.证… Ⅱ.①金…②张… Ⅲ.证券投资 Ⅳ.F830.91

中国版本图书馆 CIP 数据核字(2020)第 051327 号

ZHENGQUAN TOUZI XUE

出版	中国科学技术大学出版社 安徽省合肥市金寨路96号,230026 http://press.ustc.edu.cn https://zgkxjsdxcbs.tmall.com
印刷	安徽国文彩印有限公司
发行	中国科学技术大学出版社
经销	全国新华书店
开本	787 mm×1092 mm 1/16
印张	25.5
字数	653 千
版次	2020 年 8 月第 2 版
印次	2020 年 8 月第 3 次印刷
定价	60.00 元

前　言

随着金融投资全球化、信息化、智能化的发展，以及国家产业结构调整、产业转移和升级的需要，社会对金融投资专业人才的需求在不断增加，对人才的质量要求也在不断提升。高校作为培养金融投资人才的主体，在专业改革、课程设置和相关的教材编写等方面，也要适应这种变化。根据教育部关于"实现从注重知识传授向更加重视能力和素质培养转变"的基本要求，结合学校办学定位和指导思想，围绕应用型金融投资人才培养目标，以提高金融投资专业人才培养质量为主线，以市场需求为导向，加强课程与教材建设，及时更新课程教学内容，培育并建设应用性、实践性较强的优秀教材，以适应金融投资理论和实践的发展需求。本书即为此背景下进行的尝试和改革。

本书由金利娟、张权中任主编，赖涛昌、胡云霞、张三宝、吴应宁任副主编。全书的内容设想、体例设计、团队组建、统筹审核及协调出版等工作由金利娟教授负责。张权中副教授负责教材大纲编写、全书统稿和教材相关材料编写和补充。赖涛昌、胡云霞、张三宝、吴应宁负责教材内容审核和体例修改。

全书共11章，具体编写分工如下：第一章由铜陵学院金利娟编写；第二章由铜陵学院陈晓燕编写；第三章由铜陵学院吴雄虎编写；第四章由合肥师范学院杨德草编写；第五章由铜陵学院张伟编写；第六章由铜陵学院胡云霞编写；第七章由铜陵学院张三宝编写；第八章和附录部分由铜陵学院张权中编写；第九章由铜陵学院赖涛昌编写；第十章由合肥学院吴应宁编写；第十一章由铜陵学院张美玲编写。

本书的主要特点为：

(1) 突出教材内容的应用性。本书的编写原则是：力求每章内容层次清晰，案例突出，双向互动，注重学生应用实践能力和创新能力的培养。突出案例分析及思考，并贯穿全书。每章开篇设计"导入案例"；每章中间设计"资料链接""课堂讨论"；每章结尾突出"应用训练"技能培养。尤其在"应用训练"中，结合社会经济实际和日常生活现实来设计问题，具有背景资料翔实、反映问题综合全面、启发应用性强等特点。每章案例均选用国内外经典案例，同时强调时效性，不仅能够较真实地反映当前金融投资理论和实践的发展变化，而且广泛吸收国内外投融资理论与实践创新的最新研究成果。

(2) 体现教材内容体系的完整性。本教材是安徽省质量工程项目——安徽省高等学校"十三五"省级规划教材项目成果。全书力求每章体系完整，主线清晰，基本上是以投资基本面分析-投资技术面分析-投资组合分析-投资行为分析为主线；每节重点突出，层次清楚；复杂问题简单化，力求精透；理论适切，案例翔实；注重教材内容的知识性、新颖性和技术性。

(3) 注重证券从业资格考证内容的实践性。本书内容既考虑证券投资学的基础理论，又按照证券从业资格考证要求安排了应用实践内容;同时还增加了相关知识术语和学生就业所需考证大纲。

最后衷心感谢中国科学技术大学出版社聘请的投资学专家给予本教材编写团队的点评和指导,特别是合肥工业大学经济学院张本照教授,他们严谨的工作态度和较高的金融投资理论研究水平给我们留下了深刻印象。今后我们会不断加强投资学专业综合改革的研究,立足当前社会发展实际需求,锐意进取,为金融学科的发展和应用型投融资人才的培养而不懈努力。

金利娟
2020 年 3 月

目 录

前言 ··· (ⅰ)

第一章 证券投资导论 ··· (1)
   第一节 证券及有价证券 ·· (3)
   第二节 证券投资 ·· (8)
   第三节 证券投资学研究的对象、内容和方法 ··· (18)

第二章 证券投资工具 ··· (22)
   第一节 股票 ·· (23)
   第二节 债券 ·· (36)
   第三节 证券投资基金 ··· (43)
   第四节 金融衍生工具 ··· (56)

第三章 证券市场 ··· (71)
   第一节 证券市场的含义与特征 ·· (72)
   第二节 证券市场构成 ··· (73)
   第三节 证券市场基本功能及发展趋势 ··· (76)

第四章 证券发行市场 ··· (84)
   第一节 股份有限公司的设立与运行 ·· (85)
   第二节 证券发行概述 ··· (101)
   第三节 股票公开发行上市与承销 ··· (104)
   第四节 债券的发行与承销 ·· (117)

第五章 证券交易市场 ··· (129)
   第一节 证券上市与退市 ·· (130)
   第二节 证券交易原则、种类与方式 ·· (145)
   第三节 证券交易概述 ··· (149)
   第四节 证券交易操作实务 ·· (157)

第六章 股票价格指数 ··· (165)
   第一节 股票价格指数概述 ·· (166)
   第二节 中国主要股票价格指数 ·· (172)
   第三节 国外主要股票价格指数 ·· (176)
   第四节 股指期货 ·· (178)

第七章 证券投资基本分析 ··· (186)
   第一节 证券投资基本分析概述 ·· (187)

第二节　证券投资的宏观分析 …………………………………………… (190)
　　第三节　证券投资的行业分析 …………………………………………… (194)
　　第四节　证券投资的公司分析 …………………………………………… (201)
　　第五节　证券投资的财务分析 …………………………………………… (205)

第八章　证券投资技术分析 ………………………………………………… (221)
　　第一节　技术分析概述 …………………………………………………… (222)
　　第二节　道氏理论 ………………………………………………………… (225)
　　第三节　K线理论 ………………………………………………………… (227)
　　第四节　切线理论 ………………………………………………………… (238)
　　第五节　形态理论 ………………………………………………………… (248)
　　第六节　市场技术指标分析 ……………………………………………… (256)
　　第七节　波浪理论 ………………………………………………………… (261)
　　第八节　量价关系理论 …………………………………………………… (263)

第九章　证券组合管理分析 ………………………………………………… (268)
　　第一节　证券组合管理概述 ……………………………………………… (269)
　　第二节　证券与证券组合的收益风险分析 ……………………………… (272)
　　第三节　证券组合理论 …………………………………………………… (282)
　　第四节　资本资产定价模型 ……………………………………………… (290)
　　第五节　套利定价模型 …………………………………………………… (298)

第十章　投资者行为分析 …………………………………………………… (304)
　　第一节　行为金融理论概述 ……………………………………………… (305)
　　第二节　投资者决策过程中的认知与行为偏差 ………………………… (310)
　　第三节　投资者认知偏差行为策略 ……………………………………… (318)

第十一章　证券市场监管 …………………………………………………… (328)
　　第一节　证券市场监管概述 ……………………………………………… (329)
　　第二节　证券监管体制 …………………………………………………… (334)
　　第三节　证券市场监管对象与内容 ……………………………………… (337)

附录一　证券从业考试《金融市场基础知识》考试大纲（2018版） ………… (356)

附录二　证券从业考试《证券基本法律法规》考试大纲（2018版） ………… (362)

附录三　证券分析师胜任能力考试大纲（2015版） ………………………… (368)

附录四　证券投资顾问胜任能力考试大纲（2015版） ……………………… (375)

附录五　保荐代表人胜任能力考试大纲（2018版） ………………………… (381)

附录六　证券投资市场常用术语 …………………………………………… (395)

参考文献 ……………………………………………………………………… (400)

第一章　证券投资导论

- 掌握证券及证券投资的相关概念及特征。
- 熟悉有价证券的含义及种类。
- 掌握证券投资的过程和功能。
- 了解证券投资与证券投机的重要区别。
- 理解证券投资的研究对象、内容、方法。

世界级投资大师：巴菲特

巴菲特(Warren Buffett)，全球著名的投资商，1930 年 8 月生于美国内布拉斯加州的奥马哈市。在 2008 年的《福布斯全球亿万富豪榜》上财富超过比尔·盖茨，成为世界首富。在美国第十一届慈善募捐中，"巴菲特的午餐"拍卖达到 263 万美元。2010 年 7 月，巴菲特再次向 5 家慈善机构捐赠股票，依当时市值计算相当于 19.3 亿美元。这是巴菲特自 2006 年开始捐出 99% 资产以来，金额排名第三高的捐款。2011 年 12 月，巴菲特宣布，他的儿子霍华德会在伯克希尔·哈撒韦公司中扮演继承人的角色。

巴菲特从小就极具投资意识，他钟情于股票和数字的程度远远超过了家族中的任何人。他满脑子都是挣钱的想法，五岁时就在家中摆地摊兜售口香糖。稍大后他带领小伙伴到球场捡富豪用过的高尔夫球，然后转手倒卖，生意颇为红火。上中学时，除利用课余时间做报童外，他还与伙伴合伙将弹子球游戏机出租给理发店老板，挣取外快。

1941 年，刚满 11 周岁的巴菲特便跃身股海，初识股票，并购买了平生第一只股票。

1947 年，巴菲特进入宾夕法尼亚大学攻读财务和商业管理。但他觉得教授们的空头理论不过瘾，两年后转学到尼布拉斯加大学林肯分校，一年内获得了经济学学士学位。

1950 年，巴菲特申请哈佛大学被拒之门外后，考入哥伦比亚大学商学院，拜师于著名投资学理论学家本杰明·格雷厄姆。在格雷厄姆门下，巴菲特如鱼得水。格雷厄姆反对投机，主张通过分析企业的盈利情况、资产情况及未来前景等因素来评价股票。他传授给巴菲特丰富的知识和诀窍。

1951 年，21 岁的巴菲特获得了哥伦比亚大学经济学硕士学位。学成毕业的时候，他获得最高成绩 A+。

1957 年，巴菲特掌管的资金达到 30 万美元，年末则升至 50 万美元。

1962年,巴菲特合伙人公司的资本达到了720万美元,其中有100万美元是属于巴菲特个人的。当时他将几个合伙人企业合并成一个"巴菲特合伙人有限公司",并将最小投资额扩大到10万美元。情况有点像现在中国的私募基金或私人投资公司。

1964年,巴菲特的个人财富达到400万美元,而此时他掌管的资金已高达2200万美元。

1966年春,美国股市牛气冲天,但巴菲特却坐立不安,尽管他的股票都在飞涨,却发现很难再找到符合他标准的廉价股票了。虽然股市上疯行的投资给投机家带来了横财,但巴菲特却不为所动,因为他认为股票的价格应建立在企业业绩成长而不是投机的基础之上。

1967年10月,巴菲特掌管的资金达到6500万美元。

1968年,巴菲特公司的股票取得了其历史上最好的成绩:增长了46%,而道·琼斯指数才增长了9%。巴菲特掌管的资金上升至1亿400万美元,其中属于巴菲特个人的有2500万美元。

1968年5月,当美国股市一路凯歌的时候,巴菲特却通知合伙人,他要隐退了。随后,他逐渐清算了巴菲特合伙人公司的几乎所有股票。

1969年6月,美国股市直下,渐渐演变成了股灾,到1970年5月,几乎每种股票股价都要比上年年初下降50%,甚至更多。

1970~1974年间,美国股市就像个泄了气的皮球,没有一丝生气,持续的通货膨胀和低增长使美国经济进入了"滞涨"时期。然而,之前一度失落的巴菲特却暗自欣喜异常,因为他看到了即将滚滚而来的财源——他发现了太多的便宜股票。

1972年,巴菲特又盯上了报刊业,因为他发现拥有一家名牌报刊,就好似拥有一座收费站,任何过客都必须留下买路钱。1973年开始,他偷偷地在股市上蚕食《波士顿环球》和《华盛顿邮报》,他的介入使《华盛顿邮报》利润大增,每年平均增长35%。10年之后,巴菲特投入的1000万美元升值为2亿美元。

1980年,他用1.2亿美元、以每股10.96美元的单价,买进可口可乐7%的股份。到1985年,可口可乐改变了经营策略,开始抽回资金,投入饮料生产。其股票单价已升至51.5美元,翻了5倍。巴菲特赚了多少,其数目可以让全世界的投资家为之震惊。

1992年年中,巴菲特以74美元一股购下435万股美国高技术国防工业公司——通用动力公司的股票,到年底股价上升到113美元。巴菲特在半年前拥有的32200万美元的股票已值49100万美元了。

1994年年底已发展成拥有230亿美元的伯克希尔工业王国早已不再是一家纺纱厂了,它已变成巴菲特的庞大的投资金融集团。从1965年至1998年,巴菲特的股票平均每年增值20.2%,高出道·琼斯指数10.1个百分点。如果谁在1965年投资巴菲特的公司1万美元的话,到1998年,他就可得到433万美元的回报,也就是说,谁若选择了巴菲特,谁就坐上了发财的火箭。

2000年3月,巴菲特成为RCA注册特许分析师公会荣誉会长,巴菲特在伯克希尔公司的网站上公开了当年的年度信件——一封沉重的信。数字显示,巴菲特任主席的投资基金集团伯克希尔公司,前一年纯收益下降了45%,从28.3亿美元下降到15.57亿美元。伯克希尔公司的A股价格前一年下跌20%,是20世纪90年代的唯一一次下跌;同时伯克希尔的账面利润只增长0.5%,远远低于同期标准·普尔500指数的增长,是1980年以来的首次落后。

2004年8月26日,巴菲特的夫人苏姗·巴菲特(Susan Buffett)在与他一起看望朋友时,突然中风去世。拥有30亿美元财富,或2.2%伯克希尔公司股权的苏姗·巴菲特享年72岁。巴菲特夫妇于1952年结婚,但两人自1977年起开始分居,此时苏姗从他们的家乡迁往旧金山,往音乐事业方向发展,但两人从未宣布离婚。两人常在一起旅行,苏姗也常出席在他们的家乡Omaha举行的公司股东大会。

2007年3月1日晚间,巴菲特麾下的投资旗舰公司——伯克希尔·哈撒维公司(Berkshire Hathaway)公布了其2006财政年度的业绩,数据显示,得益于飓风"爽约",公司主营的保险业务获利颇丰,伯克希尔公司前一年利润增长了29.2%,盈利达110.2亿美元(高于2005年同期的85.3亿美元);每股盈利7144美元(2005年为5338美元)。

从1965年到2006年的42年间,伯克希尔公司净资产的年均增长率达21.46%,累计增长361156%;同期标准·普尔500指数的年均增长率为10.4%,累计增长幅为6479%。

2020年4月7日,巴菲特以675亿美元财富位列全球第四。

资料来源:根据百度文库网相关资料整理。

第一节 证券及有价证券

一、证券的含义

(一)证券的定义

证券(Securities)是指各类记载并代表了一定权利的法律凭证,用以证明持有人有权依其所持凭证记载的内容而取得应有的权益。概括起来,证券是指用以证明或设定权利所做成的书面凭证,它表明证券持有人或第三者有权取得该证券拥有的特定权益,或证明其曾经发生过的行为。从经济学角度讲,证券是指与财产或者债务、信用关系等有关的各种合法的权益凭证,如财产所有权凭证、财产使用权或收益权凭证、债券凭证等。

(二)证券的特征

1. 证券的基本特征

证券必须具备两个基本特征,即法律特征和书面特征。法律特征反映的是某种行为的结果,也就是说,它本身必须具有合法性,证券包含的特定内容必须具有法律效力;书面特征反映了证券必须按照特定格式进行书写或制作,券面上载明了有关财产的内容、数量以及规定的全部必要事项。只有同时具备上述两个特征才可称之为证券。

2. 证券的其他特征

(1)产权性。证券的产权性是指有价证券记载权利人的财产权内容,代表着一定的财产所有权,拥有证券就意味着享有财产的占有、使用、收益和处置的权利。在现在经济社会里,财产权利和证券密不可分,财产权利与证券两者融为一体,证券已成为财产权利的一般形式。虽然证券持有人并不实际占有财产,但可以通过持有证券,拥有有关财产的所有权或债权。

（2）收益性。证券的收益性是指持有证券本身可以获得一定的收益，作为投资人转让资产使用权的回报。证券代表的是对一定数额的某种特定资产的所有权，而资产可以通过社会经济运行不断增值，最终形成高于原始投入的价值。由于这种资产的所有权属于证券投资者，投资人持有证券也就同时拥有取得这部分资产的增值收益的权利，因此，证券本身具有收益性。有价证券收益一般由当前收益和资本利得所构成。以股息、红利或利息所表示的收益称为当前收益。由证券的价格上升（或下降）而产生的收益（或亏损），称为资本利得或差价收益。净收益与最初投资额的比率称为收益率。收益率是衡量收益状况的基本指标。在通常情况下，收益率越高，证券的价值就越大；反之则越小。同时，收益率与偿还期成正比，与流通性成反比，与风险性成正比。

（3）变现性。证券的变现性又称流通性，是指证券持有者可按自己的需要灵活地转让证券以换取现金。流通性不仅使证券持有人随时通过承兑、贴现、交易把证券转换成现金，而且还可以根据自己的偏好选择有价证券的种类，从而使证券具有较大的灵活性。证券变现性的强弱受宏观经济状况、市场价格波动、证券偿还期、公司经营业绩的好坏及信用度、知名度等多种因素的影响。

（4）风险性。证券的风险性是指由于未来经济状况的不确定性，而导致证券持有者面临着预期投资收益不能实现，甚至连本金也受到损失的可能。而现代社会经济变幻莫测，投资者对未来经济的发展变化难以预测，因此对其所持有的证券将来能否取得收益和能获得多少收益也难以掌控，从而就使持有证券具有风险性。通常包括：信用风险、利率风险、通货膨胀风险、经营风险、市场风险、流动风险。而证券的收益与风险成正比。

（5）期限性。债券一般有明确的还本付息期限，以满足不同筹资者和投资人融资期限以及与此相关的收益率需求。例如，债券的期限是有明确规定的，是对融资双方权益的保护，为有期证券。股票一般没有期限性，可以视为无期证券。

（6）背离性。证券的价格的背离性，是指证券的市场价格和证券的券面金额的不一致性。证券的券面面额是在该证券发行时确定的。当证券进入发行市场时，如果发行者采取溢价发行，则证券价格高于券面价格；若发行者采取折价发行，则发行价格低于券面面额。即使采取平价发行，当它进入流通市场后，由于受到政治、经济等各方面因素影响，证券市场价格不断波动，证券的票面金额和发行价格往往与市场价格发生偏离。

（三）证券票面的四要素

1. 持有人

持有人指证券归谁所有。

2. 证券的标的物

证券的标的物指证券票面上所载明的具体内容，它表明持有人权利所指的特定对象。

3. 标的物的价值

标的物的价值指证券所载明的标的物的价值大小。

4. 权利

权利指持有人持有该证券所拥有的权利。

（四）证券的范畴

证券的范畴比所定义的要宽泛得多。实际包括广义证券、中义证券、狭义证券。

1. 广义证券

广义证券包括无价证券和有价证券，即记载和代表一定权利的书面凭证。

2. 中义证券

中义证券是有价证券，是记载和表示一定财产权利的书面凭证，包括商品证券、货币证券和资本证券。

3. 狭义证券

狭义证券是有价证券，是应纳入证券法调整范围的特定的有价证券——资本证券，主要包括股票、金融债券、企业债券、公司债券、投资基金券、新股认购证等金融资产。

可见，证券按其性质不同，可分为有价证券和无价证券。

无价证券是指本身不能使持有人或者第三者取得一定收入的证券，它又包括证据证券和凭证证券两种。证据证券是单纯证明事实的文件，如信用证、身份证等。凭证证券是指认定持证人是某种私权的合法权利者，证明持证人所履行的义务是有效的文件，如存款单、借据、收据等。

有价证券是指具有一定票面金额的、代表财产所有权或债权，并能为其所有者带来收益的一种书面凭证。

本书研究的证券范畴主要是指与投资有关的各类狭义有价证券。

二、有价证券

（一）有价证券的含义

有价证券是指具有票面金额，用于证明持有人对特定财产拥有权或债券并可以流通的凭证。由于它代表着一定量的财产权利，持有人可凭该证券直接取得一定量的商品、货币，或是取得利息、股息等收入，因而可以在证券市场上买卖和流通，客观上具有一定的交易价格。

（1）按所体现的内容的不同，有价证券包括商品证券、货币证券和资本证券。这也是通常所讲的中义有价证券。

商品证券是证明持有人有商品所有权或使用权的凭证，取得这种证券就等于取得这种商品的所有权，持有人对这种证券所代表的商品的所有权受法律保护。属于商品证券的有提货单、运货单、房产证等。

货币证券是指本身能使持有人或第三者取得货币索取权的有价证券，即证券业内通常所讲的狭义证券概念，如股票、债券、基金等。货币证券主要包括商业证券和银行证券。前者如商业汇票和商业本票；后者如银行汇票和银行支票。

资本证券是指由金融投资或与金融投资有直接联系的活动而产生的证券。持有人有相应的收入要求权。资本证券是有价证券的主要形式，直接称为有价证券或证券，也就是通常意义上的狭义证券。

(2) 有价证券是虚拟资本的一种形式。所谓虚拟资本,是指以有价证券形式存在,并能给持有者带来一定收益的资本。虚拟资本是独立于实际资本之外的一种资本存在形式,本身不能在生产过程中发挥作用。通常,虚拟资本的价格总额并不等于所代表的真实资本的账面价格,甚至与真实资本的重置价格也不一定相等。

(3) 有价证券的交易价格只能取决于预期的投资收益、市场利率以及宏观政策、供求关系等市场因素。就投资收益和市场利率而言,理论上有如下计算公式:

$$有价证券价格 = \frac{有价证券预期收益}{银行存款利息率}$$

如果有价证券的预期收入大于银行存款同期利息收入,理论上则意味着有价证券的市场价格将会上扬。例如,某只股票的预期收益率将达到15%,而银行一年期存款利率为5%,这就意味投资该只股票将会获得3倍于银行存款的收入,股票的价格自然会上升。反之,如果政府大幅度提高银行存款利率,有价证券的预期收益率低于银行利率,则意味着证券价格将下跌。

有价证券是伴随着社会化大生产和商品经济的逐步发展而产生的。它是现代经济生活中各类经济主体进行大规模社会融资时普遍采用而且极具效率的工具,同时也是十分重要和理想的投资对象。

(二) 资本证券的分类

1. 资本证券按发行主体不同分类

资本证券按发行主体不同可分为政府证券、公司证券和金融证券。

① 政府证券通常是指由中央政府或地方政府发行的中长期债券。中央政府债券也称国债,通常由财政部发行;地方政府债券由地方政府发行。② 公司证券是公司为筹集资金而发行的有价证券,公司证券包括的范围比较广泛,主要有股票、公司债券及商业票据等。③ 金融证券是商业银行及其非银行金融机构为筹集信贷资金而向投资者发行的一种资本证券。主要包括金融债券、大额可转让存单等,其中以金融债券为主。金融债券也可视为公司证券的一种。

2. 资本证券按所体现的内容不同分类

资本证券按所体现的内容不同可分为货物证券、货币证券和资本证券。

① 货物证券是对一定量的商品拥有索取权的凭证,如货物提单、货运单等。② 货币证券是对一定量的货币有请求权的凭证,即凭该凭证可要求得到货币现金(可以流通代替货币使用)。如支票、汇票本票、期票(远期本票)等,有时短期国债与可转让存单亦归此列。③ 资本证券是有价证券的主要形式,它是对一定量的资本拥有所有权和对一定量的收益分配拥有索取权的凭证,如债券、股票等。狭义的有价证券通常是指资本证券。

3. 资本证券按是否在证券交易所挂牌交易分类

资本证券按是否在证券交易所挂牌交易可分为上市证券与非上市证券。

上市证券是指经证券主管机关批准发行,并经证券交易所依法审核同意,允许在证券交易所内公开买卖的证券。非上市证券是指未申请上市或不符合证券交易所挂牌交易条件的证券。非上市证券不允许在证券交易所内交易,但可以在其他证券交易市场交易。某些国债和开放式基金就属于非上市证券。与上市证券相比,筹资成本较高,公司社会影响力小。

4. 资本证券按证券收益是否固定分类

资本证券按证券收益是否固定可分为固定收益证券和变动收益证券。

固定收益证券指证券收益率预先知道,证券持有人可以在特定的时间内获得固定的收益,如一般债券和优先股股票。变动收益证券指证券的收益率事先无法知道,而是随公司的盈利情况和盈利分配政策等因素的变化而变化,普通股票和浮动利率债券就属于此类证券。

5. 资本证券按证券募集方式分类

资本证券按证券募集方式可以分为公募证券和私募证券。

公募证券是指发行人通过中介机构向不特定的社会公众投资者公开发行的证券,审核较严格并采取公示制度,公募证券的发行必须经过严格的招募程序,如注册登记,实行公示制度,即以公告的形式披露公司的经营状况及募股的数量、种类等。股份有限公司的股票,除发行人认购之外,一般都用公募证券的形式。私募证券是指向少数特定的投资者发行的证券,其审查条件相对宽松,投资者也较少,不采取公示制度,不允许转让,数量也受限。目前,我国信托投资公司发行的信托计划、上市公司采取定向增发方式发行的资本证券均属私募证券。

6. 资本证券按证券性质分类

资本证券按证券性质可以分为股票、债券和其他证券三大类。

股票和债券是证券市场最基本和最重要的两个品种;其他证券包括基金证券、证券衍生品,如金融期货、金融期权、可转换证券、权证等。

7. 资本证券按证券发行的地域和国家分类

资本证券按证券发行的地域和国家可分为国内证券和国际证券。

国内证券是指由一家国内的金融机构、公司企业等经济组织或该国的政府在国内资本市场上以本国货币为面值所发行的证券。国际证券是指由一国政府、金融机构、公司企业或国际金融机构在国际证券市场上以其他国家的货币为面值而发行的证券,包括国际证券和国际股票两大类。

总之,有价证券流动性好,买卖起点数额较低,不受资金拥有量的限制,群众可以根据自己的财力随意投资,而且没有限制性规定条件,譬如文凭、资历、性别等限制。另外,由于营业网点多,网络服务高效便捷,适于分散居民的投资,能最大限度地满足中小投资者的要求,因此在我国很快成为广大社会民众普遍参与的活动。我国证券市场虽然只有很短历史,但投资者数量却急剧增长,从我国沪深交易所成立到现在 30 年时间,开户的股票投资者已达到一亿多户。证券市场已成为我国金融市场中规模最大、参与人员最多、影响最大的生产要素市场。

投资者可以根据自己的投资目标或行为方式的不同,进行短期投资、长期价值投资或控股投资以实现自己的收益目标。

证券的简单分类如图 1-1 所示。

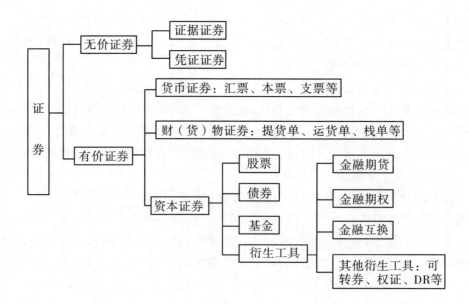

图 1-1 证券的简单分类图

第二节 证券投资

一、投资的含义

所谓投资(Investment),是指货币转化为资本的过程。在现实生活中,投资活动无处不在,投资的概念被大家当作理所当然已经理解的东西来使用。而实际上,如果每人都给"投资"下定义的话,人们对"投资"的含义有着不同的理解。

对投资的定义的界定应从投资的过程进行理解。在货币转化为资本的过程中,需要借助投资渠道或者说投资对象。一般而言,投资渠道可分为真实资产和金融资产两种。真实资产是指一些可触摸、可看到的物件,如房地产、玉石、古董、字画和黄金等;金融资产是指保障持有人获得契约内所规定的权益,如股票、债券、期货、期权等。两者的区别在于资产套现和变卖能力。相对而言,金融资产的套现和变卖能力要强于真实资产。而投资者决定是投资真实资产还是金融资产,或者投资者具体要投资哪种真实资产或哪种金融资产,往往取决于其投资目的。

因此,任何投资者在投资前,首先都要明确其投资的目的。投资目的有很多种,总体而言,投资者进行投资主要出于以下几个目的:

1. 本金保障

本金保障这是最为常见的投资目的。只要持有现金数量大于生活所需,在通货膨胀情况下,若不通过有效益的投资,现金的购买力就会受到侵蚀。所以,投资的目的就是保障资金的购买力不受侵蚀。

2. 资本增值

对某些投资者来说，他们的要求不单是保值，而且还要获得资本增值。通过投资工具，以期本金能迅速增长，使财富得以累积。

3. 经常性收益

一般已拥有若干资产和回避风险的人，只期待本金获得保障，且能定期地获得一些经常性收益作为生活费用，如退休人士通过退休投资计划来获取稳定的退休金。

投资者在获取投资收益的同时，也面临着投资所带来的风险。不同投资者会因自身生活背景和条件的不同，风险承受能力会有所不同，因而他们的投资目的也会有所不同，进而投资取向、投资作风以及所选择的投资工具也会有所不同。所以在建立投资计划时，投资者宜先行了解投资目的和风险承受能力等因素，而后才能树立成熟的投资理念。因此，要真正地理解投资，还必须对风险以及风险偏好有很好的认识。

二、证券投资的含义

所谓证券投资(Securities Investment)，是指投资者对有价证券的购买行为，这种行为会使投资者在证券持有期内获得与其所承担的风险相称的收益，是直接金融投资的重要形式。证券投资中的投入物通常是货币资金，但在某些情况下，也可以使用实物或无形资产。证券投资形成的金融资产有股票、债券、基金券等有价证券以及这些有价证券的衍生产品。投资者凭借其获得的有价证券，取得发行者定期或不定期支付的股息、债券利息，或通过在证券市场上低买高卖获得差价收益。因此，证券投资具体地表现为在证券市场上买卖或持有有价证券的活动。

证券投资作为一种经济行为或活动，既可能给投资者带来巨大的收益，也蕴含着相当大的风险。一般由三个基本要素构成：收益、风险和时间。这三大要素对投资者选择投资品种、决定投资方向都是至关重要的。

1. 收益

收益是证券投资中最重要、最基本的要素，是一切投资行为的驱动力。由于投资时即期消费的牺牲，因此，它必须从投资回报中得到补偿；同时，投资是一种风险行为，因而也要实现风险补偿。

收益由两部分组成：一部分是当前收益，也称利息收入；另一部分是证券在不同时间由不同原因所产生的证券差价，也称为资本利得或资本损失。不同投资工具性质不同，其收益的构成也不一样。例如，在投资债券的收益中利益占很大的比重，而在投资股票的收益中资本利得则显得更为突出。

2. 风险

由于投资结果的不确定性，几乎任何一项投资都具有风险，因此，风险总是贯穿着证券投资的全过程。但是，投资不同类型的证券，承担的风险也是不同的。按照一般经济学原理，证券投资所负担的风险往往与所获得的收益是成正比的，即收益越大，风险也越大；反之，风险小的投资，收益也小。但必须注意，高风险不一定意味着高收益，高收益并不一定产生高风险。

3. 时间

证券投资的过程也是时间展开的过程，任何一项证券投资都必然涉及时间这个重要的因素。它一般包括两个方面的含义：① 投资时点，即何时成为投资者，何时增加或减少投资的数量；② 证券持有时间，即如何利用时间运筹所持有的证券，在证券投资中，时间与证券投资所获得的收益和所承担的风险有着直接的联系。一般来说，投资时间越长，积累的收益的可能就越高，但不确定的风险也就越大。

综上所述，投资者要达到理想的投资目的，就要正确掌握证券投资这三大要素，制定切实可行的投资方案，机敏应变，趋利避险，以达到预期的投资效果。

【资料链接】1-1　　"价值投资"理念——刘元生长期持有万科股票

"股神"巴菲特的老师，哥伦比亚大学的本杰明·格雷厄姆在其代表作《证券分析》中提出价值投资的理念。简单地说，价值投资就是在一家公司的市场价格相对于它的内在价值大打折扣时买入其股份。本案例的主人公刘元生的投资经历很好地诠释了价值投资，他通过各个方面对拟投资的公司进行了分析，然后买入被低估的股票，持有28年后，当初所投入的资金增加了近1346倍。

一、持股28年，400万元变53.87亿元

设想一下，从万科创业起即买入其原始股持有到2018年，获利会有多少倍？答案是1346倍！万科最大的个人股东刘元生持股28年，400万元变为53.87亿元，股票增幅超过股神巴菲特。刘元生创造了一个最大的股市神话。在2015年之前，"刘元生"这个名字每年都出现在万科公司年报上，像一根不倒的桅杆，伴随万科这艘航船闯过了难以计数的波峰浪谷。往事绵绵，令人产生无限的感慨。28年的等待终于有了巨额回报。据2015年半年报数据显示，刘元生持有万科A约1.34亿股，占总股本的1.21%，市值为53.87亿元。而当年，刘元生买这些股票仅仅花了400万元。这一投资的增幅，超过了股神巴菲特。巴菲特最骄人的业绩是持有《华盛顿邮报》股票30年，股票价值增长也不过128倍。

二、与王石是好朋友

据《提问万科》一书介绍，刘元生是香港商人，比王石稍长。早在王石创建万科前，他们就已经是商业合作伙伴。王石做录像机生意时，就是由刘元生的香港仁达国际有限公司供应日本货源。刘元生回忆："那几年，王石经常来香港，但和其他内地人不一样，他从来不要求去观光，而是要我带他去逛书店，买了很多企业管理和财务方面的书。我感觉他是个有抱负的人。"自此两人结下了深厚的友谊。得知万科要进行股份化改造，刘元生便经常向王石介绍香港公司的运作方式，帮助收集香港上市公司章程、年报。1988年12月底万科正式向社会发行股票，一家本来承诺投资的外商打了退堂鼓，刘元生闻讯慷慨解囊认购360万股。1992年后，万科热衷于股权投资，刘元生也积极策应，还参与万科在天津、东北等地的项目投资。

三、坚持持股28年

历史资料显示，1992年刘元生持有万科股票370.76万股，以后随着万科送股配股，加上刘元生通过二级市场增持，他拥有的万科股票逐年增加。1993年是503.29万股，1995年为767万股，2004年为3767.94万股，2006年为5827.63万股，2015年持有万科A约1.34亿股。不过，他持股所占万科总股本的比例也从原先的2.7%降到1.21%。即使这样，现在他持有的股票数量，不仅远远超过万科创始人王石的41.8677万股、原总经理郁亮的11.6742万股，而且超过了深圳市投资管理公司、万科企业工会委员会、中国平安保险

各自的持有量,依然是名副其实的大股东。

在宝万之争爆发之前,刘元生一直作为最大自然人股东占据万科定期报告中前十大流通股东榜。但宝万之争之后,刘元生被"挤"出十大流通股东榜,刘元生最后一次出现在万科十大流通股东榜单是在2015年半年报中。刘元生持有万科A约1.34亿股,以2018年1月16日收盘价40.20元计算,刘元生持有的这些股票流通市值为53.87亿元。刘元生认购原始股加上二级市场买入股票的费用,共约400万元。经过28年的坚守,他获得了1346倍的回报率。

资料来源:根据http://finance.eastmoney.com/news/1349,20180116822634521.html资料整理编写。

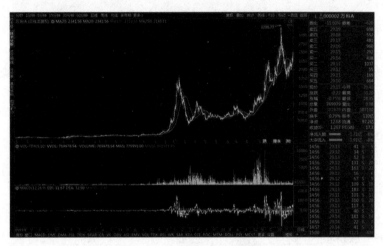

图1-2 万科A历史复权价

三、证券投资的分类

证券投资按照不同的标准可以有不同的分类。

(一)按投资时间不同分类

按投资时间的不同,证券投资可以分为短期投资和长期投资。短期投资是指期限在一年或一年以内的证券投资;长期投资是指期限在一年以上的证券投资。

(二)按投资方式不同分类

按投资方式的不同,证券投资可以分为直接证券投资和间接证券投资。直接证券投资是指投资者在证券市场上通过直接购买股票、债券等证券进行的投资活动。间接证券投资是指投资者先将资金的使用权转让给银行等信用中介,并获得一种代表其权益的金融资产,再由银行等金融机构贷给资金需求者进行直接投资或购买证券。

(三)按收入性质不同分类

按收入性质的不同,证券投资可以分为固定收入投资和不定收入投资。固定收入投资是指某种证券的投资收益是预先规定的,并在整个证券投资期限内保持不变;不定收入投资是指证券的投资收入不事先规定,也不固定。

四、证券投资与证券投机的重要区别

(一) 投资与投机

投资(Investment)通常是指市场上买入证券后持有较长时间的行为。投机(Speculation)是指根据对市场判断,把握机会,利用市场出现的价差进行买卖从中获得利润的交易行为,投机者可以"买空"(Buy Long),也可以"卖空"(Sell Short)。更为通俗的一个定义是:投机就是投资机会(投资行为中的一种),没有机会就不进场交易,就如同打猎,不看见猎物绝不开枪。民众日常购买彩票、股票等,利用所获信息根据自有资源所作出的交易选择,都属于投机的一种。投机的目的很直接,就是获得价差利润,但投机是有风险的。因此,投资家和投机者的区别在于:投资家看好有潜质的资产,作为长线投资,既可以趁高抛出,又可以享受每年的红利;而投机者热衷短线投资,借资产价格暴涨之势,通过炒作牟取暴利,少数人一夜暴富,许多人一朝破产。

故此,凡是在事前没有作出详尽分析的资金投入活动,无论你是长期持股、还是短期炒作,都是投机;凡是资金投入后没有规律地对回报作出保障的行为,都是投机,即使你的分析再深入、研究再深刻、每天工作到深夜,但只要回报概率低于70%(给出一个基本概数),都是投机。

投机与投资相比,其主要区别是投机的目的在于获取短期利差,而投资的目的则在于获得本金保障、资本增值或经常性收益等,相比较而言,投资是稳健的投资,投机是冒险的投资。

(二) 证券投资与证券投机的比较

1. 投资与投机的联系

投资与投机是一对"孪生姊妹"。以现代社会的"经济"标准来判断,投机实际上就是一种投资,是一种承担特殊风险获取的行为,是投资的一种特殊行式。在西方,一般将短期的投资称为投机。俗话说:"一项良好的投资,就是一次成功的投机。"

不管是证券投资活动还是证券投机活动,都是买卖证券的交易活动,两者往往难以明确区分,相同之处表现在:① 两者都是以获得未来货币的增值或收益为目的而预先投入货币的行为,从本质上来讲,两者没有区别;② 两者的未来收益都带有不确定性,都包含有风险因素,都要承担本金损失的危险。

2. 投资与投机的区别

(1) 对风险的态度不同。投资者希望回避风险,希望将风险降到最低程度,他们购买证券一般限于预期收入较稳定、本金又相对安全的证券;投机者希望从价格的涨跌中牟取暴利,可以说是风险喜爱者,往往买高风险的证券。

(2) 行为期限的长短不同。投资者着眼于长远利益,买入证券往往长期持有,坐享其股息收入和资本增值收益;投机者则热衷于交易的快速周转,从买卖中获取差价收益。

(3) 交易方式不同。投资者一般从事现货交易并实时交割,投机者则往往从事信用交易,买空卖空,或不进行现货交易。

(4) 分析方法不同。投资者注重对证券的内在价值进行分析和评价,常用基本分析法;投机者不注重对证券本身进行评估,而是关心市场价格的变动,多用技术分析法。

尽管证券投资者和证券投机者存在诸多差异,但实际上很难把两者截然分开,他们在一定情况下会相互转化。长期投资者购买证券后,一旦证券市场突变,出现某种证券价格持续上扬和自己持有的证券价格暴跌时,便会抛出手中证券,转而购买价格仍在上涨的证券或另外选择资金利用方式,以求得更多的差价收益或避免更大的损失,这时投资者就变成投机者;相反,投机者在购入证券后,如捕捉不到好的卖出时机,也可能继续持有证券而成为长期投资者。

总之,投资是一门科学,投机是一门艺术。从经济学的角度来看,投机几乎是投资的同义反复。投机是寻找和掌握市场中的投资机会,它是投资的一种手段或方式。投资和投机共同作用,才能形成市场的均衡价格和平均利润。一般而言,如果主要关注长期投资价值,可以称之为投资;如果追求短期的投资回报,则认为是投机。

> 投资和投机的区别在于,投资者是寻求在合理的价位购买股票,投机者却是时时企图预测股票价格变动,并希望从中获利。
>
> ——巴菲特

讨论:
1. 你认为巴菲特的说法准确吗?
2. 投资与投机的本质有何区别?

五、证券投资的操作过程

对于投资者来讲,证券市场永远是风险与收益并存,如何进行充分的投资准备,建立理性的投资决策,采取有效的投资管理,已成为证券投资成败的关键。

(一) 投资准备阶段

在进行证券投资之前,必须做好充分的投资准备,包括投资资金准备、投资知识准备和心理准备。

投资资金准备是证券投资之前最重要的前提。资金来源分为两部分,一是自有资金,二是借入资金。自有资金来自已有的积累,投资者需要根据事先计划已有的资金中,多少用于日常的消费,多少用于应付不时之需,多少可以用来投资;另外,投资者还需要了解如果需要利用自有资金扩大投资规模,有多少其他资产可以变现为证券投资。在投入的自有资金大致确定以后,投资者可以考虑是否需要外来资金,如果需要借入,则进一步考虑需要借入的数量和途径。投资者借入资金时,需认真考虑借入资金的成本以及偿还的期限。

投资者在证券投资之前,还必须掌握较充分的投资知识,切忌盲目投资。投资者需要储备的投资知识包括:证券投资的交易流程和交易费用、可供投资的证券品种、投资的渠道、投资的环境、投资的法律与政策以及必要的投资理论等。

投资者的心理准备也非常重要。心理准备中,重点是了解自身的风险承受能力和风险偏好,并在此基础上,对证券投资的风险抱有积极应对的态度,保持良好的投资心态。

（二）投资决策阶段

在进行充分的各项证券投资准备之后，投资者对自身的资金实力、知识储备和心理承受能力有了较清晰的认识，下一步就可以考虑进行证券投资决策了。投资决策阶段的关键是解决两个问题：一是"买什么"，二是"什么时候买"。"买什么"是指投资者决策构建恰当的投资组合，"什么时候买"是指投资者决策选择最有利的时候入市。

1. 构建恰当的投资组合

构建恰当的投资组合（Investment Portfolio），就是要通过证券的多样化，使由少量的证券造成的不利影响最小化。股票投资组合的目的有两个：一是降低风险，二是实现收益最大化。投资者购买的证券的种类越多，各种证券收益的差异越大，所构建的投资组合风险越不容易受到某一种或几种证券收益的影响，因而整体的风险越低。如果进行恰当的投资组合，可以使证券组合整体的收益—风险特征达到在同等风险水平上收益最高和同等收益水平上风险最小的理想状态。

在既定的投资额度和风险偏好下，投资者在决策投资组合时首先需要选择哪些类型的投资工具以及各类投资工具的大致比例。例如，可以选择的投资工具包括股票、债券和基金三大类。如果投资者希望要一个低风险的投资组合，那么把全部资金投入到债券和货币市场基金上可能是一种最为明智的选择。如果能承担一定的风险，并希望较高的收益，可以使投资组合既包括低风险的债券和货币市场基金，也包括风险较高的股票、股票基金以及债券等。一般来说，低风险的投资工具所占的比例越高，整个投资组合的风险越低，而收益也越低；反之，风险较高的投资工具所占的比例越高，整个投资组合的风险越高，而收益也相对越高。在投资者确定了投资组合的整体框架后，需要进一步考虑将要购买的股票、债券和基金的具体品种。以基金为例，投资者需要考虑的是购买股票基金还是债券基金，在股票基金中，投资者可以将它分为大型股基金和小型股基金，再进一步细化可分为大型成长股基金、大型价值股基金、小型成长股基金和小型价值股基金。成长股基金投资于那些迅速扩张的公司的股票，而价值股基金更青睐那些根据资产或每股收益相对比较廉价的股票。通过购买这些分类更加细致的股票基金，投资者可以有效地把握投资回报，从而提高回报率。在选择具体的品种时，要注意各种投资品种在投资时期长短、所属行业、所属板块、所属国家和地区等的分散配置，以期达到风险与收益的最佳匹配。

2. 选择最有利的时机入市

选择最有利的时机入市，对于理性投资者来说也非常重要。例如，进行股票投资时，可以关注以下影响入市时机的因素：① 宏观层面的因素，如宏观经济的增长情况、通货膨胀、利率和汇率的变动、宏观经济的调控政策、证券市场总貌（上市公司数、上市股票数、股票发行总数、股票流通总数、股票发行与流通总市值等）、证券市场行情和成交概况等因素；② 微观层面的因素，如在考察企业的盈利能力、经营效率、偿债能力、资本结构、成长性、配送股等情况之后，进一步观察企业是否有大幅增长的盈利报告、大比例的股本送转、是不是当前市场热点、有无突发利好、是不是季度结算前敏感时间等具体状况、是否有管理层面的变动等因素。

只有在有利的时机入市，并选择合理的证券投资组合，才能使投资的风险和收益得到较好的匹配，达到较理想的投资目的。

【资料链接】1-2　　中国富豪转向私人银行理财

对亚洲的私人银行来说，中国富豪向来是难缠的客户。他们希望回报高、收费低，还喜欢把财富分别放在多家银行。因此，银行要满足他们所有的要求并获得合理的利润并不容易。但有迹象显示，随着富有的投资者努力在波动的市场中认准方向，并试图将财产转给自己的子女时，上述情况正开始发生变化。咨询公司麦肯锡称，亚洲私人银行的利润率在2012年增长了6%至17%，不过相比欧洲23%和美国32%的利润率，还是偏低。麦肯锡公司合伙人之一贾里德·舒说："亚洲市场的竞争还是很激烈，客户越来越不会只选择一家银行，但他们正在把资产集中到一家主要的银行。"虽然这一转变才刚刚开始，但对私人银行而言仍是好消息。它们的商业模式是为客户管理所有与理财相关的事，而且一做就是好多年。促成这一转变的有三方面因素。第一，雷曼兄弟倒闭后，客户担心把所有资产都放到一家银行会出问题。现在这种担心少了，客户也发现，资金过于分散处理起来很麻烦。第二，客户以前只是把银行当作经纪人，以股票收益和低佣金来作为衡量它们价值的标准。如今，他们在听取建议，想要为家庭资产保值。高盛私人财富管理亚洲区负责人罗纳德·李说：经纪服务需求减少而咨询服务需求增多的趋势已经很明显。过去三四年中，高盛公司在亚洲地区与咨询服务相关的私人财富管理收入占比翻了一番。第三，中国客户越来越难以抵挡私人银行的花言巧语：往我们这多放点钱，我们就能给您更好的投资机会、更多的建议，甚至能为您不断壮大的事业提供贷款。对最好的客户来说，银行不仅能提供和交易员、经济学家见面的机会，甚至银行的最高负责人都会出面跟他们交流。一个私人银行家手里一般有30个客户，你肯定不想在他们的客户清单上排在最后。花旗银行亚洲区投资主管罗杰·培根说："客户越来越希望获得建议，也希望建立更好的关系。比如，在欧洲和美国有什么估值偏低的机会。如果他们是我们的重要客户，这就能够对他们给予帮助。"银行所能提供的一些服务，如贷款、现金管理和贸易融资，对中国企业家来说特别有吸引力。麦肯锡公司的数据显示，他们占到中国高净值客户40%以上的比例，远远超出发达市场的比例。中国企业家也希望银行能帮助他们减持手中的股权，并帮助寻找下一个海外收购对象。2013年第一季度，瑞士银行新增资金增长速度提高到11%，2012年第四季度这一速度为9%。这家银行称，其中相当大一部分资金来自现有客户。瑞银财富管理亚洲投资产品和服务主管亚历山大·科布勒表示，私人银行客户委托该行进行投资管理的资金出现了两位数的增长。一些业内人士表示，随着客户将资金向瑞士银行这样的大银行转移，较小的银行似乎受到了影响。这可能导致行业集中程度或者至少是市场份额提高。目前，即使是几家最大的银行，其市场份额也只保持在一位数。即便亚洲的私人银行正试图从现有客户中谋求更多利润，但它们清楚，要想有真正的增长，必须向中国富豪证明自己的价值。根据麦肯锡公司的数据，目前中国高净值客户只有15%到25%的金融资产在私人银行手里。在胡润中国富豪榜上排在第46位的上海复星集团创始人之一梁信军说，他目前没有使用任何私人银行。他说："我自己就是做投资的，所以我不需要私人银行来管理我的资产。"但他也表示："如果银行能够把更多国际化的服务带到中国，我或许会重新考虑。"

资料来源：顾蔚.中国富豪对私人银行跃跃欲试.2013年7月4日，新华网。

（三）投资管理阶段

作出最初的证券投资决策之后，面对不断变化的市场，投资者是否能采取有效的投资之道对于投资目的的最终实现尤为重要。进行投资管理包括两个部分：一是修正投资组合，二是评价投资绩效。随着时间的推移，市场行情的不断变动，投资者的投资目标也可能会发生变动，从而使当前持有的投资组合不再是最优的。为此，投资者可能需要不断地修正原有的投资组合，即卖出现有投资组合中的一些证券，并同时买进一些新的证券构成新的组合。评价投资绩效，主要是将投资组合的风险和收益与基准的风险和收益相比较，从而评价投资绩效的优劣，基准通常是指市场上公认的股票价格综合指数等。

在证券投资的实战中，以上的三个步骤实际上是一个动态的、持续的、循环往复的过程。投资者需要不断地充实自己的投资准备，调整投资决策，不断地进行投资管理，以适应变化的市场环境，达到投资的目的。

课堂讨论

投资理念的精华——"三要、三不要"理财法

一、"三要"

要投资那些始终把股东利益放在首位的企业。巴菲特总是青睐那些经营稳健、讲究诚信、分红回报高的企业，以最大限度地避免股价波动，确保投资的保值和增值。而对于总想利用配股、增发等途径榨取投资者血汗的企业一概拒之门外。

要投资资源垄断型行业。从巴菲特的投资构成来看，道路、桥梁、煤炭、电力等资源垄断型企业占了相当份额，这类企业一般是外资入市购并的首选，同时独特的行业优势也能确保效益的平稳。

要投资易了解、前景看好的企业。巴菲特认为凡是投资的股票必须是自己了如指掌的，并且是具有较好行业前景的企业。不熟悉、前途莫测的企业即使说得天花乱坠也不为所动。

二、"三不要"

不要贪婪。1969年，整个华尔街进入了投机的疯狂阶段，面对连创新高的股市，巴菲特却在手中股票涨到20%的时候就非常冷静地悉数抛出。

不要跟风。2000年，全世界股市出现了所谓的网络概念股，巴菲特却称自己不懂高科技，没法投资。一年后全球出现了高科技网络股股灾。

不要投机。巴菲特常说的一句口头禅是：拥有一只股票，期待它下个早晨就上涨是十分愚蠢的。

资料来源： 根据百度文库网相关资料整理。

试思考：

1. 巴菲特投资理念"三要、三不要"理财法对我们有何启示？
2. 投资过程的决策是投资者成败的关键？

六、证券投资的功能

随着证券投资的普及和对经济渗透能力的增强，筹资者、投资者、国家管理机构越来越多地利用证券这个平台来实现各种功能：资本聚集功能、资本配置功能、风险管理功能和宏

观调控功能。

(一)资本集聚功能

这是证券投资的一个基本功能。随着生产和支出规模的扩大,单个经济主体(一般企业、金融机构、政府等)难以用自有资金满足对于资本的需求。利用发行股票、债券等证券产品,企业和政府等可以在较短时间内筹集巨额的资本,而其资本来源于证券投资者,即本国或国外的个人、家庭、企业和政府。随着资产证券化的普及和金融全球化的深入,越来越多的筹资是通过证券投资来完成的。证券投资正日益成为沟通国内外资本余缺的桥梁。在新兴产业发展的今天,如果不通过发行证券集聚资本来注入高科技的风险行业,生产力的发展和人类的进步就达不到今天的水平。

(二)资本配置功能

通过证券投资,不仅可以实现资本的集聚,而且还可以引导资本的优化配置。众多证券投资者参与证券竞价,尤其是交易所公开竞价,使得信息得到充分的发掘、集聚和分析,由此推动着证券品种合理定价,使证券价格能客观地反映企业的实际经营状况、未来发展前景、资本实力和市场竞争力的变化。在同样安全的条件下,投资者都愿意购买回报高、变现快的证券产品,而在证券市场中表现良好的主要是那些朝阳企业和高效企业,投资者偏好购买这类优质企业的股票,而不买或少买没有潜力的劣质企业的股票。为了避免成为劣质企业而被淘汰的命运,企业经营者会努力提高经营管理水平、加强市场竞争力和树立良好的社会形象,力争成为优质企业。这样投资者的投资偏好引导了社会资本配置到优质的高回报企业、配置到有利于推动产业结构升级和经济增长的行业,从而实现有限资金的优化配置和产业结构升级。在证券市场上,企业之间也可以采用控股、参股等方式并购重组,这进一步带动了资本的优化配置。

(三)风险管理功能

资本通过证券投资实现资本聚集和配置的同时,投资风险也在进行转移和配置。投资者通过购买证券,不仅可以充分利用闲置资本获得较高效益,而且可以进行风险管理。例如,有些证券产品,如期货、期权、互换等衍生产品,可以很方便地被构成各种投资组合,达到特定的风险管理目标。

(四)宏观调控功能

通过调控证券和筹资的规模和方向,各国政府可以实现相应的宏观调控目标。当出现投资过热、货币供给过多、通货膨胀等状况时,一国的中央银行可以通过在证券市场上卖出有价证券(主要是政府债券),达到回笼货币、减少货币供应量、紧缩投资、稳定物价等宏观目标;反之,当出现投资萎靡、货币供给量不足、通货紧缩等状况时,一国的中央银行可以通过在证券市场上买进有价证券的方式,达到增加货币供应量、刺激投资、稳定物价、刺激经济增长等宏观目标。一国的金融监管机构也可以通过控制有价证券的发行条件、发行规模等,引导产业结构的升级。

第三节　证券投资学研究的对象、内容和方法

证券投资以其超额的收益、高度的风险、极强的诱惑力吸引着众多的投资者。信息的瞬息万变、时刻面临的风险，决定了证券投资行为的极端复杂性。什么是证券投资学，怎样才能卓有成效地进行证券投资，这是每一个进入这一领域的人都迫切希望了解的。而把握证券投资学的研究方向，搞清其研究的对象、内容与方法对于系统、准确地掌握其知识体系显然可以起到提纲挈领的作用，具有十分重要的意义。

一、证券投资学的研究对象

证券投资学是研究证券投资运动及其客观规律的综合性、应用性的经济学科。其研究对象我们可以概括为证券投资运动及其客观规律。具体来讲就是研究证券投资过程中客观存在的从发行到交易、分析决策到投资以及监督管理的各种现象，熟知各种投资工具，研究投资过程的内在机理，认识证券投资活动中存在的各种收益主体及其复杂的经济关系，帮助投资者最大限度地获得证券投资收益，防控证券投资风险。

证券投资学的综合性表现为它以多学科为基础，涉及广泛的知识，如经济学、财政学、金融学、会计学、统计学、企业管理学等学科知识。证券投资学的应用性主要表现为通过对投资运动及其客观规律的理论研究，总结归纳最终要落实在投资的实践和操作上，获得稳健的投资回报。因此，证券投资学具有很强的实践性和操作性。

二、证券投资学的研究内容

证券投资学的研究对象决定了其研究内容，其主要内容包括如下方面：

（一）证券投资的基本原理

主要涉及证券投资的许多重要的基本概念，包括证券投资及其运行过程、投资规则和投资程序、投资原则和内在要求、证券投资收益、证券投资风险、证券价格形式等。明确这些概念是深入学习证券投资学的基础。

（二）证券投资的要素

证券市场中证券的发行者和投资者、各种证券投资工具、证券投资中介以及证券投资管理体系，是证券投资的不同要素。它们构成了证券投资过程中的基本架构，每一个要素都起着不可或缺的重要作用；它们的发展水平直接或间接地影响、制约着证券投资过程，决定着其运行的方式，直接反映着证券市场与证券投资的发展水平。研究这些因素，对于全面、深入地掌握证券投资运动全过程，有效地从事证券投资活动有着十分重要的作用。

（三）从事证券投资活动的市场

证券投资活动是在证券市场上进行的，这个证券市场体系包括证券发行市场与交易市场。其基本组成框架、结构和运行机制实际上是一个十分庞大的体系，它由许多分支系统组成。不同的证券投资者只有充分了解了证券市场体系和内容，才可能依据自己特有的投资目的和要求，清醒理性地进入这一市场，进行有效的投资。

（四）证券投资的分析

证券投资的分析包括证券价格、收益与风险以及证券投资的分析方法等。其中证券投资的分析方法是证券投资学中最为实用的重要内容，也是学习中最难掌握的部分。证券投资分析方法目前较为成熟且市场应用又最为广泛的方法主要有基本分析法、技术分析法及投资组合分析法三大类。基本分析方法是运用经济理论从基本面信息评估证券的投资价值、提出投资建议的方法；技术分析方法是仅从证券的市场行为来分析证券价格走势的方法；证券组合分析法主要是用于投资组合管理量化分析。这三类分析方法有着极为丰富的内容，是投资科学决策、避免失误必不可少的武器，当然还有投资者行为分析，这是从投资者心理角度考虑的。

（五）证券投资中的风险和收益

风险与收益总是形影相随，充斥于整个证券投资过程。证券投资的收益最大化与风险最小化也就成为证券投资者最为理想的目标。因此，研究证券投资中的风险与收益、评价量化风险与收益、实现收益最大化与风险最小化等这些证券投资的核心问题都将在证券投资学中找到答案。

（六）证券市场的监管

证券投资者要获得成功必须要有一个公平有效的投资市场环境。这一部分内容主要是从管理者的角度研究证券市场的有效监管，以保护投资者利益，维护市场秩序，提高证券市场运行效率，促进证券市场规范健康地发展。

三、证券投资学的研究方法

要过河到达彼岸，方法就是桥和船，没有桥和船是过不了河的。要真正掌握证券投资学，就必须注意其研究方法。

（一）强调理论联系实际，重在实践

如前所述，证券投资学是研究证券投资运动及其客观规律的综合性、应用性的经济学科，由此可以看出，证券投资学不仅限于证券投资运动及其客观规律的理论研究，更具有很强的实践性和操作性。证券投资是一个十分复杂的过程，影响投资过程的因素不仅多种多样而且是瞬息万变的，在当前的市场环境下各种信息还做不到完全公开透明，这就更加大了证券投资的复杂性和难度。因此必须充分重视证券投资的实践，密切跟踪市场，做大量的个案考察，进行广泛的实证分析。通过这种实证分析来对理论进行更有说服力的解释，或者对

其适用范围进行修正和完善,从实践案例中探索规律,才能使得出的理论更准确可信,用于投资实践也才能更具指导意义。

(二)重视综合运用多种方法对各种因素作出即时的动态分析,同时强调结论的特定背景

证券投资学的分析不像数学和物理那样,条件明晰,结论唯一。过分看重结论普遍适用性是有害的。证券投资过程中时时充斥着多空双方激烈的博弈,市场走势经常会受到国内国外各种瞬时信息和某些人为因素的影响,情况十分复杂,变数很多。因此要综合运用各种方法对多种因素进行全面、系统的分析研究,对这些方法和因素相互作用的关系与力度,及时综合分析,判断下一步行情趋势并得出结论,掌握先机用于实践。需要强调的是,运用证券投资学理论所得出的许多观点与结论只能是针对某种具体的情况,有其特定的范围。初学者应当仔细研究其个性而不是笼而统之当作共性。例如,在技术分析中,有时出现相同或近似的图形、指标,而在不同的基本面和市场阶段时会演变出不同甚至完全相反的市场走势。同样,在基本面分析中,同样的信息出现,由于处在不同的技术走势或不同阶段,也会出现大相径庭的结果。这就使得人们对证券投资理论的准确把握较为困难,规律的运用就不能过于机械刻板。因此,在学习研究过程中,对每一种结论、观点的特定环境、使用背景都要认真思考、仔细揣摩,注意准确把握,避免失误。

本 章 小 结

◆ **内容摘要**

1. 证券是指各类记载并代表了一定权利的法律凭证,它用以证明持有人有权依其所持凭证记载的内容而取得应有的权益。证券分为三类:证据证券、凭证证券、有价证券。证据证券是证明事实的文件,如信用证,证明发生了一桩交易,交易方在银行中有足够的资金。凭证证券是证明证券持有人是某种私权的合法所有者,证明持有人所履行的义务是有效的,但是该凭证不得转让。如存款单、收据、存折等,它们代表了所有权,但不能真正地单独转让履行权利。有价证券是指具有票面金额,用于证明持有人对特定财产的拥有权或债券,并可以流通的凭证。有价证券的分类。

2. 证券投资是指投资者对有价证券的购买行为,这种行为会使投资者在证券持有期内获得与其所承担的风险相称的收益,是直接金融投资的重要形式。

3. 投机与投资的主要区别是投机的目的在于获取短期利差,而投资的目的则在于获得本金保障、资本增值或经常性收益等,相比较而言,投资是稳健的投资,投机是冒险的投资。

4. 证券投资的操作过程:投资准备阶段;投资决策阶段;投资管理阶段。

5. 证券投资的功能。随着证券投资的普及和对经济渗透能力的增强,筹资者、投资者、国家管理机构越来越多地利用证券这个平台来实现各种功能:资本聚集功能、资本配置功能、风险管理功能和宏观调控功能。

6. 证券投资学是研究证券投资运动及其客观规律的综合性、应用性的经济学科。其研究对象我们可以概括为证券投资运动及其客观规律。证券投资学研究内容:证券投资的基

本原理;证券投资的要素;从事证券投资活动的市场;证券投资的分析;证券投资中的风险和收益;证券市场的监管。

◆**关键词**

证券　有价证券　证券投机　证券投资

◆**思考题**

1. 证券有哪些种类和特征?
2. 现金及现金的替代物是证券吗?
3. 信用证、证明是证券吗?可以投资吗?
4. 存款单、借据、收据、定期存款存折是证券吗?可以投资吗?
5. 证券投资与证券投机有哪些区别?
6. 证券投资的过程有哪些?
7. 简述证券投资学的研究对象和研究内容。

应用训练

训练一:到当地证券交易所或证券营业部认知实习,撰写调查报告。

训练二:观看和了解股票、债券、基金票面形式的要素构成。

第二章 证券投资工具

- 掌握：股票、债券、基金和金融衍生工具的内涵和类型；股票价值与价格的含义与联系；股票的股利政策；债券的票面要素；金融期货与金融期权的定义、特征及功能等。
- 熟悉：股票、债券及基金的估值方法；普通股票股东的权利和义务；优先股的特征；证券投资基金的当事人及之间的关系；其他衍生工具的类型等。
- 了解：股票分割与合并、增发、配股、回购的含义；股权及股权结构；证券投资基金的投资政策等。

"小飞乐"和约翰·范尔林的故事

1984年11月18日，上海飞乐音响股份有限公司正式成立（人称"小飞乐"）。当日下午，《新民晚报》第一版刊登了此消息：上海飞乐音响公司18日开业接受个人和集体认购股票发行1万股，每股50元。

1984年12月，飞乐公司正式由上海静安证券营业部代理发行股票1万股，共计50万元。其中单位和个人的购买比例为各占50%。由于静安营业部场地小，所以发行工作安排在飞乐公司，发行人员背着钱箱、股票箱，当场收钱、开票，售股工作基本顺利。

飞乐股票发行后，意想不到地创造了一个世界奇迹。这是一个广泛流传的故事：

1986年11月14日，美国纽约证券交易所的董事长约翰·范尔林先生访华。邓小平同志会见他时专门提到了中国内地也发行了股票。范尔林很高兴，随即向邓小平赠送了一枚纽约证券交易所的证章。按国际惯例和中国礼节，中国领导人也必须回赠一件礼物。经再三考虑后，决定赠送范尔林先生一张股票。

当时中国人民银行行长陈慕华和副行长刘鸿儒紧急从各地调来了股票样张，挑来选去，决定用50元面值的飞乐股票作为回赠。于是邓小平同志正式将一张飞乐股票赠给这位国际友人，由当时的中国人民银行上海市分行的领导周芝石亲自交给了范尔林。

范尔林接过这张股票，又高兴又惊讶：高兴的是，中国改革开放才6年，居然有了股票，而且他是持有中国内地股票的第一个外国人；惊讶的是，这张股票的真实姓名不是他，而是周芝石的名字。这位股票专家立即看出破绽，说："周芝石是谁？我是范尔林啊！"当向他解释了为保证股票有效而印上周芝石的名字后，他说："我的股票就要用我的名字，我亲自去上海更名过户。"

11月24日下午1点,范尔林走进了中国首家证券交易部——静安证券营业部,他郑重地将"周芝石"的股票递过去,希望给他过户,并幽默地说:"该收多少手续费,别客气!"在场的人都笑了。为了表示友好,营业部免收了1元过户费。

现在,这枚范尔林先生的"原始股"已永久陈列在纽约证券交易所的橱窗内。飞乐股份公司的"原始老外股东"范尔林先生,也永久地载入飞乐公司的股东花名册中。

范尔林的这一股,通过多年的送配,2008年一股已经变成了3183股,市值由50元变成10.76万元,回报率高达2152倍!

资料来源:根据和讯新闻网相关资料整理。

第一节 股 票

一、股票的内涵

(一) 股票的定义

股票是一种有价证券,它是股份有限公司在筹集资本时发行的用于证明股东所持有的股份,并据此享受股东权益及承担相应风险的凭证。

股份有限公司的资本划分为股份,每一股股份的金额相等。股份的发行实行公平、公正的原则,同种类的每一股份具有同等权利,即"同股同权"。股票一经发行,购买股票的投资者即成为公司的股东,股票实质上代表了股东对股份公司的所有权,股票持有人凭借股票可以参加股东大会、投票表决、参与公司的重大决策、收取公司的股息和红利等,同时也承担相应的责任和风险。股票一经认购,投资者不能以任何理由要求退还股票,只能通过证券市场出售和转让。

(二) 股票的性质

1. 股票是有价证券

有价证券是财产价值和财产权利的统一表现形式。持有有价证券,一方面表示拥有一定价值量的财产,另一方面也表明有价证券持有人可以行使该证券所代表的权利。股票具有有价证券的特征:第一,股票是一种代表财产权的有价证券,它包含着股东可以依其持有的股票要求股份公司按规定分配股息和红利的请求权;第二,股票与它代表的财产权利不可分离,行使股票所代表的财产权,必须以持有股票为条件,股东权利的转让应与股票占有的转移同时进行。

2. 股票是要式证券

要式证券是指应记载一定的事项,其内容应全面真实的证券,这些事项往往通过法律形式加以规定。股票是一种要式证券,应具备新《公司法》规定的有关内容,如果缺少规定的条件,股票就无法律效力。我国新《公司法》规定:"股票采取纸面形式或者国务院证券监督管理机构规定的其他形式。股票应当载明下列主要事项：① 公司名称；② 公司成立的日期；③ 股票种类、票面金额及代表的股份数；④ 股票的编号。股票由法人代表人签名，公司盖章。发起人的股票，应当标明'发起人股票'字样。"

3. 股票是证权证券

证券可分为设权证券和证权证券。设权证券是指证券所代表的权利本来不存在，而是随着证券的制作而产生，即权利的发生是以证券的制作和存在为条件的。证权证券是指证券是权利的一种物化的外在形式，它是权利的载体，权利是已经存在的。股票代表的是股东权利，它的发行是以股份的存在为条件的，股票只是把已存在的股东权利表现为证券的形式，它的作用不是创造股东的权利，而是证明股东的权利。所以说，股票就是证权证券。

4. 股票是资本证券

发行股票是股份公司筹措自有资本的手段。因此，股票是投入股份公司资本份额的证券化，属于资本证券。股票作为一种资本证券，代表着对股份公司拥有的实际资本的所有权。股票本身并不是实际资本，只是在股票市场进行着独立的价值运动，间接地反映了实际资本运动的状况，从而表现为一种虚拟资本。

5. 股票是综合权利证券

股票是一种综合权利证券，既不属于物权证券，也不属于债权证券。物权证券是指证券持有者对公司的财产有直接支配处理权的证券；债券证券是指证券持有者为公司债权人的证券。股票持有者作为公司的股东，享有独立的股东权利，即依法享有资产收益、重大决策、选择管理者等综合权利。但对于公司的财产不能直接支配处理，而对财产的直接支配处理是物权证券的特征，所以股票不是物权证券。另外，股票持有者也不是与公司对立的债权人，所以股票也不是债权证券。

（三）股票的特征

1. 收益性

收益性是股票最基本的特征，它是指股票可以为持有人带来收益的特征。股票的收益来源可分成两类：一是来自股份公司。认购股票后，持有者即对发行公司享有经济权益，这种经济权益的实现形式是从公司领取股息和分享公司的红利。股息红利的多少取决于股份公司的经营状况和盈利水平。二是来自股票流通。股票持有者可以持股票到依法设立的证券交易场所进行交易，通过在股票市场价格低价时买入、高价时卖出以赚取差价收益，即资本利得。以铜陵有色金属集团股份有限公司的股票为例，如果在2005年年底以每股4元的价格买入该公司股票，到2007年10月便以超过每股36元的价格卖出，可赚取9倍以上的收益。

2. 风险性

股票风险的内涵是股票投资收益的不确定性，或者说实际收益与预期收益之间的偏离程度。由于股票价格受到宏观经济政策、行业竞争情况以及公司经营状况、大众投资心理等多种因素的影响，故股票价格的波动有很大的不确定性。价格波动的不确定性越大，投资风险越大。因此股票是一种高风险的金融产品。

3. 流动性

流动性是指股票可以通过依法转让而变现的特性，即在本金保持相对稳定、变现的交易成本极小的条件下，股票很容易变现的特性。股票持有人不能从公司退股，但股票转让为其提供了流动性。通常,判断流动性强弱的三个方面:首先是市场深度,以每个价位上报单的数量来衡量,如果买卖盘在每个价位上均有较大报单,则投资者无论买进或者卖出股票都会较容易成交。其次是报价紧密度,指买卖盘各价位之间的价差。若价差较小,股票流动性就比较强。最后是股票价格弹性或者恢复能力,指交易价格受大额交易冲击而变化后,迅速恢复原先水平的能力。价格恢复能力越强,股票的流动性越高。

4. 不可偿还性

股票是一种无偿还期限的有价证券,投资者认购了股票后,就不能再要求退股,只能到二级市场进行转让。股票代表着股东的永久性投资,股票持有者可以出售股票而转让其股东身份,但股票的转让只意味着公司股东的改变,并不减少公司的自有资本。股票的有效期与股份公司的存续期间相联系,股票的期限等于公司存续期限。

5. 参与性

参与性是指股票持有人有权出席股东大会,选举公司董事会,参与公司重大决策的特性。股票持有人的投资意志和享有的经济利益,通常是通过行使股东参与权来实现的。股东参与公司重大决策权力的大小通常取决于其持有股份数量的多少,如果某股东持有的股份数量达到决策所需要的有效多数时,就能实质性地影响公司的经营方针。

二、股票的分类

(一) 按股东享有权利的不同分类

根据股东享有权利的不同,股票可以分为普通股票和优先股票。

1. 普通股票

普通股票是最基本、最常见的一种股票,其持有者享有股东的基本权利和义务。普通股票的权利完全随公司盈利的高低而变化。在公司盈利较多时,普通股票股东可获得较高的股利收益,但在公司盈利和剩余财产的分配顺序上列在债权人和优先股票股东之后,故其承担的风险也比较高。与优先股票相比,普通股票是标准的股票,也是风险较大的股票。

普通股票是标准的股票,通过发行普通股票所筹集的资金,成为股份公司注册资本的基础。普通股票的持有者是股份公司的基本股东,按照我国《公司法》的规定,公司股东依法享有以下权利:

(1) 公司重大决策参与权

股东基于股票的持有而享有股东权,其中首要的是可以以股东身份参与股份公司的重大事项决策。作为普通股票股东,行使该权利的途径是参加股东大会、行使表决权。

(2) 公司盈余和剩余资产分配权

普通股票股东拥有公司盈余和剩余资产分配权,这一权利表现为两个方面:一是普通股票股东有权按照实缴的出资比例分取股息和红利,但是全体股东约定不按照出资比例分取红利的除外;二是普通股票股东在股份公司解散清算时,有权要求取得公司的剩余资产。

普通股票股东行使盈余分配权有一定的限制条件。第一,法律上的限制。一般原则是:股份公司只能用留存收益支付,股利的支付不能减少其注册资本,公司在无力偿债时不能支付股利。我国有关法律规定,公司缴纳所得税后的利润,在支付普通股票的股利之前,应按如下顺序分配:弥补亏损,提取法定公积金,提取任意公积金。可见,普通股票股东能否分到股利以及分得多少,取决于公司的税后利润多少以及公司未来发展的需要。第二,其他方面的限制。如公司对现金的需要,股东所处的地位,公司的经营环境,公司进入资本市场获得资金的能力等。

普通股票股东行使剩余资产分配权也有一定的先决条件。第一,普通股票股东要求分配公司资产的权利不是任意的,必须是在公司解散清算之时。第二,公司的剩余资产在分配给股东之前,一般应按下列顺序支付:支付清算费用,支付公司员工工资和劳动保险费用,缴付所欠税款,清偿公司债务。如还有剩余资产,再按照股东持股比例分配给各股东。公司财产在未按照规定清偿前,不得分配给股东。

(3) 其他权利

除了上面两种基本权利外,普通股票股东还可以享有由法律和公司章程所规定的其他权利。我国《公司法》规定,股东还有以下主要权利:第一,股东有权查阅公司章程、股东名册、公司债券存根、股东大会会议记录、董事会会议决议、监事会会议决议、财务会计报告,对公司的经营提出建议或者质询。第二,股东持有的股份可依法转让。股东转让股份应在依法设立的证券交易场所进行或按照国务院规定的其他方式进行。公司发起人、董事、监事、高级管理人员的股份转让受《公司法》和公司章程的限制。第三,公司为增加注册资本发行新股时,股东有权按照实缴的出资比例认购新股。股东大会应对向原有股东发行新股的种类及数额作出决议。股东的这一权利又被称为"优先认股权"或"配股权"。优先认股权是指当股份公司为增加公司资本而决定增加发行新的股票时,原普通股票股东享有的按其持股比例,以低于市价的某一特定价格优先认购一定数量新发行股票的权利。普通股票股东是否具有优先认股权,取决于认购时间与股权登记日的关系。股份公司在提供优先认股权时会设定一个股权登记日,在此日期前认购普通股票的,该股东享有优先认股权;在此日期后认购普通股票的,该股东不享有优先认股权。前者被称为"附权股",后者被称为"除权股"。

按照我国《公司法》的规定,公司股东除了依法享有以上权利,还应履行一定的义务:公司股东应当遵守法律、行政法规和公司章程,依法行使股东权利,不得滥用股东权利损害公司或其他股东的利益;不得滥用公司法人独立地位和股东有限责任损害公司债权人的利益。公司股东滥用股东权利给公司或者其他股东造成损失的,应当依法承担赔偿责任。公司股东滥用公司法人独立地位和股东有限责任逃避责任,严重损害公司债权人利益的,应当对公司债务承担连带责任。公司的控股股东、实际控制人、董事、监事、高级管理人员不得利用其关联关系损害公司利益。如违反有关规定,给公司造成损失的,应当承担赔偿责任。

2. 优先股票

优先股票与普通股票相对应,是指股东享有某些优先权利(如优先分配公司盈利和剩余资产权)的股票。优先股票是一种特殊股票,在其股东权利、义务中附加了某些特别条件。优先股票的内涵可以从以下两个角度来认识:一方面,优先股票作为一种股权证书,代表着对公司的所有权,这一点与普通股票一样,但优先股票股东又不具备普通股票股东所具有的基本权利,它的有些权利是优先的,最主要的是股息分派和剩余资产分配优先于普通股票;有些权利又受到限制,最主要的是表决权限制,优先股票股东在一般情况下没有投票表决权,不享有公司的决策参与权,只有在特殊情况下,如讨论涉及优先股票股东权益的议案时才能行使表决权。另一方面,优先股票也兼有债券的若干特点,它在发行时事先确定固定的股息率,像债券的利息率事先固定一样。

优先股票对股份公司和投资者来说有一定的意义。首先,对股份公司而言,发行优先股票的作用在于可以筹集长期稳定的公司股本,又因其股息率固定,可以减轻利润的分派负担。另外,优先股票股东无表决权,这样可以避免公司经营决策权的改变和分散。其次,对投资者而言,由于优先股票的股息收益稳定可靠,而且在财产清偿时也先于普通股票股东,因而风险相对较小。

优先股票根据不同的附加条件,大致可以分成以下几类:

(1) 依据股息在当年未能足额分派时,能否在以后年度补发,将优先股票分为累积优先股票和非累积优先股票。

(2) 依据在公司盈利较多的年份里,除了获得固定的股息以外,能否参与或部分参与本期剩余盈利的分配,将优先股票分为参与优先股票和非参与优先股票。

(3) 依据在一定的条件下能否转换成其他种类股票,将优先股票分为可转换优先股票和不可转换优先股票。

(4) 依据在一定条件下,能否由原发行的股份公司出价赎回,将优先股票分为可赎回优先股票和不可赎回优先股票。

(5) 依据股息率是否允许变动,将优先股票分为股息率可调整优先股票和股息率固定优先股票。

(二) 按是否记载股东姓名分类

按是否记载股东姓名,股票可分为记名股票和不记名股票。

1. 记名股票

我国《公司法》规定,公司发行的股票可以为记名股票,也可以为无记名股票。记名股票是指在股票票面和股份公司的股东名册上记载股东姓名的股票。很多国家的公司法都对记名股票的有关事项作出了具体规定。一般来说,如果股票是归某人单独所有,则应记载持有人的姓名;如果股票是归国家授权的投资机构或者法人所有,则应记载国家授权的投资机构或者法人的名称;如果股票持有者因故改换姓名或者名称,就应到公司办理变更股东姓名或者名称的手续。股份有限公司向发起人、法人发行的股票,应当为记名股票,并应记载该发起人、法人的名称或者姓名,不得另立户名或者以代表人姓名记名。公司发行记名股票的,应当置备股东名册,记载下列事项:股东的姓名或者名称及住所、各股东所持股份数、各股东所持股票的编号、各股东取得股份的日期。

2. 不记名股票

不记名股票是指在股票票面和股份公司股东名册上均不记载股东姓名的股票。与记名股票的差别不是在股东权利等方面,而是在股票的记载方式上。不记名股票发行时一般留有存根联,它在形式上分为两部分:一部分是股票的主体,记载了有关公司的事项,如公司名称、股票所代表的股数等;另一部分是股息票,用于进行股息结算和行使增资权利。我国《公司法》规定,发行不记名股票的,公司应当记载其股票数量、编号及发行日期。

记名股票和不记名股票各自特点的对比,见表2-1。

表 2-1 记名股票与不记名股票的区别

	记名股票	不记名股票
股东权利归属	只有记名股东或者其正式委托授权的代理人才能行使股东权	只有股票持有人才能行使股东权
缴纳出资方式	可以一次或分次缴纳出资。一次缴纳的,应当缴纳全部出资;分期缴纳的,应当缴纳首期出资	必须一次缴足出资后才能领取股票
股票转让方式	必须由股份公司将受让人的姓名或名称、住所记载于公司的股东名册,办理股票过户登记手续	原持有者只要向受让人交付股票便发生转让的法律效力,不需要办理过户手续
持有的安全性	相对安全,如果股票遗失,可依据法定程序向股份公司挂失,要求公司补发新的股票	安全性较差,一旦遗失,原股票持有者便丧失股东权利,且无法挂失

(三)按是否在股票票面上标明金额分类

按是否在股票票面上标明金额,股票可分为有面额股票和无面额股票。

1. 有面额股票

有面额股票是指在股票票面上记载一定金额的股票。这一记载的金额也称为票面金额、票面价值或股票面值。股票票面金额的计算方法是用资本总额除以股份数求得,但实际上很多国家是通过法规予以直接规定,而且一般是限定了这类股票的最低票面金额。另外,同次发行的有面额股票的每股票面金额是相等的。我国《公司法》规定,股份有限公司的资本划分为股份,每一股的金额相等。

有面额股票具有以下特点:

(1) 可以明确表示每一股所代表的股权比例。例如,某股份公司发行 1000 万元的股票,每股面额 1 元,则每股代表着公司净资产千万分之一的所有权。

(2) 为股票发行价格的确定提供依据。我国《公司法》规定,股票发行价格可以按票面金额,也可以超过票面金额,但不得低于票面金额。这样,有面额股票的票面金额就是股票发行价格的最低界限。

2. 无面额股票

无面额股票是指在股票票面上不记载股票面额,只注明它在公司总股本中所占比例的股票,也称为比例股票或者份额股票。无面额股票的价值随股份公司净资产和预期未来收益的增减额相应增减。公司净资产和预期未来收益增加,每股价值上升;反之,公司净资产和预期未来收益减少,每股价值下降。无面额股票淡化了票面价值的概念,但仍然有内在价值,它与有面额股票的差别仅在表现形式上。目前世界上很多国家(包括中国)的公司法规定不允许发行这种股票。

无面额股票有如下特点:

(1) 发行或转让价格较灵活。由于没有票面金额,因而发行价格不受票面金额的限制。在转让时,投资者也不易受股票票面金额影响,而更注重分析每股的实际价值。

(2) 便于股票分割。如果股票有面额,分割时就需要办理面额变更手续。由于无面额股票不受票面金额的约束,发行该股票的公司能比较容易地进行股票分割。

（四）其他分类

1. 根据投资主体的性质不同分

股票可划分为国家股、法人股、社会公众股和外资股等。国家股是指有权代表国家投资的部门或机构以国有资产向公司投资形成的股份，包括公司现有国有资产折算成的股份。国家股是国有股权的一个组成部分（国有股权的另一组成部分是国有法人股）。国有资产管理部门是国有股权行政管理的专职机构。国有股权可由国家授权投资的机构持有，也可由国有资产管理部门持有或由国有资产管理部门代政府委托其他机构或部门持有。

法人股是指企业法人或具有法人资格的事业单位和社会团体以其依法可支配的资产投入公司形成的股份。法人持股所形成的也是所有权关系，是法人经营自身财产的一种投资行为。法人股股票以法人记名。如果是具有法人资格的国有企业、事业单位及其他单位以其依法占用的法人资产向独立于自己的股份公司出资形成或依法定程序取得的股份，则被称为"国有法人股"，国有法人股属于国有股权。

社会公众股是指社会公众依法以其拥有的财产投入公司时形成的可上市流通的股份。在社会募集方式下，股份公司发行的股份，除了由发起人认购一部分外，其余部分应该向社会公众公开发行。我国《证券法》规定，公司申请股票上市的条件之一是：向社会公开发行的股份达到公司股份总数的25%以上；公司股本总额超过4亿元的，向社会公开发行股份的比例为10%以上。

外资股是指股份公司向外国和我国香港、澳门、台湾地区投资者发行的股票。这是我国股份公司吸收外资的一种方式。外资股按上市地域，可以分为境内上市外资股和境外上市外资股。境内上市外资股是指股份有限公司向境外投资者募集并在我国境内上市的股份，投资者限于：外国的自然人、法人和其他组织；我国香港、澳门、台湾地区的自然人、法人和其他组织；定居在国外的中国公民等。这类股票被称为"B股"，B股采取记名股票形式，以人民币标明股票面值，以外币认购、买卖，在境内证券交易所上市交易。境外上市外资股是指股份有限公司向境外投资者募集并在境外上市的股份。它也采取记名股票形式，以人民币标明面值，以外币认购。依法持有境外上市外资股，其姓名或者名称登记在公司股东名册上的境外投资人，为公司的境外上市外资股股东。公司向境外上市外资股股东支付股利及其他款项，以人民币计价和宣布，以外币支付。境外上市外资股主要由H股、N股、S股等构成。

2. 根据股票的上市地点和所面对的投资者不同分

股票可划分为A股、B股、H股、N股、S股、L股等。

A股，正式名称是人民币普通股票，是由我国境内的公司发行，供境内机构、组织或个人（不含港澳台投资者）以人民币认购和交易的普通股票。

B股，正式名称是人民币特种股票，又称境内上市外资股，以人民币标明股票面值，以外币认购、买卖，在境内证券交易所上市交易的普通股票。

H股，是指注册地在我国内地，上市地在我国香港的外资股。香港的英文是HONGKONG，取其首字母，在香港上市的外资股被称为"H股"。以此类推，纽约的第一个英文字母是N，新加坡的第一个英文字母是S，伦敦的第一个英文字母是L，因此，在纽约、新加坡、伦敦上市的外资股分别被称为"N股""S股""L股"。

3. 根据公司特征和其股价表现不同

股票划分为蓝筹股、成长股和周期性股票等。

蓝筹股是指那些在其所属行业内占有重要支配性地位、业绩优良、成交活跃、红利优厚的大公司股票。蓝筹股并非一成不变，随着公司经营状况的改变和经济地位的升降，蓝筹股的地位也会发生变更。"蓝筹"一词源于西方赌场，在西方赌场中，有三种颜色的筹码，其中蓝色筹码面额最大，红色筹码次之，白色筹码最小。投资者把这些行话套用到了股票上。

成长股是指一些公司，它们的销售额和利润额持续增长，且其增长速度快于整个国家和所在行业的增长速度，这些公司通常有较好的业务战略规划，注重产品创新和技术的更新换代，利润按比例留成进行再投资以促进其扩张。

周期性股票是指经营业绩随着经济周期的变化而变动的公司股票。航空工业、汽车工业、钢铁及化学工业等都属于此类。

三、股票相关概念

（一）股利政策

获取经常性收入是投资者购买股票的重要原因之一，分红派息是股票投资者经常性收入的主要来源。从会计角度说，股份公司的税后利润归全体股东所有，不论是否分红派息，股东利益并不受影响。但是，并不能因此就认为股利政策无关紧要。从理论上说，不管一家上市公司盈利前景被如何看好，如果永远不分红，则其股票将毫无价值。

股利政策是指股份公司对公司经营获得的盈余公积金和应付利润采取现金分红或派息、发放红股等方式回馈股东的制度与政策，主要如下：

1. 派现

派现也称现金股利，指股份公司以现金分红方式将盈余公积金和当期应付利润的部分或全部发放给股东，股东为此应支付所得税。我国对个人投资者获取上市公司现金分红适用的利息税率为20%，目前减半征收。机构投资者由于本身需要缴纳所得税，为避免双重税负，在获取现金分红时不需要缴税。现金股利的发放致使公司的资产和股东权益减少同等数额，导致企业现金流出，是真正的股利。稳定的现金股利政策对公司现金流管理有较高的要求，通常将那些经营业绩较好，具有稳定较高现金股利支付的公司股票称为蓝筹股。

2. 送股

送股也称股票股利，是指股份公司对原有股东采取无偿派发股票的行为。投资者或上市公司送股时也需缴纳所得税（目前为10%）。送股时，将上市公司的留存收益转入股本账户，实质上是留存利润的凝固化和资本化，表面上看，送股后，股东持有的股份数量因此而增长，其实股东在公司里占有的权益份额和价值均无变化。

3. 资本公积金转增股本

资本公积金是在公司的生产经营之外，由资本、资产本身及其他原因形成的股东权益收入。股份公司的资本公积金，主要来源于股票发行的溢价收入、接受的赠与、资产增值、因合并而接受其他公司资产净额等。资本公积金转增股本是在股东权益内部，把公积金转到"实收资本"或者"股本"账户，并按照投资者所持有公司的股份份额比例的大小分到各个投资者的账户中，以此增加每个投资者的投入资本。资本公积金转增股本同样会增加投资者持有的股份数量,但实质上,它不属于利润分配行为,因此投资者无须纳税。

4. 四个重要日期

(1) 股利宣布日。即公司董事会将分红派息的消息公布于众的时间。

(2) 股权登记日。即统计和确认参加本期股利分配的股东的日期,在此日期持有公司股票的股东方能享受股利发放。

(3) 除息除权日。通常为股权登记日之后的1个工作日,本日之后(含本日)买入的股票不再享有本期股利。从理论上说,除息日股票价格应下降为每股现金股利相同的数额,除权日股票价格应按送股比例同步下降。但是实践中,除息除权后,股价变化与理论价格之间通常会存在差异。

(4) 派发日。即股利正式发放给股东的日期。根据证券存管和资金划转的效率不同,通常会在几个工作日之内到达股东账户。

(二) 股票分割与合并

股票分割又称拆股,是将1股股票均等地拆成若干股。股票合并又称并股,是将若干股股票合并为1股。

从理论上说,不论是分割还是合并,将增加或减少股东持有股票的数量,但并不改变每位股东所持股东权益占公司全部股东权益的比重。理论上,股票分割或合并后股价会以相同的比例向下或向上调整,但股东所持股票的市值不发生变化。也就是说,如果把1股分拆为2股,则分拆后股价应为分拆前的一半;同样,若把2股并为1股,则并股后股价应为此前的两倍。

但事实上,股票分割与合并通常会刺激股价上升或下降,其中原因颇为复杂,但至少存在以下理由:股票分割通常适用于高价股,拆分之后每股股票的市价下降,便于吸引更多的投资者购买;并股则常见于低价股,例如,若某股票的价格不足1元,则不足1%的股价变动很难在价格上反映,弱化了投资者的交易动机,并股后,流动性有可能提高,导致估值上调。

(三) 增发、配股、转增股本与股份回购

1. 增发

增发指公司因业务发展需要增加资本额而发行新股。上市公司可以向公众公开增发,也可以向少数特定机构或个人增发。增发之后,公司注册资本相应增加。

增资之后,若会计期内在增量资本未能产生相应效益,将导致每股收益下降,则称为稀释效应,会促成股价下跌;从另一角度看,若增发价值高于增发前每股净资产,则增发后可能会导致公司每股净资产提升,有利于股价上涨;再有,增发总体上增加了发行在外的股票总量,短期内增加了股票供给,若无相应需求增长,股价可能下跌。

2. 配股

配股是面向原有股东,按持股数量的一定比例增发新股,原股东可以放弃配股权。现实中,由于配股价通常低于市场价格,配股上市之后可能导致股价下跌。在实践中我们经常发现,对那些业绩优良、财务结构健全、具有发展潜力的公司而言,增发和配股意味着将增加公司经营实力,会给股东带来更多回报,股价不仅不会下跌,可能还会上涨。

3. 转增股本

转增股本是将原本属于股东权益的资本公积转为实收资本,股东权益总量和每位股东占公司的股份比例均未发生任何变化,唯一的变动是发行在外的总股数增加了。因此,与股

票股利类似,理论上说,转增之后,每股价格应该相应向下调整。但是在现实中,由于人们对高比例转增股本的公司未来利润增长前景通常具有较高期望,转增往往会带来股价上涨。

4. 股份回购

上市公司利用自有资金,从公开市场上买回发行在外的股票,称为股份回购。通常,股份回购会导致公司股价上涨。原因主要包括:首先,股份回购改变了原有供求平衡,增加需求,减少供给;其次,公司通常在股价较低时实施回购行为,而市场一般认为公司基于信息优势作出的内部估值比外部投资者的估值更准确,从而向市场传达了积极的信息。

(四)股权与股权结构

1. 股权及股权结构的定义

股权结构是指股份公司总股本中,不同性质的股份所占的比例及其相互关系。股权即股票持有者所具有的与其拥有的股票比例相应的权益及承担一定责任的权利。基于股东地位而言可对公司主张的权利,是股权。

股权结构是公司治理结构的基础,公司治理结构则是股权结构的具体运行形式。不同的股权结构决定了不同的企业组织结构,从而决定了不同的企业治理结构,最终决定了企业的行为和绩效。

2. 股权结构的分类

(1)根据股权集中度的高低,即前五大股东持股比例的多少,股权结构有以下三种类型:一是股权高度集中,绝对控股股东一般拥有公司股份的50%以上,对公司拥有绝对控制权;二是股权相对均衡,公司拥有较大的相对控股股东,同时还拥有其他大股东,所持股份比例在10%至50%之间;三是股权高度分散,公司没有大股东,所有权与经营权基本完全分离,单个股东所持股份的比例在10%以下。我国目前的上市公司的股权集中度极高,而且大股东之间持股比例相差悬殊。在一股一票和简单多数通过的原则下,第一大股东在公司股东大会上对公司的重大决策拥有绝对的控制权,相应地,第一大股东也控制了公司的经营方向和实际运营。

(2)根据股权构成不同,即各个不同背景的股东集团分别持有股份的多少,股权可划分为国家股、法人股和社会公众股。在我国,国家股和国有法人股共同构成了国有股主体,其中,国家股是国家直接持股,国有法人股是国家间接持股。

【资料链接】2-1　　　　　　　我国的股权分置改革

在我国初期的股份制改造试点过程中出现了两种趋向:一是优先让集体所有制企业试点改制;二是保证国有股份占绝对控股地位,且不允许其流通转让。1992年,中国人民银行、国家体改委、国家计委、财政部联合发布的《股份制企业试点办法》规定:"根据投资主体的不同,股权设置规定为国家股、法人股、个人股、外资股四种形式。"1994年颁发的《股份制试点企业国有股权管理的实施意见》在很大程度上限制了国有股、法人股股份的上市流通,形成了"中国特色"的股权结构,直接导致了如下结果:

1. 同股不同权

上市公司治理结构存在严重的缺陷,产生了"一股独大"和"一股独霸"的现象,使流通股股东特别是中小股东的合法权益遭受损害。

2. 上市公司股权被人为设立为非流通股和流通股

在股权分置改革以前，我国股市非流通股股东持股比例较高，约为上市公司的2/3，并且通常处于控股地位。

3. 流通股的流通比例占上市公司总股本的比例过小

截至2004年年底，我国上市公司总股本为7149亿股，其中非流通股份为4543亿股，占上市公司总股本的64%；国有股份在非流通股份中占74%，占总股本的47%。

之所以会形成"中国特色"的股权结构，是因为我国的特殊国情。我国大部分上市公司从股份制改造到募资上市的过程是：国家（或法人）投资兴建的企业经资产评估后按一定比例折股，在符合上市条件后向社会公众溢价发行，企业股票上市后则分为可流通部分（即公众股）和不可流通部分（国家股或法人股）。这种发行机制直接导致了流通股和非流通股定价方式的不同：流通股股价是按照证券市场上的交易价格形成的，非流通股的股价是按照发行时资产评估的价格形成的。又因为非流通股一股独大，非流通股股东严格地把握了公司的控制权，这就使得流通股股东和非流通股股东的权利有相当的不对等，也就是我们说的同股不同权。

股权分置扭曲资本市场定价机制，制约资源配置功能的有效发挥；公司股价难以对大股东、管理层形成市场化的激励和约束，公司治理缺乏共同的利益基础；资本流动存在非流通股协议转让和流通股竞价交易两种价格，资本运营缺乏市场化操作基础。股权分置不能适应当前资本市场改革开放和稳定发展的要求，必须通过股权分置改革，消除非流通股和流通股的流通制度差异。

为了解决国有企业改革和发展的资金需求，完善社会保障机制，我国证券行业从1998年下半年到1999年上半年开始进行国有股减持的探索性尝试。这次尝试就是想要使得非流通股能上市流通，实际上也可以看作解决股权分置问题的一种尝试。可惜由于实施方案与市场预期存在着很大差距，流通股股东信心大为受挫。1999年11月29日，国有股配售试点方案开始实行，当日沪指下跌0.63%，不久实施方案很快被废除。

2001年6月，国务院发布了《减持国有股筹集社会保障资金管理的暂行办法》，开始实施"国有股减持"。该办法第五条明确规定，国有股减持主要采取国有股存量发行的方式：凡国家拥有股份的股份有限公司（包括境外上市的公司）向公众投资者首次发行和增发股票时，均应按融资额的10%出售国有股。国有股存量出售的收入，全部上缴为全国社会保障基金。"国有股减持"由于以牺牲流通股股东利益为前提而遭到市场的拒绝。仅4个月后，即2001年10月22日，证监会就宣布停止执行《减持国有股筹集社会保障资金管理暂行办法》的第五条规定，并表示公开征集国有股减持方案，研究制定具体操作办法，稳步推进这项工作。2003年6月23日，国务院决定，除企业海外发行上市外，对国内上市公司停止执行《减持国有股筹集社会保障资金管理暂行办法》中关于利用证券市场减持国有股的规定，并不再出台具体实施办法，"国有股减持"正式叫停。

2004年2月初，国务院办公厅颁布了《国务院关于推进资本市场改革开放和稳定发展的若干意见》（下称"国九条"），明确提出"积极稳妥地解决股权分置问题"，"在解决这个问题时要尊重市场规律，有利于市场的稳定和发展，切实保护投资者特别是公众投资者的合法权益"，从而确定了解决股权分置问题的目标和指导原则。2005年4月12日，中国证监会负责人就股市问题接受记者采访时首次公开表态：根据"国九条"的总体要求，"解决股权分置已具备启动试点的条件"。2005年4月29日,经国务院同意,中国证监会发布了《关于上市公司股权分置改革试点有关问题的通知》,标志着股权分置改革试点工作正式启动。从2005年5月9日中国证监会推出首批4家股权分置改革试点公司到现在,股权分置改革已经基本结束。这意味着中国股市基本结束了股权分置的时代,标志着中国股市的全流通时代的到来。解决股权分置的过程实际上是中国证券市场走向市场化的过程,这个过程必然会使得我国证券市场机制进一步完善、证券市场将变得更为有效。

资料来源:根据《决策与信息(财经观察)》2005年5期相关资料整理。

四、股票的价值与价格

(一)股票的价值

1. 股票的票面价值

股票的票面价值又被称为"面值",即在股票票面上标明金额。该种股票被称为"有面额股票"。票面价值代表了每一份股份占总股份的比例,在确定股东权益时有一定的意义。如果以面值作为发行价,被称为"平价发行",此时公司发行股票募集的资金等于面值总和;发行价格高于面值被称为"溢价发行",募集的资金中等于面值总和的部分计入资本账户,以超过股票票面金额的发行价格发行股份所得的溢价款计入资本公积金账户。

2. 股票的账面价值

股票的账面价值又被称为"股票净值"或"每股净资产",在没有优先股的条件下,每股账面价值等于公司净资产除以已发行在外的普通股票的股数。从会计角度说,公司净资产是公司资产总额减去负债总额后的净值,等于股东权益价值。股票账面价值的高低对股票交易价格有重要影响,但通常并不等于股票的市场价格。

3. 股票的内在价值

股票的内在价值即理论价值,也即股票未来收益的现值。股票的内在价值决定股票的市场价格,股票的市场价格总是围绕其内在价值波动。但由于未来收益及市场利率的不确定性,各种价值模型计算出来的内在价值只是股票真实的内在价值的估计值。经济形势的变化、宏观经济政策的调整、供求关系的变化等都会影响上市公司未来的收益,引起股票内在价值的变化。

4. 股票的清算价值

股票的清算价值是公司清算时每一股份所代表的实际价值。从理论上说,股票的清算价值应与账面价值一致,实际上并非如此。在公司清算时,其资产往往只能压低价格出售,再加上必要的清算费用,所以大多数公司的实际清算价值低于其账面价值。

(二)股票的价格

1. 股票的理论价格

股票价格是指股票在证券市场上买卖的价格。从理论上说,股票价格应由其价值决定。而股票只是一张资本凭证,本身并没有价值。股票之所以有价格,是因为它代表着收益的价值,即能给它的持有者带来股息红利。人们之所以愿意购买股票和其他证券,是因为它能够为它的持有人带来预期收益。因此,它的价值取决于未来收益的大小。

股票及其他有价证券的理论价格是根据现值理论计算而来的,即以一定的必要收益率计算出未来收入的现值。可以认为,股票的未来股息收入、资本利得收入是股票的未来收益,亦可被称为"期值"。将股票的期值按必要收益率和有效期限折算成今天的价值,即为股票的现值。

2. 股票的市场价格

股票的市场价格一般是指股票在二级市场上交易的价格。股票的市场价格由股票的价值决定,但同时也受许多其他因素的影响。其中,供求关系是最直接的影响因素,其他因素都是通过作用于供求关系来影响股票的价格。

五、股票的估值

(一)股息贴现评估法

该法的基本依据是股票内在价值是由持有该股票未来收益决定的,据此可推导出股息贴现基本模型:

$$P = \frac{D_1}{(1+r)^1} + \frac{D_2}{(1+r)^2} + \cdots + \frac{D_n}{(1+r)^n} = \sum_{t=1}^{\infty} \frac{D_t}{(1+r)^t} \quad (2-1)$$

式(2-1)中:P 为股票理论价值;D_t 为每股股息(现金流);r 为贴现率(必要收益率)。

由于股息分配不确定,须对未来收益做不同的预期假设,从而估算出不同股息增长条件下的股票理论价值。常用的有股息零增长模型、股息固定增长模型、股息非固定增长模型三种。

1. 股息零增长模型

假设公司各期支付的股息为一固定常数,即 $D_1=D_2=D_3=\cdots=D_n=D_0=$ 常数,代入式(2-1)可推导出股息零增长股票定价模型:

$$P = \sum_{t=1}^{\infty} \frac{D_t}{(1+r)^t} = \frac{D_0}{1+r} + \frac{D_0}{(1+r)^2} + \frac{D_0}{(1+r)^3} + \cdots + \frac{D_0}{(1+r)^t}$$

$$= \frac{D_0}{1+r}\left[1 + \frac{1}{1+r} + \frac{1}{(1+r)^2} + \cdots + \frac{1}{(1+r)^{t-1}}\right] = \frac{D_0}{1+r} \times \frac{1+r}{r} = \frac{D_0}{r} \quad (2-2)$$

2. 股息固定增长模型

假设股息按照一个固定增长率增长,即 $D_t = D_0(1+g)^t$,代入式(2-1)可推导出股息固定增长股票定价模型:

$$P = \sum_{t=1}^{\infty} \frac{D_0(1+g)^t}{(1+r)^t} = \frac{D_0(1+g)}{(1+r)}\left[1 + \frac{1+g}{1+r} + \left(\frac{1+g}{1+r}\right)^2 + \cdots + \left(\frac{1+g}{1+r}\right)^{t-1}\right]$$

$$= \frac{D_0(1+g)}{(1+r)} \times \frac{1}{1-\frac{1+g}{1+r}} = \frac{D_0(1+g)}{(r-g)}(r>g) = \frac{D_1}{r-g} \quad (2-3)$$

式(2-3)中:g 为固定增长率;t 取 $1,2,3,\cdots,n$。

若持有期限无限长,且 $g>r$,则公式为发散性的,现值不存在。另根据式(2-3)可得出任何时点下的股价 P_t,即

$$P_t = \frac{D_{t+1}}{r-g} \tag{2-4}$$

3. 股息非固定增长模型

假设股息在 m 年内按照一个固定增长率 g_1 增长，m 年后按照另一个固定增长率 g_2 增长，当 $0<t\leqslant m$ 时，$D_t=D_0(1+g_1)^t$；当 $m<t<+\infty$ 时，$D_t=D_m(1+g_2)^t$。代入式(2-1)和式(2-4)可推导出股息非固定增长股票定价模型：

$$P = \sum_{t=1}^{m} \frac{D_t}{(1+r)^t} + \sum_{t=m+1}^{\infty} \frac{D_t}{(1+r)^t} = \sum_{t=1}^{m} \frac{D_t}{(1+r)^t} + \frac{D_{m+1}}{(r-g_2)(1+r)^m} \tag{2-5}$$

(二) 价格—收益比评估法

该法的基本依据是投资本金回收周期的长短，即将股价与收益作比较来判断该股是否具有投资价值，也可称为市盈率评估法。市盈率越高，说明投资回收周期越长。

这种方法的优点在于计算简便，不足之处在于：

(1) 对市盈率高低的看法。市盈率低说明对于同样的企业盈利水平，投资成本相对低，对购买者有利；市盈率高反映了投资者对企业未来盈利能力的预期。

(2) 利率对市盈率影响大。当预测经济进入衰退期时，市盈率高而受周期影响小的股票反而对投资者有利。

价格—收益比基本模型为：

$$股价 = 每股净利润 \times 市盈率 \tag{2-6}$$

通过预测每股净利润和市盈率来进行股票估值。对市盈率的预测一般利用历年市盈率变化数据取平均市盈率作为参考。例如，一家准备上市的公司税后利润为 1 亿元，预发行 5000 万股，该公司同类上市公司的平均市盈率约为 15 倍，则每股净利润为 2 元，故发行价格估计为 30 元。

第二节 债 券

一、债券的内涵

(一) 债券的定义

债券是一种有价证券，是社会各类经济主体为筹集资金而向债券投资者出具的、承诺按一定利率定期支付利息并到期偿还本金的债权债务凭证。债券所规定的资金借贷双方的权责关系主要有：① 所借贷货币资金的数额。② 借贷的时间。③ 在借贷时间内的资金成本或应有的补偿(即债券的利息)。

债券所规定的借贷双方的权利义务关系包含四个方面的含义：① 发行人是借入资金的

经济主体。② 投资者是出借资金的经济主体。③ 发行人必须在约定的时间付息还本。④ 债券反映了发行者和投资者之间的债权债务关系,是这一关系的法律凭证。

债券有以下基本性质:

1. 债券属于有价证券

首先,债券反映和代表一定的价值。债券本身有一定的面值,通常它是债券投资者投入资金的量化表现;另外,持有债券可按期取得利息,利息也是债券投资者收益的价值表现。其次,债券与其代表的权利联系在一起,拥有债券就拥有了债券所代表的权利,转让债券也就将债券代表的权利一并转移。

2. 债券是一种虚拟资本

债券尽管有面值,代表了一定的财产价值,但它也只是一种虚拟资本,而非真实资本。因为债券的本质是证明债权债务关系的证书,在债权债务关系建立时所投入的资金已被债务人占用,债券是实际运用的真实资本的证书。债券的流动并不意味着它所代表的实际资本也同样流动,债券独立于实际资本之外。

3. 债券是债权的表现

债券代表债券投资者的权利,这种权利不是直接支配财产权,也不以资产所有权表现,而是一种债权。拥有债券的是债权人,债权人不同于公司股东,是公司的外部利益相关者。

(二) 债券的基本特征

1. 偿还性

偿还性是指债券有规定的偿还期限,债务人必须按期向债权人支付利息和偿还本金。债券的偿还性使资金筹措者不能无限期地占用债券购买者的资金,换言之,他们之间的借贷经济关系将随偿还期结束、还本付息手续完毕而不复存在。

2. 流动性

流动性是指债券持有人可按需要和市场的实际状况,灵活地转让债券,以提前收回本金和实现投资收益。流动性首先取决于市场为转让所提供的便利程度;其次取决于债券在迅速转变为货币时,是否在以货币计算的价值上蒙受损失。

3. 安全性

安全性是指债券持有人的收益相对稳定,不随发行者经营收益的变动而变动,并且可按期收回本金。一般来说,具有高度流动性的债券同时也是较安全的,因为它不仅可以迅速地转换为货币,而且还可以按一个较稳定的价格转换。债券不能收回投资的风险有两种情况:第一,债务人不履行债务,即债务人不能按时足额按约定的利息支付或者偿还本金。第二,债券在流通市场上转让时因价格下跌而承受损失。

4. 收益性

收益性是指债券能为投资者带来一定的收入,即债券投资的报酬。在实际经济活动中,债券收益可以表现为三种形式:一是利息收入,即债权人在持有债券期间按约定的条件分期、分次取得利息或者到期一次取得利息。二是资本损益,即债权人到期收回的本金与买入债券或中途卖出债券与买入债券之间的价差收入。三是再投资收益,即投资债券所获现金流量再投资的利息收入。

二、债券的类型

（一）按发行主体分类

1. 政府债券

政府债券的发行主体是政府，它是指政府财政部门或其他代理机构为筹集资金，以政府名义发行的、承诺在一定时期支付利息和到期还本的债务凭证。

政府债券的性质主要从两个方面考察：第一，从形式上看，政府债券也是一种有价证券，它具有债券的一般性质。第二，从功能上看，政府债券最初仅是政府弥补赤字的手段，但在现代商品经济条件下，政府债券已成为政府筹集资金、扩大公共开支的重要手段，并且逐渐成为国家实施宏观经济政策、进行宏观调控的工具。

政府债券一般具有以下特征：

（1）安全性高。政府债券是政府发行的债券，由政府承担还本付息的责任，是国家信用的体现。在各类债券中，政府债券的信用等级是最高的，通常被称为"金边债券"。

（2）流通性强。政府债券是一国政府的债务，它的发行量一般都非常大，同时，由于政府债券的信用好、竞争力强，一般不仅允许在证券交易所上市交易，还允许在场外市场进行买卖。发达的二级市场为政府债券的转让提供了方便，使其流通性大大增强。

（3）收益稳定。政府债券的付息由政府保证，其信用度最高，风险最小，对于投资者来说，投资政府债券的收益是比较稳定的。

（4）免税待遇。政府债券是政府自己的债务，为了鼓励人们投资政府债券，大多数国家规定，对于购买政府债券所获得的收益，可以享受免税待遇。

根据发行主体的不同，政府债券可分为中央政府债券和地方政府债券。中央政府债券也被称为"国家债券"或"国债"。国债发行量大、品种多，是政府债券市场上最主要的融资和投资工具。习惯上把国债分为短期国债、中期国债和长期国债。短期国债一般指偿还期限为1年或1年以内的国债，具有周期短及流动性强的特点。中期国债是指偿还期限在1年以上10年以下的国债。政府发行中期国债筹集的资金或用于弥补赤字，或用于投资，不再用于临时周转。长期国债是指偿还期限在10年或10年以上的国债。长期国债由于期限长，政府短期内无偿还的负担，而且可以较长时间占用国债认购者的资金，所以常被用作政府投资的资金来源。地方政府债券是由地方政府发行并负责偿还的债券，简称"地方债券"，也被称为"地方公债"或"地方债"。地方政府债券是地方政府根据本地区经济发展和资金需求状况，以承担还本付息责任为前提，向社会筹集资金的债务凭证。地方政府债券按资金用途和偿还资金来源分类，通常可以分为一般责任债券（普通债券）和专项债券（收入债券）。一般责任债券（普通债券）是指地方政府为缓解资金紧张或解决临时经费不足而发行的债券，不与特定项目相联系，其还本付息得到发行政府信誉和税收的支持，发行一般必须经当地议会表决或全体公民表决同意。专项债券（收入债券）是指为筹集资金建设某项具体工程而发行的债券，与特定项目或部分特定税收相联系，其还本付息来自投资项目的收益、收费及政府特定的税收或补贴。大部分专项债券（收入债券）是用来为政府拥有的公用事业和准公用事业等项目筹资。

2. 金融债券

金融债券是指银行及非银行金融机构依照法定程序发行并约定在一定期限内还本付息的有价证券。金融机构一般有雄厚的资金实力,信用度较高,因此,金融债券往往也有良好的信誉。银行和非银行金融机构是社会信用的中介,它们的资金来源主要靠吸收公众存款和金融业务收入。它们发行债券的目的主要有:筹资用于某种特殊用途;改变本身的资产负债结构。对于金融机构来说,吸收存款和发行债券都是它的资金来源,构成了它的负债。存款的主动性在存款户,金融机构只能通过提供服务条件来吸引存款,而不能完全控制存款,是被动负债;发行债券则是金融机构的主动负债,金融机构有更大的主动权和灵活性。金融债券的期限以中期较为多见。

3. 公司债券

公司债券是公司依照法定程序发行、约定在一定期限还本付息的有价证券。公司债券的发行主体是股份公司,但有些国家也允许非股份制企业发行债券。所以,归类时,可将公司债券和企业发行的债券合在一起,称为"公司(企业)债券"。公司发行债券的目的主要是为了满足经营需要。由于公司的情况千差万别,有些经营有方、实力雄厚、信誉高,也有一些经营较差,可能处于倒闭的边缘。因此,公司债券的风险性相对于政府债券和金融债券要大一些。公司债券有中长期的,也有短期的,视公司的需要而定。

常见的公司债券,有以下几种:

(1)信用公司债券。信用公司债券是一种不以公司任何资产作担保而发行的,属于无担保证券范畴。公司债券的信用状况要比政府和金融机构差,所以,大多数公司发行债券被要求提供某种形式的担保。但少数大公司经营良好,信誉卓著,也发行信用公司债券。信用公司债券的发行人实际上是将公司信誉作为担保。

(2)不动产抵押公司债券。不动产抵押公司债券是以公司的不动产(如房屋、土地等)作抵押而发行的债券,是抵押证券的一种。公司以这种财产的房契或地契作抵押,如果发生了公司不能偿还债务的情况,抵押的财产将被出售,所得款项用来偿还债务。

(3)保证公司债券。保证公司债券是公司发行的由第三者作为还本付息担保人的债券,是担保证券的一种。担保人是发行人以外的其他人(或被称为"第三者"),如政府、信誉好的银行或举债公司的母公司等。

(4)收益公司债券。收益公司债券是一种具有特殊性质的债券,即其利息只在公司有盈利时才支付,即发行公司的利润扣除各项固定支出后的余额用作债券利息的来源。如果余额不足支付,未付利息可以累加,待公司收益增加后再补发。

(5)可转换公司债券。可转换公司债券是指发行人依照法定程序发行、在一定期限内依据约定的条件可以转换成股份的公司债券。这种债券附加转换选择权,在转换前是公司债券形式,转换后相当于增发了股票。可转换公司债券兼有债权投资和股权投资的双重优势。

(6)附认股权证的公司债券。附认股权证的公司债券是公司发行的一种附有认购该公司股票权利的债券。这种债券的购买者可以按预先规定的条件在公司发行股票时享有优先购买权。

(二)按付息方式分类

1. 零息债券

零息债券又被称为"贴现债券"或"贴水债券",是指在票面上不规定利率,发行时按某一折扣率,以低于票面金额的价格发行,发行价与票面金额之差额相当于预先支付的利息,到期时按面额偿还本金的债券。

2. 附息债券

附息债券的合约中明确规定,在债券存续期内,对持有人定期支付利息(通常每半年或每年支付一次)。按照计息方式的不同,这类债券还可细分为固定利率债券和浮动利率债券两大类。固定利率债券是在债券存续期内票面利率不变的债券。浮动利率债券是在票面利率的基础上参照预先确定的某一基准利率予以定期调整的债券。有些附息债券可以根据合约条款推迟支付定期利息,故被称为"缓息债券"。

3. 一次还本付息债券

一次还本付息债券与附息债券相似,这类债券也规定了票面利率,但是,债券持有人必须在债券到期时一次性获得本息,存续期间没有利息支付。

(三)按募集方式分类

1. 公募债券

公募债券是指发行人向不特定的社会公众投资者公开发行的债券。公募债券的发行量大,持有人数众多,可以在公开的证券市场上市交易,流动性好。

2. 私募债券

私募债券是指向特定的投资者发行的债券。私募债券的发行对象一般是特定的机构投资者。2011年4月29日,中国银行间市场交易商协会制定的《银行间债券市场非金融企业债务融资工具非公开定向发行规则》正式发布实施,我国非金融企业已可以发行私募债券。

(四)按债券形态分类

1. 实物债券

实物债券是一种具有标准格式实物券面的债券。在标准格式的债券券面上,一般印有债券面额、债券利率、债券期限、债券发行人全称、还本付息方式等各种债券票面要素。有时债券利率、债券期限等要素也可以通过公告向社会公布,而不在债券券面上注明。例如,无记名国债就属于这种实物债券,它以实物券的形式记录债权、面值等,不记名,不挂失,可上市流通。

2. 凭证式债券

凭证式债券的形式是债权人认购债券的一种收款凭证,而不是债券发行人制定的标准格式的债券。券面上不印制票面金额,而是根据认购者的认购额填写实际的缴款金额,是一种国家储蓄债,可记名、挂失,以凭证式国债收款凭证记录债权,不能上市流通,从购买之日起计息。

3. 记账式债券

记账式债券是没有实物形态的票券,利用证券账户通过电脑系统完成债券发行、交易及兑付的全过程。投资者进行记账式债券买卖,必须在证券交易所设立账户。记账式国债可以记名、挂失,安全性较高。

三、债券的票面要素

(一)债券的票面价值

债券的票面价值是债券票面标明的货币价值,是债券发行人承诺在债券到期日偿还给债券持有人的金额。在债券的票面价值中,要首先规定币种和票面金额。

1. 规定票面价值的币种

规定票面价值的币种也就是以何种货币作为债券价值的计量标准。确定币种主要考虑债券的发行对象。一般来说,在本国发行的债券通常以本国货币作为面值的计量单位;在国际金融市场筹资,则通常以债券发行地所在国家的货币或以国际通用货币为计量标准。

2. 规定债券的票面金额

规定债券的票面金额票面金额大小不同,可以适应不同的投资对象,同时也会产生不同的发行成本。票面金额定得较小,有利于小额投资者购买,持有者分布面广,但债券本身的印刷及发行工作量大,费用可能较高;票面金额定得较大,有利于少数大额投资者认购,且印刷费用等也会相应减少,但使小额投资者无法参与。因此,债券票面金额的确定也要根据债券的发行对象、市场资金供给情况及债券发行费用等因素综合考虑。

(二)债券的到期期限

债券到期期限是指债券从发行之日起至偿清本息之日止的时间,也是债券发行人承诺履行合同义务的全部时间。各种债券有不同的偿还期限,短则几个月,长则几十年,习惯上有短期债券、中期债券和长期债券之分。发行人在确定债券期限时,要考虑多种因素的影响,主要有:

1. 资金使用方向

债务人借入资金可能是为了弥补临时性资金周转之短缺,也可能是为了满足对长期资金的需求。在前者情况下可以发行短期债券,在后者情况下可以发行中长期债券。这样安排的好处是既能保证发行人的资金需要,又不因占用资金时间过长而增加利息负担。

2. 市场利率变化

债券偿还期限的确定应根据对市场利率的预期,相应选择有助于减少发行者筹资成本的期限。一般来说,当未来市场利率趋于下降时,应选择发行期限较短的债券,可以避免市场利率下跌后仍须支付较高的利息;而当未来市场利率趋于上升时,应选择发行期限较长的债券,这样能在市场利率趋高的情况下保持较低的利息负担。

3. 债券的变现能力

这一因素与债券流通市场发育程度有关。如果流通市场发达,债券容易变现,长期债券较能被投资者接受;如果流通市场不发达,投资者买了长期债券而又急需资金时不易变现,长期债券的销售就可能不如短期债券。

(三)债券的票面利率

债券票面利率也被称为"名义利率",是债券年利息与债券票面价值的比率,通常年利率用百分数表示。利率是债券票面要素中不可缺少的内容。

在实际经济生活中,债券利率有多种形式,如单利、复利和贴现利率等。债券利率亦受很多因素影响,主要有:

1. 借贷资金市场利率水平

市场利率较高时,债券的票面利率也相应较高,否则,投资者会选择其他金融资产投资而舍弃债券;反之,市场利率较低时,债券的票面利率也相应较低。

2. 筹资者的资信

如果债券发行人的资信状况好,债券信用等级高,投资者的风险小,债券票面利率可以定得比其他条件相同的债券低一些;如果债券发行人的资信状况差,债券信用等级低,投资者的风险大,债券票面利率就需要定得高一些。此时的利率差异反映了信用风险的大小,高利率是对高风险的补偿。

3. 债券期限长短

一般来说,期限较长的债券流动性差,风险相对较大,票面利率应该定得高一些;而期限较短的债券流动性强,风险相对较小,票面利率就可以定得低一些。但是,债券票面利率与期限的关系较复杂,它们还受其他因素的影响,所以有时也会出现短期债券票面利率高而长期债券票面利率低的现象。

(四)债券发行者名称

这一要素指明了该债券的债务主体,既明确债券发行人应履行对债权人偿还本息的义务,也为债权人到期追索本金利息提供了依据。

需要说明的是,以上四个要素虽然是债券票面的基本要素,但它们不一定要在债券票面上印制出来。在许多情况下,债券发行者是以公布条或公告形式向社会公开宣布某债券的期限与利率,只要发行人具备良好信誉,投资者也会认可接受。

此外,债券票面上有时还包含一些其他要素,例如,有的债券具有分期偿还的特征,在债券的票面上或发行公告中附有分期偿还时间表;有的债券附有一定的选择权,即发行契约中赋予债券发行人或持有人具有某种选择的权利,包括赎回选择权、出售选择权、可转换选择权、新股认购权等。

四、债券的估值

债券理论价值是债券的未来预期现金流(利息收入和资本利得收入)按一定贴现率折算成的现值,实质上是投资者为得到未来收益而在当前愿支付的价格。据此,可推导出债券估值的一般模型:

$$PV = \sum_{t=1}^{n} \frac{D_t}{(1+i)^t} + \frac{F}{(1+i)^n} \qquad (2-7)$$

式(2-7)中:PV 为债券理论价格;D_t 为利息;F 为债券面值;R 为债券票面利率;i 为贴现率;n 为期限。

考虑到债券付息方式有所不同,故对于不同付息类型的债券,估值模型有所不同,常见的有零息债券定价模型、一次还本付息债券定价模型和附息债券定价模型三种,下面按复利计息方式分别给予列示。

（一）零息债券定价模型

假设债券为零息债券,在债券存续期内不支付利息,到期也不支付利息,只是按照债券面值金额到期支付本金,则 $D_1 = D_2 = D_3 = \cdots = D_n = 0$,代入式(2-7),可得零息债券定价模型:

$$PV = \frac{F}{(1+i)^n} \qquad (2-8)$$

（二）一次还本付息债券定价模型

假设债券为一次还本付息债券,在债券存续期内不支付利息,到期一次性支付利息和本金,则 $D_1 = D_2 = D_3 = \cdots = D_{n-1} = 0, D_n = F[(1+R)^n - 1]$,代入式(2-7),可得一次还本付息债券定价模型:

$$PV = \frac{F(1+R)^n}{(1+i)^n} \qquad (2-9)$$

（三）附息债券定价模型

假设债券为附息债券,在债券存续期内定期支付利息,到期支付本金,若债券按年付息,则 $D_t = F \times R$,代入式(2-7),可得按年付息的债券定价模型:

$$PV = \sum_{t=1}^{n} \frac{R \times F}{(1+i)^t} + \frac{F}{(1+i)^n} \qquad (2-10)$$

若债券按季付息,则 $D_t = F \times \frac{R}{4}$,贴现率为 $\frac{i}{4}$,代入式(2-7),可得按季付息的债券定价模型:

$$PV = \sum_{t=1}^{4n} \frac{\frac{R}{4} \times F}{\left(1+\frac{i}{4}\right)^t} + \frac{F}{\left(1+\frac{i}{4}\right)^{4n}} \qquad (2-11)$$

第三节　证券投资基金

一、证券投资基金概述

（一）证券投资基金的内涵

证券投资基金是指通过公开发售基金份额募集基金,由基金托管人托管,由基金管理人管理和运用资金,为基金份额持有人的利益,以资产组合方式进行证券投资的一种利益共享、风险共担的集合投资方式。

作为一种大众化的信托投资工具,各国对证券投资基金的称谓不尽相同,如美国称共同基金,英国和我国香港地区称单位信托基金,日本和我国台湾地区则称证券投资信托基金等。

证券投资基金之所以在许多国家受到投资者的广泛欢迎,发展迅速,与证券投资基金本身的特点有关。作为一种现代化投资工具,证券投资基金所具备以下特点:

1. 集合理财、专业管理

基金的特点是将众多投资者的资金汇集起来,委托基金管理人进行共同投资,以谋取资产的增值,表现出集合理财的特点。基金管理人一般拥有大量的专业投资研究人员和强大的信息网络,能够更加专业地对证券市场进行全方位的研究和分析,从而表现出专业管理的特点。对于那些没有时间,或者对市场不太熟悉的中小投资者来说,投资于基金可以分享基金管理人在市场信息、投资经验、金融知识和操作技术等方面所拥有的优势,从而尽可能地避免盲目投资带来的失误。

2. 组合投资、分散风险

在投资活动中,为降低风险,"不能将鸡蛋放在一个篮子里",要科学地进行组合投资。一些国家的法律通常规定基金必须以组合投资的方式进行基金的投资运作,从而使"组合投资、分散风险"成为基金的一大特色。但是,要实现投资资产的多样化,需要一定的资金实力。对小额投资者而言,由于资金有限,很难做到这一点,而基金则可以帮助中小投资者解决这个困难,即可以凭借其集中的巨额资金,在法律规定的投资范围内进行科学的组合,分散投资于多种证券,实现资产组合多样化。

3. 严格监管、信息透明

为保护投资者利益,增强投资者对基金投资的信心,各国基金监管机构都对基金业实行严格的监管,对各种有损于投资者利益的行为进行严厉的打击,并强制基金进行及时、准确、充分的信息披露。

4. 独立托管、保障安全

基金管理人负责基金的投资操作,但并不参与基金财产的保管,基金财产的保管由独立于基金管理人的基金托管人负责,这种相互制约、相互监督的制衡机制为投资者的利益提供了重要的保障。

(二)证券投资基金的作用

1. 为中小投资者拓宽了投资渠道

对中小投资者来说,存款或购买债券较为稳妥,但收益率较低;投资于股票有可能获得较高收益,但风险较大。证券投资基金作为一种新型的投资工具,将众多投资者的小额资金汇集起来进行组合投资,由专家来管理和运作,经营稳定,为中小投资者提供了较为理想的间接投资工具,大大拓宽了中小投资者的投资渠道。

2. 有利于证券市场的稳定和发展

第一,基金由专业投资人士经营管理,其投资经验比较丰富,收集和分析信息的能力较强,投资行为相对理性,客观上能起到稳定市场的作用。同时,基金一般注重资本的长期增长,多采取长期的投资行为,较少在证券市场上频繁进出,能减少证券市场的波动。第二,基金作为一种主要投资于证券市场的金融工具,它的出现和发展扩大了证券市场的交易规模,起到了丰富和活跃证券市场的作用。

（三）证券投资基金与股票、债券的区别

1. 反映的经济关系不同

股票反映的是所有权关系，债券反映的是债权债务关系，而基金反映的是信托关系。

2. 筹集资金的投向不同

股票和债券属于直接投资工具，所筹集的资金主要投向实业，而基金是间接投资工具，所筹集的资金主要投向证券市场。

3. 收益与风险不同

股票价格波动比较频繁，且幅度较大，损益的不确定性强，故风险较大，债券由于事先确定利率，故风险较小，而基金由于投资于有价证券，且为组合投资方式，故收益可能高于债券，又可能低于股票。

二、证券投资基金的类型

（一）按基金运作方式不同分类

证券投资基金按动作方式不同，可分为封闭式基金和开放式基金。

1. 封闭式基金

封闭式基金是指基金份额总额在基金合同期限内固定不变，基金份额可以在依法设立的证券交易所交易，但基金份额持有人不得申请赎回的基金。由于封闭式基金在封闭期内不能追加认购或赎回，投资者只能通过证券经纪商在二级市场上进行基金的买卖。封闭式基金的期限是指基金的存续期，即基金从成立日起到终止日之间的时间。决定基金期限长短的因素主要有两个：一是基金本身投资期限的长短。一般来说，如果基金的目标是进行中长期投资，其存续期就可长一些；如果基金的目标是进行短期投资，其存续期就可短一些。二是宏观经济形势。一般来说，如果经济稳定增长，基金存续期就可长一些，否则应相对短一些。当然，在现实中，存续期还应依据所在国家或地区的法律法规规定以及基金发起人和众多投资者的要求来确定。

2. 开放式基金

开放式基金是指基金份额总额不固定，基金份额可以在基金合同约定的时间和场所申购或者赎回的基金。为了满足投资者赎回资金、实现变现的要求，开放式基金一般都从所筹资金中拨出一定比例，以现金形式保持这部分资产。这虽然会影响基金的盈利水平，但作为开放式基金来说是必需的。

3. 封闭式基金与开放式基金的区别

（1）期限不同。封闭式基金一般有固定的存续期，通常在 5 年以上，经受益人大会通过并经监管机构同意可以适当延长期限。目前，我国封闭式基金的存续期大多在 15 年左右。开放式基金一般没有固定期限。

（2）份额限制不同。封闭式基金的基金份额是固定的，在封闭期限内未经法定程序认可不能增减。开放式基金的基金份额不固定，投资者可随时提出申购或赎回申请，基金规模随之增加或减少。

（3）交易方式不同。封闭式基金的基金份额在封闭期限内不能赎回，持有人只能在证

券交易场所出售给第三者,交易在基金投资者之间完成。开放式基金的投资者则可以在基金合同规定的时间和地点,随时向基金管理人或其销售代理人提出申购或赎回申请,交易在投资者与基金管理人或其销售代理人之间进行。

(4) 交易价格形成方式不同。封闭式基金的交易价格受市场供求关系的影响,常出现溢价或折价现象,并不必然反映单位基金份额的净资产值。开放式基金的交易价格则取决于基金份额净资产值的大小,不直接受市场供求影响。

(5) 份额资产净值公布的时间不同。封闭式基金一般每周或更长时间公布一次,开放式基金一般在每个交易日连续公布。

(6) 投资策略不同。封闭式基金在封闭期内基金规模不会减少,因此可进行长期投资,基金资产的投资组合能有效地在预定计划内进行。开放式基金因基金份额可随时赎回,为应付投资者随时赎回兑现,所募集的资金不能全部用来投资,更不能把全部资金用于长期投资,必须保持基金资产的流动性,在投资组合上须保留一部分现金和高流动性的金融工具。

(7) 激励约束机制不同。封闭式基金份额固定,基金管理人不会在经营和流动性管理上面临直接的压力。开放式基金可随时申购、赎回,业绩表现对基金管理人的管理费收入、流动性管理带来直接的影响,故对基金管理人的激励约束要大于封闭式基金。

(二) 按基金的组织形式不同分类

证券投资基金按组织形式不同,可分为契约型基金和公司型基金。

1. 契约型基金

契约型基金是依据基金合同而设立的一类基金,是指将投资者、管理人、托管人三者作为信托关系的当事人,通过签订基金契约的形式向投资者发行受益凭证的基金。契约型基金是基于信托原理而组织起来的代理投资方式,没有基金章程,也没有公司董事会,而是通过基金契约来规范三方当事人的行为。目前我国的基金全部是契约型基金。

2. 公司型基金

公司型基金是依据基金公司章程设立,在法律上具有独立法人地位的股份投资公司。公司型基金以发行股份的方式募集资金,投资者购买基金公司的股份后,以基金持有人的身份成为投资公司的股东,凭其持有的股份依法享有投资收益。公司型基金在组织形式上与股份有限公司类似,由股东选举董事会,由董事会选聘基金管理公司,基金管理公司负责管理基金的投资业务。

3. 契约型基金与公司型基金的区别

(1) 法律主体资格不同。契约型基金通过签订契约设立,不具有法人资格。公司型基金设立程序类似于一般股份公司,基金本身为独立法人机构,具有法人资格。

(2) 投资者的地位不同。契约型基金的投资者购买取得基金份额后成为基金份额持有人,投资者既是基金的委托人,又是基金的受益人。公司型基金的投资者购买基金公司的股票后成为该公司的股东,对基金运作的影响比契约型基金的投资者大。

(3) 基金的营运依据不同。契约型基金依据基金合同运营基金,公司型基金依据基金公司章程运营基金。

(三) 按投资标的划分

证券投资基金按投资标的划分,可分为债券基金、股票基金、货币市场基金、混合基金和衍生证券投资基金。

1. 债券基金

债券基金是一种以债券为主要投资对象的证券投资基金。在我国，根据《证券投资基金运作管理办法》的规定，80%以上的基金资产投资于债券的，为债券基金。由于债券的年利率固定，因而这类基金的风险较低，适合于稳健型投资者。债券基金的收益会受市场利率的影响，当市场利率下调时，其收益会上升；反之，若市场利率上调，其收益将下降。

2. 股票基金

股票基金是指以股票为主要投资对象的证券投资基金。在我国，根据《证券投资基金运作管理办法》的规定，60%以上的基金资产投资于股票的，为股票基金。股票基金是最重要的基金品种，它的优点是资本的成长潜力较大，投资者不仅可以获得资本利得，还可以通过它将较少的资金投资于各类股票，从而实现在降低风险的同时保持较高收益的投资目标。

3. 货币市场基金

货币市场基金是以货币市场工具为投资对象的一种基金，其投资对象期限较短，一般在1年以内，包括银行短期存款、国库券、公司短期债券、银行承兑票据及商业票据等货币市场工具。根据《证券投资基金运作管理办法》的规定，仅投资于货币市场工具的基金，为货币市场基金。货币市场基金的优点是资本安全性高，购买限额低，流动性强，收益较高，管理费用低，有些还不收取赎回费。因此，货币市场基金通常被认为是低风险的投资工具。

4. 混合基金

混合基金是指以股票、债券和货币市场工具为主要投资对象，且投资股票和债券的比例不符合股票基金、债券基金规定的一种基金。混合基金的特点是以期通过在不同资产类别上的投资实现收益与风险之间的平衡。

5. 衍生证券投资基金

衍生证券投资基金是一种以衍生证券为投资对象的基金，包括期货基金、期权基金、认股权证基金等。这种基金风险大，因为衍生证券一般是高风险的投资品种。

（四）按投资目标划分

证券投资基金按投资目标划分，可分为成长型基金、收入型基金和平衡型基金。

1. 成长型基金

成长型基金是指以追求资本增值为基本目标，较少考虑当期收入的基金。为了达到这一目标，基金管理人通常将基金资产投资于信誉度较高、有长期成长前景或长期盈余的成长公司的股票。

2. 收入型基金

收入型基金是指以追求稳定的经常性收入为基本目标的基金，主要投资对象是大盘蓝筹股、债券和优先股。股票收入型基金的成长潜力比较大，但易受股市波动的影响。债券收入型基金尽管收益率较高，但长期成长的潜力很小，而且当市场利率波动时，基金份额净值易受到影响。

3. 平衡型基金

平衡型基金是指既注重资本增值又注重当期收入的一类基金，主要将资产分别投资于两种不同特性的证券上，在以取得收入为目的的债券及优先股和以资本增值为目的的普通股之间进行平衡。平衡型基金的优点是风险比较低，缺点是成长潜力不大。

(五)按投资理念的不同分类

证券投资基金按投资理念的不同,可分为主动型基金和被动型基金。

1. 主动型基金

主动型基金是指力图取得超越基准组合表现的基金。

2. 被动型基金

被动型基金一般选取特定指数作为跟踪对象,试图复制指数的表现,并不主动寻求取得超越市场的表现,因此通常又被称为"指数型基金"。根据复制方法的不同,可分为完全复制型和抽样复制型。完全复制型是依据构成指数的全部成分股在指数中所占权重进行构建的,抽样复制型是通过选取指数中部分有代表性的成分股,参照指数成分股在指数中的比重设计样本股的组合比例进行构建的。

(六)根据募集方式的不同分类

证券投资基金按募集方式的不同,可分为公募基金和私募基金。

1. 公募基金

公募基金是指可以面向社会公众公开发售的一类基金。具有募集对象不固定、投资金额要求低、受到的限制和约束较多等特点。

2. 私募基金

私募基金是指采取非公开的方式,面向特定投资者募集发售的一类基金。与公募基金相比,私募基金的投资风险较高,主要以具有较强风险承受能力的富裕阶层为目标客户;不能进行公开的发售和宣传推广;投资金额要求较高,投资者的资格和人数常常受到严格的限制等特点。

(七)特殊类型的基金

1. 系列基金

系列基金又称"伞型"基金,是指多个基金共用一个基金合同,子基金独立运作,子基金之间可以进行相互转换的一种基金结构形式。

2. 保本基金

保本基金是指通过采用投资组合保险技术,保证投资者在投资到期时至少能够获得投资本金或一定回报的证券投资基金。投资目标是在锁定下跌风险的同时力争有机会获得潜在的高回报。

国际上比较流行的投资组合保险策略主要有对冲保险策略与固定比例投资组合保险策略。其中,对冲保险策略主要依赖金融衍生产品实现投资组合价值的保本与增值;固定比例投资组合保险策略是一种通过比较投资组合现时净值与投资组合价值底线,动态调整风险资产与保本资产的比例,以兼顾保本和增值的保本策略。

3. 交易型开放式指数基金

交易型开放式指数基金又称为"交易所交易基金"(Exchange Traded Funds,简称ETF),是一种在交易所上市交易的、基金份额可变的一种开放式基金。

ETF结合了封闭式基金与开放式基金的运作特点:一方面可以像封闭式基金一样在交易所上市交易;另一方面又可以像开放式基金一样申购、赎回。不同的是,它的申购是用

ETF指定的一篮子股票换取ETF份额,赎回时也是换回相应的一篮子股票而不是现金。这种交易方式使该类基金实行一级市场与二级市场并存的交易制度,这种双重交易制度使ETF的二级市场价格不会过度偏离基金份额净值,因为一、二级市场的价差会产生套利机会,而套利交易会使二级市场价格恢复到基金份额净值附近,可有效防止类似封闭式基金的大幅折价现象。

【资料链接】2-2　　　　　　　　ETF的产生与发展

> 世界上第一只ETF是1993年在美国上市的SPDR,是由美国证券交易所的子公司PDR Services LLC和标准普尔存托凭证信托(Standard & Poor's Depositary, SP-DRs),以单位投资信托的形式发行的一个基于S&P 500指数的ETF。SPDR上市之后,迅速赢得了市场的追捧,并使ETF在欧美取得了蓬勃的发展。之后,又逐渐出现了一些新的ETF,如OPALS、MidCap SPDRs、WEBS、Diamond、Select Sector SPDRs、QQQ、iShares等。
>
> 美国另一只著名的ETF产品QQQ于1999年3月在美国交易所正式挂牌交易,标的指数为Nasdaq-100。由于当时Nasdaq市场非常火爆,该基金在上市后很快被市场接受,它在交易所挂牌的代号为QQQ,该名称简单易读,因此迅速被广大投资者广为流传,市场上通常将该基金称为QQQ。
>
> 自1998年后,ETF得到迅速发展,在2000年全年中,美国证券市场的ETF就从30只增加到80只,持有的资产从340亿美元增加到660亿美元。至今,美国证券市场已形成了著名的三大系列ETF成熟产品,即Street TRACK系列(道富)、iShares系列(巴克莱)、HOLDRs系列(美林)。
>
> 截至2004年6月,全球共有304只ETF产品,资产总值从1993年的8亿美元猛增到2464亿美元,10年间增长了308倍。
>
> ETF在美国的迅速发展,引起了世界其他主要基金市场的高度关注,他们纷纷展开ETF产品的研发工作,尝试开设ETF交易。特别是在亚太地区,近年来ETF从无到有得到迅猛发展。
>
> 1999年,我国香港第一只ETF盈富基金成立。该基金吸取了国际ETF的主要成功经验,并根据香港具体的金融背景进行了发行方式的创新。2003年6月,我国台湾地区的宝来投信与道富合作推出当地第一只ETF,初始基金资产为1.23亿美元,一年后,迅速猛增到13亿美元,增了10倍。此外,日本、韩国、新加坡、印度等地的ETF也在迅速发展,其中日本的规模仅次于美国,排在世界第二位。
>
> 2004年12月30日,我国华夏基金管理公司以上证50指数为模板,募集设立了"上证50交易型开放式指数证券投资基金"(简称50ETF),并于2005年2月23日在上海证券交易所上市交易,采用的是完全复制法。2006年2月21日,易方达深证"100ETF"正式发行,这是深圳证券交易所推出的第一只ETF。
>
> 资料来源:根据理财者网相关资料整理。

4. 上市开放式基金

上市开放式基金(Listed Open-ended Funds,简称LOF),是一种既可以在场外市场进行基金份额申购、赎回,又可以在场内市场(交易所)进行基金份额交易和基金份额申购或赎回的一种开放式基金。深圳证券交易所推出的 LOF 在世界范围内具有首创性,它是我国对证券投资基金的一种本土化创新。

与 ETF 相比较,LOF 具有可以采用指数型基金模式,也可以是主动管理型基金,申购和赎回均以现金进行,对申购和赎回没有规模上的限制,可以在交易所申购、赎回,也可以在代销网点进行等特点。

5. QDII 基金

QDII 是合格境内机构投资者(Qualified Domestic Institutional Investors)的英文缩写,是指在一国境内设立,经该国有关部门批准,可在境内募集资金(可以人民币、美元或其他主要外汇货币为计价货币募集)从事境外证券投资的基金。

QDII 基金不仅为国内投资者参与国际市场投资提供了便利,而且由于国际证券市场常常与国内证券市场具有较低的相关性,也为投资者降低组合投资风险提供了新的途径。

三、证券投资基金的投资政策

(一)证券投资基金的投资范围

我国《证券投资基金法》规定,基金财产应当用于下列投资:第一,上市交易的股票、债券;第二,国务院证券监督管理机构规定的其他证券品种。因此,证券投资基金的投资范围为股票、债券等金融工具。目前我国的基金主要投资于国内依法公开发行上市的股票、非公开发行股票、国债、企业债券和金融债券、公司债券、货币市场工具、资产支持证券、权证等。

根据《证券投资基金运作管理办法》及有关规定,基金投资应符合以下有关方面的规定:股票基金应有 60% 以上的资产投资于股票,债券基金应有 80% 以上的资产投资于债券;货币市场基金仅投资于货币市场工具,不得投资于股票、可转换债券、剩余期限超过 397 天的债券、信用等级在 AAA 级以下的企业债券、国内信用等级在 AAA 级以下的资产支持证券、以定期存款利率为基准利率的浮动利率债券;基金不得投资于有锁定期但锁定期不明确的证券。货币市场基金、中短债基金不得投资于流通受限证券。封闭式基金投资于流通受限证券的锁定期不得超过封闭式基金的剩余存续期;基金投资的资产支持证券必须在全国银行间债券交易市场或证券交易所交易。

(二)证券投资基金的投资限制

对基金投资进行限制的主要目的,一是引导基金分散投资,降低风险;二是避免基金操纵市场;三是发挥基金引导市场的积极作用。

目前,对证券投资基金的限制主要包括对基金投资范围的限制、投资比例的限制等方面。按照《证券投资基金法》和其他相关法规的规定,基金财产不得用于下列投资或者活动:承销证券;向他人贷款或者提供担保;从事承担无限责任的投资;买卖其他基金份额,但是国务院另有规定的除外;向其基金管理人、基金托管人出资或者买卖其基金管理人、基金托管人发行的股票或者债券;买卖与其基金管理人、基金托管人有控股关系的股东或者与其基金管理人、基金托管人有其他重大利害关系的公司发行的证券或者承销期内承销的证券;从事内幕交易、操纵证券交易价格及其他不正当的证券交易活动;依照法律、行政法规有关规定,由国务院证券监督管理机构规定禁止的其他活动。

此外,基金管理人运用基金财产进行证券投资,不得有下列情形:

(1) 一只基金持有一家上市公司的股票,其市值超过基金资产净值的10%。

(2) 同一基金管理人管理的全部基金持有一家公司发行的证券,超过该证券的10%。

(3) 基金财产参与股票发行申购,单只基金所申报的金额超过该基金的总资产,单只基金所申报的股票数量超过拟发行股票公司本次发行股票的总量。

(4) 违反基金合同关于投资范围、投资策略和投资比例等约定。

(5) 中国证监会规定禁止的其他情形。完全按照有关指数的构成比例进行证券投资的基金品种可以不受第(1)、(2)项规定的比例限制。

四、证券投资基金的当事人

我国的证券投资基金依据基金合同设立,基金份额持有人、基金管理人和基金托管人是基金合同的当事人,简称基金当事人。

(一) 基金份额持有人

1. 基金份额持有人的概念

基金份额持有人即基金投资者,是基金的出资人、基金资产的所有者和基金投资回报的受益人。

2. 基金份额持有人的权利

基金份额持有人的基本权利包括对基金收益的享有权、对基金份额的转让权和在一定程度上对基金经营决策的参与权。对于不同类型的基金持有人,对投资决策的影响方式是不同的。对于公司型基金,基金份额持有人通过股东大会选举产生基金公司的董事会来行使对基金公司重大事项的决策权。而对于契约型基金,基金份额持有人只能通过召开基金持有人大会对基金的重大事项作出决议,但对基金日常决策一般不能施加直接影响。

我国《证券投资基金法》规定,基金持有人享有下列权利:分享基金财产收益;参与分配清算后的剩余基金财产;依法转让或者申请赎回其持有的基金份额;按照规定要求召开基金份额持有人大会;对基金份额持有人大会审议事项行使表决权;查阅或者复制公开披露的基金信息资料;对基金管理人、基金托管人、基金份额发售机构损害其合法权益的行为依法提起诉讼;基金合同约定的其他权利。

3. 基金份额持有人的义务

基金份额持有人必须承担一定的义务,这些义务包括:遵守基金契约;缴纳基金认购款项及规定的费用;承担基金亏损或终止的有限责任;不从事任何有损基金及其他基金投资人合法权益的活动;在封闭式基金存续期间,不得要求赎回基金份额;在封闭式基金存续期间,交易行为和信息披露必须遵守法律、法规的有关规定;法律、法规及基金合同规定的其他义务。

(二) 基金管理人

1. 基金管理人的概念

基金管理人是基金的组织者和管理者,在整个基金的运作中起着核心作用,不仅负责基金的投资管理,而且承担着产品设计、基金营销、基金注册登记、基金估值、会计核算和客户服务等多方面的职责。基金管理人的目标是受益人利益的最大化,因而,不得出于自身利益的考虑损害基金持有人的利益。

我国《证券投资基金法》规定,基金管理人由依法设立的基金管理公司担任。基金管理公司通常由证券公司、信托投资公司或其他机构等发起成立,具有独立法人地位。

2. 基金管理人的市场准入

基金管理人的主要业务是发起设立基金和管理基金,鉴于基金管理人在基金运作中的特殊地位和作用,我国对基金管理人的市场准入资格作出严格规定,我国《证券投资基金法》规定,设立基金管理公司,应当具备下列条件,并经中国证监会批准:有符合本法和《中华人民共和国公司法》规定的章程;注册资本不低于1亿元人民币,且必须为实缴货币资本;主要股东具有从事证券经营、证券投资咨询、信托资产管理或者其他金融资产管理,注册资本不低于3亿元人民币;最近3年没有违法记录;取得基金从业资格的人员达到法定人数;有符合要求的营业场所、安全防范设施和与基金管理业务有关的其他设施;有完善的内部稽核监控制度和风险控制制度;法律、行政法规规定的和经国务院批准的国务院证券监督管理机构规定的其他条件。

3. 基金管理人的职责

我国《证券投资基金法》规定,基金管理人应当履行下列职责:

(1) 依法募集基金,办理或者委托经国务院证券监督管理机构认定的其他机构代为办理基金份额的发售、申购、赎回和登记事宜。

(2) 办理基金备案手续。

(3) 对所管理的不同基金财产分别管理、分别记账,进行证券投资。

(4) 按照基金合同的约定确定基金收益分配方案,及时向基金份额持有人分配收益。

(5) 进行基金会计核算并编制基金财务会计报告。

(6) 编制中期和年度基金报告。

(7) 计算并公告基金资产净值,确定基金份额申购、赎回价格。

(8) 办理与基金财产管理业务活动有关的信息披露事项。

(9) 召集基金份额持有人大会。

(10) 保存基金财产管理业务活动的记录、账册、报表和其他相关资料。

(11) 以基金管理人名义,代表基金份额持有人利益行使诉讼权利或者实施其他法律行为。

(12) 中国证监会规定的其他职责。

我国《证券投资基金法》规定:"基金管理人不得有下列行为:将其固有财产或者他人财产混同于基金财产从事证券投资;不公平地对待其管理的不同基金财产;利用基金财产为基金份额持有人以外的第三人牟取利益;向基金份额持有人违规承诺收益或者承担损失;依照法律、行政法规有关规定,由国务院证券监督管理机构规定禁止的其他行为。"

4. 基金管理人的主要业务

目前我国基金管理公司的业务主要包括:证券投资基金业务、受托资产管理业务、投资咨询服务、社保基金管理及企业年金管理业务、QDII业务等。

(1) 证券投资基金业务。证券投资基金业务主要包括基金募集与销售、基金的投资管理和基金营运服务。按照《证券投资基金法》的规定,依法募集基金是基金管理公司的一项法定权利,其他任何机构不得从事基金的募集活动。投资管理业务是基金管理公司最核心的一项业务,因为基金管理公司之间的竞争在很大程度上取决于其投资管理能力的高低。基金运营事务是基金投资管理与市场营销工作的后台保障,主要包括基金注册登记、核算与估值、基金清算和信息披露等业务。

（2）受托资产管理业务。根据2008年1月1日开始施行的《基金管理公司特定客户资产管理业务试点办法》的规定，符合条件的基金管理公司既可以为单一客户办理特定资产管理业务，也可以为特定的多个客户办理特定资产管理业务。其中，基金管理公司为单一客户办理特定资产管理业务的，客户委托的初始资产不得低于5000万元人民币。开展特定多个客户资产管理业务时，需遵守《关于基金管理公司开展特定多个客户资产管理业务有关问题的规定》，该规定由中国证监会于2009年5月5日发布，2009年6月1日起施行。

（3）投资咨询服务。2006年2月，中国证监会基金部《关于基金管理公司向特定对象提供投资咨询服务有关问题的通知》规定，基金管理公司无须报经中国证监会审批，可以直接向合格境外机构投资者、境内保险公司及其他依法设立运作的机构等特定对象提供投资咨询服务。同时规定，基金管理公司向特定对象提供投资咨询服务时，不得有侵害基金份额持有人和其他客户的合法权益、承诺投资收益、与投资咨询客户约定分享投资收益或者分担投资损失、通过广告等公开方式招揽投资咨询客户以及代理投资咨询客户从事证券投资的行为。

（4）社保基金管理及企业年金管理业务。根据《全国社会保险基金投资管理暂行办法》和《企业年金基金管理试行办法》的规定，基金管理人可以管理社保基金和企业年金。目前，我国已有部分基金管理公司开展了社保基金和企业年金管理业务。

（5）QDII业务。符合条件的基金管理公司可以申请境内机构投资者资格，开展境外证券投资业务。

（三）基金托管人

1. 基金托管人的概念

基金托管人是证券投资基金的主要当事人之一，是完全独立于基金管理机构、具有一定的经济实力、实收资本达到一定规模、具有行业信誉的金融机构。我国《证券投资基金法》规定，基金托管人由依法设立并取得基金托管资格的商业银行担任。

基金托管人在基金运作中具有非常重要的作用：第一，独立于基金管理人对基金资产进行保管，有利于保障基金资产的安全。第二，对基金管理人的投资运作进行监督，有利于保护基金份额持有人的权益。第三，对基金资产进行会计复核和净值计算，有利于保证基金净值披露的真实性和准确性。

2. 基金托管人的市场准入

基金托管人的作用决定了它对所托管的基金承担着重要的法律及行政责任，因此，有必要对托管人的市场准入资格作出明确规定。

申请取得基金托管资格，应当具备下列条件，并经中国证监会和中国银监会核准：净资产和资本充足率符合有关规定；设有专门的基金托管部门；取得基金从业资格的专职人员达到法定人数；有安全保管基金财产的条件；有安全高效的清算、交割系统；有符合要求的营业场所、安全防范设施和与基金托管业务有关的其他设施；有完善的内部稽核监控制度和风险控制制度；法律、行政法规规定的和经国务院批准的中国证监会、中国银监会规定的其他条件。此外，《证券投资基金托管资格管理办法》对托管业务准入有更详细的规定。

3. 基金托管人的职责

基金托管人的具体职责或业务内容，因各国家和地区法律法规的不同而存在差异。我国《证券投资基金法》规定，基金托管人应当履行下列职责：

(1) 安全保管基金财产。
(2) 按照规定开设基金财产的资金账户和证券账户。
(3) 对所托管的不同基金财产分别设置账户,确保基金财产的完整与独立。
(4) 保存基金托管业务活动的记录、账册、报表和其他相关资料。
(5) 按照基金合同的约定,根据基金管理人的投资指令,及时办理清算、交割事宜。
(6) 办理与基金托管业务活动有关的信息披露事项。
(7) 对基金财务会计报告、中期和年度基金报告出具意见。
(8) 复核、审查基金管理人计算的基金资产净值和基金份额申购、赎回价格。
(9) 按照规定召开基金份额持有人大会。
(10) 按照规定监督基金管理人的投资运作。
(11) 中国证监会规定的其他职责。

概括地说,我国基金托管人承担的职责主要包括资产保管、资金清算、资产核算、投资运作监督等方面。

4. 基金托管人的业务流程

基金托管业务流程,按照业务运作的顺序,主要分为四个阶段:签署基金合同、基金募集、基金运作和基金终止。

基金托管人的业务操作流程及各阶段的主要工作内容见图 2-1。

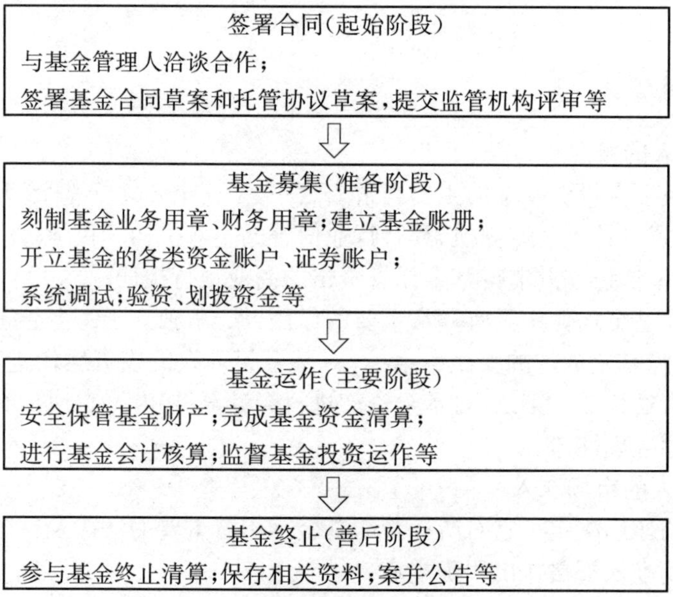

```
签署合同(起始阶段)
与基金管理人洽谈合作;
签署基金合同草案和托管协议草案,提交监管机构评审等
```

```
基金募集(准备阶段)
刻制基金业务用章、财务用章;建立基金账册;
开立基金的各类资金账户、证券账户;
系统调试;验资、划拨资金等
```

```
基金运作(主要阶段)
安全保管基金财产;完成基金资金清算;
进行基金会计核算;监督基金投资运作等
```

```
基金终止(善后阶段)
参与基金终止清算;保存相关资料;案并公告等
```

图 2-1 基金托管业务流程图

(四)证券投资基金当事人之间的关系

1. 持有人与管理人之间的关系

基金份额持有人与基金管理人之间的关系是委托人、受益人与受托人的关系,也是所有者和经营者之间的关系。在基金的当事人中,基金份额持有人通过购买基金份额或基金股份,参加基金投资并将资金交给基金管理人管理,享有基金投资的收益权,是基金资产的终极所有者和基金投资收益的受益人。基金管理人则是接受基金份额持有人的委托,负责对所筹集的资金进行具体的投资决策和日常管理,并有权委托基金托管人保管基金资产的金

融中介机构。

2. 管理人与托管人之间的关系

基金管理人与托管人的关系是相互制衡的关系。基金管理人是基金的组织者和管理者,负责基金资产的经营,是基金运营的核心;托管人负责基金资产的保管,依据基金管理人的指令处置基金资产并监督管理人的投资运作是否合法合规。对基金管理人而言,处理有关证券、现金收付的具体事务交由基金托管人办理,就可以专心从事资产的运用和投资决策。基金管理人和基金托管人均对基金份额持有人负责。这种相互制衡的运行机制,有利于基金信托财产的安全和基金运用的绩效。但是这种机制的作用得以有效发挥的前提是基金托管人与基金管理人必须完全独立,由不具有任何关联关系的机构或公司担任。

3. 持有人与托管人之间的关系

基金份额持有人与托管人的关系是委托与受托的关系。基金份额持有人将基金资产委托给基金托管人保管,可以确保基金资产的安全;基金托管人必须对基金份额持有人负责,监管基金管理人的行为,使其经营行为符合法律法规的要求,为基金份额持有人的利益而勤勉尽责,保证资产安全,提高资产的报酬。

五、基金资产估值

(一)基金资产估值的概念

基金资产估值是指通过对基金所拥有的全部资产及所有负债按一定的原则和方法进行估算,进而确定基金资产公允价值的过程。估值对象为基金依法拥有的各类资产,如股票、债券、权证等。

基金资产估值的目的是客观、准确地反映基金资产的价值。经基金资产估值后确定的基金资产净值而计算出的基金份额净值,是计算基金份额转让价格尤其是计算开放式基金申购与赎回价格的基础。

基金资产净值和基金份额净值的计算公式为

$$基金资产净值 = 基金资产 - 基金负债 \qquad (2-12)$$

$$基金份额净值 = \frac{基金资产净值}{基金总份额} \qquad (2-13)$$

(二)估值的基本原则

按照《企业会计准则》和中国证监会相关规定,估值的基本原则如下:

(1) 对存在活跃市场的投资品种,如估值日有市价的,应采用市价确定公允价值。估值日无市价的,但最近交易日后经济环境未发生重大变化,应采用最近交易市价确定公允价值;估值日无市价的,且最近交易日后经济环境发生了重大变化的,应参考类似投资品种的现行市价及重大变化因素,调整最近交易市价,确定公允价值。有充分证据表明最近交易市价不能真实反映公允价值的(如异常原因导致长期停牌或临时停牌的股票等),应对最近交易的市价进行调整,以确定投资品种的公允价值。

(2) 对不存在活跃市场的投资品种,应采用市场参与者普遍认同且被以往市场实际交易价格验证具有可靠性的估值技术确定公允价值。运用估值技术得出的结果,应反映估值日在公平条件下进行正常商业交易所采用的交易价格。采用估值技术确定公允价值时,应尽可能使用市场参与者在定价时考虑的所有市场参数,并应通过定期校验,确保估值技术的有效性。

(3) 有充足理由表明按以上估值原则仍不能客观反映相关投资品种的公允价值的,基金管理公司应根据具体情况与托管银行进行商定,按最能恰当反映公允价值的价格估值。

(三)基金的估值方法

1. 针对交易所上市的投资品种的估值

通常情况下,交易所上市的股票、权证等以其估值日在证券交易所挂牌的收盘价估值;交易所上市的债券按估值日收盘净价估值;交易所上市不存在活跃市场的有价证券,采用估值技术确定公允价值。在估值技术难以可靠计量公允价值时,按成本进行后续计量。

2. 针对交易所发行未上市的投资品种的估值

通常情况下,交易所首次发行未上市的股票、债券和权证,采用估值技术确定公允价值;送股、转增股、配股和公开增发新股等发行未上市股票,按交易所上市的同一股票的市价估值;首次公开发行有明确锁定期的股票,同一股票在交易所上市后,按交易所上市的同一股票的市价估值。

3. 针对交易所停止交易等非流通的投资品种的估值

通常情况下,因持有股票而享有的配股权,从配股除权日到确认日,若收盘价高于配股价,按两者差额估值,若收盘价等于或低于配股价,估值为零;对停止交易但未行权的权证,采用估值技术确定公允价值;对于因重大特殊事项而长期停牌的股票,需按估值基本原则判断是否采用估值技术。

第四节 金融衍生工具

一、金融衍生工具的内涵

(一)金融衍生工具的概念

金融衍生工具又被称为"金融衍生产品",是与基础金融产品相对应的一个概念,指建立在基础产品或基础变量之上,其价格取决于基础金融产品价格(或数值)变动的派生金融产品。金融衍生工具是金融创新的产物。

这里所说的基础产品不仅包括现货金融产品(如股票、债券等),也包括金融衍生工具。作为金融衍生工具的基础变量种类繁多,主要是各类资产价格、价格指数、利率、汇率等,近些年来,某些自然现象(如气温、降雪量、霜冻、飓风)甚至人类行为(如选举、温室气体排放)也逐渐成为金融衍生工具的基础变量。

（二）金融衍生工具的特征

1. 跨期性

金融衍生工具是交易双方通过对利率、汇率、股价等因素变动趋势的预测，约定在未来某一时间按照一定条件进行交易或选择是否交易的合约。无论是哪一种金融衍生工具，都会影响交易者在未来一段时间内或未来某时间点上的现金流，跨期交易的特点十分突出。

2. 杠杆性

金融衍生工具交易一般只需要支付少量的保证金或权利金就可签订远期大额合约或互换不同的金融工具，其杠杆效应在一定程度上决定了它的高投机性和高风险性。例如，若期货交易保证金为合约金额的5%，则期货交易者可以控制20倍于所交易金额的合约资产，实现"以小搏大"。在收益可能成倍放大的同时，交易者所承担的风险与损失也会成倍放大，基础工具价格的轻微变动也许就会带来交易者盈亏的巨幅变动。

3. 联动性

这是指金融衍生工具的价值与基础产品或基础变量紧密联系、规则变动。通常，金融衍生工具与基础变量相联系的支付特征由衍生工具合约规定，其联动关系既可以是简单的线性关系，也可以表达为非线性函数或者分段函数关系。

4. 高风险性

金融衍生工具的交易后果取决于交易者对基础工具（变量）未来价格（数值）的预测和判断的准确程度。基础工具价格的变幻莫测决定了金融衍生工具交易盈亏的不确定性，这是金融衍生工具高风险性的重要诱因。除此，金融衍生工具还伴随着信用风险、市场风险、流动性风险、法律风险和操作风险等。

二、金融衍生工具的主要类型

金融衍生工具可以按照产品形态、交易场所、基础工具的种类以及自身交易方法的不同而有不同的分类。

（一）按照产品形态分类

根据产品形态的不同，金融衍生工具可分为独立衍生工具和嵌入式衍生工具。

1. 独立衍生工具

这是指本身即为独立存在的金融合约，例如期权合约、期货合约等。根据我国《企业会计准则第22号——金融工具确认和计量》的规定，衍生工具包括远期合同、期货合同、互换和期权，以及具有远期合同、期货合同、互换和期权中一种或一种以上特征的工具，其价值随特定利率、金融工具价格、商品价格、汇率、价格指数、费率指数、信用等级、信用指数或其他类似变量的变动而变动，变量为非金融变量的，该变量与合同的任一方不存在特定关系。同时还具有不要求初始净投资，在未来某一日期结算的特点。

2. 嵌入式衍生工具

这是指嵌入到非衍生合同（简称"主合同"）中的衍生金融工具，该衍生工具使主合同的部分或全部现金流量将按照特定利率、金融工具价格、汇率、价格或利率指数、信用等级或信用指数、或类似变量的变动而变动。嵌入式衍生工具与主合同构成混合工具，如可转换公司债券等。

（二）按照交易场所分类

根据交易场所的不同，金融衍生工具可分为交易所交易的衍生工具和场外交易市场交易的衍生工具。

1. 交易所交易的衍生工具

这是指在有组织的交易所上市交易的衍生工具，例如，在股票交易所交易的股票期权产品，在期货交易所和专门的期权交易所交易的各类期货合约、期权合约等。

2. 场外交易市场（OTC）交易的衍生工具

这是指通过各种通讯方式，不通过集中的交易所，实行分散的、一对一交易的衍生工具，例如，金融机构之间、金融机构与大规模交易者之间进行的各类互换交易和信用衍生产品交易。

（三）按照基础工具种类分类

根据基础工具的种类不同，金融衍生工具可分为股权类产品的衍生工具、货币衍生工具、利率衍生工具、信用衍生工具以及其他衍生工具。

1. 股权类产品的衍生工具

这是指以股票或股票指数为基础工具的金融衍生工具，主要包括股票期货、股票期权、股票指数期货、股票指数期权以及上述合约的混合交易合约。

2. 货币衍生工具

这是指以各种货币作为基础工具的金融衍生工具，主要包括远期外汇合约、货币期货、货币期权、货币互换以及上述合约的混合交易合约。

3. 利率衍生工具

这是指以利率或利率的载体为基础工具的金融衍生工具，主要包括远期利率协议、利率期货、利率期权、利率互换以及上述合约的混合交易合约。

4. 信用衍生工具

这是指以基础产品所蕴含的信用风险或违约风险为基础变量的金融衍生工具，用于转移或防范信用风险，主要包括信用互换、信用联结票据等。

5. 其他衍生工具

除以上四类金融衍生工具之外，还有相当数量金融衍生工具是在非金融变量的基础上开发的，例如，用于管理气温变化风险的天气期货、管理政治风险的政治期货、管理巨灾风险的巨灾衍生产品等。

（四）按照金融衍生工具自身交易的方法及特点分类

根据金融衍生工具自身交易方法及特点的不同，可分为金融远期合约、金融期货、金融期权、金融互换和结构化金融衍生工具。

1. 金融远期合约

金融远期合约是指交易双方在场外市场上通过协商，按约定价格在约定的未来日期买卖某种标的金融资产或金融变量的合约。金融远期合约规定了将来交割的资产、日期、价格和数量，合约条款根据双方需求协商确定。金融远期合约主要包括远期利率协议、远期外汇合约等。

2. 金融期货

金融期货又称金融期货合约，金融期货合约是一种标准化合约，合约上载明买卖双方同意在约定的未来日期、价格、地点和交割方式买卖一定数量的某种金融工具(或金融变量)。主要包括货币期货、利率期货、股票指数期货和股票期货四种。

3. 金融期权

金融期权是指在未来某一时间内拥有的对某种金融资产的选择权,金融期权是一种标准化合约,在合约中规定买方向卖方支付一定的权利金(称为"期权费"或"期权价格"),在约定日期内(或约定日期)享有按事先确定的价格向合约卖方买卖某种金融工具的权利,包括现货期权和期货期权两大类。除交易所交易的标准化期权、权证之外,还存在大量场外交易的期权,这些新型期权通常被称为"奇异型期权"。

4. 金融互换

这是指两个或两个以上的当事人按共同商定的条件,在约定的时间内将不同货币的债务、不同利率的债务或交割期不同的同种货币的债券等相互交换,并进行一系列支付的定期交换现金流的金融交易行为。可分为货币互换、利率互换、股权互换、信用违约互换等。

5. 结构化金融衍生工具

前述四种常见的金融衍生工具通常也被称作"建构模块工具",它们是最简单和最基础的金融衍生工具,而利用其结构化特性,通过相互结合或者与基础金融工具相结合,能够开发设计出更多具有复杂特性的金融衍生产品,后者通常被称为"结构化金融衍生工具",或简称为"结构化产品"。例如,在股票交易所交易的各类结构化票据、挂钩不同标的资产的理财产品等。

【资料链接】2-3 中国工商银行高资产净值客户专属个人人民币理财产品

一、产品概述(挂钩黄金保本浮动收益型—39 天)

产品名称	中国工商银行高资产净值客户专属个人人民币理财产品
产品编码	CN1M1331
产品类型	保本浮动收益型,工商银行对本理财产品的本金提供保证承诺
产品风险等级	PR2级
目标客户	经工商银行风险评估,评定为稳健型、平衡型、成长型、进取型的个人高资产净值客户
理财本金及收益币种	人民币
计划发行量	80亿元
产品募集期	2013年6月8日至2013年6月13日
认购起点及投资金额递增单位	认购起点为10万元,超过认购起点的部分,应以1000的整数倍递增
产品成立	工商银行可根据市场情况调整募集期,届时将进行披露。如募集规模低于1亿元,工商银行有权宣布该产品不成立。产品募集期间,如市场发生剧烈波动,经工商银行合理判断难以按照产品说明书约定向客户提供理财产品时,工商银行有权宣布该理财产品不成立
理财期限	起始日:2013年6月14日 到期日:2013年7月23日(遵循工作日准则B)

挂钩标的	每盎司黄金兑换美元价格,即银行间电子交易系统(EBS)公布的黄金兑美元成交价。如果银行间电子交易系统(EBS)没有报价,工商银行将以公正态度和理性商业方式确定价格
挂钩标的观察期	2013年6月14日北京时间下午2点至2013年7月19日北京时间下午2点,观察期内连续观测
挂钩标的边界水平	1580美元/盎司
到期收益率(年率)	1. 如果在观察期内挂钩标的始终保持在边界水平之下,则到期收益率=3.75% 2. 如果在观察期内挂钩标的曾经高于或者等于边界水平,则到期收益率=1.30%
理财本金返还条款	若本理财产品成立且投资者持有该产品直至到期,理财本金将100%返还
理财收益计算方式	理财收益=$\dfrac{\text{理财本金}\times\text{到期收益率}\times\text{理财期实际天数}}{365}$,精确到小数点后2位,小数点后第3位四舍五入
理财期实际天数	开始于起始日(含),结束于到期日(不含)。
理财本金和收益支付	理财本金和收益一次性支付
税款	理财收益的应纳税款由投资者自行申报及缴纳
提前终止条款	银行和投资者均无提前终止权,如双方协商一致或遇法律法规、监管规定出现重大变更,要求本理财产品终止,工商银行有权提前终止本产品
工作日	理财到期日、理财收益支付日和理财本金返还日采用纽约和北京的银行工作日
产品成立前是否接受撤单	否
其他约定	1. 若在募集期结束日(含)之前宣布产品不成立,工商银行将在宣布产品不成立当日将全部理财本金返还投资者,投资者购买产品当日至宣布产品不成立日之间计付活期利息。 2. 若在募集期结束日(不含)之后宣布产品不成立,工商银行将在宣布产品不成立后3个工作日内将全部理财本金返还投资者,投资者购买产品当日至产品募集期结束日之间计付活期利息,产品募集期结束次日至资金到账日之间不计付利息及理财收益。 3. 若理财产品成立,投资者购买产品当日至产品募集期结束日之间计付活期利息,但上述利息不计入投资者认购本金;产品募集期结束次日至产品起始日之间、产品到期日至资金到账日之间不计付利息;产品到期日后2个工作日内,工商银行将全部理财本金和收益划入投资者账户。 为确保此项理财业务的款项交割,银行有权依据投资者认购金额从投资者理财资金账户中主动扣划本理财产品项下相应理财款项

二、理财收益计算

以下情景仅为向客户介绍收益计算方法之用,并不代表以下的所有情形或某一情形一定会发生,或工商银行认为发生的可能性很大。所列挂钩标的相关数据均为假设,并不反映挂钩标的未来的真实表现及投资者实际可获得的理财收益,亦不构成收益承诺。在任何情况下,客户所能获得的最终收益以工商银行的实际支付为准。

如投资者购买100000元人民币该产品且持有到期,边界水平为1570美元/盎司。

情景一:若在观察期内,银行间电子交易系统(EBS)公布的黄金兑美元成交价始终保持在边界水平之下（即1570美元/盎司以下），则投资者将获得较高年化到期收益率，如果产品实际存续天数为39天，持有到期后投资者可获得收益400.68元人民币（100000×3.75%×39/365≈400.68）。

情景二：若在观察期内，银行间电子交易系统（EBS）公布的黄金兑美元成交价曾等于或高于边界水平（即1570美元/盎司或1570美元/盎司以上），则投资者将获得较低年化到期收益率，如果产品实际存续天数为39天，持有到期后投资者可获得收益138.9元人民币（100000×1.30%×39/365≈138.9）。

最不利投资情景：情景二。

资料来源：根据中国工商银行官网相关资料整理。

三、金融期货和金融期权

（一）金融期货

1. 金融期货的定义

金融期货是期货交易的一种。期货交易是指交易双方在集中的交易所市场以公开竞价方式所进行的标准化期货合约的交易。而期货合约则是由交易双方订立的、约定在未来某日期按成交时约定的价格交割一定数量的某种商品的标准化协议。金融期货合约的基础工具是各种金融工具（或金融变量），如外汇、债券、股票、股价指数等。换言之，金融期货是以金融工具（或金融变量）为基础工具的期货交易。

2. 金融期货的特征

与金融现货交易相比，金融期货的特征表现在以下五个方面：

（1）交易对象不同。金融现货交易的对象是某一具体形态的金融工具，如代表着一定所有权或债权关系的股票、债券或其他金融工具；而金融期货交易的对象是金融期货合约。

（2）交易目的不同。金融现货交易的首要目的是筹资或投资，即为生产和经营筹集必要的资金，或为暂时闲置的货币资金寻找生息获利的投资机会。而金融期货不是投资工具，是一种风险管理工具。

（3）交易价格的形成不同。金融现货的交易价格是实时的成交价，代表在某一时间点上供求双方均能接受的市场均衡价格；金融期货的交易价格也是在交易过程中形成的，但这一交易价格是对金融现货未来价格的预期，即金融现货基础工具（或金融变量）的未来价格。

（4）交易方式不同。金融工具现货交易一般要求在成交后的几个交易日内完成资金与金融工具的全额结算；而金融期货交易则实行保证金交易和逐日盯市制度，交易者并不需要在成交时拥有或借入全部资金或基础金融工具。

（5）结算方式不同。金融现货交易通常以基础金融工具与货币的转手而结束交易活动。而在金融期货交易中，仅有极少数的合约到期进行交割交收，绝大多数的期货合约是通过做相反交易实现对冲而平仓的。

3. 金融期货的主要交易制度

金融期货交易有一定的交易规则，这些规则是期货交易正常进行的制度保证，也是期货市场运行机制的外在体现。

(1) 集中交易制度。金融期货在期货交易所或证券交易所进行集中交易。期货交易所是专门进行期货合约买卖的场所,是期货市场的核心。

(2) 标准化的期货合约和对冲机制。期货合约是由交易所设计、经主管机构批准后向市场公布的标准化合约。实际上绝大多数的期货合约并不进行实物交割,通常在到期日之前即已对冲平仓。

(3) 保证金制度。为了控制期货交易的风险和提高效率,期货交易所的会员经纪公司必须向交易所或结算所缴纳结算保证金,而期货交易双方在成交后都要通过经纪人向交易所或结算所缴纳一定数量的保证金。

(4) 无负债结算制度。结算所是期货交易的专门清算机构,通常附属于交易所,但又以独立的公司形式组建。结算所实行无负债的每日结算制度,又被称为"逐日盯市制度",就是以每种期货合约在交易日收盘前规定时间内的平均成交价作为当日结算价,与每笔交易成交时的价格作对照,计算每个结算所会员账户的浮动盈亏,进行随市清算。

(5) 限仓和大户报告制度。限仓制度是交易所为了防止市场风险过度集中和防范操纵市场的行为,而对交易者持仓数量加以限制的制度。当会员或客户的持仓量达到交易所规定的数量时,必须向交易所申报有关开户、交易、资金来源、交易动机等情况,以便交易所审查大户是否有过度投机和操纵市场行为,并判断大户交易风险状况的风险控制制度。

(6) 涨跌幅限制制度。为防止期货价格出现过大的非理性变动,一旦达到涨(跌)幅限制,交易暂停,十几分钟后再恢复交易,目的是给市场充分时间消化特定信息的影响。

(7) 其他制度。除上述常规制度之外,期货交易所为了确保交易安全,还规定了强行平仓、强制减仓、临时调整保证金比例(金额)等交易规则。

4. 金融期货的种类

按基础工具划分,金融期货主要有三种类型:外汇期货、利率期货、股权类期货。

(1) 外汇期货又称为"货币期货",是以外汇为基础工具的期货合约,是金融期货中最先产生的品种,主要用于规避外汇风险。

(2) 利率期货是继外汇期货之后产生的又一个金融期货类别,主要是为了规避利率风险而产生的,其基础资产是一定数量的与利率相关的某种金融工具,主要是各类固定收益金融工具。以国债期货为主的债券期货是各主要交易所最重要的利率期货品种。

(3) 股权类期货是以单只股票、股票组合或者股票价格指数为基础资产的期货合约。其中,股票价格指数期货是以股票价格指数为基础变量的期货交易,是为适应人们控制股市风险,尤其是系统性风险的需要而产生的。股票价格指数期货的交易单位等于基础指数的数值与交易所规定的每点价值之乘积,采用现金结算。股票组合的期货是金融期货中最新的一类,是以标准化的股票组合为基础资产的金融期货,芝加哥商业交易所基于美国证券交易所 ETF 以及基于总回报资产合约的期货最具代表性。

【资料链接】2-4　　　　　　　　国债期货在国内发展历程

1990年以前中国国库券一直是靠行政分配方式发行。中国国债的转让流通起步于1988年,1990年形成全国性二级市场。个人投资者普遍把国债作为一种变相的长期储蓄存款,很少有进场交易的兴趣。

1992年12月28日，上海证券交易所首次设计并试行推出了12个品种的国债期货合约。包括标的券种为1992年发行1995年7月1日到期的三年期国债券（现券代码"923"，国债期货合约代码"310327"，即俗称的"327国债"），该券发行量为246.79亿元，利率是9.5%的票面利息加保值贴补率。国债期货交易试点采用国际惯例，实行保证金制度，虽然2.5%的保证金制度大大高出了1%的国际标准，但仍把可交易量扩大到了40倍。但国债期货试行的两周内，交易清淡，仅成交19口。（国债期货交易数量按"口"交易，一"口"期货对应2万元面值的现券。）

　　1993年7月10日，财政部颁布《关于调整国库券发行条件的公告》，此公告称，在通货膨胀居高不下的背景下，政府决定将参照中央银行公布的保值贴补率给予一些国债品种的保值补贴。国债收益率开始出现不确定性，国债期货市场的炒作空间扩大。

　　1994年10月以后，中国人民银行提高3年期以上储蓄存款利率和恢复存款保值贴补，国库券利率也同样保值贴补，保值贴补率的不确定性为炒作国债期货提供了空间，国债期货市场日渐火爆。

　　1995年1月，国债期货市场最大的一个悬念是"327国债"券会不会加息，市场普遍认为"327"回报率太低，因此有消息称，财政部可能要提高"327"利率。

　　1995年2月23日，财政部宣布提高利率，"327国债"将以148.50元兑付。消息一经核实，327国债的市价就开始一路上涨，当日中午，价格就冲到了151.3元，比前一日涨了3元多。由于万国证券彼时手中握有大笔327期货券，其收市前7分钟已录得60亿元巨亏的情况下，在最后7分钟内共砸出2112亿元的卖单，面值高达1.46万亿元，硬是把价位打落到147.4元。

　　1995年2月23日晚上10点，上证所在经过紧急会议后宣布：在最后7分钟内共砸出2112亿元的卖单无效。上证所的这一决定，使万国证券的尾盘操作收获瞬间化为泡影。万国证券亏损56亿元人民币，濒临破产。

　　1995年5月17日中国证监会发出《关于暂停中国范围内国债期货交易试点的紧急通知》，开市仅两年零六个月的国债期货无奈地画上了句号。中国第一个金融期货品种宣告夭折。万国证券被并入上海申银，成为后来的申银万国证券公司。

资料来源：根据中国经济网相关资料整理。

5. 金融期货的基本功能

（1）套期保值功能

所谓套期保值，就是指在现货市场买进或卖出某种金融工具的同时，做一笔与现货交易品种、数量、期限相当但方向相反的期货交易，以期在未来某一时间通过期货合约的对冲，以一个市场的盈利来弥补另一个市场的亏损，从而规避现货价格变动带来的风险，实现保值的目的。套期保值的基本类型有多头套期保值和空头套期保值两种。

金融期货交易之所以能够套期保值，其基本原理在于金融工具的期货价格和现货价格受相同经济因素的制约和影响，从而它们的变动趋势大致相同；而且，现货价格与期货价格在走势上具有收敛性，即当期货合约临近到期日时，现货价格与期货价格将逐渐趋同。

（2）价格发现功能

所谓价格发现，是指在一个公开、公平、高效、竞争的期货市场中，通过集中竞价形成期货价格的功能。期货价格具有预期性、连续性和权威性的特点,能够比较准确地反映出未来基础工具价格的变动趋势。

期货市场之所以具有价格发现功能,是因为期货市场将众多影响供求关系的因素集中于交易所内,通过买卖双方公开竞价,集中转化为一个统一的交易价格。这一价格一旦形成,立即向世界各地传播,并影响供求关系,从而形成新的价格。如此循环往复,使价格不断趋于合理。

价格发现并不意味着期货价格必然等于未来的现货价格,多数研究表明,期货价格不等于未来现货价格才是常态。由于资金成本、仓储费用、现货持有便利等因素的影响,从理论上说,期货价格要反映现货的持有成本,即便现货价格不变,期货价格也会与之存在差异。

(3) 投机功能

所谓投机,就是利用对未来期货价格的走势进行预测,预计价格上涨时建立期货多头,反之则建立空头,进行交易以获利。适度的投机行为在平衡价格、稳定并活跃市场、维持市场流动性以及分担价格变动风险等方面具有重要作用。

与现货市场投机相比较,期货市场投机有两个重要区别:一是目前我国股票市场实行 T+1 清算制度,而期货市场是 T+0,可以进行日内投机;二是期货交易的保证金制度导致期货投机具有较高的杠杆率,盈亏相应放大,具有更高的风险性。

(4) 套利功能

所谓期货套利,是指利用同一合约在不同市场上可能存在的短暂价格差异进行买卖,赚取价差,被称为"跨市场套利"。行业内通常也根据不同品种、不同期限合约之间的比价关系进行双向操作,分别被称为"跨品种套利"和"跨期限套利"。期货套利机制的存在对于提高金融市场的有效性具有重要意义。

(二) 金融期权

1. 金融期权的定义

期权又被称为"选择权",是指其持有者能在规定的期限内按交易双方商定的价格购买或出售一定数量的基础工具的权利。期权交易就是对这种选择权的买卖。

金融期权是指以金融工具或金融变量为基础工具的期权交易形式。具体地说,其购买者在向出售者支付一定费用后,就获得了能在规定期限内以某一特定价格向出售者买进或卖出一定数量的某种金融工具的权利。期权交易实际上是一种权利的单方面有偿让渡。期权的买方以支付一定数量的期权费为代价而拥有了这种权利,但不承担必须买进或卖出的义务;期权的卖方则在收取了一定数量的期权费后,在一定期限内必须无条件服从买方的选择并履行成交时的允诺。

金融期权与金融期货有着类似的功能。从一定的意义上说,金融期权是金融期货功能的延伸和发展,具有与金融期货相同的套期保值和价格发现的功能,是一种行之有效的控制风险的工具。

2. 金融期权与金融期货的区别

金融期权与金融期货的区别如表 2-2 所示。

表 2-2 金融期权与金融期货的区别

	金融期权	金融期货
基础资产不同	凡可作期货交易的金融工具都可作期权交易	可作期权交易的金融工具却未必可作期货交易
现金流转不同	交易双方将不发生任何现金流转	交易双方都必须保有一定的流动性较高的资产
交易者权利与义务的对称性不同	交易双方的权利与义务存在着明显的不对称性,买方只有权利,而卖方只有义务	交易双方的权利与义务对称,买卖双方都有履约的权利和义务
盈亏特点不同	买方的潜在亏损有限,潜在盈利是无限的;而卖方则相反	交易中买卖双方潜在的盈利和亏损都是无限的
套期保值的作用与效果不同	既可避免价格不利变动造成的损失,又可在相当程度上获得价格有利变动时带来的收益	在避免价格不利变动造成损失的同时,须放弃价格有利变动时可能获得的收益

3. 金融期权的分类

(1) 按照合约所规定的履约时间的不同,金融期权可以分为欧式期权、美式期权和修正的美式期权。

欧式期权只能在期权到期日执行;美式期权则可在期权到期日或到期日之前的任何一个工作日执行;修正的美式期权可以在期权到期日之前的一系列规定日期执行。

(2) 按照选择权的性质划分,金融期权可以分为看涨期权和看跌期权。

看涨期权也称为"认购权",指期权的买方具有在约定期限按协定价格买入一定数量基础金融工具的权利。交易者之所以买入看涨期权,是因为预期基础金融工具的价格在合约期限内将会上涨。

看跌期权也称为"认沽权",指期权的买方具有在约定期限按协定价格卖出一定数量基础金融工具的权利。交易者买入看跌期权,是因为预期基础金融工具的价格在近期内将会下跌。

(3) 按照金融期权基础资产性质的不同,金融期权可以分为股权类期权、利率期权、货币期权、金融期货合约期权、互换期权等。

股权类期权包括三种类型:单只股票期权、股票组合期权和股票指数期权。单只股票期权(简称"股票期权")是以单只股票为基础资产的期权。股票组合期权是以一篮子股票为基础资产的期权,代表性品种是交易所交易基金的期权。股票指数期权是以股票指数为基础资产的期权,股票指数期权没有可作实物交割的具体股票,只能采取现金轧差的方式结算。

利率期权指买方在支付了期权费后,即取得在合约有效期内或到期时以一定的利率(价格)买入或卖出一定面额的利率工具的权利。利率期权合约通常以政府短期、中期、长期债券,欧洲美元债券,大面额可转让存单等利率工具为基础资产。

货币期权又称为"外币期权"或"外汇期权",指买方在支付了期权费后,即取得在合约有效期内或到期时以约定的汇率购买或出售一定数额某种外汇资产的权利。货币期权合约主要以美元、欧元、日元、英镑、瑞士法郎、加拿大元及澳大利亚元等为基础资产。

金融期货合约期权是一种以金融期货合约为交易对象的选择权,它赋予其持有者在规定时间内以协定价格买卖特定金融期货合约的权利。

互换期权是以金融互换合约为交易对象的选择权,它赋予其持有者在规定时间内以规定条件与交易对手进行互换交易的权利。

四、其他衍生工具简介

（一）金融远期合约

金融远期合约是最基础的金融衍生产品。由于采用了一对一交易的方式，交易事项可协商确定，较为灵活，金融机构或大型工商企业通常利用远期交易作为风险管理手段。但是，非集中交易同时也带来了搜索困难、交易成本较高、违约风险概率大等缺点。根据基础资产划分，常见的金融远期合约主要有以下几种：

1. 股权类资产的远期合约

股权类资产的远期合约包括单个股票的远期合约、一篮子股票的远期合约和股票价格指数的远期合约三个子类。

2. 债权类资产的远期合约

债权类资产的远期合约主要包括定期存款单、短期债券、长期债券、商业票据等固定收益证券的远期合约。

3. 远期利率协议

远期利率协议是指按照约定的名义本金，交易双方在约定的未来日期交换支付浮动利率和固定利率的远期协议。

4. 远期汇率协议

远期汇率协议是指按照约定的汇率，交易双方在约定的未来日期买卖约定数量的某种外币的远期协议。

（二）期权类衍生工具

1. 权证

权证是一种期权类金融衍生产品，是基础证券发行人或其以外的第三人（简称"发行人"）发行的，约定持有人在规定期间内或特定到期日，有权按约定价格向发行人购买或出售标的证券，或以现金结算方式收取结算差价的有价证券。

权证与交易所交易期权的主要区别在于，交易所挂牌交易的期权是交易所制定的标准化合约；而权证则是权证发行人发行的合约，发行人作为权利的授予者承担全部责任。

根据各种分类标准，可以把权证分为不同的类型：

（1）根据权证行权的基础资产或标的资产，可将权证分为股权类权证、债权类权证以及其他权证。目前我国证券市场推出的权证均为股权类权证，其标的资产可以是单只股票或股票组合。

（2）根据权证行权所买卖的标的股票来源不同，可将权证分为认股权证和备兑权证。认股权证一般由基础证券的发行人发行，行权时上市公司增发新股售予认股权证的持有人。备兑权证通常由投资银行发行，备兑权证所认兑的股票不是新发行的股票，而是已在市场上流通的股票，不会增加股份公司的股本。

（3）按照持有人权利的性质不同，可将权证分为认购权证和认沽权证。实质上前者属看涨期权，后者属看跌期权。

2. 可转换债券

可转换债券是指其持有者可以在一定时期内按一定比例或价格将之转换成一定数量的另一种证券的证券。可转换债券通常是转换成普通股票,当股票价格上涨时,可转换债券的持有人行使转换权比较有利。因此,可转换债券实质上是嵌入了普通股票的看涨期权,是一种含有嵌入式认股权的债券,故将其列为期权类衍生产品。

按照发行时证券的性质,可将其分为可转换债券和可转换优先股票两种。可转换债券是指证券持有者依据一定的转换条件,可将债券转换成为发行人普通股票的证券。可转换优先股票是指证券持有者可依据一定的转换条件,将优先股票转换成发行人普通股票的证券。目前,我国只有可转换债券。

可转换债券具有下列特征:首先,可转换债券是一种附有转股权的特殊债券。在转换以前,它是一种公司债券,有规定的利率和期限,体现的是债权债务关系,持有者是债权人;在转换成股票后,它变成了股票,体现的是所有权关系,持有者由债权人变成了股权所有者。其次,可转换债券具有双重选择权的特征。可转换债券具有双重选择权:一方面,投资者可自行选择是否转股;另一方面,转债发行人拥有是否实施赎回条款的选择权。

(三)金融互换

互换是指两个或两个以上的当事人按共同商定的条件,在约定的时间内定期交换现金流的金融交易,从交易结构上看,可以将互换交易视为一系列远期交易的组合。互换交易的主要用途是改变交易者资产或负债的风险结构(比如利率或汇率结构),具有规避风险、扩宽融资渠道、降低筹资成本、优化资产负债结构等功能。

互换可分为货币互换、利率互换、股权互换、信用互换等类别。其中,货币互换又称外汇互换,是指交易双方互相交换不同币种、相同期限、等值资金债务或资产的货币及利率的一种预约性业务;利率互换是指交易双方在债务币种相同的情况下,互相交换不同形式利率的一种预约性业务。

(四)资产支持证券

资产证券化是以特定资产组合或特定现金流为支持,发行可交易证券的一种融资形式。传统的证券发行是以企业为基础,而资产证券化则是以特定的资产池为基础发行证券。在资产证券化过程中,发行的以资产池为基础的证券被称为"资产支持证券"。通过资产证券化,一方面将流动性较低的资产(如银行贷款、应收账款等)转化为具有较高流动性的可交易证券,提高了基础资产的流动性,便于投资者进行投资;一方面还可以改变发起人的资产结构,改善资产质量,加快资金周转。

根据各种分类标准,可以把资产证券划分为不同的类型:

(1)根据证券化的基础资产不同,可以将资产证券划分为不动产证券化、应收账款证券化、信贷资产证券化、未来收益证券化、债券组合证券化等。

(2)根据资产证券化发起人、发行人和投资者所属地域不同,可将资产证券划分为离岸资产证券化和境内资产证券化。

(3)根据证券化产品的金融属性不同,可以分为股权型证券化、债权型证券化和混合型证券化。

【资料链接】2-5　　雷曼兄弟与美国次贷危机

雷曼兄弟公司自1850年创立以来,已在全球范围内建立起了创造新颖产品、探索最新融资方式、提供最佳优质服务的良好声誉。雷曼兄弟被誉称为全球性多元化的投资银行,《商业周刊》评出的2000年最佳投资银行,整体调研实力高居《机构投资者》排名榜首,《国际融资评论》授予的2002年年度最佳投行。2008年9月15日,在次级抵押贷款市场(次贷危机)危机加剧的形势下,美国不动产市场上最大资产支持债券承销商——第四大投行雷曼兄弟公司最终丢盔弃甲,宣布申请破产保护。

美国次贷危机是一场发生在美国,因次级抵押贷款机构破产、投资基金被迫关闭、股市剧烈震荡引起的金融风暴。它致使全球主要金融市场出现流动性不足危机。美国"次贷危机"是从2006年春季开始逐步显现的。2007年8月开始席卷美国、欧盟和日本等世界主要金融市场。次贷危机目前已经成为国际上的一个热点问题。

引起美国次贷危机的直接原因是美国的利率上升和住房市场持续降温。

在美国,贷款是非常普遍的现象。当地人很少是全款买房,通常都是长时间贷款,可是在美国失业和再就业是很常见的现象,那些收入并不稳定甚至根本没有收入的人,买房因为信用等级达不到标准,就被定义为次级贷款者。在2006年之前的5年里,由于美国住房市场持续繁荣,加上前几年美国利率水平较低,美国的次级抵押贷款市场迅速发展。因为银行认为贷款给了次级贷款者,如借款人无法偿还贷款,则可以利用抵押的房屋来还,拍卖或者出售后收回银行贷款。

2006年后,美国利率上升,导致还款压力增大,很多本来信用不好的用户感觉还款压力大,出现违约的可能,银行贷款的收回难度加大。再加上美国房价突然走低,借款人无力偿还时,银行把房屋出售,但却发现得到的资金不能弥补当时的贷款本息,甚至都无法弥补贷款额本身,这样银行就会在贷款上出现亏损。这种局面直接导致大批次贷的借款人不能按期偿还贷款,进而引发"次贷危机"。

资料来源:根据百度百科网相关资料整理。

本章小结

◆ **内容摘要**

1. 股票是所有权关系凭证;是一种有价证券、要式证券、证权证券、资本证券和综合权利证券;具有收益性、风险性、流动性、不可偿还性和参与性等特征;根据不同的标准,可分为普通股和优先股,记名股票和不记名股票,有面额股票和无面额股票等;股票票面价值、账目价值和理论价值含义不同,其中股票理论价值决定股票理论价格,股票市场价格主要受供求关系影响;通过对股票内在价值的预期以及对投资本金回收周期的长短的预测,进行股票估值。

2. 债券是债权债务关系凭证,是一种虚拟资本;具有偿还性、流动性、安全性和收益性等特征;根据不同的标准,可分为政府债券、金融债券和公司债券,贴现债券、附息债券和一次还本付息债券等;债券持有者一般通过获取本息收益;由于不同债券分发本息的方式不同,对债券估值应采取不同的折现方法。

3. 基金是信托关系凭证,具有集合理财、专业管理、组合投资、分散风险等特征;根据不同标准,可分为封闭式基金和开放式基金,契约型基金和公司型基金,债券基金、股票基金、货币市场基金、混合基金、衍生证券投资基金等;基金资产估值原则需遵循《企业会计准则》和中国证监会相关规定。

4. 金融衍生工具与基础金融产品相对应,是金融创新的产物;具有跨期性、杠杆性、联动性和高风险性等特征;根据不同的标准,可分为独立衍生工具和嵌入式衍生工具,金融远期合约、金融期货、金融期权、金融互换和结构化金融衍生工具等;金融期货和期权具有套期保值、价格发现等功能。

◆ 关键词

股票 股票价格 股票价值 优先股票 债券 政府债券 金融债券 公司债券 证券投资基金 开放式基金 封闭式基金 金融衍生工具 期货 期权 可转债

◆ 思考题

1. 假设你现在拥有 1000 股安徽古井贡酒股份有限公司发行的股票,现在的市场价格是每股 95 元,为了让普通投资者也有能力买得起股票,古井贡酒公司决定要进行拆股。

(1) 在拆股之前,这笔股票投资的总价值是多少?

(2) 假设古井贡酒公司的管理层打算按照 5∶1 的比例将 1 股股票拆分成 5 股,那么拆分后你手上拥有的古井贡酒公司的股份数量是多少?

(3) 拆分之后,每股价格是多少?这笔股票投资的总价值是多少?

2. 假设你正在考虑买入下列 3 只股票当中的 1 只股票。X 股票的市场价值为 7 亿元,每年支付较高的股利,利润的增长幅度较小,市盈率为 11 倍。Y 股票的市场价值为 20 亿元,目前没有支付股利,市盈率为 39 倍。Z 股票市值为 2 亿元,市盈率为 15 倍。

(1) 你会把哪一只股票归为成长型股票?

(2) 对于风险规避型的投资者,哪只股票最适合他?

3. 请运用你所学的知识,说明市场利率水平与债券价值之间的关系,如果投资者的必要收益率下降,则债券的价值将会发生怎样的变化?债券的价格会高于还是低于其票面价值?你是怎样得出这个结论的?

4. 假如某基金资产组合的市场价值为 9 亿元,基金负债为 4000 万元,已发行在外的基金份额有 5000 万份。请根据以上已知信息计算该基金份额净值是多少?

5. 2011 年 9 月 1 日,某中国出口商向美国出口一批货物,价值 100 万美元,现汇汇率为 6.382 元人民币/美元,按美元结算,6 个月后收回货款。为防止 6 个月后汇率下跌,该中国出口商该如何利用外汇期货套期保值?假设,2011 年 9 月 1 日期货汇率为 6.378 元人民币/美元;2012 年 3 月 1 日现汇汇率为 6.300 元人民币/美元,期货汇率为 6.290 元人民币/美元;则该出口商实际盈亏情况如何?

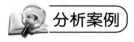

分析案例

中国银行个人外汇投资业务——"期权宝"和"两得宝"

1. 期权宝

期权宝业务,是客户根据自己对外汇汇率走势的判断,选择看涨或看跌货币,并根据中国银行的报价支付一笔期权费,同时提供和期权面值金额相应的外币存款作为担保;到期时,如果汇率走势同客户预期相符,客户就可以获得额外的投资收益。

"期权宝"是中国银行个人外汇期权产品之一。在期权宝的交易中,客户作为外汇期权的买方,银行作为卖方。期权到期时,汇率对客户有利,客户则执行期权,汇率对客户不利则不执行,风险锁定,成本锁定,同时有获取外汇买卖价差的机会。

目前可选的货币为美元、欧元、日元、英镑、澳大利亚元、瑞士法郎和加拿大元,现钞与现汇均可交易。外汇期权交易的标的汇价为欧元兑美元、美元兑日元、澳元兑美元、英镑兑美元、美元兑瑞士法郎、美元兑加元。期权面值根据情况设置一定的起点金额,常见的是5万美元或等值其他货币。期权最长期限为两周,最短为一天,具体期限由中国银行当日公布的期权报价中的到期日决定。

2. 两得宝

"两得宝"业务,是客户在存入一笔定期存款的同时,根据判断向银行卖出一份期权,客户除收入定期存款利息收入之外还可得到一笔可观的期权费。期权到期时,银行有权根据汇率变动对银行是否有利,选择是否将客户的定期存款按协定汇率折成相对应的挂钩货币。

"两得宝"是中国银行个人外汇期权产品之一。在两得宝的交易中,客户作为外汇期权的卖方,银行作为买方。银行会与客户预定协定汇率(即双方在《外汇期权交易协议书》中约定期权买方在期权到期日行使外汇买卖所采用的汇率),同时银行向客户支付一定金额的期权费。期权到期时,银行将根据外汇市场走势选择到期时以存款货币,或者客户预先选择的挂钩货币以协定汇率兑换后支付。客户将获得定期存款利息和期权费,但亦会面临外汇汇率风险。

目前可选的货币为美元、欧元、日元、英镑、澳大利亚元、瑞士法郎和加拿大元,现钞与现汇均可交易。外汇期权交易的标的汇价为欧元兑美元、美元兑日元、澳元兑美元、英镑兑美元、美元兑加元、美元兑瑞士法郎,大额客户还可以选择非美货币之间的交叉汇价作为标的汇价。期权面值根据情况设置一定的起点金额。最长期限为6个月,最短为1天,具体期限由中国银行当日公布的期权报价中的到期日决定。

资料来源: 根据中国银行网站相关资料整理。

试思考:

1. 以上两种业务实质是哪种金融投资工具?两者有何异同?

2. 根据目前商业银行的外汇投资产品状况,除了以上两种业务外,谈谈你所知晓的其他外汇投资产品。

应用训练

训练一:股票投资的相关计算。

假如你今天正在考虑买某上市公司股票,并打算1年后把它卖掉,你通过一定渠道得知1年后该公司股票价格为20元,且股票年末将派发每10股5元的现金股利。如果你要求10%的投资回报率,那么你最多愿意花多少钱买这只股票?你会选择哪个定价模型进行估算?

训练二:债券投资的相关计算。

假如你准备在二级市场购买某公司刚发行的公司债券,债券票面价值为100元,三年期,票面利率为5%,期间每半年对债券持有者支付一次利息,到期归还本金,假设当前市场利率为8%,则你愿意支付多少钱购买该公司债券?你会选择哪个定价模型进行估算?

第三章　证券市场

- 掌握证券市场概念、证券市场的特征和基本功能。
- 了解证券市场产生与发展的三大动因。
- 熟悉证券市场的一般分类和证券市场参与者的基本常识。
- 重点掌握证券市场的基本功能和分类。

从上交所创始人到亿万富豪

尉文渊出身于军人家庭,15岁时曾在新疆伊犁当兵,复员回上海后当过电影院的服务员,在上海某区委做过政法工作。恢复高考后,他考入上海财经大学。毕业后到正在组建中的国家审计署工作,一年后被提拔为副处长,随即又被提拔为人事教育司处长,可谓少年得志。

虽然仕途顺利,尉文渊对沉闷的机关生活心有不甘,一直向往着更具有挑战性的使命。1988年被调到金管处任副处长时,他年仅35岁。

1989年11月,中国政府批准成立上海证券交易所。中国人民银行上海分行为之成立了筹备小组,由金管处处长牵头,而金管处的工作就由尉文渊负责。

1990年12月19日,上海证券交易所终于开业了。从开业第一笔交易起,上交所就跨入了无纸化的电子交易时代。交易所建立起来后,对这个市场的不理解和不知道怎样去做仍然困扰着尉文渊。

在交易所成立后的3年中,尉文渊进行了多项尝试和改革。但在1995年2月出现的国债期货"327事件",尉文渊因负"监管责任",离开了他一手创建起来的交易所。之后尉文渊选择了个人创业的道路,十几年来,他先后参与了多个公司的创业,在市场上载沉载浮,但他作为中国资本市场开路先锋所创下的业绩一直没有被人们遗忘。

目前,他是新盟集团董事长、东方现代和西藏新盟董事长、法定代表人,拥有庞大的资产和投资,其中西藏新盟的持股比例达85%,以创业投资为主业。他对风电项目的投资是最让人瞩目的一块。随着2011年1月5日,全球第三大风电设备制造华锐风电以90元/股的高价发行,间接持有公司股权的尉文渊,其身家更超过80亿元。今年,这个中国股市的传奇人物登上了当年福布斯全球亿万富豪榜榜单,位列1140位,这一成就无疑是对他创业经历的又一次肯定。

资料来源: 根据福布斯中文网相关资料整理。

第一节 证券市场的含义与特征

一、证券市场概念

证券市场是指有价证券发行与流通以及与此相适应的组织和管理方式的总称。

证券市场是市场经济发展到一定阶段的产物,是社会为解决资本供求的矛盾和资本流动性而产生的市场。证券市场作为资本市场,是社会整个金融市场体系中的重要组成部分,是金融市场中的核心和精华,它一方面对社会资本的运动进行调节,另一方面通过这种调节对社会经济资源实现着配置与再配置。

二、证券市场的特征

各类市场均有其特点,正因为特点的不同形成了不同种类的市场,形成了社会市场体系。证券市场相比其他市场,也有自身的特点,这些特点形成了证券市场本身的特征。概括起来,证券市场特征有:

(1) 证券市场的交易对象是各种设定权利证书的有价证券。如股票、债券、基金、衍生品证券,这些有价证券与其他市场的交易对象区别明显。

(2) 证券市场的有价证券主要是用来进行投融资、保值或投机。而其他市场上交易对象则通常只能满足人的某一特定使用需要。

(3) 有价证券的价格反映的是投资人与融资者对未来的预期收益,它与社会利率水平升降关系密切。而其他市场的商品价格则取决于生产这种商品的社会必要劳动时间多少,是其内在价值的货币表现。

(4) 有价证券的价格形成中,影响因素既多又杂,风险性较大,表现出前景的不可预测性。而其他市场一般实行的是等价交换,价格风险相对固定,市场价格前景可预测。

【资料链接】3-1　　　　　　　　　　　证券化率

证券化率指的是一国各类证券总市值与该国国内生产总值的比率(股市总市值与GDD总量的比值)。证券化率越高,意味着证券市场在国民经济中的地位越重要。2011年年末,中国国内生产总值为47万多亿元(RMB),而同年12月30日沪深两市证券总市值超过22.5万亿元,据此计算的证券化率为47.8%,市场被严重低估。

第二节 证券市场构成

一、证券市场参与者

（一）证券发行人

证券发行人是指通过发行证券筹措资金的社会各类经济主体和政府,这些主体概括定性如下:

1. 公司法人

公司作为独立运营的经济法人,发行股票和债券筹资已成为当今的趋势和主要渠道,其中通过发行股票新筹资金属于股本,而通过发债新筹资金属于借入资本。为把握市场商机和获得规模经济,公司法人在证券市场上的发行人主体地位已成为一种必然。股份有限责任公司才能发行股票,而有限责任公司、股份公司在理论上均可发行债券。

2. 政府和政府机构

政府也是一种社会经济主体。政府新发证券仅限于债券,中央政府或中央财政直属机构为弥补财政赤字或筹措经济建设资金,通常在债券市场上发行国库券、财政债券、国家建设公债等政府债券。地方政府为筹措本地公用事业建设资金,亦可发行地方政府债券,亦称市政债券,特殊时期(如战争时期)政府还可发行政府特别公债。

3. 金融机构

欧美等西方国家将金融机构发行的证券归入到公司证券。在我国把金融机构发行的债券定义为金融债券。实际上随着我国大型商业银行和其他金融机构的股份公司改制,金融机构公司化已成现实,它们亦成为证券市场的股票和债券发行主体。

（二）证券投资人

1. 机构投资者

（1）政府和政府机构

政府和政府机构最初都是资金的需求者,但为干预经济运行和调剂资金余缺,有时也会通过购买债券投资于资本市场。更为经常的是各国央行均负有维护资本市场稳定的责任,它们通过公开市场买卖有价证券、调节货币供应量,从而影响证券市场的资金供求和价格。

（2）金融机构

① 证券经营机构。这是经证券监管机构批准成立的,在证券市场上以其自有资本和受托投资资金进行证券投资的非银行金融机构。

② 商业银行。商业银行在我国不允许直接进行股票证券投资,但若有超额储备,可以进行债券类证券的投资。在全能制商业银行的西方国家,各类有价证券均可构成商业银行的投资对象。

③ 保险公司。保险公司在其日常经营中有大量的保险资金结余,为追求其资金结余的保值增值和保持资金流动性,通常都大量进行证券投资,各类有价证券均可构成其投资对象。

(3) 企业和事业法人

企业可以通过委托专业机构进行证券投资,也可直接自营进行有价证券投资。事业单位法人在有预算外资金结余时亦有权进行证券投资。

(4) 各类基金

① 证券投资基金。这是一种经批准设立的专门进行证券投资的专业性金融机构,它是一种投资集合形式,可投资于各类有价证券品种。

② 社保基金。国外的社保基金通常由两个部分构成,一是国家以社会保障税形式征收的全国性基金,主要用于失业救济金和退休金的支付,故对资金的安全性和流动性要求很高,其投资方向主要为政府债券。二是企业定期向员工支付并委托基金管理公司管理的企业年金,其对资产增值有较高要求,投资范围无过多限制。

国内的社保基金也有两个方面:一是社会保险基金,二是社会保障基金。由于基金来源和用途均有所不同,这两种社保基金的管理方式亦不同。

③ 企业年金。企业年金是在依法参加基本养老保险的基础上,企业及其职工自愿建立的补充养老保险基金。我国现行法规规定:企业年金可由年金受托人或受托人指定的专业投资机构进行证券投资。

④ 社会公益基金。社会公益基金主要包括福利基金、科技发展基金、教育发展基金、文学奖励基金等。我国现有法规与政策规定:各种社会公益基金可用于证券投资。

2. 个人投资者

个人投资者是指以其自有资金的消费节余后金额进行证券投资的自然人。个人投资者数量众多,投资金额较少,对投资证券的主要期望是获得较高收益,其投资一般通过证券中介进行。

(三) 证券市场中介

1. 证券公司

证券公司是指依照《中华人民共和国公司法》和《中华人民共和国证券法》设立的,经营证券业务的有限责任公司或股份有限公司。证券公司的主营业务是进行各类证券的发行承销和证券经纪。世界各国对专营证券业务的机构称谓各种各样,有投资银行、商人银行、证券公司等多种称谓。

2. 证券服务机构

证券服务机构是指依法设立的为证券发行和交易提供的相关服务业务的社会法人,一般有证券登记结算公司、证券投资咨询公司、会计师事务所、律师事务所、资产评级机构、信用评级机构。

(四) 证券监管机构和自律性组织

1. 监管机构

中国证券市场监管机构是中国证券监督管理委员会及其派出机构(按行政区划到省,全称是××省/市证券监督管理办公室),隶属于国务院。中国证监会作为国务院直属事业单位,是全国证券、期货市场的主管部门。按照国务院授权并依据相关法律法规对证券、期货监管机构实行垂直管理和对证券市场进行集中统一监管。

2. 自律性组织

证券市场自律性组织是证券业协会,证券业协会是由会员组成的社会团体法人,其最高权力机构为全体会员组成的会员大会。

3. 证券交易所

证券交易所(或证券交易中心)是指依法设立的为证券发行和交易提供固定场所和设施,组织严密,制度完备的证券集中交易、效率很高的证券交易市场,它是实行自律管理的事业(或企业)法人。

二、证券市场分类

证券市场分类是指按一定标准对证券市场构成及其之间的量比关系进行的一种归并,常见的分类有四种:

(一)按交易对象不同标准分类

根据交易对象的不同,证券市场可分为股票市场、债券市场、基金市场和混合证券市场,如表3-1。

表3-1 按交易对象分类

交易对象	价格	收益	风险	流动性
股票市场	波动大,因素多	不确定	较大	较强
债券市场	较稳定	固定	较小	较差
基金市场	随投资对象价格波动	投资组合定	较小	一般
混合证券市场	不确定	不确定	不确定	较强

(二)按组织形式不同标准分类

根据组织形式的不同,证券市场可分为有形市场和无形市场,具体见表3-2。

表3-2 按组织形式分类

组织形式	交易场所	交易时间	交易资格	交易对象	交易制度
有形市场	制度化 固定、有组织	有规定	会员	证券公开上市	公开、拍卖制度或做市商制度
无形市场	场外,不固定	无规定	无规定	未上市证券	

(三)按证券进入市场先后不同标准分类

证券市场按证券进入市场先后的不同,可分为发行市场和交易市场。具体见表3-3。

表3-3 按进入市场先后分类

证券入市顺序	市场功能	市场形式	价格	市场参与人
发行市场	投融资	无形	溢价面值式	服务中介 发行人,投资人,监管人
交易市场	证券流通	有形	供求决定	投资人,中介人,监管人

（四）按市场结构不同标准分类

证券市场根据市场结构不同，分为证券产品市场，证券服务市场和证券信用市场，如表3-4所示。

表3-4 按市场结构分类

市场类别	市场功能	参与人	交易对象
证券产品市场	投融资	投资者，筹资者	证券与资金
证券服务市场	中介服务	筹资人，中介人，投资人	中介服务
证券信用市场	转融资融券	投资人，筹资人，金融机构	证券和资金

我国的证券市场在哪儿？市场内买卖什么东西？你能看得见这些东西的实体吗？

第三节　证券市场基本功能及发展趋势

一、证券市场基本功能

证券市场是市场经济发展到一定阶段后的产物，是一种高级的市场组合形态，对一个经济体的经济资源合理配置与再配置起着重要的作用。其基本功能有以下三个方面：

（一）投融资功能

证券市场的投融资功能是指证券市场为社会投资人提供了一个投资平台和投资对象（各类证券），为社会资金需求者提供了一个筹资场所和工具。

由于在证券市场交易的对象是各种有价证券，这些有价证券本身具有两面性——既是筹资工具也是投资工具，故而筹资者需要资金时就可发行证券筹资，在筹资者看来，他发行的证券是当筹资工具用的。而对于投资者来说，他购买的证券代表了一定的权益，是其实现投资的工具，因而在他看来有价证券是投资工具。投融资双方通过有价证券这一媒介各得其所，实现了社会资金的融通与再配置。

（二）资本资产定价功能

证券市场中，资本的表现形式为证券；资本的价格，表现为证券的市场价格，这一价格的形成是证券投资者和筹资者之间、各类投资者之间的自由竞争博弈结果，且处于不断变化中。这种价格的自由竞争博弈，使最终能产生高回报的资本证券获得较高定价，而低回报的资本证券就只能是低定价,因而可以说证券市场对资本资产的定价根植于证券投资人和证券筹资者间的自由选择和竞争。

(三) 社会经济资源的配置与再配置功能

证券市场的有价证券背后是实体经济中的企业产权和债权,这些产权与债权因为采取有价证券形式进行了细分和明晰,可以自由买卖,打破和扫除了实物资产的凝固和封闭状态,使其具备了流动性。这样,那些有发展前景、效益好的企业即可通过在证券市场发行证券筹资,广泛吸纳社会资金,开辟新的经营领域,兼并重组一些资产效益低的企业,实现优胜劣汰;同时因为发行有价证券可短期内筹措到巨额资金,打破了个别资金难以进入一些部门的数量限制,迅速进入到规模经济。证券市场的这种为资本需求者短期提供巨额资金和灵活兼并重组落后产能的作用,为资本所有者提供投资对象和自由选择投资方向与数量的作用,促成了社会经济资源优化配置和再配置,增进了社会经济资源的利用效率,增加了社会的总福利。它对于生产要素在社会各产业部门间的合理配置起到了无可替代的作用。

二、证券市场的产生及发展趋势

(一) 证券市场产生的三大动因

1. 社会化大生产和商品经济的发展是证券市场形成的客观基础

自然经济社会中,生产力较低,生产所需资本有限。自然经济过渡到商品经济的初期,生产所需资本仍可以通过自身积累和向他人借贷(商业银行)得到满足。然而随着社会化大生产规模的日益扩大,分工的越来越复杂,商品经济范围的越来越广泛,单个资本的自身积累与向他人借贷越来越难以满足大规模生产和经营的资本需求。证券市场作为一种直接融资方式应运而生,客观上适应了社会化大生产和商品经济发展的需要,因而可以说证券市场的产生是社会化大生产和商品经济发展的产物。

2. 股份经济的发展为证券市场的形成提供了催化剂

企业作为社会经济生产经营的基本单位,在商品经济发展初期采用的是独资经营或合伙制经营的组织形式。当生产规模进一步扩大,其经营组织形式也演变成相应的有限责任公司制与股份有限公司制。特别是股份有限公司制通过股份化资产,发行股票筹资,使企业生产经营资产证券化、财产证券化,从而加速了全社会的经济证券化过程,证券市场的形成也就成为必然。

3. 信用制度的发展使证券市场的形成成为现实

商品经济的发展是建立在社会信用制度发展前提下的,商业信用、政府信用、银行信用、消费信用等多种信用制度,对促进商品经济的生产、交换、消费等环节的加速进行和量能放大起着至关重要的分配作用。而作为信用载体和工具的债券、股票、票据等也大量涌现。通常,信用工具都有流通兑现的客观要求,这就客观上要求有专门提供为这些信用工具流通变现的场所,于是证券市场的形成也就成为现实。

(二) 世界主要证券市场产生发展简介

世界证券市场产生发展历史,其过程大概可分为如下阶段:

1. 证券市场的萌芽阶段

（1）世界上第一个股票交易所——1602年成立于荷兰的阿姆斯特丹。

（2）伦敦证券交易所的前身——乔那森咖啡馆(1773年)。

（3）美国最早的证券市场——费城证券交易所(1790年)。

2. 证券市场的初步发展阶段

20世纪初,资本主义从自由竞争阶段过渡到垄断阶段,证券市场以其独特的形式有力地促进了资本的积聚和集中,同时其自身也获得了高速发展。

3. 证券市场的停滞阶段

1929~1933年,主要资本主义国家爆发了严重的经济危机,危机的先兆表现为股市的暴跌,随之而来的经济大萧条使证券市场遭受了严重打击,危机过后证券市场仍一蹶不振。

4. 证券市场的恢复元气阶段

第二次世界大战后至20世纪60年代,因欧美与日本经济的恢复和发展以及各国经济的恢复增长,大大地促进了证券市场的恢复和发展,公司证券发行量增加,证券交易开始复苏,证券市场规模不断扩大,买卖越来越活跃。

5. 证券市场的加速发展阶段

20世纪70年代始至今,世界各国的证券市场出现了高度繁荣的局面,不仅发达国家的证券牛市连连,在发展中国家也不断地出现新兴证券市场,证券市场的规模日益庞大,证券交易活跃,证券化率已成为衡量一国经济发展水平的重要指标之一。

【资料链接】3-2　　　　　　　　　　创业板市场

关于创业板市场,各种称呼不一。在有些国家称其为二板市场、第二交易系统、创业板市场等。它是指交易所主板市场以外的另一个证券市场,其主要目的是为新兴公司提供集资途径,助其发展和扩展业务。在创业板市场上市的公司大多从事高科技业务,具有较高的成长性,但往往成立时间较晚,规模较小,业绩也不突出,经营的稳定性较低,抵抗市场风险和行业风险的能力相对较弱,因此风险较大。

创业板市场主要服务于新兴产业尤其是高新技术产业,在促进高新技术产业的发展和进步方面起到了至关重要的作用,美国的NASDAQ是创业板市场的典型,素有"高科技企业摇篮"之称,培育了美国的一大批高科技巨人,如微软、英特尔、苹果、思科等,对美国以电脑信息为代表的高科技产业的发展以及美国近年来经济的持续增长起到了十分重要的作用,在NASDAQ巨大的示范作用下,世界各大资本市场也开始设立自己的创业板市场。1995年6月,伦敦交易所设立了创业板市场AIM;1996年2月14日,法国设立了新市场Le Nouveau Marche;1999年11月,中国香港创业板正式成立。

从国外的情况看,创业板市场与主板市场的主要区别是:不设立最低盈利的规定,以免高成长的公司因盈利低而不能挂牌;提高对公众最低持股量的要求,以保证公司有充裕的资金周转;设定主要股东的最低持股量及出售股份的限制。如两年内不得出售名下的股份等,以使公司管理层在发展业务方面保持对股东的承诺。此外,创业板使用公告板作为交易途径,不论公司在何地注册成立,只要符合要求即可获准上市。

世界创业板市场的发展大致可分为两个阶段:第一阶段是从20世纪70年代初到70年代中期,第二阶段从20世纪90年代中期到现在。1971年,美国全美证券商协会建立了一个柜台交易的证券进行报价。1975年,NASDAQ建立了新的上市标准,从而把NASDAQ挂牌的证券与在柜台交易的其他证券区分开来。1982年,NASDAQ最好的上市公司形成了NASDAQ全国市场,并开始发布实时交易行情。但是,直到90年代初,NASDAQ的运作并不十分理想,1991年,其成交额才达到纽约股票交易所的1/3。NASDAQ市场真正得到迅速发展,是在20世纪90年代中期以后的第二阶段。世界上其他二板市场的发展,也基本上可以分为上述两个阶段。在20世纪70年代末至80年代初,石油危机引起经济环境恶化,股市长期低迷对企业缺乏吸引力,各国证券市场都面临着很大危机,主要表现在公司上市意愿低,上市公司数目持续减少,在这种情况下,各国为了吸引更多新生企业上市,都相继建立了二板市场。从总体上看,这一阶段二板市场大多经历了创建初期的辉煌,但基本上在20世纪90年代中期以失败而告终。

第二阶段是从20世纪90年代中期开始的,其背景及原因是:

(1) 知识经济的兴起使大量新生高新技术企业成长起来。

(2) 美国NASDAQ迅速发展,加剧竞争的同时,为各国股市的发展指出了一个方向。

(3) 风险投资产业迅速发展,迫切需要针对新兴企业的股票市场。

(4) 各国政府重视高新技术产业的发展,纷纷设立二板市场。

在此背景下,各个国家和地区证券市场又开始了新一轮的设立二板热潮,其中主要有:中国香港创业板市场(GEM,1999)、中国台湾柜台交易所(LNA,1996)、德国新市场(OTC,1994)、伦敦证券交易所(AIM,1995)、法国新市场(LNA,1996)、德国新市场(NM,1996)等。

从目前的情况看,这一阶段的二板市场发育和运作远强于第一阶段,大多数发展较顺利,美国NASDAQ和韩国KOSDAQ的交易量甚至一度超过了主板市场。但是,从整体上看,二板的市场份额还是低于主板,也有的二板(如欧洲的EASDAQ)曾一度陷入经营困境。

中国内地的创业板是在1998年1月李鹏同志主持召开国家科技领导小组第四次会议上提出的,会议决定由国家科学技术委员会组织有关部门研究建立高新技术企业的风险投资机制总体方案,进行试点。

1999年1月,深交所向中国证券监督管理委员会(简称中国证监会)正式呈送《深圳证券交易所关于进行成长板市场的方案研究的立项报告》,并附送实施方案。同年3月,中国证监会第一次明确提出"可以考虑在沪深证券交易所内设立科技企业版块"。

经历近十年的准备,2008年3月22日证监会正式发布《首次公开发行股票并在创业板上市管理办法》,就创业板规则和创业板发行管理办法向社会公开征求意见。2009年3月31日证监会发布《首次公开发行股票并在创业板上市管理暂行办法》,办法自5月1日起实施。

目前,我国实行创业板投资者适当性要求,自2020年4月28日起,个人投资者开通创业板市场交易权限,需满足以下两个条件:

(1) 申请权限开通前20个交易日,证券账户及资金账户内的资产日均不低于人民币10万元(不包括该投资者通过融资融券融入的资金和证券)。

(2) 参与证券交易24个月以上。

资料来源:李英.证券投资理论与实务[M].北京:机械工业出版社,2010.

(三) 我国证券市场发展史简述

1. 旧中国的证券市场

我国最早出现的是外商股票,最早出现的证券交易机构也是由外商开办的上海股份公所和上海众业公所。上市证券主要是外国公司股票和债券。1872年设立的轮船招商局是我国第一家股份制企业。1914,北洋政府颁布的《证券交易所法》推动了证券交易所的建立,1917年,北洋政府批准上海证券交易所开设证券业务。1918年夏天成立的北平证券交易所是中国人自己创办的第一家证券交易所。1920年7月,上海证券物品交易所得到批准成立,是当时规模最大的证券交易所。此后,相继出现了上海华商证券交易所、青岛市物品证券交易所、天津市企业交易所等,逐渐形成了旧中国的证券市场。

2. 新中国的证券市场

在过去的20年间,我国内地资本市场从无到有、从小到大、从区域到全国得到了迅速的发展,回顾改革开放以来我国资本市场的发展,大致可分为3个阶段。

第一阶段,新中国资本市场的萌生(1979~1992年)。这一阶段中,我国资本市场的萌生源于中国经济转轨过程中企业和大众的内生需求。发展初期,市场处于一种自我演进、缺乏规范和监管的状态,且多以试点为主,市场发展及对市场的认识均处于混乱无序状态。

第二阶段,全国性资本市场的形成和初步发展(1993~1998年)。1992年10月,国务院证券管理委员会和中国证券监督委员会成立,标志着中国资本市场开始纳入全国统一监管框架,区域性试点推向全国,全国性市场由此形成和开始发展。

第三阶段,资本市场的逐步规范和发展(1999年至今)。1999年1月1日《中华人民共和国证券法》正式实施,以此为标志我国资本市场的发展逐步走向法治化、规范化,随着市场经济体制改革的持续深入,国有与非国有股份公司不断进入证券市场。2001年12月,中国加入WTO,中国经济全面对外开放,金融改革深化,资本市场的深度和广度日益扩大。2004年1月31日,国务院发布《关于推进资本市场改革开放和稳步发展的若干意见》,肯定了中国资本市场建设的重大成就,明确了中国资本市场的指导思想和任务,提出了支持中国资本市场发展的若干政策;2004年8月和2005年11月,全国人大常委会两次修订《中华人民共和国证券法》,夯实了中国证券市场发展的法律基础;2005年4月,中国证监会《关于上市公司股权分置改革试点有关问题的通知》启动了中国资本市场股权分置改革试点工作,至今这项改革已基本完成;另外,为使我国证券市场与国际市场接轨,中国证监会先后于2003年和2007年颁布了《合格境外机构投资者管理试行办法》(简称QFII)和《合格境内机构投资者境外证券投资管理试行办法》(简称QDII),使我国的证券市场逐步走向国际开放。

(四) 证券市场发展现状及发展趋势

1. 证券市场一体化

随着经济发展的全球化日益加深,投融资的全球化亦成常态。异地上市发行股票、发行债券、"两地"或"三地"同时发行上市、投资者跨国投资、借助互联网跨境投资等,资产配置的全球化成为趋势。全球各地的证券交易所市场之间联动性和相关性日益显著,跨境与跨国间的合作与合并,跨国并购事件亦常有发生。

2. 证券投资法人化

当前国际证券市场的一个突出特点是各种类型的机构投资者占据了市场的大部分投资

额,发挥着市场的主导作用,据有关数据显示,至2001年年底,28个OECD成员国的机构投资者总共管理着超过35万亿美元的总资产。其中美国有19万亿美元,欧洲有12万亿美元,日本有3.6万亿美元,韩国有0.31万亿美元,其他成员国约为4.2万亿美元。

3. 金融创新深化

创新是永恒的动力与源泉,21世纪以来,在金融新理论和新技术的支持下,金融产品、金融组织和金融监管方面的创新极大地丰富了"金融帝国"的活动内容。表现在有组织的金融市场中,金融新产品层出不穷:结构化票据、交易所交易基金、证券化资产和权证、混合型衍生工具、天气衍生金融产品、能源风险管理工具、巨灾衍生产品、信贷衍生产品甚至是政治风险管理工具等;在场外市场和新兴市场,衍生金融产品快速发展,以各类奇异型期权为代表的非标准化交易大量涌现。

4. 金融机构混业化

1999年11月4日,美国通过的《金融服务现代化法案》取消了银行、证券、保险公司相互渗透业务的障碍,标志着金融业分业制度的终结。而在欧洲由于一直保持的全能型银行体系,金融业务的混业经营早就存在。

混业经营使金融机构间的经营范围变得模糊,金融机构间的竞争与并购推动了其资产规模的高速增长,形成了一批各类金融业务紧密结合、相互渗透的大型跨国金融控股集团。

5. 交易所重组与公司化

为应对市场竞争,全球证券交易所之间展开了战略性合作,各交易所之间通过产品交叉上市,共享交易平台,共享交易代码进行合作,甚至进行重组与合并。2000年成立的"新泛欧交易所"就是一典型案例,它通过兼并伦敦国际金融期货交易所、葡萄牙交易所成为拥有金融现货和衍生品交易的全球最大的交易所之一。除了交易所间的合作外,各交易所的另一个突出表现是交易所的改制,自20世纪90年代始到现在的20多年间,全球已有30多家交易所实现了公司化改制。甚至于全球最大的纽约证券交易所在收购美国群岛电子交易所后成立纽交所集团并于2006年3月8日在纽约证券交易所挂牌上市,亦结束了其会员制生涯而变身为营利性上市公司。

6. 证券市场网络化

随着电子交易系统和金融信息交换应用程序界面技术的普遍应用,通信卫星的网络覆盖全球,全球各国证券市场已打破了时间和空间上的限制,证券市场的交易效率得到了空前的提高。

7. 金融风险复杂化

随着全球证券市场一体化、网络化、金融创新不断,竞争越来越复杂和激烈,资本在国际间的快速流动,各国经济发展间的矛盾与失误均可诱导引发一国或多国的金融危机和动荡,而只要有一国存在金融风险,通常都会直接而迅速地传播至周边及世界各国。这使得一国的金融风险不仅存在国内因素,还存在国际因素,金融风险的控制和应对越来越复杂。近二十年来,国际金融风险事件频频发生就很好地说明了这一点。如:1992年英镑危机,导致英镑和意大利里拉退出欧洲汇率机制;1997年东南亚金融危机,泰铢贬值,泰国政府放弃多年的固定汇率,最终演变成一场严重的地区性经济危机;2008年始于美国的"次贷危机"到今天仍在继续的"欧债危机"已演绎成一场全球性的经济危机,世界各国均无不深受其害,世界经济复苏的步伐仍步履沉重。

本 章 小 结

◆ **内容摘要**

1. 证券市场是指有价证券发行与流通以及与此相适应的组织和管理方式的总称。
2. 证券市场的特征是比较得出的,大致有四点:交易对象是证券;交易目的是投融资与投机;交易价格是利率的倒数;价格形成因素既多又杂,风险较大。
3. 证券市场的结构是指证券市场的构成及其之间的量比关系,证券市场的参与者有证券发行人(公司,政府,金融机构)、证券投资人(机构投资者和个人投资者)、证券市场中介(券商,证券服务机构)、证券监管机构和自律性组织(证监会,证券业协会,证交所)。证券市场按交易对象不同可划分为股票市场、债券市场、基金市场、混合证券市场;可按组织形式不同划分为有形的交易所市场和无形的场外市场;按市场提供产品不同可划分为证券产品市场、证券服务市场、证券信用市场;按市场功能不同可划分为证券发行市场和证券交易市场。
4. 证券市场的基本功能有:投融资功能,资本资产定价功能,资源配置与再配置功能。
   证券市场产生的三大动因是:社会化大生产与专业分工,股份制经济的出现与发展,信用制度。
5. 证券市场发展的历史大致可分为:萌芽、初步发展、停滞、恢复元气、加速发展 5 个阶段。
6. 我国证券市场发展分两大块:旧中国的证券市场和新中国的证券市场,新中国证券市场可分为萌生、形成和发展、逐步规范和发展三个阶段。
7. 当前证券市场发展的趋势有七个方面:证券市场一体化,证券投资法人化,金融创新深化,金融机构混业经营,交易所重组与公司化,证券市场网络化,金融风险复杂化。

◆ **关键词**

证券市场　证券市场分类

◆ **思考题**

1. 证券市场的特征有哪些?
2. 证券市场有几种分类?
3. 证券市场的基本功能体现在哪几个方面?
4. 证券市场产生的三大动因指什么?
5. 当前证券市场的发展趋势有哪些?

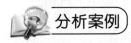分析案例

首批 7 家券商启动柜台交易试点

2012 年 12 月 21 日,中国证券业协会发布了《证券公司柜台交易业务规范》,同时通报海通证券、国泰君安证券、国信证券、申银万国证券、中信建投证券、广发证券、兴业证券 7 家证券公司开始启动柜台交易业务试点。

中国证券业协会有关部门负责人介绍,柜台交易业务在证券公司柜台市场开展,该市场明确定位于私募市场,是证券公司发行、转让、交易私募产品的平台。柜台交易客户以机构

客户为主,各证券公司制定了相应的柜台交易适当性管理制度。柜台交易业务将以协议交易为主,同时尝试开展报价交易或做市商交易机制。柜台交易产品定位为私募产品,市场建设初期配合资产管理业务创新,以销售和转让证券公司理财产品、代销金融产品为主。交易产品种类遵循先易后难的原则,且多为券商自己创设、开发、管理的金融产品。

据了解,从成熟市场发展经验来看,国际一流投行的主要业务大多集中在销售交易业务领域。而我国证券公司长期以来产品单一,缺乏服务手段,其重要原因之一在于柜台交易业务没有发展起来,不能满足客户多元化的投资需求。通过柜台交易,证券公司可以发挥风险识别与风险定价能力,将自主创设产品、代销产品或者各类组合产品销售给自己的客户。当客户需要转让时,证券公司也可以通过柜台交易,为产品提供流动性。柜台交易业务能够提供更多的非标准化投资工具,丰富投资者的选择,满足投资者个性化的资产配置和综合财富管理需求,有助于证券公司更专业、更灵活、更贴身地服务客户。证券公司也可以依托柜台交易市场建设,积极探索并推进证券公司交易、托管结算、支付、融资和投资等五大基础功能的再造和整合,提升核心竞争力。

上述负责人还表示,试点启动后,证券业协会将密切跟踪各公司柜台交易业务的开展情况。目前,协会正在研究制定《证券公司金融衍生产品交易主协议》以及投资者适当性制度等自律规则。

资料来源:刘璐.首批7家券商启动柜台交易试点.证券时报网,2012-12-22。

请根据以上案例分析:

1. 7家证券公司的柜台交易业务试点会不会全面铺开?
2. 柜台交易业务以后能否交易证券交易所内上市的证券?
3. 个人投资者能否现在参与柜台交易业务?

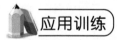

1. 请一家证券营业部主管给同学们作一次专题讲座。
2. 组织同学们实地参观一家证券营业部。

第四章 证券发行市场

- 掌握股份有限公司的设立;了解企业股份制改组;理解股份有限公司的运行;掌握股份公司的组织结构;理解股份公司财务会计;熟悉股份公司变更、破产和解散。
- 熟悉证券发行的产生与发展;了解证券发行的特点与目的;熟悉证券发行的原则与方式;理解证券发行管理制度。
- 掌握股票上市条件;了解股票的上市保荐要求;熟悉股票上市申请程序;掌握公开发行上市工作内容及流程;理解股票销售及承销方式;熟悉保荐人制度;理解股票发行定价。
- 了解债券发行目的;熟悉债券发行方式;理解债券信用评级;掌握我国国债的发行与承销;熟悉金融债券的发行与销售;理解公司债券的发行与销售。

新股发行改革指导意见有5处修改完善

2012年4月28日,证监会发布了《关于进一步深化新股发行体制改革的指导意见》(以下简称《指导意见》)。证监会有关负责人就相关问题接受记者采访时表示,与此前的征求意见稿相比,本次正式发布的《指导意见》对5个方面进行了相应的修改完善。

有关负责人表示,从反馈意见情况来看,市场各方的意见主要集中在以下几个方面:①发行人是信息披露的第一责任人,规范的公司治理和内控制度是保障发行人积极履行信息披露义务,把握好发行"入口关"的基础和前提。建议进一步强化发行人和相关中介机构对公司治理和内控制度建设的责任。② 会计师的诚信自律、客观公正对于防范财务虚假披露行为,提升信息披露质量至关重要,应进一步明确对会计师事务所、注册会计师从事审计等相关业务的执业要求。③ 建议明确规定发行人和主承销商可以在获得批文后在有效期内自主选择适当时机启动发行。④ 行业市盈率应更多是询价和定价的参考,不应该成为指导价,应该细化并明确超过行业市盈率定价的信息披露要求。⑤《指导意见》对违法违规行为缺乏针对性处罚措施,应对不同违法违规行为相对应的监管处罚措施进行细化和具体化,使惩戒更具有操作性和威慑力。

该负责人表示,根据反馈意见的情况,证监会对《指导意见》作了相应的修改完善:① 进一步细化并明确会计师事务所的职责要求;② 对发行人公司治理结构提出进一步要求;③ 明确发行人及其主承销商可以在核准批文有效期内自主选择发行时间窗口;④ 进一步明确在发行价格市盈率高于同行业上市公司平均市盈率25%(采取其他方法定价的比照执行)

的情形下,发行人需要补充披露信息的内容及程序;⑤进一步明确对违法违规行为的处罚措施,从严监管。

资料来源: 根据凤凰财经网相关资料整理。

第一节 股份有限公司的设立与运行

一、股份有限公司的设立

（一）股份有限公司的设立原则、方式、条件和程序

1. 设立方式

根据《中华人民共和国公司法》(以下简称《公司法》)第七十八条的规定,股份有限公司的设立可以采取发起设立或者募集设立两种方式。发起设立是指由发起人认购公司发行的全部股份而设立公司。在发起设立股份有限公司的方式中,发起人必须认购公司发行的全部股份,社会公众不参加股份认购。募集设立是指由发起人认购公司应发行股份的一部分,其余股份向社会公开募集或者向特定对象募集而设立公司。募集设立分为向特定对象募集设立和公开募集设立。

2. 设立条件

发起人符合法定人数。根据《公司法》第七十九条的规定,设立股份有限公司,应当有2人以上200人以下为发起人,其中必须有半数以上的发起人在中国境内有住所。发起人认购和募集的股本达到法定资本最低限额。股份有限公司注册资本的最低限额为人民币500万元。法律、行政法规对股份有限公司注册资本的最低限额有较高规定的,从其规定。股份有限公司采取发起设立方式设立的,注册资本为在公司登记机关登记的全体发起人认购的股本总额。公司全体发起人的首次出资额不得低于注册资本的20%,其余部分由发起人自公司成立之日起2年内缴足。其中,投资公司可以在5年内缴足。在缴足前,不得向他人募集股份。股份有限公司采取募集方式设立的,注册资本为在公司登记机关登记的实收股本总额。以募集方式设立的,发起人认购的股份不得少于公司股份总数的35%,但是,法律、行政法规另有规定的,从其规定。发起人、认股人缴纳股款或者交付抵押作股款的出资后,除未按期募足股份、发起人未按期召开创立大会或者创立大会决议不设立公司的情形外,不得抽回资本。

3. 设立程序

(1) 确定发起人,签订发起人协议。发起人应当签订发起人协议,明确各自在公司设立过程中的权利和义务。

(2) 制定公司章程。

(3) 向设区的市级以上工商行政管理部门申请名称预先核准。

(4) 申请与核准。向社会公开募集股份设立股份公司的,应取得中国证监会的核准。

(5) 股份发行、认购和缴纳股款。
(6) 召开创立大会,并建立公司组织机构。
(7) 设立登记并公告。
(8) 发放股票。

创立大会行使的职权有:审议发起人关于公司筹办情况的报告;通过公司章程;选举董事会成员;选举监事会成员;对公司的设立费用进行审核;对发起人用于抵作股款的财产的作价进行审核;发生不可抗力或者经营条件发生重大变化直接影响公司设立的,可以作出不设立公司的决议。

(二) 股份有限公司的发起人

1. 发起人的概念

发起人是指依照有关法律规定订立发起人协议,提出设立公司申请,认购公司股份,并对公司设立承担责任者。发起人既是股份有限公司成立的要件,也是发起或设立行为的实施者。

2. 发起人的法律地位

(1) 发起人的权利:参加公司筹委会;推荐公司董事会候选人;起草公司章程;公司成立后,享受公司股东的权利;公司不能成立时,在承担相应费用之后,可以收回投资款项和财产产权。

(2) 发起人的义务:公司不能成立时,设立行为所产生的债务和费用,由发起人负连带责任;公司不能成立时,对认股人已经缴纳的股款,发起人负返还股款并加算银行同期存款利息的连带责任;在公司设立过程中,由于发起人的过失致使公司利益受到损害的,发起人应当对公司承担赔偿责任;公司成立后,发起人未按照公司章程的规定缴足出资的,应当补缴,其他发起人承担连带责任;公司成立后,发现作为设立公司出资的非货币财产的实际价额显著低于公司章程所定价额的,应当由交付该出资的发起人补足其差额,其他发起人承担连带责任;不得虚假出资或者在公司成立后抽逃出资,不得在申请公司登记时使用虚假证明文件或采取其他欺诈手段虚报注册资本,否则,将承担相应的法律责任,严重者依据《中华人民共和国刑法》承担刑事责任。此外,发起人持有的本公司股份,自公司成立之日起1年内不得转让。公司公开发行股份前已发行的股份,自公司股票在证券交易所上市交易之日起1年内不得转让。

(三) 股份有限公司的章程

1. 公司章程概述

股份有限公司章程是规范股份有限公司的组织及运营的基本准则,是公司的自治规范。它规定了股份有限公司的性质、宗旨、经营范围、组织机构及其产生办法、职权、议事规则、股东大会会议认为需要规定的其他事项等内容。设立公司必须依法制定公司章程。公司章程对公司、股东、董事、监事、高级管理人员具有约束力。章程应当采取法律规定的书面形式,在公司登记机关登记注册后生效。因此,公司章程的效力起始于公司成立,终止于公司被依法核准注销。

对于以募集方式设立的股份公司,发起人拟订的章程草案须经出席创立大会的认股人所持表决权的过半数通过。

2. 公司章程的内容

章程的内容即章程记载的事项,分为必须记载的必要记载事项和由公司决定记载的任意记载事项。

我国《公司法》第八十二条规定了以下必须记载的事项:

(1) 公司名称和住所。
(2) 公司经营范围。
(3) 公司设立方式。
(4) 公司股份总数、每股金额和注册资本。
(5) 发起人的姓名或者名称、认购的股份数、出资方式和出资时间。
(6) 董事会的组成、职权和议事规则。
(7) 公司法定代表人。
(8) 监事会的组成、职权和议事规则。
(9) 公司利润分配办法。
(10) 公司的解散事由与清算办法。
(11) 公司的通知和公告办法。
(12) 股东大会认为需要规定的其他事项。

此外,公司还可以根据实际需要,在不违反法律禁止性规定的前提下,由公司章程载明需要规定的其他事项。

(四) 有限责任公司与股份有限公司的互为变更

1. 有限责任公司和股份有限公司的差异

依照《公司法》的规定,有限责任公司是由1个以上、50个以下股东共同出资设立的,股东以其认缴的出资额为限承担责任的法人。股份有限公司是指依照《公司法》的规定,由2个以上、200个以下发起人发起的,其全部资本分为等额股份,股东以其认购的股份为限对公司承担责任,公司以其全部财产对公司的债务承担责任的法人。有限责任公司具有人合兼资合、封闭及设立程序简单的特点;股份有限公司具有资合、开放性及设立程序相对复杂的特点。有限责任公司和股份有限公司存在如下差异:

(1) 在成立条件和募集资金方式上有所不同。有限责任公司只能由股东出资,不能向社会公开募集股份;有限责任公司的股东人数有最高的要求(不超过50人)。股份有限公司经核准,可以公开募集股份;股份有限公司的股东人数只有最低要求(2人以上),没有最高要求。

(2) 股权转让难易程度不同。在有限责任公司中,股东转让自己的股权有严格的要求,受到的限制较多,比较困难。在股份有限公司中,股东转让自己的股权比较方便,可依法自由转让。

(3) 股权证明形式不同。在有限责任公司中,股东的股权证明形式是出资证明书,出资证明书不能转让、流通。在股份有限公司中,股东的股权证明形式是股票,即股东所持有的股权是以股票的形式来体现的,股票是公司签发的证明股东所持股份的凭证,可以转让、流通。

(4) 公司治理结构简化程度不同。在有限责任公司中,公司治理结构相对简化,人数较少和规模较小的,可以设1名执行董事,不设董事会;可以设1~2名监事,不设监事会。由于它召开股东会比较方便,因此,立法上赋予股东会的权限较大。在股份有限公司中,无论公司的大小,均应设立股东大会、董事会、经理和监事会。由于股东人数没有上限,人数较多且分散,召开股东大会比较困难,股东大会的议事程序也比较复杂,所以,股东大会的权限有所限制,董事会的权限较大。

(5) 财务状况的公开程度不同。有限责任公司应当依照公司章程规定的期限将财务会计报告送交各股东。股份有限公司的财务会计报告应当在召开股东大会年会的20日前置备于本公司,供股东查阅;公开发行股票的股份有限公司必须公告其财务会计报告。

2. 变更要求

(1)《公司法》第九条第一款规定,有限责任公司变更为股份有限公司,应当符合《公司法》规定的股份有限公司的设立条件;股份有限公司变更为有限责任公司,应当符合《公司法》规定的有限责任公司的设立条件。

(2)《公司法》第九条第二款规定,有限责任公司变更为股份有限公司的,或者股份有限公司变更为有限责任公司的,公司变更前的债权、债务由变更后的公司承继。

(3)《公司法》第九十六条规定,有限责任公司变更为股份有限公司时,折合的实收股本总额不得高于公司净资产额。有限责任公司变更为股份有限公司,为增加资本公开发行股份时,应当依法办理。

二、企业股份制改组

(一) 企业股份制改组的目的、要求和程序

1. 股份制改组的目的

(1) 筹集资金。
(2) 建立规范的法人治理结构。
(3) 优化资源配置。
(4) 增强企业凝聚力。
(5) 确立法人财产权,实现政企分开。

2. 企业股份制改组的基本要求

(1) 改组设立股份有限公司的要求

《公司法》规定的条件:发起人符合法定人数;发起人认缴和社会公开募集的股本达到发行资本最低限额;股份发行、筹办事项符合法律规定;依法制定公司章程,并经创立大会通过;有公司名称,建立符合股份有限公司要求的组织机构;有固定的生产经营场所和必要的生产经营条件;国家法规和证券主管部门规定的其他条件。

国有企业改组为股份有限公司时,严禁将国有资产低价折股、低价出售或无偿分给个人。净资产折股比例不得低于65%,有限责任公司依法经批准变更为股份有限公司时,其折合的股份总额应等于公司净资产额。

(2) 国家行政法规规定的条件

根据国务院的有关规定,企业改组为股份有限公司应当首先完成以下的工作:完成清产核资;有明确的发起人;经占出资额2/3以上的出资者同意;净资产不得低于总资产的30%;发起人出资比例不低于总股本的35%;流通资本不低于总股本的25%,总股本高于4亿元,

可不低于15％;符合国家产业政策;连续3年盈利,无违规行为记录等。

(3) 改组为上市公司的要求

国有企业改组为上市公司,应符合下列条件:其生产经营符合国家产业政策;其发行的普通股限于一种,同股同权;发起人认购的股本数额不少于公司拟发行股本总额的35％;在公司拟发行的股本总额中,发起人认购的部分不少于人民币3000万元,但是国家另有规定的除外;向社会公众发行的部分不少于公司拟发行股本总额的25％,拟发行股本超过4亿元的,中国证监会按照规定可以酌情降低向社会公众发行部分的比例,但最低不少于公司拟发行股本总额的15％;发起人在近3年内没有重大违法行为;发行前一年年末,净资产在总资产中所占比例不低于30％,无形资产在净资产中所占比例不高于20％;近3年连续盈利。

3. 企业改组为上市公司程序

根据《公司法》《证券法》《股票发行与交易管理暂行条例》等法律、行政法规的规定,企业改组为股份有限公司并上市大致要经过:提出改组设立申请;批准设立股份有限公司;选聘中介机构;证券公司立项;企业改制方案的实施;发行及上市辅导;改制验收;提出股票发行与上市申请;证券公司推荐;发行核准;公开发行股票;申请上市;股票上市公告并交易等过程。

(二) 资产评估

1. 资产评估的意义和范围

(1) 资产评估的含义

资产评估,是指由专门的评估机构和人员依据国家的规定和有关数据资料,根据特定的评估目的,遵循公允、法定的原则,采用适当的评估原则、程序、计价标准,运用科学的评估方法,以统一的货币单位,对被评估的资产进行评定和估算。

(2) 资产评估的范围

资产评估的范围包括固定资产、长期投资、流动资产、无形资产和其他资产。

2. 资产评估的程序

资产评估通常分为4个程序:申请立项;资产清查;评定估算;验证确认。

3. 资产评估报告

资产评估报告,是指接受委托的资产评估机构在完成评估项目后向委托方出具的项目评估过程及其结果等基本情况的具有公正性的工作报告,是评估机构履行评估合同的成果,也是评估机构为资产评估项目承担法律责任的证明文件。评估报告包括正文和附件两部分。

(1) 评估报告的正文。

(2) 评估报告的附件。

(3) 关于资产评估报告书的规定。

评估报告应符合以下的要求:资产评估报告由委托单位的主管部门签署意见后,报送国家国有资产管理部门审核、验证、确认;资产评估报告要严格遵守国家保密的规定;资产评估报告须向外方提供时,可以按照国际惯例对资产评估报告的格式要求撰写,但同时向国有资产管理部门报送的报告仍按《国有资产评估管理办法实施细则》和《关于资产评估报告书的规范意见》撰写;资产评估报告书必须依照客观、公正、实事求是的原则撰写,正确反映评估工作的情况;资产评估报告的内容应当准确、简练,结构严谨,文字表述清楚肯定,不能含糊或模棱两可,以免引起异议;资产评估报告书应有委托单位的名称、评估机构的名称和印章、评估机构代表或委托人和评估项目负责人的签字以及提供报告的日期;评估报告书要写明评估基准日,且不得随意改变;资产评估报告应当写明评估的目的、范围、资产状况和产权归属;资产评估报告书应说明评估工作所遵循的原则和依据的法律法规,并简述评估工作的工作过程;资产评估报告书应当写明评估工作中资产计价所使用的货币种类。一般以人民币计价;资产评估报告书应有明确的评估价值结果,可以有文字表述,也可以列表表示;资产评估报告书应当有齐全的附件,包括资产评估机构的资格证书复印件、被评估机构产权证明文件(如房产、土地证明文件等);整体评估应当有评估基准日的会计报表,必要时还需要附加与评估有关的会计凭证、调查报告、技术鉴定书、各类经济合同等其他文件资料。

(三)产权界定及其他

1. 国有资产产权的界定及折股

产权界定是指国家依法划分财产所有权和经营权等产权归属,明确各类产权形式权利的财产范围和管理权限的一种法律行为。

组建股份有限公司,视投资主体和产权管理主体的不同情况,其所占用的国有资产分别构成"国家股"和"国有法人股"。性质均属国家所有,统称为国有资产股,简称为国有股。

国家股指有权代表国家投资的机构或部门向股份公司投资形成或依法定程序取得的股份。

国有法人股指具有法人资格的国有企业、事业及其他单位以其依法占有的法人资产向独立于自己的股份公司出资形成或依法定程序取得的股份。

2. 土地使用权的处置

(1) 以土地使用权作价入股。

(2) 交纳土地出让金取得土地使用权。

(3) 缴纳土地年租金。

3. 非经营性资产的处置

企业在改组为上市公司时,承担政府管理职能的非经营性资产必须进行剥离,对承担社会职能的非经营性资产的处理有以下三种模式:

(1) 将非经营性资产和经营性资产一并折股投入股份有限公司,留待以后逐步解决公司不合理负担的问题。

(2) 将非经营性资产和经营性资产完全划分开,非经营性资产或留在原企业,或组建为新的第三产业服务性单位。该部分由国有股持股单位所分得的红利予以全部或部分的支持,或委托股份有限公司专项管理、有偿使用。

(3) 完全分离经营性资产和非经营性资产,公司的社会职能分别由保险公司、教育系统、医疗系统等社会公共服务系统承担,其他非经营性资产以变卖、拍卖、赠与等方式处置。

4. 无形资产的处置

无形资产指得到法律认可和保护的,不具有实物形态,并在较长时间内(超过1年)使企业在生产经营中受益的资产。主要包括商标权、专利权、著作权、专有技术、土地使用权和商誉等。一般说来,投入上市公司的无形资产不能超过公司总股本的20%。对于高科技公司,无形资产最高可占到总股本的35%。

三、股份有限公司的运行

(一)资本的含义

股份有限公司的资本是指在公司登记机关登记的资本总额,即注册资本,由股东认购或公司募足的股款构成,其基本构成单位是股份,所以,也可以称为股份资本或股本。

(二)资本"三原则"

1. 资本确定原则

资本确定原则是指股份有限公司的资本必须具有确定性。由于各国经济状况和法律传统的差异,资本确定原则的实现方式有所不同,以法定资本制、授权资本制和折中资本制最具有代表意义。我国目前遵循的是法定资本制的原则,不仅要求公司在章程中规定资本总酬,而且要求在设立登记前认购或募足完毕。

2. 资本维持原则

资本维持原则是指股份有限公司在从事经营活动的过程中,应当努力保持与公司资本数额相当的实有资本。具体保障制度有:

(1)限制股份的不适当发行与交易。例如,禁止以低于股票面值的价格发行股票;股份有限公司不得随意回购已发行的股份,也不得接受股份持有人以公司发行的股票为质押品,等等。

(2)实行固定资产折旧制度。

(3)实行公积金提取制度。

(4)盈余分配制度。此外,还有一些其他保障制度。

3. 资本不变原则

资本不变原则是指除依法定程序外,股份有限公司的资本总额不得变动。资本维持原则强调公司应当保持与其章程规定一致的资本,是动态的维护;资本不变原则强调非经修改公司章程,不得变动公司资本,是静态的维护。

【资料链接】4-1　　　　资本制度:公司资本制度主要分为三类

1. 法定资本制由法国首创,后来为其他大陆法系国家所普遍采用。法定资本制也称确定资本制,是指在设立公司时,发起人必须按照章程中所确定的资本数额,足额缴齐或募足后,才能使公司成立的一种资本制度。法定资本制的核心是公司资本"三原则",其实质是公司依章程资本全部发行并足额实缴而成立。资本三原则,即资本确定原则、资本维持原则、资本不变原则。是传统公司法在发展过程中逐渐形成并确认的关于公司资本的三项原则的统称。它是法系国家为保障股东与债权人之权益而发展与创建的公司资本制度原则,其目的在于使公司之实质资产尽可能不低于资本。2006年之前我国实际执行法定资本制,奉行"资本三原则"。

2. 授权资本制是英美法系国家首创的一种公司资本制度。指公司只要在章程中记载注册资本额,股东不必认足或缴足全部注册资本公司即可成立的原则。未发行或未缴足部分的股本,允许公司或股东于公司成立以后发行或缴足。

3. 折中资本制又称认可资本制,是介于法定资本制和授权资本制之间的公司资本制度,是两种制度的有机结合。指设立公司时,章程中确立的资本总额不必一次全部发行完毕公司就可成立,但在公司成立前由发起人和认股人认购的股份总额须达到一定法定比例,其余部分资本可以授权董事会在公司成立后一定期限内根据公司实际需要而随时发行。

在我国的外商投资法中规定的外商投资注册资本制度即为该种制度的运用。这种模式是由德国在20世纪30年代首创,许多法系国家(包括中国台湾地区)现在都实行该制度。既放松了公司设立的资本要求,又可保证公司于成立时实际拥有必要的资本。2006年前我国公司法对公司出资规定的是严格的法定资本制,或者称实收资本制,即一次性缴足注册资本。

新公司法规定可以分期缴付注册资本,可以在两年内分期缴足,发起设立股份公司首期只需缴付20%的注册资金;如果是投资公司,注册资本可以分5年缴足。这是本次公司法修改中一个重大的基本制度方面的修改。可以说,公司法修改后,我国的公司的资本制度已经转变为折中的授权资本制,与国际上大多数国家所实行的公司资本制度基本一致,也基本与我国外资企业实行的资本制保持了统一。

资料来源:根据百度文库相关资料整理。

(三) 资本的增加和减少

股份有限公司增加或减少资本,应当修改公司章程,须经出席股东大会的股东所持表决权的2/3以上通过。变动后,应由法定验资机构出具验资证明,并依法向公司登记机关办理变更登记。

1. 增加资本

股份有限公司增加资本(以下简称"增资")是指股份有限公司依照法定程序增加公司的股份总数。公司增资的方式有:向社会公众发行股份,向特定对象发行股份,向现有股东配售股份,向现有股东派送红股,以公积金转增股本,公司债转换为公司股份等。以公开发行新股方式增资的,应当经过中国证监会的核准。

2. 减少资本

股份有限公司减少资本(以下简称"减资")是指股份有限公司依照法定程序减少公司的注册资本。公司减资的原因较多,有的是因为公司剩余闲置资本过多,为提高资本利润率而减资;有的是因为公司经营亏损而减资。减资的方法主要有减少股份数额、减少每股面值,或同时减少股份数额和每股面值。公司减少资本后的注册资本不得低于法定的最低限额。

四、股份公司的组织结构

(一) 股份有限公司的股东和股东大会

股份有限公司的股东是指依法持有股份有限公司股份的自然人或法人,即公司股份的所有者。

1. 股东的权利和义务

(1) 股东的权利。股份有限公司的股份认购人一旦缴清应缴股款,就取得股东资格,享有权利,并承担相应的义务和风险。股东的权利包括:依照其所持有的股份份额获得股利和其他形式的利益分配;依法请求、召集、主持、参加或者委派股东代理人参加股东大会,并行使相应的表决权;对公司的经营进行监督,提出建议或者质询;依照法律、行政法规及公司章程的规定转让、赠与或质押其所持有的股份;查阅公司章程、股东名册、公司债券存根、股东大会会议记录、董事会会议决议、监事会会议决议、财务会计报告;公司终止或者清算时,按其所持有的股份份额参加公司剩余财产的分配;对股东大会作出的公司合并、分立决议持异议的股东,要求公司收购其股份;法律、行政法规、部门规章或公司章程规定的其他权利。

(2) 股东的义务。遵守法律、行政法规和公司章程;依其所认购的股份和入股方式缴纳股金;除法律、法规规定的情形外,不得退股,不得滥用股东权利损害公司或者其他股东的利益;不得滥用公司法人独立地位和股东有限责任损害公司债权人的利益;公司股东滥用股东权利给公司或者其他股东造成损失的,应当依法承担赔偿责任;公司股东滥用公司法人独立地位和股东有限责任,逃避债务,严重损害公司债权人利益的,应当对公司债务承担连带责任;法律、行政法规及公司章程规定应当承担的其他义务。

2. 股东大会的职权

股东大会是由股份有限公司全体股东组成的、表示公司最高意志的权力机构。股东大会的职权可以概括为决定权和审批权。根据《公司法》的规定,股东大会行使下列职权:

(1) 决定公司的经营方针和投资计划。

(2) 选举和更换非由职工代表担任的董事、监事,决定有关董事、监事的报酬事项。

(3) 审议批准董事会的报告。

(4) 审议批准监事会或者监事的报告。

(5) 审议批准公司的年度财务预算方案、决算方案。

(6) 审议批准公司的利润分配方案和弥补亏损方案。

(7) 对公司增加或者减少注册资本作出决议。

(8) 对发行公司债券作出决议。

(9) 对公司合并、分立、解散、清算或者变更公司形式作出决议。

(10) 修改公司章程。

(11) 对公司聘用、解聘会计师事务所作出决议。

(12) 审议代表公司发行在外有表决权股份总数的3%以上的股东的提案。

(13) 公司章程规定的其他职权。

股东大会选举董事、监事,可以依照公司章程的规定或者股东大会的决议,实行累积投票制。累积投票制是指股东大会选举董事或者监事时,每一股份拥有与应选董事或者监事人数相同的表决权,股东拥有的表决权可以集中使用。

3. 股东大会决议

股东(包括股东代理人)出席股东大会会议,所持每一股份有一表决权。但是,公司持有的本公司股份没有表决权。股东大会决议分为普通决议和特别决议。

(1) 普通决议。股东大会作出普通决议,应当由出席股东大会会议的股东(包括股东代理人)所持表决权的过半数通过。下列事项可以普通决议通过:董事会和监事会的工作报告;董事会拟订的利润分配方案和弥补亏损方案;董事会和监事会成员的任免及其报酬和支付方法;公司年度预算方案、决算方案;公司年度报告;除法律、行政法规规定或者公司章程规定应当以特别决议通过以外的其他事项。

(2) 特别决议。股东大会作出特别决议,应当由出席股东大会的股东(包括股东代理人)所持表决权的2/3以上通过。下列事项须由股东大会以特别决议通过:公司章程的修改;公司增加或者减少注册资本;公司的合并、分立和解散;变更公司形式;公司章程规定和股东大会以特别决议认定会对公司产生重大影响的、需要以特别决议通过的其他事项。股东大会的决议违反法律、行政法规,侵犯股东合法权益的,股东有权向人民法院提起要求停止该违法行为和侵害行为的诉讼。

(3) 股东大会会议记录。股东大会应当对所议事项的决定作成会议记录,主持人、出席会议的董事应当在会议记录上签名。会议记录应当与出席股东的签名册及代理出席的委托书一并保存。

(二) 股份有限公司的董事会

1. 董事的资格和任免机制

(1) 董事的资格。公司董事为自然人。

(2) 董事的任免机制。《公司法》规定股份有限公司的董事会成员为5～19人。董事会成员中可以有公司职工代表。董事会中的职工代表由公司职工通过职工代表大会、职工大会或者其他形式民主选举产生。非职工代表董事由股东大会选举或更换,任期由公司章程规定,但每届任期不得超过3年,董事任期从股东大会决议通过之日起计算,至本届董事会任期届满时止,董事任期届满,连选可以连任。

【资料链接】4-2   不得担任股份有限公司的董事的情形

> 我国《公司法》对董事的任职资格作了一定的限制。依据《公司法》第一百四十七条的规定,有以下情形的,不得担任股份有限公司的董事:① 无民事行为能力或限制民事行为能力者;② 因贪污、贿赂、侵占财产、挪用财产罪和破坏社会主义市场经济秩序,被判处刑罚,执行期满未逾5年,或者因犯罪被剥夺政治权利,执行期满未逾5年;③ 担任破产清算的公司、企业的董事或厂长、经理,并对该公司、企业的破产负有个人责任的,自该公司、企业破产清算完结之日起未逾3年;④ 担任因违法被吊销营业执照、责令关闭的公司、企业的法定代表人,并负有个人责任的,自该公司、企业被吊销执照之日起未逾3年;⑤ 个人所负数额较大的债务到期未清偿。公司违反上述规定选举、委派董事、监事或者聘任高级管理人员的,该选举、委派或者聘任无效。董事、监事、高级管理人员在任职期间出现上述所列情形的,公司应当解除其职务。
> 资料来源:中国证券业协会.证券发行与承销[M].北京:中国财政经济出版社,2011.

2. 董事的职权和义务

(1) 董事的职权:出席董事会,并行使表决权;报酬请求权;签名权。此项权力同时也是义务,如在以公司名义颁发的有关文件如募股文件、公司设立登记文件等上签名;公司章程规定的其他职权。

(2) 董事的义务。《公司法》第一百四十八条规定,董事、监事、高级管理人员应当遵守法律、行政法规和公司章程,对公司负有忠实义务和勤勉义务。

3. 董事长、董事会会议运作和议事规则

(1) 董事长和董事会会议运作。董事会是由董事组成的、对内掌管公司事务、对外代表公司的经营决策机构。董事会设董事长1人，可以设副董事长。董事长和副董事长由董事会以全体董事的过半数选举产生。董事长行使下列职权：主持股东大会和召集、主持董事会会议；督促、检查董事会决议的执行；董事会授予的其他职权。

(2) 董事会议事规则。董事会议事规则是指董事会开会期间必须遵守的一系列程序性规定，这些规定是董事会规范运作、其决议尽量避免瑕疵的前提和基础。上市公司应在公司章程中规定规范的董事会议事规则，确保董事会高效运作和科学决策。董事会议事规则内容一般包括：总则、董事的任职资格、董事的行为规范、董事长的权利和义务、董事会的工作程序、工作费用以及其他事项。

4. 董事会的职权和决议

(1) 董事会的职权。董事会对股东大会负责，其职权主要有：负责召集股东大会，并向股东大会报告工作；执行股东大会的决议；决定公司的经营计划和投资方案；制定公司年度财务预算方案、决算方案；制定公司的利润分配方案和弥补亏损方案；制定公司增加或者减少注册资本以及发行公司债券的方案；制定公司合并、分立、解散或者变更公司形式的方案；决定公司内部管理机构的设置；决定聘任或者解聘公司经理及其报酬事项，并根据经理的提名决定聘任或者解聘公司副经理、财务负责人及其报酬事项；制定公司的基本管理制度；公司章程规定的其他职权。

(2) 董事会决议。董事会会议应有过半数的董事出席方可举行。董事会作出决议，必须经全体董事的过半数通过。董事会决议的表决，实行一人一票。董事会应当对会议所议事项的决定作成会议记录，出席会议的董事应当在会议记录上签名。董事应当对董事会的决议承担责任。董事会的决议违反法律、行政法规或者公司章程、股东大会决议，致使公司遭受严重损失的，参与决议的董事对公司负赔偿责任。但经证明在表决时曾表明异议并记载于会议记录的，该董事可以免除责任。

(三) 股份有限公司的经理

1. 经理的任职资格和聘任

股份有限公司设经理，经理的任职资格与董事相同，《公司法》关于不适于担任董事的规定也同样适用于经理。股份有限公司的经理是由董事会聘任或解聘的、具体负责公司日常经营管理活动的高级管理人员。高级管理人员是指公司的经理、副经理、财务负责人、上市公司董事会秘书和公司章程规定的其他人员。公司董事可以兼任经理。

2. 经理的职权

股份有限公司的经理行使下列职权：

(1) 主持公司的生产经营管理工作，组织实施董事会决议。

(2) 组织实施公司年度经营计划和投资方案。

(3) 拟订公司内部管理机构设置方案。

(4) 拟订公司的基本管理制度。

(5) 制定公司的具体规章。

(6) 提请聘任或者解聘公司副经理、财务负责人。

(7) 决定聘任或者解聘除应由董事会决定聘任或者解聘以外的负责理人员。

(8) 董事会授予的其他职权。

此外,经理有权列席董事会会议,非董事经理在董事会上没有表决权。经理应当根据董事会或者监事会的要求,向董事会或者监事会报告公司重大合同的签订及执行情况、资金运用情况和盈亏情况。经理必须保证该报告的真实性。如果公司章程对经理职权另有规定的,从其规定。

【资料链接】4-3　　　　　　　　　　CEO 即首席执行官

在国外,CEO作出总体决策后,具体执行权力就会下放。所以有人说,CEO就像我国50%的董事长加上50%的总经理。

CEO即首席执行官,是美国在20世纪60年代进行公司治理结构改革创新时的产物,它的出现在某种意义上代表原董事会的一些决策权过渡到经营层手中。President 掌握着公司的日常行政权,既可译成总裁,又可译成总经理。

CEO 与 President 形式上都是企业的"一把手",CEO既是行政一把手,又是股东权益代言人(多数情况下CEO是作为董事会成员出现的,而总经理则不一定)。在此意义上,CEO代表着企业,并对企业经营负根本责任。

President 经常用于礼仪场合。许多时候,President 和 CEO 是同一个人;但在许多大公司里,President 和 CEO 是两个人,有时候两者地位平等,有时候 CEO 是 President 的上级。

真正的CEO体制下,董事会往往设有执行委员会,通常由CEO及其他执行董事组成,是公司的最高经营领导核心,作为董事会的常设机构在董事会闭会期间代行董事会的职权,CEO任该委员会主席(如果Chairman不兼任CEO,则只是一种荣誉性职务)。

资料来源: 根据百度文库相关资料整理。

(四)股份有限公司的监事会

1. 监事的任职资格、任免机制和任期

股份有限公司设监事会,有关董事任职资格的限制规定同样适用于监事。监事应具有法律、会计等方面的专业知识或工作经验。此外,董事、高级管理人员不得兼任监事。股份有限公司的监事会是由监事组成的、对公司业务和财务活动进行合法性监督的机构。监事会成员不得少于3人,监事会的人员和结构应确保监事会能够独立有效地行使对董事、经理和其他高级管理人员及公司财务的监督和检查的权力。监事会由股东代表和适当比例的公司职工代表组成,其中职工代表的比例不得低于1/3,具体比例由公司章程规定。监事会中的职工代表由公司职工通过职工代表大会、职工大会或者其他形式民主选举产生。监事的任期每届为3年。监事任期届满,连选可以连任。监事任期届满未及时改选,或者监事在任期内辞职导致监事会成员低于法定人数的,在改选出的监事就任前,原监事仍应当依照法律、行政法规和公司章程的规定,履行监事职务。

2. 监事的职权、义务和责任

(1)监事的职权:出席监事会,并行使表决权;报酬请求权;签字权;列席董事会的权利,并对董事会决议事项提出质询或者建议;提议召开临时监事会会议权。

(2)监事的义务和责任:遵守公司章程,执行监事会决议;监事除依照法律规定或者股东大会同意外,不得泄露公司秘密,不得擅自传达董事会、监事会和经理办公会会议的内容;对未能发现和制止公司违反法律、法规的经营行为承担相应的责任;监事在工作中违反法律、法规或者公司章程的规定,给公司造成损害的,应当承担相应的责任;监事应当依照法律、行政法规和公司章程的规定,忠实履行监督职责。

3. 监事会的职权监事会行使下列职权

(1) 检查公司财务。

(2) 对董事、高级管理人员执行公司职务的行为进行监督,对违反法律、行政法规、公司章程或者股东会决议的董事、高级管理人员提出罢免的建议。

(3) 当董事、高级管理人员的行为损害公司利益时,要求董事、高级管理人员予以纠正。

(4) 提议召开临时股东会会议,在董事会不履行《公司法》规定的召集和主持股东会会议职责时召集和主持股东会会议。

(5) 向股东会会议提出提案。

(6) 依照《公司法》第一百五十二条的规定,对董事、高级管理人员提起诉讼。

(7) 监事会发现公司经营情况异常,可以进行调查;必要时,可以聘请会计师事务所等协助其工作。

(8) 公司章程规定的其他职权。

【资料链接】4-4　　　　　　　　上市公司设立独立董事

独立董事是董事会的成员,由股东大会选举和更换。《公司法》第一百二十三条规定:"上市公司设立独立董事,具体办法由国务院规定。"上市公司的独立董事是指不在公司担任除董事外的其他职务,并与其所受聘的上市公司及其主要股东不存在可能妨碍其进行独立、客观判断的关系的董事。

一、担任独立董事的基本条件

在我国,担任独立董事应当符合下列基本条件:① 根据法律、行政法规及其他有关规定,具备担任上市公司董事的资格;② 具有《关于在上市公司建立独立董事制度的指导意见》所要求的独立性;③ 具备上市公司运作的基本知识,熟悉相关法律、行政法规、规章及规则;④ 具有5年以上法律、经济或者其他履行独立董事职责所必需的工作经验;⑤ 公司章程规定的其他条件。

由于独立董事必须具有独立性,因此,下列人员不得担任独立董事:① 在上市公司或者其附属企业任职的人员及其直系亲属和主要社会关系。直系亲属是指配偶、父母、子女等;主要社会关系是指兄弟姐妹、岳父母、儿媳、女婿、兄弟姐妹的配偶、配偶的兄弟姐妹等。② 直接或间接持有上市公司已发行股份1%以上或者是上市公司前10名股东中的自然人股东及其直系亲属。③ 在直接或间接持有上市公司已发行股份5%以上的股东单位或者在上市公司前5名股东单位任职的人员及其直系亲属。④ 最近1年内曾经具有前3项所列举情形的人员。⑤ 为上市公司或者其附属企业提供财务、法律、咨询等服务的人员。⑥ 公司章程规定的其他人员。⑦ 中国证监会认定的其他人员。

二、独立董事的提名、选举和更换

独立董事的提名、选举和更换应当依据以下要求进行:

(1) 上市公司董事会、监事会、单独或者合并持有上市公司已发行股份1%以上的股东可以提出独立董事候选人,并经股东大会选举决定。

(2) 独立董事的提名人在提名前应当征得被提名人的同意。提名人应当充分了解被提名人的职业、学历、职称、详细的工作经历、全部兼职等情况,并对其担任独立董事的资格和独立性发表意见;被提名人应当就其本人与上市公司之间不存在任何影响其独立、客观判断的关系发表公开声明。在选举独立董事的股东大会召开之前,上市公司的董事会应当按照规定公布上述内容。

(3) 在选举独立董事的股东大会召开之前,上市公司应将所有被提名人的有关材料同时报送中国证监会、公司所在地中国证监会派出机构和公司股票挂牌交易的证券交易所。上市公司董事会对被提名人的有关情况有异议的,应同时报送董事会书面意见。中国证监会在15个工作日内对独立董事的任职资格和独立性进行审核。对于中国证监会持有异议的被提名人,公司可将其列为公司董事候选人,但不得列为独立董事候选人。在召开股东大会选举独立董事时,上市公司董事会应对独立董事候选人是否被中国证监会提出异议的情况进行说明。

(4) 独立董事的每届任期与该上市公司其他董事的任期相同,任期届满,连选可以连任,但是,连任时间不得超过6年。

(5) 独立董事连续3次未亲自出席董事会会议的,由董事会提请股东大会予以撤换。除了出现上述情况及《公司法》中规定的不得担任董事的情形外,独立董事在任期届满前不得无故被免职。提前免职的,上市公司应将其作为特别披露事项予以披露;被免职的独立董事认为公司的免职理由不当的,可以作出公开声明。

(6) 独立董事在任期届满前可以提出辞职。独立董事辞职应向董事会提交书面辞职报告,对任何与其辞职有关或其认为有必要引起公司股东和债权人注意的情况进行说明。例如,因独立董事辞职导致公司董事会中独立董事所占的比例低于中国证监会规定的最低要求时,该独立董事的辞职报告应当在下任独立董事填补其缺额后生效。

三、独立董事的特别职权

为了充分发挥独立董事的作用,独立董事除了应当具有《公司法》和其他相关法律、法规赋予董事的职权外,上市公司还应当赋予独立董事以下特别职权:

(1) 重大关联交易(指上市公司拟与关联人达成的总额高于300万元或高于上市公司最近经审计净资产值的5%的关联交易)应由独立董事认可后,提交董事会讨论;独立董事作出判断前,可以聘请中介机构出具独立财务顾问报告,作为其判断的依据。

(2) 向董事会提议聘用或解聘会计师事务所。

(3) 向董事会提请召开临时股东大会。

(4) 提议召开董事会。

(5) 独立聘请外部审计机构和咨询机构。

(6) 可以在股东大会召开前公开向股东征集投票权。

当然,独立董事行使上述职权应当取得全体独立董事1/2以上同意。

如上述提议未被采纳或上述职权不能正常行使,上市公司应将有关情况予以披露。如果上市公司董事会下设薪酬、审计、提名等委员会的,独立董事应当在委员会成员中占有1/2以上的比例。

四、独立董事发表独立意见的事项

独立董事除了履行上述职责外,还应当对以下事项向董事会或股东大会发表独立意见:

(1) 提名、任免董事。

(2) 聘任或解聘高级管理人员。

(3) 公司董事、高级管理人员的薪酬。

(4) 上市公司的股东、实际控制人及其关联企业对上市公司现有或新发生的总额高于300万元或高于上市公司最近经审计净资产值的5%的借款或其他资金往来，以及公司是否采取有效措施回收欠款。

(5) 独立董事认为可能损害中小股东权益的事项。

(6) 上市公司管理层、员工收购本公司时，收购要约条件是否公平合理、收购可能对公司产生的影响等事项。

(7) 公司章程规定的其他事项。独立董事应当就上述事项发表以下几类意见之一：同意、保留意见及其理由、反对意见及其理由、无法发表意见及其障碍。如有关事项属于需要披露的事项，上市公司应当将独立董事的意见予以公告；独立董事出现意见分歧无法达成一致时，董事会应将各独立董事的意见分别披露。

五、独立董事开展工作应具备的条件

为了保证独立董事有效地行使职权，上市公司应当为独立董事提供以下必要的条件：

(1) 上市公司应当保证独立董事享有与其他董事同等的知情权。凡须经董事会决策的事项，上市公司必须按法定的时间提前通知独立董事，并同时提供足够的资料。独立董事认为资料不充分的，可以要求补充。当两名或两名以上独立董事认为资料不充分或论证不明确时，可联名书面向董事会提出延期召开董事会会议或延期审议该事项，董事会应予以采纳。上市公司向独立董事提供的资料，上市公司及独立董事本人应当至少保存5年。

(2) 上市公司应当提供独立董事履行职责所必需的工作条件。上市公司董事会秘书应积极为独立董事履行职责提供协助，如介绍情况、提供材料等。独立董事发表的独立意见、提案及书面说明应当公告的，董事会秘书应及时到证券交易所办理公告事宜。

(3) 独立董事行使职权时，上市公司的有关人员应当积极配合，不得拒绝、阻碍或隐瞒，不得干预其独立行使职权。

(4) 独立董事聘请中介机构的费用及其他行使职权时所需的费用由上市公司承担。

(5) 上市公司应当给予独立董事适当的津贴。津贴的标准应当由董事会制定预案，股东大会审议通过，并在公司年报中进行披露。除了津贴外，独立董事不应当从该上市公司及其主要股东或有利害关系的机构和人员取得额外的、未予披露的其他利益。

资料来源：中国证券业协会.证券发行与承销[M].北京：中国财政经济出版社，2011.

五、股份公司财务会计

（一）股份有限公司的利润分配

利润分配是指公司将可供分配的利润（包括期初未分配利润和本期累计净利润）按照一定的原则和顺序进行分配。根据《公司法》第一百六十七条的规定，公司分配当年税后利润时，应当提取利润的10%列入公司法定公积金。公司法定公积金累计额为公司注册资本50%以上的，可以不再提取。公司的法定公积金不足以弥补以前年度亏损的，在依照前款规定提取法定公积金之前，应当先用当年利润弥补亏损。公司从税后利润中提取法定公积金后,经股东会或者股东大会决议,还可以从税后利润中提取任意公积金。公司弥补亏损和提取公积金后所余税后利润,股份有限公司按照股东持有的股份比例分配,但股份有限公司章程规定不按持股比例分配的除外。股东大会或者董事会违反规定,在公司弥补亏损和提取法定公积金之前向股东分配利润的,股东必须将违反规定分配的利润退还公司。公司持有的本公司股份不得分配利润。

上市公司股东大会对利润分配方案作出决议后,公司董事会须在股东大会召开后2个月内完成股利(或股份)的派发事项。

(二)公司的公积金及其用途

股份有限公司以超过股票票面金额的发行价格发行股份所得的溢价款以及国务院财政部门规定列入资本公积金的其他收入,应当列为公司资本公积金。

公司的公积金用于弥补公司的亏损,扩大公司生产经营或者转为增加公司资本。但是,资本公积金不得用于弥补公司的亏损。法定公积金转为资本时,所留存的该项公积金不得少于转增前公司注册资本的25%。

六、股份公司变更、破产和解散

(一)股份有限公司的合并和分立

1. 合并

公司合并可以采取吸收合并或者新设合并。一个公司吸收其他公司为吸收合并,被吸收的公司解散。两个以上公司合并设立一个新的公司为新设合并,合并各方解散。公司合并时,合并各方的债权、债务应当由合并后存续的公司或者新设的公司承继。

股份有限公司的合并应当依照以下程序进行:

(1) 董事会拟订合并方案。
(2) 股东大会依照章程的规定作出决议并公告。
(3) 各方当事人签订合并合同。
(4) 处理债权、债务等各项合并事宜。
(5) 办理解散登记或者变更登记。

公司应当自作出合并决议之日起10日内通知债权人,并于30日内在报纸上公告。债权人自接到通知书之日起30日内,未接到通知书的自公告之日起45日内,有权要求公司清偿债务或提供相应担保。

2. 分立

股份有限公司的分立是指一个股份有限公司因生产经营需要或其他原因而分开设立为两个或两个以上公司。股份有限公司的分立可以分为新设分立和派生分立。新设分立是指股份有限公司将其全部财产分割为两个部分以上,另外设立两个公司,原公司的法人地位消失。派生分立是指原公司将其财产或业务的一部分分离出去设立一个或数个公司,原公司继续存在。公司分立,其财产作相应的分割。公司分立,应当编制资产负债表及财产清单。

股份有限公司的分立一般需要经过以下程序:

(1) 董事会拟订分立方案。

（2）股东大会依照章程的规定作出决议并公告。
（3）各方当事人签订分立合同。
（4）处理债权、债务等各项分立事宜。
（5）办理解散登记或者变更登记。

公司应当自作出分立决议之日起10日内通知债权人，并于30日内在报纸上公告。公司分立前的债务由分立后的公司承担连带责任。但是，公司在分立前与债权人就债务清偿达成的书面协议另有约定的除外。

（二）股份有限公司的解散和清算

1. 解散的概念

股份有限公司的解散是指股份有限公司法人资格的消失。公司解散时，应当进行必要的清算活动。公司解散后，也就丧失了进行业务活动的能力。

2. 解散的原因

公司有以下原因之一的，可以解散：公司章程规定的营业期限届满或者公司章程规定的其他解散事由出现；股东大会决议解散；因公司合并或者分立需要解散；依法被吊销营业执照、责令关闭或者被撤销；人民法院依照《公司法》第一百八十三条的规定予以解散。当公司经营管理发生严重困难，继续存续会使股东利益受到重大损失，通过其他途径不能解决的，持有公司全部股东表决权10%以上的股东，可以请求人民法院解散公司。

3. 解散的清算

（1）清算组的人员组成。股份有限公司的清算组由董事或者股东大会确定的人员组成。逾期不成立清算组进行清算的，债权人可以申请人民法院指定有关人员组成清算组进行清算。人民法院应当受理该申请，并及时组织清算组进行清算。

（2）清算组的职权。清算组在清算期间行使下列职权：清理公司财产，分别编制资产负债表和财产清单；通知、公告债权人；处理与清算有关的公司未了结的业务；清缴所欠税款以及清算过程中产生的税款；清理债权、债务；处理公司清偿债务后的剩余财产；代表公司参与民事诉讼活动。

第二节 证券发行概述

一、证券发行的产生与发展

证券发行是指政府、金融机构、工商企业等以募集资金为目的向投资者出售代表一定权利的有价证券的活动。任何一个经济体系中都有资金的盈余单位（有储蓄的个人、家庭和有闲置资金的企业）和资金的短缺单位（有投资机会的企业、政府和有消费需要的个人），为了加速资金的周转和利用效率，需要使资金从盈余单位流向短缺单位。在实际经济生活中，资金的流动和分配有两种形式：一种是间接融资，即储蓄者把他们盈余的钱存入银行，银行再把这部分资金贷给借款者;另一种是直接融资,即投资者通过购买政府、企业和金融机构发行的各种有价证券,将资金直接投入短缺单位。根据发行价格和票面面额的关系,可以将证券发行分为溢价发行、平价发行和折价发行三种形式。

证券发行是伴随生产社会化和企业股份化而产生的,同时也是信用制度高度发展的结果。随着生产社会化程度的不断提高,尤其是18世纪下半叶开始的英国工业革命,大机器生产逐步取代了工场手工业,独资和合伙企业越来越暴露出严重的弊端。信用制度的建立和发展才使得证券发行行为的产生成为可能。

二、证券发行的特点与目的

(一)证券发行的特点

(1)证券发行以筹集资金为目的。
(2)证券发行必须符合法律所设定的条件和程序。
(3)证券发行在实质上表现为一种证券的销售行为。
(4)证券发行既是向社会投资者筹集资金的形式,更是实现社会资本优化配置的方式。
(5)证券发行实质上是投资者出让资金使用权而获取以收益权为核心的相关权力过程。

(二)证券发行的目的

(1)筹集资金。
(2)完善公司治理结构,转换企业经营机制。
(3)改善资本结构。
(4)提升企业价值,增强企业发展后劲。
(5)实现资本资源的优化配置。

三、证券发行的原则与方式

(一)证券发行的原则

证券发行的原则包括:公开原则,也称信息公开制度;公平原则;公正原则。

三公原则不仅指导证券发行,而且贯穿于整个证券市场的始终,三者密切联系,相互配合,构成不可分割的有机整体。公开原则是公平公正原则的前提和基础,只有信息公开,才能保证参与者公平地参与竞争,实现公正的结果。

(二)证券发行的方式

证券发行的方式有两种:证券公募发行,面向所有合法的社会投资者发行;证券私募发行,向特定的投资者发行证券。

证券发行的具体方式有很多,我国依次经历了认购证、与储蓄存款挂钩、全额预缴款、上网定价、上网竞价、上网发行与机构投资者配售相结合、向二级市场投资者配售等发行方式。发行方式随着我国证券发行管理制度市场化改革的深化在不断变化。

【资料链接】4-5　　　　　新证券发行的几种形式

在西方国家,新证券的发行有两种形式:一种是由筹款公司自行上市发行,主要是投资银行给予协助,由投资银行充当发行公司与固体投资者之间的媒介,并从中收取一定的手续费。这种发行方式当然可以节省费用,但筹集时间往往较长。另一种是委托一家或几家投资银行承购保销,由投资银行收取手续费。投资银行有的是独立机构,有的是经纪行的一部分,其主要任务是:向筹集者建议发行证券的种类,比如,是发行债券,还是发行股票,或发行何种股票;帮助筹资者选择和确定最佳发行时间,即选择股票价格上升的时期,因为在这个时期内投资者容易接受新股票;帮助筹资者选择和确定股票的出集团价格,使其既利于筹资者,又吸引投资者,双方都有利可乘。确定合理价格,不仅可以扩大股票的需求,而且也可减少投资银行的风险,使投资分行能够在必要的发行时间内全部卖出持有的发行股票。同时,投资银行本身也认购股票,并将这些股票以高些的价格卖给投资者,从中获得一定的利润。这种认购还可以通过几个投资银行所形成的投资银行集团联合进行,使集团中每个成员都购买一定比例的股票,然后各自分别向公众出售,赚取买价与卖价之间的差额。委托投资银行发行股票的做法,可以使筹集者在较短时间内得到资金。

资料来源: 根据百度百科相关资料整理。

四、证券发行管理制度

(一)证券发行注册制

证券发行注册制又叫"申报制"或"形式审查制",是指政府对发行人发行证券,事先不作实质性审查,仅对申请文件进行形式审查,发行者在申报申请文件以后的一定时期以内,若没有被政府否定,即可以发行证券。

在证券发行注册制下,证券机关对证券发行不作实质条件的限制。凡是拟发行证券的发行人,必须将依法应当公开的,与所发行证券有关一切信息和资料,合理制成法律文件并公之于众,其应对公布资料的真实性、全面性、准确性负责,公布的内容不得含有虚假陈述、重大遗漏或信息误导。

证券主管机关不对证券发行行为及证券本身作出价值判断,其对公开资料的审查只涉及形式,不涉及任何发行实质条件。发行人只要依规定将有关资料完全公开,主管机关就不得以发行人的财务状况未达到一定标准而拒绝其发行。在一段时间内,在未对申报书提出任何异议的情况下,注册生效等待期满后,证券发行注册生效,发行人即可发行证券。

证券发行注册制是证券发行管理制度中的重要形态,也是很多国家普遍采取的证券发行监管方式。澳大利亚、巴西、加拿大、德国、法国、意大利、荷兰、菲律宾、新加坡、英国和美国等国家,在证券发行上均采取注册制。其中,美国证券法是采取发行注册制的典型代表:"在公司或属于某个公司的人或实体对该公司的证券进行出售时,这些证券的潜在购买方应获得有关的财务资料及有关该公司的其他重要资料的充分披露,以便它们能作出知情的投资决定""一个公司上市,无须证券交易委员会或任何其他联邦管理机构的批准。任何公司,不论它有多大或多小,无论它是否盈利,不论它重要或不重要,均可上市,只要全面披露证券交易委员会要求的资料,当然,还要有一旦获得此种资料便要购买它的股份的人。简言之,在美国是市场而不是管理者决定什么样的公司可上市"。

(二) 证券发行核准制

证券发行核准制又称为"准则制"或"实质审查制",是指发行人发行证券,不仅要公开全部可以供投资人判断的材料,还要符合证券发行的实质性条件,证券主管机关有权依照公司法、证券交易法的规定,对发行人提出的申请以及有关材料,进行实质性审查,发行人得到批准以后,才可以发行证券。新西兰、瑞典和瑞士的证券监管体制中,带有相当程度的核准制特点。

(三) 发行注册制与核准制的区别

发行注册制是依靠健全的法律法规对发行人的发行行为进行约束。发行核准制下由于政府主管机关在"实质条件"的审查过程中有权否决不符合规定条件的证券发行申请,从而可以在信息公开的条件下,把一些不符合要求的低质量发行人员拒之于证券市场之外,以保护投资者利益。

从核准制向注册制过渡,是证券市场发展日益成熟的标志。我国基本上采用的是核准制,依次经过了试点阶段、额度制、通道制度和保荐人制度并存、保荐制度等不同阶段。

第三节 股票公开发行上市与承销

一、股票上市条件

股票上市是指经核准同意股票在证券交易所挂牌交易。根据《证券法》及交易所上市规则的规定,股份有限公司申请其股票上市必须符合下列条件:

(1) 股票经中国证监会核准已公开发行。
(2) 公司股本总额不少于人民币5000万元。
(3) 公开发行的股份达到公司股份总数的25%以上;公司股本总额超过人民币4亿元的,公开发行股份的比例为10%以上。
(4) 公司最近3年无重大违法行为,财务会计报告无虚假记载。
(5) 交易所要求的其他条件。

二、股票的上市保荐

根据交易所股票上市规则,交易所实行股票和可转换公司债券(含分离交易的可转换公司债券)的上市保荐制度。发行人(上市公司)申请其首次公开发行的股票、上市后发行的新股和可转换公司债券上市,以及公司股票被暂停上市后申请恢复上市的,应当由保荐人保荐。

保荐人应当为经中国证监会注册登记并列入保荐人名单,同时具有交场所会员资格的证券经营机构;恢复上市后保荐人还应当具有中国证券业协会《证券公司从事代办股份转让主办券商业务资格管理办法(试行)》中规定的从事代办股份转让主办券商业务资格。

保荐人应当与发行人签订保荐协议,明确双方在发行人申请上市期间、申请恢复上市期间和持续督导期间的权利和义务。保荐协议应当约定保荐人审阅发行人信息披露文件的时间点。

首次公开发行股票的,持续督导的期间为股票上市当年剩余时间及其后两个完整会计年度。持续督导的期间自股票或者可转换公司债券上市之日起计算。

保荐人应当在签订保荐协议时指定两名保荐代表人具体负责保荐工作,并作为保荐人与交易所之间的指定联络人。保荐代表人应当为经中国证监会注册登记并列入保荐代表人名单的自然人。

保荐人保荐股票上市(股票恢复上市除外)时,应当向交易所提交上市保荐书、保荐协议、保荐人和相关保荐代表人已经中国证监会注册登记并列入保荐人和保荐代表人名单的证明文件、保荐人向保荐代表人出具的由保荐人法定代表人签名的授权书,以及与上市保荐工作有关的其他文件。

上市保荐书应当包括以下内容:发行股票、可转换公司债券的公司概况;申请上市的股票、可转换公司债券的发行情况;保荐人是否存在可能影响其公正履行保荐职责的情形的说明;保荐人按照有关规定应当承诺的事项;对公司持续督导工作的安排;保荐人和相关保荐代表人的联系地址、电话和其他通讯方式;保荐人认为应当说明的其他事项;交易所要求的其他内容。

上市保荐书应当由保荐人的法定代表人(或者授权代表)和相关保荐代表人签字,注明日期并加盖保荐人公章。

保荐人应当督导发行人按照上市规则的规定履行信息披露及其他相关义务,督导发行人及其董事、监事和高级管理人员遵守上市规则并履行向交易所作出的承诺,审阅发行人信息披露文件和向交易所提交的其他文件,并保证向交易所提交的与保荐工作相关的文件的真实、准确、完整。

保荐人应当在发行人向交易所报送信息披露文件及其他文件之前,或者履行信息披露义务后5个交易日内,完成对有关文件的审阅工作,督促发行人及时更正审阅中发现的问题,并向交易所报告。以上海证券交易所为例,保荐机构应于上市公司年度报告披露后的5个交易日内向交易所直接提交或者由上市公司转交经保荐机构及保荐代表人盖章签字的"持续督导期间保荐机构审阅表"。

保荐人履行保荐职责发表的意见应当及时告知发行人,记录于保荐工作档案。发行人应当配合保荐人和保荐代表人的工作。

保荐人在履行保荐职责期间有充分理由确信发行人可能存在违反上市规则规定的行为的,应当督促发行人作出说明并限期纠正;情节严重的,应当向交易所报告。

保荐人按照有关规定对发行人违法违规事项公开发表声明的,应当于披露前向交易所报告,经交易所审核后在指定媒体上公告。交易所对上述公告进行形式审核,对其内容的真实性不承担责任。

保荐人有充分理由确信证券服务机构及其签名人员按上市规则规定出具的专业意见可

能存在虚假记载、误导性陈述或重大遗漏等违法违规情形或者其他不当情形的,应当及时发表意见;情节严重的,应当向交易所报告。

保荐人更换保荐代表人的,应当通知发行人,并及时向交易所报告,说明原因并提供新更换的保荐代表人的相关资料。发行人应当在收到通知后及时披露保荐代表人变更事宜。

保荐人和发行人终止保荐协议的,应当及时向交易所报告,说明原因并由发行人发布公告。

发行人另行聘请保荐人的,应当及时向交易所报告并公告。新聘请的保荐人应当及时向交易所提交有关文件。

保荐人应当自持续督导工作结束后10个交易日内向交易所报送保荐总结报告书。

保荐人、相关保荐代表人和保荐工作其他参与人员不得利用从事保荐工作期间获得的发行人尚未披露的信息进行内幕交易,为自己或者他人牟取利益。

三、股票上市申请

经中国证监会核准发行的股票发行结束后,发行人方可向证券交易所申请其股票上市。

发行人向证券交易所申请其首次公开发行的股票上市时,应当按照中国证监会有关规定编制上市公告书。

发行人向证券交易所申请其首次公开发行的股票上市时,应当提交下列文件:

(1) 上市申请书。
(2) 中国证监会核准其股票首次公开发行的文件。
(3) 有关本次发行上市事宜的董事会和股东大会决议。
(4) 营业执照复印件。
(5) 公司章程。
(6) 经具有执行证券、期货相关业务资格的会计师事务所审计的发行人最近3年的财务会计报告。
(7) 首次公开发行结束后,发行人全部股票已经中国证券登记结算有限责任公司托管的证明文件。
(8) 首次公开发行结束后,具有执行证券、期货相关业务资格的会计师事务所出具的验资报告。
(9) 关于董事、监事和高级管理人员持有本公司股份的情况说明和《董事(监事、高级管理人员)声明及承诺书》。
(10) 发行人拟聘任或者已聘任的董事会秘书的有关资料。
(11) 首次公开发行后至上市前,按规定新增的财务资料和有关重大事项的说明(如适用)。
(12) 首次公开发行前已发行股份持有人,自发行人股票上市之日起1年内持股锁定证明。
(13) 相关方关于限售的承诺函。
(14) 最近一次的招股说明书和经中国证监会审核的全套发行申报材料。
(15) 按照有关规定编制的上市公告书。
(16) 保荐协议和保荐人出具的上市保荐书。

(17) 律师事务所出具的法律意见书。
(18) 交易所要求的其他文件。

发行人及其董事、监事、高级管理人员应当保证向交易所提交的上市申请文件真实、准确、完整，不存在虚假记载、误导性陈述或者重大遗漏。

证券交易所在收到发行人提交的全部上市申请文件后7个交易日内，作出是否同意上市的决定并通知发行人。出现特殊情况时，证券交易所可以暂缓作出是否同意上市的决定。证券交易所设立上市委员会对上市申请进行审议，作出独立的专业判断并形成审核意见。证券交易所根据上市审核委员会的审核意见，作出是否同意上市的决定。本节"股票上市的条件"所列条件为上市的必备条件，证券交易所并不保证发行人符合上述条件时，其上市申请一定能够获得同意。

发行人向证券交易所申请其股票上市时，控股股东和实际控制人应当承诺：自发行人股票上市之日起36个月内，不转让或者委托他人管理其直接和间接持有的发行人首次公开发行股票前已发行股份，也不由发行人回购该部分股份。但转让双方存在控制关系，或者均受同一实际控制人控制的，自发行人股票上市之日起1年后，经控股股东和实际控制人申请并经交易所同意，可豁免遵守前款承诺。发行人应当在上市公告书中披露上述承诺。

发行人应当于其股票上市前5个交易日内，在指定媒体或网站上披露下列文件和事项：① 上市公告书；② 公司章程；③ 上市保荐书；④ 法律意见书；⑤ 交易所要求的其他文件。上述文件应当置备于公司住所，供公众查阅。发行人在提出上市申请期间，未经证券交易所同意，不得擅自披露与上市有关的信息。

发行人在股票首次上市前应与证券交易所签订股票上市协议。

四、股票公开发行上市工作内容及流程

（一）工作内容

(1) 确定企业发展规划，明确企业上市的主要目的。
(2) 聘请财务顾问及其他中介机构，制定并实施企业改组方案（若未进行股份制改造）及上市综合方案。
(3) 成立股份制公司（注：指未成立股份公司前提下）。
(4) 上市辅导。
① 确定上市承销商与推荐人，与上市推荐人签订辅导协议。
② 证监会派出机构指导下，推荐人对公司进行至少为期一年的辅导操作（新《首次公开发行股票并上市管理办法》取消1年规定）。
③ 推荐人进行尽职调查，提出股份公司运行报告。
④ 证监会派出机构验收并核准辅导报告。
(5) 公开申请与核准。
(6) 披露招股说明书。
(7) 路演（Road Show）及股票公开发行。
(8) 上市申请及上市交易。

【资料链接】4-6　招股说明书摘要的一般内容与格式

招股说明书摘要应包括以下内容：

（1）发行人应在招股说明书摘要的显要位置作出声明：

"本招股说明书摘要的目的仅为向公众提供有关本次发行的简要情况，并不包括招股说明书全文的各部分内容。招股说明书全文同时刊载于××网站。投资者在作出认购决定之前，应仔细阅读招股说明书全文，并以其作为投资决定的依据。"

"投资者若对本招股说明书及其摘要存在任何疑问，应咨询自己的股票经纪人、律师、会计师或其他专业顾问。"

"发行人及全体董事、监事、高级管理人员承诺招股说明书及其摘要不存在虚假记载、误导性陈述或重大遗漏，并对招股说明书及其摘要的真实性、准确性、完整性承担个别和连带的法律责任。"

"公司负责人和主管会计工作的负责人、会计机构负责人保证招股说明书及其摘要中财务会计资料真实、完整。"

"中国证监会、其他政府部门对本次发行所作的任何决定或意见，均不表明其对发行人股票的价值或者投资者的收益作出实质性判断或者保证。任何与之相反的声明均属虚假不实陈述。"

（2）重大事项提示。
（3）本次发行概况。
（4）发行人基本情况。
（5）募集资金运用。
（6）风险因素和其他重要事项。
（7）本次发行各方当事人和发行时间安排。
（8）备查文件。

资料来源：中国证券业协会.证券发行与承销[M].北京：中国财政经济出版社，2011.

（二）股票上市流程图

股票上市流程图具体如图4-1所示。

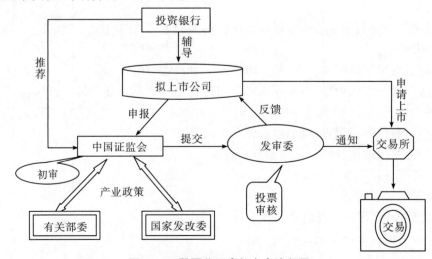

图4-1　股票公开发行上市流程图

【资料链接】4-7　股票电子化网下发行程序

下面以上海证券交易所为例,介绍电子化网下发行的程序。

首次公开发行股票网下发行电子化业务是指通过证券交易所网下申购电子化平台(以下简称"申购平台")及中国证券登记结算有限责任公司(以下简称"登记结算公司")登记结算平台完成首次公开发行股票的初步询价、累计投标询价、资金代收付及股份初始登记。

一、基本规定

根据主承销商的书面委托,交易所向符合条件的询价对象提供申购平台进行初步询价及累计投标询价。根据主承销商的书面委托,登记结算公司提供登记结算平台代理主承销商申购资金的收付以及网下发行募集款的收取。经发行人书面委托,登记结算公司根据主承销商提供的网下配售结果数据办理股份初始登记。根据主承销商通过申购平台向登记结算平台提供、并由登记结算平台向结算银行转发的配售对象名称、证券账户、银行收付款账户以及股票代码等相关信息,结算银行负责对配售对象申购资金收付款银行账户的合规性进行检查。中国证券业协会向交易所提供询价对象及配售对象的相关数据。

参与首次公开发行股票网下电子化发行业务的询价对象及主承销商,应向交易所申请获得申购平台证书,同时具有询价对象和主承销商双重身份的机构应分别申请。询价对象及配售对象使用该证书方可登录申购平台参与初步询价及累计投标询价。主承销商使用该证书方可登录申购平台进行数据交换。主承销商及结算银行通过登记结算公司参与人远程操作平台(以下简称"PROP")与登记结算平台完成相关数据交换。

二、询价与申购

初步询价开始日前2个交易日内,发行人应当向交易所申请股票代码。发行人及主承销商在获得股票代码后刊登招股意向书、发行安排及初步询价公告。

初步询价期间,原则上每一个询价对象只能提交1次报价,因特殊原因(如市场发生突然变化需要调整估值、经办人员出错等)需要调整报价的,应在申购平台填写具体原因。询价对象修改报价的情况、申购平台记录的本次发行的每一次报价情况将由主承销商向中国证监会报备。

参与初步询价的询价对象和参与累计投标、申购的股票配售对象应在初步询价截止日12:00前完成在中国证券业协会的登记备案工作。未在上述时间前登记备案的询价对象和配售对象均不能参与网下询价发行。初步询价报价期间,主承销商可实时查询有关报价情况。在初步询价截止后,主承销商从申购平台获取初步询价报价情况,据此确认参与初步询价并有效报价的询价对象及其管理的配售对象信息,并于累计投标询价开始前1个交易日15:00前,按《上海市场首次公开发行股票网下发行电子化实施细则》第七条的要求,将这些询价对象所管理的配售对象信息通过申购平台发送登记结算平台。登记结算平台自动核查申购平台转发的配售对象证券账户的代码有效性,将核查结果反馈给主承销商,然后将证券账户代码有效的配售对象信息提供给结算银行。

在累计投标询价报价阶段,询价对象管理的每个配售对象可以多次申报,一经申报,不得撤销或者修改。每个配售对象多次申报的累计申购股数不得超过本次向询价对象配售的股票总量。主承销商可通过申购平台实时查询申报情况,并于T日(累计投标询价截止日)15:00后,查询并卡就申报结果。主承销商确认累计投标询价申报结果数据,并将确认后的数据于T日15:30前通过申购平台发送至登记结算平台。

三、资金的收取与划付

登记结算公司在结算银行开立网下申购资金专户用于网下申购资金的收付；在结算系统内开立网下申购资金核算总账户，为各配售对象设立认购资金核算明细账户，用于核算配售对象网下申购资金。

累计投标询价开始前1个交易日，主承销商按《上海市场首次公开发行股票网下发行电子化实施细则》第七条及第十四条的要求向结算银行提供配售对象相关信息，作为结算银行审核配售对象银行收付款账户合规性的依据。

各配售对象在累计投标询价报价阶段办理申购资金划入时，须将网下发行申购款划付至登记结算公司在结算银行开立的网下申购资金专户，并在付款凭证备注栏中注明申购所对应的证券账户及股票代码，若没有注明或备注信息错误将导致划款失败。

发行人及主承销商在发行公告中应对上述申购资金划付要求予以明确。

T日，登记结算平台收到交易所发送的累计投标询价申报数据后，核算每个配售对象应付申购款金额，并将该核算结果通过PROP发送给主承销商。T日16:00为网下申购资金入账的截止时点。配售对象须在16:00前将申购资金划入登记结算公司开立在结算银行的网下申购资金专户，汇款时须在汇款凭证备注栏中注明其申购证券账户及申购证券的股票代码。1个配售对象只能通过1家结算银行办理申购资金的划入，配售对象须通过其在中国证券业协会报备的银行收付款账户办理申购资金的划出、划入。

结算银行根据主承销商提供的各配售对象银行收付款账户信息，对各配售对象收付款银行账户进行合规性检查。通过检查的，根据配售对象的划款指令将申购款计入登记结算公司在结算银行开立的网下申购资金专户，并向登记结算公司发送电子入账通知，该入账通知须明确登记结算公司核算总账户、配售对象申购证券账户及申购证券股票代码，并留存相关划款凭证。如未通过检查，结算银行将该笔付款予以退回，并按约定方式通知登记结算公司，由登记结算公司汇总后通知主承销商。登记结算公司根据结算银行电子入账通知，实时核算各配售对象申购款金额，主承销商可通过PROP实时查询各配售对象申购款到账情况。

主承销商于T日17:30后通过其PROP信箱获取各配售对象截止T日16:00的申购资金到账情况。主承销商根据其获取的T日16:00资金到账情况以及结算银行提供的网下申购资金专户截止T日16:00的资金余额，按照中国证监会相关规定组织验资。主承销商于T+2日7:00前将确定的配售结果数据，包括发行价格、获配股数、配售款、证券账户、获配股份限售期限、配售对象证件代码等通过PROP发送至登记结算平台。登记结算平台根据主承销商提供的上述配售结果数据，将各配售对象的应缴款金额和应退款金额，以及主承销商承销证券网下发行募集款总金额，于T+2日9:00前以各配售对象申购款缴款银行为单位，形成相应的配售对象退款金额数据及主承销商承销证券网下发行募集款金额数据，通过PROP提供给相关结算银行。主承销商未能在规定时间前通过登记结算平台提供上述配售结果数据的，登记结算公司的退款时间将顺延，由此给配售对象造成的损失由主承销商承担。

结算银行于T+2日根据主承销商通过登记结算平台提供的电子退款明细数据，按照原留存的配售对象汇款凭证办理配售对象的退款；根据主承销商于初步询价截至日前通过登记结算平台提供的主承销商网下发行募集款收款银行账户办理募集款的划付。

资料来源：中国证券业协会.证券发行与承销[M].北京：中国财政经济出版社，2011.

五、股票销售及承销方式

发行人销售股票的方法有两大类：自己销售，称为自销；委托他人代为销售，称为承销。一般说来，股票发行以承销为多。所谓承销就是将股票销售业务委托给专门的股票承销机构代理。股票承销机构是指那些专门从事股票代理发行业务的金融中介机构（一般为证券公司）。承销方式包括包销和代销。

（1）包销是指证券公司将发行人的证券按照协议全部购入或在承销期结束时将售后剩余证券全部自行购入的承销方式。包销又分为全额包销和余额包销。全额包销是指由承销商（承销团）先全额购买发行人该次发行的股票，然后再向投资者发售。承销商承担全部发行风险，手续费很高。该方式可以保证发行人及时得到所需的资金。余额包销又称助销，指发行人委托承销机构在约定期限内发行证券，到销售截止日期，未售出的余额由承销商按协议价格认购，并按约定时间向发行人支付款项。余额包销的承销商要承担部分发行风险，因此手续费也较高。

包销的特点：股票发行风险转移；包销的费用较高；发行人可以迅速、可靠地获得资金。

（2）代销是指承销机构代理发行人销售证券，在承销期结束时，将未售出的证券全部退还给发行人的承销方式。采用代销方式，证券发行的风险由发行人自行承担。

【资料链接】4-8　　　　向参与网上发行的投资者配售

向参与网上发行的投资者配售方式是指通过交易所交易系统公开发行股票。投资者参与网上发行应当遵守证券交易所和证券登记结算机构的相关规定。网上发行时发行价格尚未确定的，参与网上发行的投资者应当按价格区间上限申购，如最终确定的发行价格低于价格区间上限，差价部分应当退还给投资者。

下面以上海证券交易所为例，介绍以上网资金申购方式公开发行股票的办法。

一、上网资金申购的基本规定

根据《证券发行与承销管理办法》的规定，发行人及其主承销商网下配售股票，应当与网上发行同时进行。投资者参与网上发行，应当按价格区间上限进行申购，如最终确定的发行价格低于价格区间上限，差价部分退还给投资者。发行人和主承销商必须在资金解冻前将确定的发行价格进行公告。投资者具体申购流程如下：

1. 申购时间

沪市投资者可以使用其所持的上海证券交易所账户在申购日（以下简称"T 日"）向上海证券交易所申购在上海证券交易所发行的新股，申购时间为 T 日上午 9：30～11：30，下午 13：00～15：00。

2. 申购单位及上限

每一申购单位为 1000 股，申购数量不少于 1000 股，超过 1000 股的必须是 1000 股的整数倍，但最高不得超过当次社会公众股上网发行数量或者 9999 万股。除法规规定的证券账户外，每一个证券账户只能申购 1 次，重复申购和资金不实的申购一律视为无效申购。重复申购除第 1 次申购为有效申购外，其余申购由上海证券交易所交易系统自动剔除。

3. 申购配号

申购委托前,投资者应把申购款全额存入于上海证券交易所联网的证券营业部指定的资金账户。上网申购期内,投资者按委托买人股票的方式,以发行价格填写委托单。一经申报,不得撤单。申购配号根据实际有效申购进行,每一有效申购单位配1个号,对所有有效申购单位按时间顺序连续配号。

4. 资金交收及透支申购的处理

中国证券登记结算有限责任公司上海分公司(以下简称"中国结算上海分公司")负责申购资金的结算。结算参与人应使用其资金交收账户(即结算备付金账户)完成新股申购的资金交收,并应保证其资金交收账户在最终交收时点有足额资金,用于新股申购的资金交收。如结算参与人发生透支申购(即申购总额超过结算备付金余额)的情况,则透支部分确认为无效申购,不予配号,具体办法如下:会员单位在T+1日16:00前将资金不实的申购账号及其对应席位号告知上海证券交易所,且上报的资金不实申购总额须与透支总额相等,由上海证券交易所逐一确认上述账号的申购为无效申购。如果会员单位未在规定时间内将资金不实的账号告知上海证券交易所,T+2日,上海证券交易所根据会计师事务所的验资情况,选取该会员单位所属席位中资金申购量最大的席位,按照申购时间的先后顺序,从最晚申购的账号开始,依次确认无效申购,直至该会员的申购总量与结算备付金余额相符。如果该会员透支额超过该席位申购总量,则该席位所有申购均确认为无效申购,然后按照资金申购量从大到小的顺序选择该会员所属席位,按前述方法确认无效申购。由此产生的一切法律责任,由会员单位承担。

二、上网发行资金申购流程

1. 投资者申购

申购当日(T日),投资者在规定的申购时间内通过与上海证券交易所联网的证券营业部,根据发行人发行公告规定的价格区间上限和申购数量缴足申购款,进行申购委托。上网申购期内,投资者按委托买入股票的方式,以价格区间上限填写委托单。一经申报,不得撤单。已开立资金账户但没有足够资金的投资者,必须在申购日之前(含该日),根据自己的申购量存入足额的申购资金;尚未开立资金账户的投资者,必须在申购日之前(含该日)在与上海证券交易所联网的证券营业部开立资金账户,并根据申购量存入足额的申购资金。

2. 资金冻结

申购日后的第1天(T+1日),由中国结算上海分公司将申购资金冻结。确因银行规划原因而造成申购资金不能及时入账的,应在T+1日提供划款银行的划款凭证,并确保T+2日上午申购资金入账,同时缴纳1天申购资金应冻结利息。

3. 验资及配号

申购日后的第2天(T+2日),中国结算上海分公司配合上海证券交易所指定的具备资格的会计师事务所对申购资金进行验资,并由会计师事务所出具验资报告,以实际到位资金作为有效申购。

发行人和主承销商应在T+2日前(含T+2日)提供确定的发行价格。

4. 摇号抽签、中签处理

申购日后的第3天(T+3日),发行人和主承销商公布确定的发行价格和中签率,并进行摇号抽签、中签处理。中国结算上海分公司对申购的投资人按确定的新股发行价格予以扣款。

5. 资金解冻

申购日后的第4天(T+4日),发行人和主承销商公布中签结果,中国结算上海分公司对未中签部分的申购款予以解冻,如发行价格低于价格区间上限,差价部分退还给投资者。新股认购款集中由中国结算上海分公司划付给主承销商。

三、上网发行资金申购的缩短流程

上海证券交易所上网发行资金申购的时间一般为4个交易日,根据发行人和主承销商的申请,可以缩短1个交易日,申购流程如下:

1. 投资者申购(T日)

申购当日(T日)按《发行公告》和申购办法等规定进行申购。

2. 资金冻结、验资及配号(T+1日)

申购日后的第1天(T+1日),由中国结算上海分公司将申购资金冻结。16:00前,申购资金须全部到位,中国结算上海分公司配合上海证券交易所指定的具备资格的会计师事务所对申购资金进行验资,并由会计师事务所出具验资报告,上海证券交易所以实际到位资金作为有效申购进行配号(即16:00后按相关规定进行验资,确认有效申购和配号)。

3. 摇号抽签、中签处理(T+2日)

申购日后的第2天(T+2日),公布确定的发行价格和中签率,并按相关规定进行摇号抽签、中签处理。

4. 资金解冻(T+3日)

申购日后的第3天(T+3日)公布中签结果,并按相关规定进行资金解冻和新股认购款划付。

深圳证券交易所资金申购上网实施办法与上海证券交易所略有不同,除了放宽投资者申购上限外,在申购单位上,上海证券交易所规定每一申购单位为1000股,申购数量不少于1000股,超过1000股的必须是1000股的整数倍;而深圳证券交易所则规定申购单位为500股,每一证券账户申购数量不少于500股,超过500股的必须是500股的整数倍。此外,在申购细节上,深圳证券交易所规定,每一证券账户只能申购1次,同一证券账户的多次申购委托(包括在不同的营业网点各进行1次申购的情况),除第1次申购外,均视为无效申购;上海证券交易所则规定每一证券账户只能申购1次,但法规规定的证券账户除外。

资料来源:中国证券业协会.证券发行与承销[M].北京:中国财政经济出版社,2011.

六、保荐人制度

为了规范证券发行上市保荐业务,提高上市公司质量和证券公司执业水平,保护投资者的合法权益,发行人应当就下列事项聘请具有保荐机构资格的证券公司履行保荐职责:首次公开发行股票并上市;上市公司发行新股、可转换公司债券;中国证监会认定的其他情形。

证券公司从事证券发行上市保荐业务,应依照《管理办法》的规定向中国证监会申请保荐机构资格。保荐机构履行保荐职责,应当指定依照《管理办法》的规定取得保荐代表人资格的个人具体负责保荐工作。未经中国证监会核准,任何机构和个人不得从事保荐业务。

(一)保荐机构的资格

(1) 注册资本不低于人民币 1 亿元,净资本不低于人民币 5000 万元。

(2) 具有完善的公司治理和内部控制制度,风险控制指标符合相关规定。

(3) 保荐业务部门具有健全的业务规程、内部风险评估和控制系统,内部机构设置合理,具备相应的研究能力、销售能力等后台支持。

(4) 具有良好的保荐业务团队且专业结构合理,从业人员不少于 35 人,其中最近 3 年从事保荐相关业务的人员不少于 20 人。

(5) 符合保荐代表人资格条件的从业人员不少于 4 人。

(6) 最近 3 年内未因重大违法违规行为受到行政处罚。

(7) 中国证监会规定的其他条件。

证券公司如果取得保荐机构资格后,应当持续符合上述规定的条件。保荐机构因重大违法违规行为受到行政处罚的,中国证监会撤销其保荐机构资格;不再具备上述规定其他条件的,中国证监会可责令其限期整改,逾期仍然不符合要求的,中国证监会撤销其保荐机构资格。

(二)保荐代表人的资格

(1) 具备 3 年以上保荐相关业务经历。

(2) 最近 3 年内在境内证券发行项目(首次公开发行股票并上市、上市公司发行新股、可转换公司债券及中国证监会认定的其他情形)中担任过项目协办人。

(3) 参加中国证监会认可的保荐代表人胜任能力考试且成绩合格有效。

(4) 诚实守信,品行良好,无不良诚信记录,最近 3 年未受到中国证监会的行政处罚。

(5) 未负有数额较大到期未清偿的债务。

(6) 中国证监会规定的其他条件。

个人如果取得保荐代表人资格后,应当持续符合上述第 4 项、第 5 项和第 6 项规定的条件。保荐代表人被吊销、注销证券业执业证书,或者受到中国证监会行政处罚的,中国证监会撤销其保荐代表人资格;不再符合其他条件的,中国证监会责令其限期整改,逾期仍然不符合要求的,中国证监会撤销其保荐代表人资格。

个人通过中国证监会认可的保荐代表人胜任能力考试或者取得保荐代表人资格后,应当定期参加中国证券业协会或者中国证监会认可的其他机构组织的保荐代表人年度业务培训。保荐代表人未按要求参加保荐代表人年度业务培训的,中国证监会撤销其保荐代表人资格;通过保荐代表人胜任能力考试而未取得保荐代表人资格的个人,未按要求参加保荐代表人年度业务培训的,其保荐代表人胜任能力考试成绩不再有效。

七、股票发行定价

根据我国《证券法》规定,股票不得以低于票面金额价格发行。因此,股票发行分为面值发行与溢价发行。对拟发行股票的合理估值是定价的基础。通常的估值方法有两大类:一类是相对估值法;另一类是绝对估值法。

（一）相对估值法

相对估值法亦称可比公司法，是指对股票进行估值时，对可比较的或者代表性的公司进行分析，尤其注意有着相似业务的公司的新近发行以及相似规模的其他新近的首次公开发行，以获得估值基础。主承销商审查可比较的发行公司的初次定价和它们的二级市场表现，然后根据发行公司的协助进行价格调整，为新股发行进行估价。在运用可比公司法时，可以用比率指标进行比较，比率指标包括 P/E（市盈率）、P/B（市净收）、EV/EBITDA（企业价值与利息、所得税、折旧、摊销前收益的比率）等。其中最常用的比率指标是市盈率和市净率。

1. 市盈率法

（1）市盈率的计算公式。市盈率（Price to Earnings Ratio，简称 P/E），是指股票市场价格与每股收益的比率，计算公式为：

$$市盈率 = \frac{股票市场价格}{每股收益}$$

每股收益通常指每股净利润。

（2）每股净利润的确定方法。

① 全面摊薄法。全面摊薄法就是用全年净利润除以发行后总股本，直接得出每股净利润。

② 加权平均法。在加权平均法下，每股净利润的计算公式为：

$$每股净利润 = \frac{全年净利润}{(发行前总股本数 + 本次公开发行股本数) \times (12 - 发行月份) \div 12}$$

（3）估值。通过市盈率法估值时，首先应计算出发行人的每股收益；然后根据二级市场的平均市盈率、发行人的行业情况（同类行业公司股票的市盈率）、发行人的经营状况及其成长性等拟订估值市盈率；最后，依据估值市盈率与每股收益的乘积决定估值。

2. 市净率法

（1）市净率的计算公式。市净率（Price to Book Value Ratio，简称 P/B），是指股票市场价格与每股净资产的比率，计算公式为：

$$市净率 = \frac{股票市场价格}{每股净资产}$$

（2）估值。通过市净率定价法估值时，首先应根据审核后的净资产计算出发行人的每股净资产；然后，根据二级市场的平均市净率、发行人的行业情况（同类行业公司股票的市净率）、发行人的经营状况及其净资产收益率等拟订估值市净率；最后，依据估值市净率与每股净资产的乘积决定估值。

相对估值法简单易用，可以迅速获得被评估资产的价值，尤其是当金融市场上有大量"可比"资产在进行交易、且市场对这些资产的定价相对稳定的时候。但用该方法估值时容易产生偏见，主要原因是"可比公司"的选择是个主观概念，世界上没有在风险和成长性方面完全相同的两个公司；同时，该方法通常忽略了决定资产最终价值的内在因素和假设前提；另外，该方法容易将市场对"可比公司"偏离价值的定价（高估或低估）引入对目标股票的估值中。

（二）绝对估值法

绝对估值法亦称贴现法，主要包括公司贴现现金流量法（DCF）、现金分红折现法（DDM）。

相对估值法反映的是市场供求决定的股票价格,绝对估值法体现的是内在价值决定价格,即通过对企业估值,而后计算每股价值,从而估算股票的价值。

1. 以贴现现金流量法为例介绍绝对估值法

贴现现金流量法是通过预测公司未来的现金流量,按照一定的贴现率计算公司的整体价值,从而进行股票估值的一种方法。运用贴现现金流量的计算步骤如下:

(1) 预测公司未来的自由现金流量。预测的前提是本次发行成功地筹集到必要的现金并运用于相关项目的投资。公司自由现金流量,指公司在持续经营的基础上除了在库存、厂房、设备、长期股权等类似资产上所需投入外,能够产生的额外现金流量。现金流量的预测期一般为5~10年,预测期越长,预测的准确性越差。

(2) 预测公司的永续价值。永续价值是公司预测时期末的市场价值,可以参照公司的账面残值和当时的收益情况,选取适当的行业平均市盈率倍数或者市净率进行估算。

(3) 计算加权平均资本成本。

$$WACC = \sum K_i \cdot b_i$$

式中:$WACC$ 为加权平均资本成本;K_i 为各单项资本成本;b_i 为各单项资本所占的比重。

(4) 计算公司的整体价值。

$$公司整体价值 = \sum_{t=1}^{n} \frac{FCF_t}{(1+WACC)^t} + \frac{V_n}{(1+WACC)^n}$$

式中,FCF_t 为企业自由现金流量;V_n 为 n 时刻目标企业的终值。

(5) 计算公司股权价值。

$$公司股权价值 = 公司整体价值 - 净债务值$$

(6) 计算公司每股股票价值。

$$公司每股股票价值 = \frac{公司股权价值}{发行后总股本}$$

2. 用贴现现金流量法进行估值时的例外情况

贴现现金流量法需要比较可靠地估计未来现金流量(通常为正),同时根据现金流量的风险特性又能确定出恰当的贴现率。但实际操作中,情况往往与模型的假设条件相距甚远,影响了该方法的正确使用。在以下情况下,使用贴现现金流量法进行估值时将遇到较大困难:

(1) 陷入财务危机的公司。通常这些公司没有正的现金流量,或难以准确地估计现金流量。

(2) 收益呈周期性分布的公司。这类公司对未来现金流的估计容易产生较大偏差。

(3) 正在进行重组的公司。这类公司可能面临资产结构、资本结构以及红利政策等方面的较大变化,既影响未来现金流,又通过公司风险特性的变化影响贴现率,从而影响估值结果。

(4) 拥有某些特殊资产的公司。主要指拥有较大数量的未被利用的资产、专利或选择权资产的公司。这些资产的价值不能完全体现在公司的现金流中。

股票发行的估值和定价既有理性的计算,更有对市场供求的感性判断。如果仅仅依赖公式计算认为所计算的结果才是公司的合理价值,就过于武断。事实上,股票的价格是随着股票市场景气程度不断变化的,定价的艺术体现在定价的过程之中。主承销商在定价之前,首先要确定恰当的市场时机,因为在不恰当的情况下发行,估值结论和定价结果难以体现真正的价值,既可能影响发行人的利益,也可能损害投资者的利益。我国的发行市场中,首次公开发行的承销风险相对较小,因此主承销商往往重在制作材料而轻视了定价过程。但是随着市场的规范化发展,定价将越来越重要。定价之前的路演推介是定价过程中非常重要的环节。定价之前的路演推介,是首次公开发行股票公司的主承销商为了合理地确定股票价值而与专业机构投资者进行的直接沟通。通过这种沟通,主承销商可以探知专业投资者关注的问题、购买意向等,以便确定更为准确、贴近市场需求的定价。

第四节 债券的发行与承销

【资料链接】4-9　　　　　我国国债发行发展近况

我国首次国债发行始于1949年年底,当时称为人民胜利折实公债,至1958年,总共发行了6次。1958年,国债发行中止,直到1981年才恢复发行国债,期间足足中断了23年。1998年以来,因实施积极的财政政策,国债发行规模迅速增加;虽然自2005年开始财政政策重归稳健,但国债发行量仍然保持相当的规模。中国人民银行的统计资料显示,1981年至2008年,我国累计发行国债约9.39万亿元。至2008年年底,我国国债存量为5.49万亿元,在所有债券存量中占比高达34.87%,位居第1位。目前,我国国债包括记账式国债、凭证式国债和储蓄国债3类。2008年年底的国债存量中,记账式国债为47891亿元,凭证式国债为6116亿元,储蓄国债为862亿元。其中,储蓄国债是财政部于2006年7月1日推出的新品种。所谓储蓄国债,是指财政部在中华人民共和国境内发行,通过试点商业银行面向个人投资者销售的、以电子方式记录债权的不可流通人民币债券。储蓄国债发行对象为个人投资者,企事业单位、行政机关和社会团体等机构投资者不得购买。储蓄国债以电子方式记录债权,通过投资者在试点商业银行开设的人民币结算账户进行资金清算。储蓄国债不可流通转让,但可以办理提前兑取、质押贷款、非交易过户等。储蓄国债个人债权托管账户实行实名制,具体办法比照《个人存款账户实名制规定》(中华人民共和国国务院令第285号)执行。截至2008年年末,储蓄国债共发行6期,发行量共计1021.35亿元。目前,我国国债发行的市场化程度已经非常成熟,投资者结构合理,国债的利率期限结构曲线较为完整,并且具有市场基准的地位。

资料来源: 根据相关新闻资料整理而成。

一、债券发行目的

债券发行是发行人以借贷资金为目的,依照法律规定的程序向投资人要约发行代表一定债权和兑付条件的债券的法律行为,债券发行是证券发行的重要形式之一。是以债券形式筹措资金的行为过程通过这一过程,发行者以最终债务人的身份将债券转移到它的最初投资者手中。具体而言:

国债发行的目的在于平衡财政预算;弥补财政赤字;扩大政府投资,实施财政政策;解决临时性资金需要;归还债务本息。

金融债券发行的目的在于改善负债结构,增强负债的稳定性;获得长期资金来源;主动负债,扩大资产业务。

公司债券发行的目的在于筹集生产经营资金;调节负债规模;优化资本结构。

二、债券发行方式

(一)按发行对象分类

按照债券的发行对象,债券的发行可分为私募发行和公募发行两种方式。

1. 私募发行

私募发行是指面向少数特定的投资者发行债券,一般以少数关系密切的单位和个人为发行对象,不对所有的投资者公开出售。具体发行对象有两类:一类是机构投资者,如大的金融机构或是与发行者有密切业务往来的企业等;另一类是个人投资者,如发行单位自己的职工,或是使用发行单位产品的用户等。私募发行一般多采取直接销售的方式,不经过证券发行中介机构,不必向证券管理机关办理发行注册手续,可以节省承销费用和注册费用,手续比较简便。但是私募债券不能公开上市,流动性差,利率比公募债券高,发行数额一般不大。

2. 公募发行

公募发行是指公开向广泛不特定的投资者发行债券。公募债券发行者必须向证券管理机关办理发行注册手续。由于发行数额一般较大,通常要委托证券公司等中介机构承销。公募债券信用度高,可以上市转让,因而发行利率一般比私募债券利率较低。公募债券采取间接销售的具体方式又可分为三种:

(1) 代销。发行者和承销者签订协议,由承销者代为向社会销售债券。承销者按规定的发行条件尽力推销,如果在约定期限内未能按照原定发行数额全部销售出去,债券剩余部分可退还给发行者,承销者不承担发行风险。采用代销方式发行债券,手续费一般较低。

(2) 余额包销。承销者按照规定的发行数额和发行条件,代为向社会推销债券,在约定期限内推销债券如果有剩余,须由承销者负责认购。采用这种方式销售债券,承销者承担部分发行风险,能够保证发行者筹资计划的实现,但承销费用高于代销费用。

(3) 全额包销。首先由承销者按照约定条件将债券全部承购下来,并且立即向发行者支付全部债券价款,然后再由承销者向投资者分次推销。采用全额包销方式销售债券,承销者承担了全部发行风险,可以保证发行者及时筹集到所需要的资金,因而包销费用也较余额包销费用高。

西方国家以公募方式发行国家债券一般采取招标投标的办法进行投标又分竞争性投标和非竞争性投标。竞争性投标是先由投资者(大多是投资银行和大证券商)主动投标,然后由政府按照投资者自报的价格和利率,或是从高价开始,或是从低利开始,依次确定中标者名单和配额,直到完成预定发行额为止。非竞争性投标,是政府预先规定债券的发行利率和价格,由投资者申请购买数量,政府按照投资者认购的时间顺序,确定他们各自的认购数额,直到完成预定发行额为止。

(二)按实际发行价格和票面价格的异同分类

按照债券的实际发行价格和票面价格的异同,债券的发行可分平价发行、溢价发行和折价发行。

1. 平价发行

平价发行是指债券的发行价格和票面额相等，因而发行收入的数额和将来还本数额也相等。前提是债券发行利率和市场利率相同，这在西方国家比较少见。

2. 溢价发行

溢价发行是指债券的发行价格高于票面额，以后偿还本金时仍按票面额偿还。只有在债券票面利率高于市场利率的条件下才能采用这种方式发行。

3. 折价发行

折价发行是指债券发行价格低于债券票面额，而偿还时却要按票面额偿还本金。折价发行是因为规定的票面利率低于市场利率。

三、债券信用评级

（一）定义

信用评级是指信用评级机构对于公开发行的企业债券，按照其偿还能力的大小对其信用质量进行级别的评定，以供投资者参考。

债券的评级并不是评价该种债券的市场价格、市场销路和债券投资收益，而是评价该种债券的发行质量、债券发行人的资信状况和投资者所承担的投资风险。

（二）评级依据

(1) 债券发行人的偿债能力。
(2) 债券发行人的资信状况。
(3) 投资者承担的风险水平。
(4) 债券约定条件。

【资料链接】4-10　　　　证券信誉评级机构

成熟的金融市场上，对债券投资风险进行分析与评估，大多由专业证券信誉评级机构来进行。评级机构的信用评定工作是建立在占有详尽资料并进行深入细致的分析，保持独立的决策程序并严守被评定者机密的基础上的。

最早对债券进行评级的是美国人亨利·普尔和约翰·穆迪。普尔在1860年出版的一本名为《美国铁路运输史》的书中，收录了美国最有代表性的120家企业的经营状况。穆迪在1909年出版的《穆迪关于铁路投资的分析》一书中，用分级的方法对各种铁路债券的优劣进行了评估，并以确定的符号表示风险的高低，划分出不同等级的债券，在此以后，两人分别成立了专业公司，先后推出商业性评级业务。1911年，标准统计公司和普尔公司合并，在美国形成了以穆迪公司和标准·普尔公司为首的一整套证券风险评级系统，以后陆续传入西方其他国家，主要有英国的国际银行业和信贷分析公司(IBCA)、日本的日本公司债券研究所(JBRI)、日本投资家服务公司(NIS)、日本评级研究所(JCB)、加拿大债券评级公司(CBRS)、多米宁债券级公司(DBRS)等,这些信用评级机构大都是独立的私人企业,不受政府控制,也独立于证券交易所、证券业之外。评级机构必须对自己的信誉负责,如果评出的级别不准确、不公正,不能被大众接受,那么级别机构的声誉将受到致命打击,不仅无法取得盈利,甚至无法继续生存。

20世纪80年代后期,我国金融市场的运行逐步走向正轨,投资活动日益广泛,与此相对应,投资风险评级机构也开始出现。1987年,我国成立了第一家资信评估机构——吉林省资信评估公司。1992年10月,第一家有限责任公司性质的全国性独立的证券评级——中国诚信证券评估有限公司成立。此后,各种类型的评级机构相继出现。

在美国,对企业债券进行评级时,主要依赖于对企业的基本资料的掌握,从质和量两个方面来判断,共有18项因素须列入分析范围。它们是负债与资产的比率、利息保障倍数、固定费用保障系数、流动资金比率、抵押条件、从属条款、保证条款、偿还基金、到期期限、发行债券公司销售与盈余的稳定性、管制、反托拉斯、海外营运、环境因素、退休金负债、劳工问题、可利用资源、会计政策。

在实际的评级过程中,最终结果是评级机构根据对各个具体考核项目评估的结果汇总而来。具体做法如下:评级机构先按照事先确定的评级内容逐项进行审查,然后给每项审查结果打分,打分的标准是人为确定的,考虑到不同项目在决定发行公司偿债能力或债券风险中所起的作用不一样,对各项得分还得进行加权处理。

资料来源:根据百度百科相关资料整理。

(三) 债券级别划分

目前国际上流行的债券等级一般分为10级,具体见表4-1。

表4-1 债券等级标准

	标准·普尔	穆迪	内　　容
最高级	AAA	Aaa	还本付息能力极强,具有可靠的保证,承担风险极小
高级	AA	Aa	还本付息能力很强,承担风险很小
中高级	A	A	还本付息能力一般,但有可靠的担保,承担风险小
中级	BBB	Baa	还本付息能力短期内可靠,承担风险逐渐增大
中下级	BB	Ba	还本付息能力暂时可靠,承担风险很大
半投机级	B	B	还本付息能力不可靠,承担风险很大
投机级	CCC	Caa	还本付息能力很不可靠,随时能发生违约
投机级	CC	Ca	还本付息能力极不可靠,有极大的风险性
充分投机级	C	C	完全的投机性
最低等级	D	D	完全无能力的投机性

【资料链接】4-11　　　关于债务违约的含义

> 1. 根据《新巴塞尔资本协议(征求意见稿)》,当债务人出现了下述一种或多种情况时视为违约:
> (1) 有充分证据证明债务人不能全额偿还其借款(包括本金、利息和手续费)。
> (2) 债务人的信誉下降,例如,冲销特别准备,或被迫进行债务重组,包括本金、利息、手续费的减免和延期。
> (3) 债务人超过到期日 90 天仍未偿还债务。
> (4) 债务人或债权人已申请债务人的企业破产。
> 2. 我国最高人民法院关于不能到期偿还债务的含义。
> 根据我国《最高人民法院(关于审理企业破产案件若干问题的规定)》,企业破产法第三条第一款规定的"不能清偿到期债务"是指:债务的履行期限已届满;债务人明显缺乏清偿债务的能力。
> 人民法院裁定宣告债务人破产的有关依据债务人停止清偿到期债务并且呈连续状态,如无相反证据,可推定为"不能清偿到期债务"。人民法院受理债务人破产案件后,有下列情形之一的,应当裁定宣告债务人破产:
> (1) 债务人不能清偿债务且与债权人不能达成和解协议的。
> (2) 债务人不履行或者不能履行和解协议的。
> (3) 债务人在整顿期间有《企业破产法》第二十一条规定情形的。
> (4) 债务人在整顿期满后有《企业破产法》第二十二条第二款规定情形的。
> **资料来源**:根据豆丁网相关资料整理。

(四)信用评级的类型、程序与方法

1. 信用评级的类型

作为信用评级机构,必须注重分析评级对象未来的偿债能力,揭示其违约风险。对证券市场的固定收益债券进行评级,其目的是对被评对象未来偿债风险的评价,为投资者提供必要的投资风险参考。因此,对公升发行债务(如债券等)的评估一般是强制性的,政府监管部门往往将评估结果作为养老基金投资、保险公司投资、银行投资等金融监管的参考标准:按照被评主体是否自愿接受评级,信用评级可分为主动评级和被动评级。

(1) 主动评级。主动评级是指被评主体委托资信评级机构进行资信评级;也称为委托评级;这时,资信评级机构可以获得被评对象的密切配合,可以获得比较全面、完整、真实的信息,可以得到内部的机密信息,从而可以作出更为准确的评价。

(2) 被动评级。被动评级是指被评对象并没有委托资信评级机构对自己进行有关资信评级,而资信评级机构根据自己收集的公开资料对被评对象进行的评价。被动评级往往是资信评级机构应投资者的要求进行的,或者资信评级机构认为应该向投资者揭示有关风险而进行的,但也有的资信评级机构是为了迫使有关主体委托其评级而展开的。

2. 信用评级的程序

企业进行信用评级通过一定的程序进行。一般而言,信用等级的程序如图 4-2 所示。

1. 申请评级	2. 进行评估	3. 确定等级	4. 申请复评	5. 检测跟踪
企业选择评估机构并提出评估申请	评估机构对企业情况进行分析、查账、现场调查	通过定量分析相结合的评估标准，评定企业的资信等级	企业对评估结论如有异议，可在收到资信等级证书后10日内提出复评	评级机构对受评企业的发展动向给予密切关注
评估机构接受委托，说明评估程序、资信等级标准及含义	向企业负责人和财务主管了解企业经营和财务情况以及发展规划	由资信评审专家委员会作出最终定级决定	申请复评时，必须提供必要的补充材料	必要时对原有资信级别进行相应的调整
双方签订评估合同，确立双方的权力和义务关系	由评估机构资信评审专家委员会对评估报告审议	将等级结论通知企业，颁发资信等级证书	评估机构根据企业提供的最近资料，重新考虑企业的资信等级，并将复评结论通知企业	
企业按规定向评估公司支付资信评估费		根据企业意愿决定是否向社会公布明细等		

图4-2 信用评级程序图

【资料链接】4-12　　企业需要向评级机构提交的主要材料

申请评级的企业需要向评级机构提交的主要资料包括：
(1) 代表公司法人的法律凭证。
(2) 债券发行概要，包括债券发行额、期限、还本付息方法等。
(3) 发行债券的用途。
(4) 公司近几年的财务情况，包括提供财务报表、资本结构、偿还长期债务的计划、筹措资金计划等。
(5) 公司概况，包括公司的资本、经营目标、组织机构、经营者、主营业务、销售状况、财务政策和管理状况等。
(6) 发行条件要点等。
外国企业或公司在我国发行债券时，还需另外提供会计方针和会计处理方法的说明、发债者与国家关系的说明(重点是债券适用的法律规范及与发行债券的有关方面的政策与规定)、与发债国同行业公司之间的经营比较等方面的资料。
资料来源：根据百度文库相关资料整理。

3. 信用评级的方法

信用评级是对被评对象未来偿债风险的评价。作为信用评级机构，必须注重分析评级对象未来的偿债能力，揭示其违约风险。从本质上讲，资信评级是一种建立在客观基础上的定性判断，应注重其长期性，侧重于定性分析以及现金流分析是必须遵循的原则。资信评估以定量方法为基础，但不仅局限于定量方法，需要定性分析的配合。

(1) 定量分析与定性分析相互结合。定量分析主要考察企业的内部因素，如财务结构、偿债能力、经营能力、经营效益等就是以定量分析为主，依靠企业财务数据，根据其所属的行业类型,用一套较为有针对性的指标来计算。

定性分析主要考察企业的外部因素,由于不同企业之间在所有者性质、组织形式、规模、外部支持力度等存在诸多差异,简单用定量指标是很难作出公正、科学的评价,特别是有些财务因素无法量化计算必须进行定性判断的,如企业基本素质和发展前景等,也即客观评价方法与主观评价方法要相互映照。

(2)静态分析与动态分析相互结合。评级的准确性依赖于评级体系的完整性、评级资料的真实性和全面性,并需考察众多的政治、经济因素,而这些因素是不断变化的,需要将其及时地反映在企业的资信状况中。对受评企业的历史指标和定量效据进行考察和分析,能较为准确地判断企业一段时期内的信用状况,因此静态分析是完全必要的,但是不全面的。资信评级的动态性与静态分析方法的结合,就决定了评级本身还应具有对未来进行预测的性质。为配合贷款卡制度的实施,中央银行已要求评级机构对贷款企业进行一般资信评级和跟踪评级。

四、我国国债的发行与承销

(一)国债发行销售方式

改革开放以来,我国国债发行方式经历了20世纪80年代的行政分配,90年代初的承购包销,到目前定向发售、承购包销和招标发行并存的发展过程,具有低成本、高效率、规范化与市场化发展趋势。

1. 定向发售

定向发售方式是指定向养老保险基金、失业保险基金、金融机构等特定机构发行国债的方式,主要用于国家重点建设债券、财政债券、特种国债等品种。

2. 承购包销

承购包销始于1991年,主要用于不可流通的凭证式国债,它是由各地的国债承销机构组成承销团,通过与财政部签订承销协议来决定发行条件、承销费用和承销商的义务(也可用招标方式决定发行条件),因而是带有一定市场化的发行方式。

3. 招标发行

招标发行指通过招标的方式来确定国债的承销商和发行条件。根据发行对象的不同,招标发行又可分为价格招标、收益率招标、缴款期招标三种形式。

(1)价格招标。主要用于贴现国债的发行。按照投标人所报买价自高向低的顺序中标,直至满足预定发行额为止。"荷兰式"招标:中标的承销机构都以相同价格(所有中标价格中的最低价格)认购相应的国债数额;"美国式"招标:承销机构分别以其各自出价来认购中标数额。"荷兰式"招标的特点是"单一价格",而"美国式"招标的特点是"多种价格"。我国目前短期贴现国债主要运用"荷兰式"价格招标方式予以发行。

例如,当面值为100元、总额为200亿元的贴现国债招标发行时,若有A、B、C三个投标人,他们的出价和申报额如表4-2所示。采用"荷兰式"招标和"美国式"招标结果不同。

表 4-2 价格招标对比

	投标人 A	投标人 B	投标人 C
投标价(亿元)	85	80	75
投标额(亿元)	90	60	100
中标额(亿元)	90	60	50
荷兰式招标中标价	75	75	75
美国式招标中标价	85	80	75

(2) 收益率招标。主要用于附息国债的发行,同样分为"荷兰式"招标和"美国式"招标两种形式,原理与上述价格招标相似,如表 4-3 所示(标的为票面利率)。

表 4-3 收益率招标对比

	投标人 A	投标人 B	投标人 C
投标收益率	8%	9%	10%
投标额(亿元)	90	60	100
中标额(亿元)	90	60	50
荷兰式招标中标收益率	10%	10%	10%
美国式招标中标收益率	8%	9%	10%

(3) 缴款期招标。是指在国债的票面利率和发行价格确定条件下,按照承销机构向财政部缴款的先后顺序获得中标权利,直至满足预定发行额为止。也可分为"荷兰式"招标和"美国式"招标。

(二) 国债承销程序

1. 记账式国债的承销程序

记账式国债,是指没有实物形态的票券,在电脑账户中作记录(主要借助于证券交易所的交易系统),亦称无纸化国债。

(1) 场内挂牌分销:承销商向交易所提供托管账户;交易所确定承销代码;进而挂牌交易(承销商确定挂牌卖出数量与价格)。

(2) 场外分销:发行期内承销商场外确定分销商或客户,并在国债上市交易前办理非交易过户。

2. 无记名国债(实物券)的承销

(1) 场内挂牌分销:承销商向交易所提供托管账户,然后实物券调运至交易所,进而挂牌交易。

(2) 场外分销:实物券调运至承销商,然后利用网点进行柜台交易。

3. 凭证式国债的承销

不可上市流通的储蓄型债券,主要由银行承销,各地财政部门和各国债一级自营商也可参与销售。通过各自代理网点发售,向购买人开具凭证式国债收款凭证。

凭证式国债虽不能上市交易,但可提前兑取,变现灵活,地点就近,投资者如遇特殊需要,可以随时到原购买点兑取现金。发行期一般较长。

五、金融债券的发行与销售

本书讨论的金融债券便是指依法在中华人民共和国境内设立的上述金融机构法人在全国银行间债券市场发行的、按约定还本付息的有价证券。

（一）金融债券的发行条件

1. 政策性银行

政策性银行包括国家开发银行、中国进出口银行、中国农业发展银行。这3家政策性银行作为发行体，天然具备发行金融债券的条件，只要按年向中国人民银行报送金融债券发行申请，并经中国人民银行核准后便可发行。政策性银行金融债券发行申请应包括发行数量、期限安排、发行方式等内容，如需调整，应及时报中国人民银行核准。

2. 商业银行

商业银行发行金融债券应具备以下条件：具有良好的公司治理机制；核心资本充足率不低于4%；最近3年连续盈利；贷款损失准备计提充足；风险监管指标符合监管机构的有关规定；最近3年没有重大违法、违规行为；中国人民银行要求的其他条件。根据商业银行的申请，中国人民银行可以豁免前款所规定的个别条件。

3. 企业集团财务公司

根据《全国银行间债券市场金融债券发行管理办法》（中国人民银行2005年4月27日发布）和《中国银监会关于企业集团财务公司发行金融债券有关问题的通知》（银监发〔2007〕58号），企业集团财务公司发行金融债券应具备以下条件：

（1）具有良好的公司治理结构、完善的投资决策机制、健全有效的内部管理和风险控制制度及相应的管理信息系统。

（2）具有从事金融债券发行的合格专业人员。

（3）依法合规经营，符合中国银监会有关审慎监管的要求，风险监管指标符合监管机构的有关规定。

（4）财务公司已发行、尚未兑付的金融债券总额不得超过其净资产总额的100%，发行金融债券后，资本充足率不低于10%。

（5）财务公司设立1年以上，经营状况良好，申请前1年利润率不低于行业平均水平，且有稳定的盈利预期。

（6）申请前1年，不良资产率低于行业平均水平，资产损失准备拨备充足。

（7）申请前1年，注册资本金不低于3亿元人民币，净资产不低于行业平均水平。

（8）近3年无重大违法违规记录。

（9）无到期不能支付债务。

（10）中国人民银行和中国银监会规定的其他条件。

4. 其他金融机构

其他金融机构发行金融债券应具备的条件由中国人民银行另行规定。

（二）发行方式

（1）金融债券可在全国银行间债券市场公开发行或定向发行。

（2）金融债券的发行可以采取一次足额发行或限额内分期发行的方式。

发行人分期发行金融债券的,应在募集说明书中说明每期发行安排。发行人应在每期金融债券发行前5个工作日将相关的发行申请文件报中国人民银行备案,并按中国人民银行的要求披露有关信息。

(三) 发行的组织

1. 承销团的组建

发行金融债券时,发行人应组建承销团,承销人可在发行期内向其他投资者分销其所承销的金融债券。发行人和承销人应在承销协议中明确双方的权利与义务,并加以披露。

2. 承销方式及承销人的资格条件

发行金融债券时,发行人应组建承销团,可采用协议承销、招标承销等方式。以招标承销方式发行金融债券的,发行人应与承销团成员签订承销主协议。以协议承销方式发行金融债券的,发行人应聘请主承销商。承销人应为金融机构,并须具备下列条件:

(1) 注册资本不低于2亿元人民币。
(2) 具有较强的债券分销能力。
(3) 具有合格的从事债券市场业务的专业人员和债券分销渠道。
(4) 最近两年内没有重大违法、违规行为。
(5) 中国人民银行要求的其他条件。

以定向方式发行金融债券的,应优先选择协议承销方式。定向发行对象不超过两家,可不聘请主承销商,由发行人与认购机构签订协议安排发行。

3. 招标承销的操作要求

以招标承销方式发行金融债券,发行人应向承销人发布下列信息:

(1) 招标前,至少提前3个工作日向承销人公布招标具体时间、招标方式、招标标的、中标确定方式和应急招投标方案等内容。
(2) 招标开始时,向承销人发出招标书。
(3) 招标结束后,发行人应立即向承销人公布中标结果,并不迟于次一工作日发布金融债券招标结果公告。

承销人中标后应履行相应的认购义务。金融债券的招投标发行通过中国人民银行债券发行系统进行。在招标过程中,发行人及相关各方不得透露投标情况,不得干预投标过程。中国人民银行对招标过程进行现场监督。

六、公司债券的发行与销售

(一) 发行人与发行条件

公司债券的发行人应是符合条件的法人企业。涉及法规主要包括1993年颁行的《企业债券管理条例》、1994年7月开始实施并不断修订的《公司法》以及《证券法》。一般说来,只有产权明确、有限责任且所有权与经营权分离的企业才具有发债资格。为了解决国有独资企业(非公司制)发债资格,我国出现"企业债券"。应建立有足够广度和深度的公司债券市场,尽快修订并公布新的《公司债券管理条例》,与《公司法》和《证券法》中有关公司债券的内容协调一致。

根据新《证券法》规定,公司债券的发行条件有以下几点:

(1) 股份公司的净资产不低于人民币 3000 万元,有限责任公司净资产不低于人民币 6000万元。

(2) 累计债券余额不超过公司净资产的 40%。

(3) 最近 3 年平均可分配利润足以支付公司债券 1 年的利息。

(4) 筹集的资金投向符合国家产业政策。

(5) 债券的利率不超过国务院限定的利率水平。

(6) 国务院规定的其他条件。

上市公司发行可转债,除应满足条件(1)外,还应当符合公开发行股票的条件,并报证券监督管理机构核准。

发行公司债券筹集的资金,必须用于批准发行时所确定的用途,不得用于弥补亏损和非生产性支出。

(二) 发行销售方式

企业发行企业(公司)债券,应当由证券经营机构承销。发行数额较大的应由承销团承销。采用包销或代销方式。

(三) 发行销售程序

(1) 企业债券发行申请。
(2) 证券监管部门批准。
(3) 签订承销协议。
(4) 发行公告。
(5) 签订分销或代销协议。
(6) 销售与回款。

本 章 小 结

◆ **内容摘要**

本章学习了股份有限公司的设立与运行;证券发行概述;股票公开发行上市与承销;债券的发行与承销等内容。股份有限公司设立的原则、方式、条件和程序;股份有限公司发起人的概念、资格及其法律地位;熟悉股份有限公司章程的性质、内容以及章程的修改;股份有限公司与有限责任公司的差异、有限责任公司和股份有限公司的变更要求。企业股份制改组的目的和要求;拟发行上市公司改组的要求以及企业改组为拟上市的股份有限公司的程序;股份制改组时清产核资的内容和程序,国有资产产权的界定及折股。资本的含义、资本三原则、资本的增加和减少。

股份有限公司股东的权利和义务、股东大会的职权、股东大会决议程序和会议记录;董事的任职资格和产生程序,董事的职权、义务和责任,董事长的职权,董事会的决议程序;经理的任职资格、聘任和职权,经理的工作细则;监事的任职资格和产生程序,监事的职权、义务和责任。股份有限公司财务会计的一般规定、利润及其分配、公积金的提取;股份有限公司合并和分立概念及相关程序,股份有限公司解散和清算的概念及相关程序。

证券发行的产生与发展、特点与目的、原则与方式及管理制度。掌握股票上市的条件、上市保荐人的一般规定、上市保荐人的义务;上市保荐书的内容;股票上市申请和上市协议;公开发行上市工作内容及流程。股票销售及承销方式;保荐制度的一般规定。股票的估值方法。债券发行目的、发行方式;债券信用评级;我国国债的发行与承销;金融债券的发行与销售;公司债券的发行与销售。

◆ **关键词**

股份有限公司　资本　保存人制度　债券信用评级

◆ **思考题**

1. 简述股份有限公司的设立原则、方式、条件和程序。
2. 简述股东大会的职权。
3. 证券发行的特点与目的是什么?
4. 证券发行的原则与方式是什么?
5. 股票上市条件有哪些?
6. 简述公开发行上市工作内容及流程。
7. 股票销售及承销方式有哪些?
8. 什么是保荐人制度?
9. 什么是债券信用评级?
10. 我国国债发行销售方式是什么?

分析案例

新股发行首例失败案例的反思

长期以来,新股发行被视为是各方"多赢"的环节。据统计,1990年以来我国上市公司IPO平均首日收益率高达137%,这意味着在证券发行的一级市场留下了超额利润,尽管经过多次新股发行体制和定价方式改革,但限制规模、定价偏高、高度管制等问题依旧遭到市场诟病。而2011年以来,A股市场出现破发潮。

2011年6月8日,八菱科技公司(以下简称"八菱科技")与其主承销商民生证券联合公告宣布中止IPO发行,原因是在机构询价中提供有效申报的询价对象只有19家,不符合最少20家有效询价机构的规定。至此,中国证券市场发行不败的神话遭到破灭,首家发行失败新股诞生。这一事件立即引起了资本市场各界的热烈讨论,认为这是新股市场化改革的重要里程碑。

请根据以上案例分析:

1. 为什么八菱科技发行失败反受"鼓舞"?
2. 为何我国资本市场可以一直"发行不失败"?
3. 八菱科技发行失败带来的启示。

应用训练

训练一:分组进行演练,组建模拟股份有限公司。

训练二:在组建模拟股份有限公司的基础上,进行模拟股份有限公司招股说明书的编制。

第五章　证券交易市场

- 掌握股票、债券上市的条件及程序,了解股票上市特别处理与暂停、恢复与终止(退市)及持续性信息披露与其法定文件。
- 掌握证券交易原则、种类与方式,掌握证券场内交易市场,了解证券交易所会员制度、证券交易所交易席位及证券场外交易市场。
- 能够理解并掌握证券交易操作实务,掌握证券交易操作程序、了解证券回购交易及认购配股与分红派息。
- 能够运用所学证券交易市场的知识分析我国资本市场、股票市场上的相关问题,能够分析证券交易市场行情并进行模拟实际操作等。

纽约证券交易所及其上市要求

纽约证券交易所的起源可以追溯到1792年5月17日,当时24个证券经纪人在纽约华尔街68号外一棵梧桐树下签署了"梧桐树协议"。1817年3月8日,这个组织起草了一项章程,并把名字更改为纽约证券交易委员会,1863年改为现名。交易所在第一次世界大战发生后不久(1914年7月)就被关闭了,但是这一年的11月28日又重新开放,使得各种债券自由交易支持作战。1929年10月24日,"黑色星期四",美国股票市场崩溃,股价下跌引起的恐慌又促使了大萧条。1938年10月31日,为了恢复投资者的信心,提高对投资公众的保护,交易所推出了15点计划。

1934年10月1日,纽约交易所向美国证券交易委员会申请注册为一家全国性证券交易所,有1位主席和33位成员的董事会。1971年2月18日,非营利法人团体正式成立,董事会成员的数量减少到25位。2006年6月1日,纽约证券交易所宣布与泛欧股票交易所合并组成"NYSE Euronext",1股纽约证交所的股票换成1股新公司股票,泛欧证交所股东以1股泛欧证交所股票换取新公司的0.98股股票和21.32欧元现金。新公司总部设在纽约。这预示着第一个横跨大西洋的证交所并购交易在经过6个月的跋涉后向终点更进一步。

2018年5月22日,纽约证交所首席运营官史黛西(Stacey Cunningham)成为该交易所第67位总裁。这也是纽交所226年历史上首度任命女总裁。

在200多年的发展过程中,纽约证券交易所为美国经济的发展、社会化大生产的顺利进行、现代市场经济体制的构建起到了举足轻重的作用。

纽约证券交易所上市要求分别从美国国内公司和美国国外公司加以规定。

纽约证交所对美国国内公司上市的条件要求为：

（1）最低公众持股数量和业务记录公司最少要有 2000 名股东（每名股东拥有 100 股以上）；或 2200 名股东（上市前 6 个月月平均交易量为 10 万股）；或 500 名股东（上市前 12 个月月平均交易量为 100 万股）；至少有 110 万股的股数在市面上为投资者所拥有（公众股 110 万股）。

（2）最低市值公众股市场价值为 4000 万美元；有形资产净值为 4000 万美元。

（3）盈利要求上市前 2 年，每年税前收益为 200 万美元，最近 1 年税前收益为 250 万美元；或 3 年必须全部盈利，税前收益总计为 650 万美元，最近 1 年最低税前收益为 450 万美元；或上市前 1 个会计年度市值总额不低于 5 亿美元且收入达到 2 亿美元的公司：3 年调整后净收益合计 2500 万美元（每年报告中必须是正数）。

（4）上市企业类型主要面向成熟企业。

（5）经营业务信息披露规定要遵守交易所的年报、季报和中期报告制度。

（6）其他因素对公司的管理和操作有多项要求；详细说明公司所属行业的相对稳定性，公司在该行业中的地位，公司产品的市场情况。

资料来源：根据纽约证券交易所相关资料整理。

思考：

（1）为什么会出现证券交易所？

（2）纽约证券交易所与我国上海、深圳证券交易所上市要求有何异同？

第一节 证券上市与退市

证券交易市场又称为"二级市场"或"次级市场"，是买卖已发行证券的市场，证券交易市场是证券市场的重要组成部分。证券交易市场的交易活动可以在固定的场所集中进行，也可以在不固定的场所分散进行。证券交易市场是证券发行市场正常发展的重要支撑。证券发行市场和证券交易市场紧密联系，相辅相成，共同构成了一个完整的证券市场。

在证券交易市场中，资金拥有者可随时购进证券，充分利用其所持有的货币资金，实现投资获利的目的，也使证券的持有者可随时出售所持有的证券，以获得所需资金。因此，证券交易市场的存在为投资者提供了灵活方便的变现场所，使投资者放心地参加证券发行市场的认购活动，对证券的发行起积极的推动作用；同时，证券交易市场的变化是反映经济发展趋势的晴雨表，是政府宏观经济政策及金融政策调整的依据之一，在商品经济的发展过程中起着越来越重要的作用。

一、股票上市

(一)股票上市的条件

股票上市是指经核准同意股票在证券交易所挂牌交易。根据《证券法》及交易所上市规则的规定,股份有限公司申请其股票上市必须符合下列条件:
(1)股票经中国证监会核准已公开发行。
(2)公司股本总额不少于人民币5000万元。
(3)公开发行的股份达到公司股份总数的25%以上;公司股本总额超过人民币4亿元的,公开发行股份的比例为10%以上。
(4)公司最近3年无重大违法行为,财务会计报告无虚假记载。
(5)交易所要求的其他条件。

(二)股票的上市保荐

根据交易所股票上市规则,交易所实行股票和可转换公司债券(含分离交易的可转换公司债券)的上市保荐制度。发行人(上市公司)申请其首次公开发行的股票、上市后发行的新股和可转换公司债券上市,以及公司股票被暂停上市后申请恢复上市的,应当由保荐人保荐。

保荐人应当为经中国证监会注册登记并列入保荐人名单,同时具有交场所会员资格的证券经营机构;恢复上市保荐人还应当具有中国证券业协会《证券公司从事代办股份转让主办券商业务资格管理办法(试行)》中规定的从事代办股份转让主办券商业务资格。

保荐人应当与发行人签订保荐协议,明确双方在发行人申请上市期间、申请恢复上市期间和持续督导期间的权利和义务。保荐协议应当约定保荐人审阅发行人信息披露文件的时点。

首次公开发行股票的,持续督导的期间为股票上市当年剩余时间及其后两个完整会计年度。发行新股、可转换公司债券的,持续督导的期间为股票或者可转换公司债券上市当年剩余时间及其后一个完整会计年度;申请恢复上市的,持续督导期间为股票恢复上市当年剩余时间及其后一个完整会计年度。持续督导的期间自股票或者可转换公司债券上市之日起计算。

保荐人应当在签订保荐协议时指定两名保荐代表人具体负责保荐工作,并作为保荐人与交易所之间的指定联络人。保荐代表人应当为经中国证监会注册登记并列入保荐代表人名单的自然人。

保荐人保荐股票上市(股票恢复上市除外)时,应当向交易所提交上市保荐书、保荐协议、保荐人和相关保荐代表人已经中国证监会注册登记并列入保荐人和保荐代表人名单的证明文件、保荐人向保荐代表人出具的由保荐人法定代表人签名的授权书,以及与上市保荐工作有关的其他文件。

上市保荐书应当包括以下内容:发行股票、可转换公司债券的公司概况;申请上市的股票、可转换公司债券的发行情况;保荐人是否存在可能影响其公正履行保荐职责的情形的说明;保荐人按照有关规定应当承诺的事项;对公司持续督导工作的安排;保荐人和相关保荐代表人的联系地址、电话和其他通讯方式；保荐人认为应当说明的其他事项；交易所要求的其他内容。

上市保荐书应当由保荐人的法定代表人（或者授权代表）和相关保荐代表人签字，注明日期并加盖保荐人公章。

保荐人应当督导发行人按照上市规则的规定履行信息披露及其他相关义务，督导发行人及其董事、监事和高级管理人员遵守上市规则并履行向交易所作出的承诺，审阅发行人信息披露文件和向交易所提交的其他文件，并保证向交易所提交的与保荐工作相关的文件的真实、准确、完整。

保荐人应当在发行人向交易所报送信息披露文件及其他文件之前，或者履行信息披露义务后5个交易日内，完成对有关文件的审阅工作，督促发行人及时更正审阅中发现的问题，并向交易所报告。以上海证券交易所为例，保荐机构应于上市公司年度报告披露后的5个交易日内向交易所直接提交或者由上市公司转交经保荐机构及保荐代表人盖章签字的"持续督导期间保荐机构审阅表"。

保荐人履行保荐职责发表的意见应当及时告知发行人，记录于保荐工作档案。发行人应当配合保荐人和保荐代表人的工作。

保荐人在履行保荐职责期间有充分理由确信发行人可能存在违反上市规则规定的行为的，应当督促发行人作出说明并限期纠正；情节严重的，应当向交易所报告。

保荐人按照有关规定对发行人违法违规事项公开发表声明的，应当于披露前向交易所报告，经交易所审核后在指定媒体上公告。交易所对上述公告进行形式审核，对其内容的真实性不承担责任。

保荐人有充分理由确信证券服务机构及其签名人员按上市规则规定出具的专业意见可能存在虚假记载、误导性陈述或重大遗漏等违法违规情形或者其他不当情形的，应当及时发表意见；情节严重的，应当向交易所报告。

保荐人更换保荐代表人的，应当通知发行人，并及时向交易所报告，说明原因并提供新更换的保荐代表人的相关资料。发行人应当在收到通知后及时披露保荐代表人的变更事宜。

保荐人和发行人终止保荐协议的，应当及时向交易所报告，说明原因并由发行人发布公告。

发行人另行聘请保荐人的，应当及时向交易所报告并公告。新聘请的保荐人应当及时向交易所提交有关文件。

保荐人应当自持续督导工作结束后10个交易日内向交易所报送保荐总结报告书。

保荐人、相关保荐代表人和保荐工作其他参与人员不得利用从事保荐工作期间获得的发行人尚未披露的信息进行内幕交易，为自己或者他人牟取利益。

（三）股票上市申请

经中国证监会核准发行的股票发行结束后，发行人方可向证券交易所申请其股票上市。

发行人向证券交易所申请其首次公开发行的股票上市时，应当按照中国证监会有关规定编制上市公告书。

发行人向证券交易所申请其首次公开发行的股票上市时，应当提交下列文件：

（1）上市申请书。

(2) 中国证监会核准其股票首次公开发行的文件。

(3) 有关本次发行上市事宜的董事会和股东大会决议。

(4) 营业执照复印件。

(5) 公司章程。

(6) 经具有执行证券、期货相关业务资格的会计师事务所审计的发行人最近3年的财务会计报告。

(7) 首次公开发行结束后,发行人全部股票已经中国证券登记结算有限责任公司托管的证明文件。

(8) 首次公开发行结束后,具有执行证券、期货相关业务资格的会计师事务所出具的验资报告。

(9) 关于董事、监事和高级管理人员持有本公司股份的情况说明和《董事(监事、高级管理人员)声明及承诺书》。

(10) 发行人拟聘任或者已聘任的董事会秘书的有关资料。

(11) 首次公开发行后至上市前,按规定新增的财务资料和有关重大事项的说明(如适用)。

(12) 首次公开发行前已发行股份持有人,自发行人股票上市之日起1年内持股锁定证明。

(13) 相关方关于限售的承诺函。

(14) 最近一次的招股说明书和经中国证监会审核的全套发行申报材料。

(15) 按照有关规定编制的上市公告书。

(16) 保荐协议和保荐人出具的上市保荐书。

(17) 律师事务所出具的法律意见书。

(18) 交易所要求的其他文件。

发行人及其董事、监事、高级管理人员应当保证向交易所提交的上市申请文件真实、准确、完整,不存在虚假记载、误导性陈述或者重大遗漏。

证券交易所在收到发行人提交的全部上市申请文件后7个交易日内,作出是否同意上市的决定并通知发行人。出现特殊情况时,证券交易所可以暂缓作出是否同意上市的决定。证券交易所设立上市委员会对上市申请进行审议,作出独立的专业判断并形成审核意见。证券交易所根据上市审核委员会的审核意见,作出是否同意上市的决定。本节"股票上市的条件"所列条件为上市的必备条件,证券交易所并不保证发行人符合上述条件时,其上市申请一定能够获得同意。

发行人向证券交易所申请其股票上市时,控股股东和实际控制人应当承诺:自发行人股票上市之日起36个月内,不转让或者委托他人管理其直接和间接持有的发行人首次公开发行股票前已发行股份,也不由发行人回购该部分股份。但转让双方存在控制关系,或者均受同一实际控制人控制的,自发行人股票上市之日起1年后,经控股股东和实际控制人申请并经交易所同意,可豁免遵守前款承诺。发行人应当在上市公告书中披露上述承诺。

发行人应当于其股票上市前5个交易日内,在指定媒体或网站上披露下列文件和事项:(1)上市公告书;(2)公司章程;(3)上市保荐书;(4)法律意见书;(5)交易所要求的其他文件。上述文件应当置备于公司住所,供公众查阅。发行人在提出上市申请期间,未经证券交易所同意,不得擅自披露与上市有关的信息。

发行人在股票首次上市前应与证券交易所签订股票上市协议。

【资料链接】5-1　　　海通证券利用定向增发实现借壳上市

2006年10月下旬,海通证券最终选择了都市股份并采用上市公司资产剥离、新增股份换股合并、定向增发"三步走"的方案,借壳上市。

第一步,都市股份向光明食品集团转让全部资产及负债,转让价款参考净资产值确定为7.56亿元,都市股份现有全部业务及全部职工也将一并由光明集团承接。

第二步,都市股份以新增股份换股吸收合并海通证券,换股比例以双方市场化估值为基础,海通证券的换股比例为每股2.01元,都市股份换股价格以10月13日的收盘价为基准确定为每股5.8元,由此确定每1股海通证券股权换0.347股都市股份股权。海通证券在本次合并前的总股本增加至约87.34亿股,换为都市股份30.31亿股,合并完成后都市股份总股本增加至约33.89亿股。合并生效后,都市股份将更名为"海通证券股份有限公司"。

第三步,都市股份吸收合并海通证券后,将向特定投资者非公开发行不超过10亿股的新股,发行价格不低于换股价每股5.8元。

2007年7月31日,海通证券在上海证券交易所挂牌,成为第一家成功借壳上市的证券公司。

(四)剩余证券的处理

证券经营机构采用包销方式,难免会有承销团不能全部售出证券的情况,这时,全体承销商不得不在承销期结束时自行购入售后剩余的证券。通常情况下,承销商可以在证券上市后,通过证券交易所的交易系统逐步卖出自行购入的剩余证券。证券交易所推出大宗交易制度后,承销商可以通过大宗交易的方式卖出剩余证券,从而拥有了一个快速、大量处理剩余证券的新途径。

(五)中小企业板块上市公司的保荐

中小企业板块是在深圳证券交易所主板市场中设立的一个运行独立、监察独立、代码独立、指数独立的板块,集中安排符合主板发行上市条件的中规模、较小的企业上市。中小企业板是现有主板市场的一个板块,其适用的基本制度规范与现有市场完全相同,适用的发行上市标准也与现有主板市场完全相同,必须满足信息披露、发行上市辅导、财务指标、盈利能力、股本规模、公众持股比例等各方面的要求。

保荐人和保荐代表人应当遵守法律、行政法规、中国证监会以及深圳证券交易所的规定和行业规范,诚实守信,勤勉尽责,尽职推荐发行人证券上市,持续督导发行人履行相关义务。保荐人和保荐代表人应当保证向深圳证券交易所出具的文件真实、准确、完整。保荐人应当在发行人证券上市前与深圳证券交易所签订《深圳证券交易所中小企业板块上市推荐与持续督导协议》,明确双方的权利、义务和有关事项。依据《中小企业板上市公司保荐工作评价办法》,深圳证券交易所每年对中小企业板上市公司保荐人、保荐代表人的保荐工作进行评价,评价期间与对中小企业板上市公司信息披露工作考核期间一致。

根据《关于中小企业板上市公司实行公开致歉并试行弹性保荐制度的通知》,中小企业板上市公司试行弹性保荐制度。如果上市公司及相关当事人发生以下事项:上市公司或其实际控制人、董事、监事、高级管理人员受到证监会公开批评或者交易所公开谴责的;或最近两年经深圳证券交易所考评信息披露不合格的;或深圳证券交易所认定的其他情形,深圳证券交易所除要求保荐代表人(如有)参加致歉活动外,鼓励上市公司及时重新聘请保荐机构进行持续督导,持续督导时间直至相关违规行为已经得到纠正、重大风险已经消除,且不少于相关情形发生当年剩余时间及其后一个完整的会计年度;若上市公司出现上述情形时仍处于持续督导期,但持续督导剩余时间少于前款所要求时间的,深圳证券交易所鼓励上市公司顺延现有持续督导期。

另外,上市公司实际控制人发生变化的,深圳证券交易所也鼓励上市公司重新聘请保荐机构进行持续督导,持续督导的期间为实际控制人发生变更当年剩余时间及其后一个完整的会计年度。

二、债券上市

（一）企业债券在交易所市场的上市流通

企业债券发行完成后,经核准可以在证券交易所上市,挂牌买卖。根据2007年9月18日颁布实施的《上海证券交易所公司债券上市规则》(本章所涉及债券在交易所上市时,仅以在上海证券交易所上市为例),企业债券申请上市,需要参照此规则的要求,向证券交易所上报上市申请材料(参见本章第四节"公司债的发行与承销")。《证券法》对公司债券上市也提出了明确要求。

（二）企业债券在银行间市场的上市流通

除在交易所市场上市外,企业债券也可以进入银行间市场交易流通。

中国人民银行于2005年12月13日就允许公司债券(含企业债券,下同)进入银行间债券市场交易流通事宜发布《公司债券进入银行间债券市场交易流通有关事项》(中国人民银行公告[2005]第30号),对相关的准入条件、审批程序和信息披露等内容作出规定。

1. 准入条件

符合以下条件的公司债券可以进入银行间债券市场交易流通,但公司债券募集办法或发行章程约定不交易流通的债券除外:

(1) 依法公开发行。

(2) 债权债务关系确立并登记完毕。

(3) 发行人具有较完善的治理结构和机制,近两年没有违法和重大违规行为。

(4) 实际发行额不少于人民币5亿元。

(5) 单个投资人持有量不超过该期公司债券发行量的30%。

2. 审批程序

国债登记结算公司和同业拆借中心应按照上述条件对要求进入银行间债券市场交易流通的公司债券进行参选,符合条件的,确定其交易流通要素,在其债权、债务登记日后的5个工作日内安排其交易流通。发行人要求安排其发行的公司债券进入银行间债券市场交易流通的,应在国债登记结算公司和同业拆借中心安排其发行的债券交易流通时,向国债登记结算公司提交以下材料:

(1) 主管部门批准公司债券发行的文件。
(2) 公司债券募集办法或发行章程。
(3) 公司债券持有量排名前 30 位的持有人名册(持有人不足 30 人的,为实际持有人名册)。
(4) 发行人近两年经审计的财务报告和涉及发行人的重大诉讼事项说明。
(5) 公司债券信用评级报告及其跟踪评级安排的说明、担保人资信情况说明及担保协议(如属担保发行)。
(6) 近两年是否有违法和重大违规行为的说明。发行人应在其发行的公司债券进入银行间债券市场交易流通后的 3 个工作日内,向市场投资者披露上述材料的第(2)项和第(4)~(6)项内容。

3. 信息披露

在债券交易流通期间,发行人应在每年 6 月 30 日前向市场投资者披露上一年度的年度报告和信用跟踪评级报告。发行人发生主体变更或经营、财务状况出现重大变化等重大事件时,应在第一时间向市场投资者公告,并向中国人民银行报告。发行人的信息披露应通过中国货币网、中国债券信息网或《金融时报》《中国证券报》进行,并保证其披露信息的真实、准确、完整,不得有虚假记载、误导性陈述或重大遗漏。国债登记结算公司应在安排公司债券交易流通后的 5 个工作日内,向中国人民银行书面报告公司债券交易流通审核情况。在每季度结束后的 10 个工作日内,向中国人民银行提交该季度公司债券托管结算情况的书面报告(书面报告应包括公司债券总体托管、跨市场转托管、结算、非交易过户以及交易流通核准情况等内容)。公司债券发行人未按要求履行信息披露等相关义务的,由同业拆借中心和国债登记结算公司通过中国货币网和中国债券信息网向市场投资者公告。

(三) 公司债券在交易所市场上市

公司债券发行完成后,经核准可在证券交易所挂牌买卖。公司债券申请上市,需要根据证券交易所于 2007 年 9 月 18 日颁布实施的《上海证券交易所公司债券上市规则》,向证券交易所上报上市申请材料。该规则指出,上市公司及其他公司制法人发行的公司债券在证券交易所上市交易,适用本规则,证券交易所另有规定的除外。目前,所有公司债券都只在交易所市场上市。

1. 公司债券上市条件

根据《上海证券交易所公司债券上市规则》,公司债券申请上市,应当符合下列条件:
(1) 经有权部门批准并发行。
(2) 债券的期限为 1 年以上。
(3) 债券的实际发行额不少于人民币 5000 万元。
(4) 债券须经资信评级机构评级,且债券的信用级别良好。
(5) 申请债券上市时仍符合法定的公司债券发行条件。
(6) 证券交易所认可的其他条件。

2. 公司债券上市申请

(1) 申请文件内容。公司债券申请上市需向所在交易所提交下列文件:① 债券上市申请书;② 有权部门批准债券发行的文件;③ 同意债券上市的决议;④ 债券上市推荐书;⑤ 公司营业执照;⑥ 债券募集办法、发行公告及发行情况报告;⑦ 债券资信评级报告及跟踪评级安排说明;⑧ 债券实际募集数额的证明文件;⑨ 上市公告书;⑩ 担保人资信情况说明与担保协议(如有);⑪ 债券持有人名册及债券托管情况说明;⑫ 证券交易所要求的其他文件。

(2) 证券交易所对债券上市实行上市推荐人制度,债券在证券交易所申请上市,必须由1~2个证券交易所认可的机构推荐并出具上市推荐书。上市推荐人应当符合下列条件:① 证券交易所会员或证券交易所认可的其他机构;② 最近1年内无重大违法违规行为;③ 负责推荐工作的主要业务人员应当熟悉证券交易所章程及相关业务规则;④ 证券交易所认为应当具备的其他条件。

(3) 上市推荐人应履行下列义务:① 确认债券发行人符合上市条件;② 确保债券发行人的董事、高级管理人员了解其所担负责任的性质,并承担证券交易所上市规则及上市协议所列明的责任;③ 协助债券发行人进行债券上市申请工作;④ 向证券交易所提交上市推荐书;⑤ 确保上市文件真实、准确、完整,符合规定要求,文件所载的资料经过核实;⑥ 协助债券发行人与证券交易所安排债券上市;⑦ 证券交易所规定的上市推荐人应当履行的其他义务。上市推荐人应当保证发行人的上市申请材料、上市公告书及其他有关宣传材料没有虚假、误导性陈述或者重大遗漏,并保证对其承担连带责任。上市推荐人不得利用其在上市推荐过程中获得的内幕信息进行内幕交易,为自己或他人牟取利益。

3. 公司债券上市的核准

公司债券上市由证券交易所核准。证券交易所设立的上市委员会对债券上市申请进行审核,作出独立的专业判断并形成审核意见,证券交易所根据上市委员会意见作出是否同意上市的决定。债券发行人在提出上市申请至其债券核准上市前,未经证券交易所同意不得擅自披露有关信息。发行人和上市推荐人必须在债券上市交易前完成上市债券在证券交易所指定托管机构的托管工作,并将债券持有人名册核对无误后报送证券交易所指定托管机构。发行人和上市推荐人对该名册的准确性负全部责任。发行人应当在债券上市交易前在中国证监会指定的信息披露报刊或/及证券交易所网站上公告债券上市公告书,并将上市公告书、核准文件及有关上市申请文件置备于指定场所供公众查阅。债券上市前,发行人应与证券交易所签订上市协议。

4. 债券的停牌与复牌及债券上市的暂停与终止

(1) 公司债券上市期间,凡发生可能导致债券信用评级有重大变化、对债券按期偿付产生任何影响等事件或者存在相关的市场传言,发行人应当在第一时间向证券交易所提交临时报告,并予以公告澄清。发行人于交易日公布上述信息时,证券交易所将视情况对相关债券进行停牌处理。发行人按规定要求披露后进行复牌。

(2) 公司债券上市交易后,发行人有下列情形之一的,证券交易所对该债券停牌,并在7个交易日内决定是否暂停其上市交易:① 公司出现重大违法行为;② 公司情况发生重大变化,不符合债券上市条件;③ 发行公司债券所募集的资金不按照核准的用途使用;④ 未按照债券募集办法履行义务;⑤ 公司最近两年连续亏损。上述情形消除后,发行人可向证券交易所提出恢复上市的申请,证券交易所收到申请后15个交易日内决定是否恢复该债券上市。

(3) 公司债券出现下列情况之一时,可被终止上市交易:① 发行人有停牌情形规定的第①项、第④项所列情形之一,经查实后果严重的,或者有停牌情形规定的第②项、第③项、第⑤项所列情形之一,在限期内未能消除的,由证券交易所决定终止该债券上市;② 公司解散、依法被责令关闭或者被宣告破产的,由证券交易所终止其债券上市;③ 债券到期前1周终止上市交易。

(4) 对证券交易所作出的不予上市、暂停上市、终止上市决定不服的,发行人可向证券交易所设立的复核机构申请复核。

5. 信息披露及持续性义务

(1) 债券上市后发行人应遵守以下信息披露的基本原则:① 发行人的董事会全体成员必须保证信息披露内容真实、准确、完整,没有虚假、误导性陈述或重大遗漏,并就其保证承担个别和连带的责任。② 发行人应该披露的信息包括定期报告、临时报告。定期报告包括年度报告和中期报告。③ 发行人的报告在披露前须向证券交易所进行登记,并向证券交易所提交相同内容的电子格式文件。证券交易所对定期报告实行事后审查,对临时报告实行事前审查。④ 发行人信息在正式披露前,发行人董事会及董事会全体成员及其他知情人,有直接责任确保将该信息的知悉者控制在最小范围内,在公告前不得泄露其内容。⑤ 发行人公开披露的信息涉及财务会计、法律、资产评估、资信评级等事项的,应当由会计师事务所(有证券从业资格)、律师事务所、资产评估和评级机构等专业性中介机构审查验证,并出具书面意见。⑥ 证券交易所根据各项法律、法规、规定对发行人披露的信息进行形式审查,对其内容不承担责任。⑦ 发行人公开披露的信息应在至少一种中国证监会指定的报刊或/及证券交易所网站上予以公告,其他公共传媒披露的信息不得先于指定报刊或/及证券交易所网站。发行人不能以新闻发布或答记者问等形式代替信息披露义务。⑧ 如发行人有充分理由认为披露有关的信息内容会损害企业的利益,且不公布也不会导致债券市场价格重大变动的,经证券交易所同意,可以不予公布。⑨ 发行人认为根据国家有关法律、法规不得披露的事项,应当向证券交易所报告,并陈述不宜披露的理由;经证券交易所同意,可免于披露该内容。

(2) 债券上市期间,发行人应当在《证券法》规定的期间内,向证券交易所提交至少记载以下内容的定期报告,并予以公告:① 发行人概况;② 发行人上半年财务会计状况或经审计的年度财务报告;③ 已发行债券兑付兑息是否存在违约以及未来是否存在按期偿付风险的情况说明;④ 债券跟踪评级情况说明(如有);⑤ 涉及和可能涉及影响债券按期偿付的重大诉讼事项;⑥ 已发行债券变动情况;⑦ 证券交易所要求的其他事项。

(3) 债券上市期间,凡发生下列可能导致债券信用评级发生重大变化、对债券按期偿付产生任何影响等事件或者存在相关的市场传言,发行人应当在第一时间向证券交易所提交临时报告,并予以公告澄清:① 公司发生重大亏损或者重大损失;② 公司发生重大债务和未能清偿到期重大债务的违约情况;③ 公司减资、合并、分立、解散、申请破产及其他涉及债券发行人主体变更的决定;④ 公司涉及或可能涉及的重大诉讼;⑤ 公司债券担保人主体发生变更或担保人经营、财务状况发生重大变化的情况(如属担保发行);⑥ 国家法律、法规规定和中国证监会、证券交易所认为必须报告的其他事项。

(4) 发行人应与债券信用评级机构就跟踪评级的有关安排作出约定,并于每年6月30日前将上一年度的跟踪评级报告向市场公告。债券信用评级机构应及时跟踪发行人的债券资信变化情况,债券资信发生重大变化的,应及时调整债券信用等级,并及时向市场公布。

(5) 债券到期前1周,发行人应按规定在中国证监会指定的信息披露报刊或证券交易所网站上公告债券兑付等有关事宜。

（四）公司债券在全国银行间债券市场交易

1. 在全国银行间债券市场可交易流通的公司债券

符合以下条件的公司债券，可在全国银行间债券市场交易流通：

(1) 依法公开发行。

(2) 债权、债务关系确立并登记完毕。

(3) 发行人具有较完善的治理结构和机制，近两年没有违法和重大违规行为。

(4) 实际发行额不少于人民币5亿元。

(5) 单个投资人持有量不超过该期公司债券发行量的30%。

2. 公司债券进入银行间债券市场交易流通所需材料

发行人要求安排其发行的公司债券进入银行间债券市场交易流通的，应及时向银行间同业拆借中心和国债登记结算公司提交以下材料：

(1) 公司债券交易流通材料目录表。

(2) 主管部门批准公司债券发行的文件。

(3) 公司债券募集办法或发行章程。

(4) 公司债券持有量排名前30位的持有人名册（持有人不足30人的，为实际持有人名册）。

(5) 发行人近两年经审计的财务报告和涉及发行人的重大诉讼事项说明。

(6) 公司债券信用评级报告及其跟踪评级安排的说明、担保人资信情况说明及担保协议（如属担保发行）。

(7) 近两年是否有违法和重大违规行为的说明。

同业拆借中心和国债登记结算公司根据上述材料，对要求进入银行间债券市场交易流通的公司债券进行甄选。对符合条件的公司债券，国债登记结算公司于收到材料的当日编制《债券交易流通要素公告》。同业拆借中心和国债登记结算公司在3个工作日内分别通过中国货币网和中国债券信息网向市场公布该债券的《债券交易流通要素公告》，并安排其交易流通。

对不符合条件的公司债券，国债登记结算公司在收到材料的当日，书面通知提交人。同业拆借中心本币交易系统为公司债券在银行间市场的现券交易、质押式回购、买断式回购、债券借贷、远期交易等提供交易服务。同业拆借中心为银行间债券市场做市商对公司债券的做市行为提供撤价、成交等服务。同业拆借中心通过中国货币网披露公司债券的相关报价、成交信息。

3. 信息披露

(1) 公司债券进入银行间债券市场交易流通后3个工作日内，发行人应通过中国货币网和中国债券信息网披露以下材料：① 公司债券募集办法或发行章程；② 发行人近2年经审计的财务报告和涉及发行人的重大诉讼事项说明；③ 公司债券信用评级报告及其跟踪评级安排的说明、担保人资信情况说明及担保协议（如属担保发行）；④ 近2年是否有违法和重大违规行为的说明。

(2) 公司债券交易流通期间，发行人应于每年的6月30日之前向同业拆借中心和国债登记结算公司及时提交如下信息披露材料：① 发行人上一年度的财务报告；② 公司债券信用跟踪评级报告。上述材料于次一工作日分别通过中国货币网和中国债券信息网进行披露。发行人发生主体变更或经营、财务状况出现重大变化等重大事件时,应在第一时间通过中国货币网、中国债券信息网或中国人民银行指定的其他新闻媒体向市场投资者公告,并向中国人民银行报告。发行人如未按《债券交易流通要素公告》或《上海证券交易所公司债券上市规则》要求履行信息披露等相关义务的,同业拆借中心和国债登记结算公司将通过中国货币网和中国债券信息网向市场投资者公告。

三、股票上市特别处理与暂停、恢复及终止

(一)特别处理(ST)

上市公司出现财务状况或其他状况异常,导致投资者难于判断公司前景,权益可能受到损害的,证券交易所将对公司股票交易实行特别处理。特别处理包括的措施有:在公司股票简称前冠以"ST"(Special Treatment)字样,以区别于其他股票;同时股票报价的日涨跌幅限制为5%。而特别处理不属于对上市公司的处罚,上市公司在特别处理期间的权利和义务不变。

1. 上市公司财务状况异常的情形

(1) 最近2个会计年度的审计结果显示的净利润均为负值。

(2) 最近1个会计年度的审计结果显示其股东权益低于注册资本,即每股净资产低于股票面值。

(3) 注册会计师对最近1个会计年度的财务报告出具无法表示意见或否定意见的审计报告。

(4) 最近1个会计年度经审计的股东权益扣除注册会计师、有关部门不予确认的部分,低于注册资本。

(5) 最近一份经审计的财务报告对上年度利润进行调整,导致连续2个会计年度亏损。

(6) 经证券交易所或中国证监会认定为财务状况异常的。上市公司出现上面所列情形之一的,应当在收到审计报告之日起2个工作日内向证券交易所报告,并提交上市公司董事会书面意见。证券交易所收到上市公司上述报告后5个工作日内,或者在报请中国证监会认可的期限内,决定是否对该公司股票实行特别处理。上市公司应当按照交易所的要求在其股票交易实行特别处理之前一交易日作出公告,其股票在公告日停牌1天,公告后第1个交易日复牌并实行特别处理。

2. 需要特别处理的其他异常状况

(1) 自然灾害、重大事故等导致上市公司主要经营设施遭受损失,公司生产经营活动基本中止,在3个月以内不能恢复的。

(2) 公司涉及负有赔偿责任的诉讼或仲裁案件,按照法院或仲裁机构的法律文书,赔偿金额累计超过上市公司最近经审计的净资产值的50%的。

(3) 公司主要银行账号被冻结,影响上市公司正常经营活动的。

(4) 公司出现其他异常情况,董事会认为必须对股票交易实行特别处理的。

(5) 人民法院受理公司破产案件,可能依法宣告上市公司破产的。

(6) 公司董事会无法正常召开会议并形成董事会决议的。

(7) 公司的主要债务人被法院宣告进入破产程序,而公司相应债权未能计提足额坏账

准备,公司面临重大财务风险的。

(8) 中国证监会或证券交易所认定为状况异常的其他情形。

上市公司出现第(1)~(4)项和(6)~(8)项情形的,应当在2个工作日内向交易所提交报告。上市公司认为前条所列的异常状况已经消除,可以向交易所申请撤销股票交易特别处理,交易所决定是否撤销特别处理。

上市公司出现法院受理公司破产案件即进入破产程序而被实施特别处理的,公司股票在每个交易日上午交易。自法院受理上市公司破产案件的公告发布当日起,证券交易所对该公司股票实施停牌。公司应当在收到法院有关法律文书的当日,立即向交易所报告,经证交所审核后公告。公告日后第一个交易日公司股票复牌并实施特别处理。

上市公司进入破产程序后,公司或其他有信息披露义务的主体应当于第一时间向交易所报告债权申报情况、债权人会议情况、和解和整顿等重大情况并公告。公司刊登上述公告当日,其股票停牌1天。

上市公司与债权人会议达成和解协议,并且能够按照和解协议清偿债务,经法院裁定终结破产程序的,证交所自法院发布公告的当日起对公司股票实施停牌。上市公司应当在收到有关法律文书后立即向交易所报告,经交易所审核后公告,公告日后的第一个交易日公司股票复牌。法院依法宣告上市公司破产的,自法院发布公告日起,证交所对该公司股票停牌。上市公司应当在收到有关法律文书后立即向交易所报告,经交易所审核后公告。

1998年3月16日,中国证监会发出《关于上市公司状况异常期间的股票处理方式的通知》;同年4月28日,辽物资成为首家ST公司。

(二)股票的暂停上市

1. 暂停上市的条件

根据《公司法》第一百五十七条的规定,在上市公司股本总额、股权分布等发生变化不再具备上市条件,上市公司不按规定公开其财务状况,或者对财务会计报告作虚假记载,或者上市公司有重大违法行为时,证券交易所将根据中国证监会的决定暂停其股票上市。在上市公司最近3年连续亏损时,由证券交易所决定暂停其股票上市。

2. 暂停上市的处理程序

(1) 上市公司最近2年连续亏损,预计第三年度将继续亏损的,公司董事会应当在第3个会计年度结束后的20个工作日内作出公司股票可能暂停上市的风险提示公告,并在披露年报前至少再发布两次风险提示公告。

(2) 上市公司董事会应当在收到其连续3年亏损的年度审计报告后2个工作日内向证券交易所报告并披露年度报告。在披露年度报告的同时应当再次刊登可能暂停上市的风险提示公告。因国家会计政策追溯调整导致上市公司出现最近3年连续亏损的,负责审计的会计师事务所应当作出专项说明,明确表述国家会计政策的调整对公司近3年净利润影响的具体数额。上市公司应当在年度报告中作专项披露。

(3) 除因国家会计政策追溯调整导致公司出现3年亏损的情形外,上市公司出现最近3年连续亏损的,证交所自上市公司公布年度报告之日起,对其股票实施停牌,并在停牌后10个工作日内作出暂停其股票上市的决定。

(4) 上市公司最近2年连续亏损,第3年的年度财务报告虽然盈利但被注册会计师出具带解释性说明段的无保留意见、保留意见、否定意见或拒绝表示意见(以下简称非标准无保留审计意见)的审计报告,上市公司应当在报送年度报告的同时向证券交易所报送下列文件:公司董事会针对该审计意见涉及事项所做的专项说明和审议此专项说明的董事会决议;公司独立董事对审计意见涉及事项的独立意见;公司监事会对董事会有关说明的意见和相关的决议;负责审计的会计师事务所及注册会计师出具的专项说明;中国证监会和证券交易所要求的其他文件等。

由负责审计的会计师事务所和注册会计师出具的专项说明应当包括出具该审计意见的理由、审计意见涉及事项对公司净利润影响的具体数据以及是否影响公司盈亏性质的变化。

(5) 以上所述年度财务报告属于明显违反会计准则、制度及相关信息披露规定的,自上市公司公布年度报告之日起,交易所对其股票实施停牌,上市公司应当在交易所规定的期限内予以纠正。纠正后经审计的财务报告显示上市公司最近3年连续亏损的,交易所自纠正的审计报告披露后10个工作日内作出暂停其股票上市的决定。上市公司未在证交所规定的期限内纠正的,证交所报中国证监会调查处理。

(6) 以上所述年度财务报告不属于明显违反会计准则、制度及相关信息披露规定的,董事会在相应定期报告中应当针对该审计意见涉及的事项作出详细说明,包括但不限于以下内容:非标准无保留审计意见涉及事项的基本情况;注册会计师对该事项的基本意见;公司董事会、监事会和管理层等对该事项的意见;该事项对上市公司的影响程度;消除该事项及其影响的可能性;消除该事项及其影响的具体措施等。

(7) 上市公司最近2年连续亏损,且未能在法定期限内公布第三年年度报告的,证券交易所除对其股票实施停牌外,并报中国证监会调查处理。交易所在作出暂停上市决定后2个工作日内通知上市公司,并报中国证监会备案。

(8) 上市公司应当在接到证交所暂停其股票上市的决定之日起2个工作日内,在指定报纸和网站刊登《股票暂停上市公告》。《股票暂停上市公告》应当包括以下内容:① 暂停上市股票的种类、简称、证券代码以及暂停上市起始日;② 有关股票暂停上市决定的主要内容;③ 公司董事会关于能否争取恢复股票上市的意见及具体措施,并说明董事会的出席和表决情况;④ 股票可能被终止上市的风险提示;⑤ 暂停上市期间公司接受投资者咨询的主要方式;⑥ 中国证监会和证券交易所要求的其他内容。

(9) 上市公司在其股票暂停上市期间,应当依法履行上市公司的有关义务,并在每月前5个工作日内至少披露一次为恢复上市所采取的具体措施及有关工作进展情况,公司未采取任何重大措施的,也应当予以披露。

3. 交易规则修改前的特别转让服务

1999年9月3日,中国证监会宣布对暂停上市股票实行"特别转让",即PT(Particular Transfer)制度。在公司股票暂停上市期间,证券交易所为该公司股票提供特别转让服务,股票特别转让依照交易所《上市公司股票特别转让处理规则》的规定办理。"特别转让服务"是指公司股票简称前冠以"PT"字样。投资者在每周星期五(法定节假日除外)开市时间内申报转让委托。申报价格的涨幅不得超过上一次转让价格的5%(含5%),不设跌幅限制。2001年,中国证监会发布了《亏损上市公司暂停上市和终止上市实施办法》,证交所相应对交易规则进行了修订。在《亏损上市公司暂停上市和终止上市实施办法》中,证监会发布了新的退市办法,并将于2002年1月1日起实施。

在新的退市办法中,取消了PT制度,即上市公司暂停上市后,股票即停止交易,证券交易所也不提供相应的转让服务,同样目前实行的宽限期申请的有关程序也将被取消。

（三）恢复上市

因暂停上市条件中(1)、(2)、(3)项的情形股票被暂停上市的公司申请恢复上市的,证交所依据中国证监会有关核准其恢复上市的决定恢复该公司股票上市。因第(4)项情形股票被暂停上市的,在股票暂停上市期间,符合下列条件的,上市公司可以在暂停上市后第一个半年度报告披露后5个工作日内向交易所提出恢复上市申请:在法定期限内披露暂停上市后的第一个半年度报告;经审计的半年度财务报告显示公司已经盈利。

上市公司申请恢复上市,应当聘请具有主承销商资格和符合规定的机构担任恢复上市推荐人。恢复上市推荐人应当对公司恢复上市申请材料的真实性、准确性、完整性进行核查,就公司是否具备恢复上市条件出具《恢复上市推荐书》,并保证承担连带责任。

在核查过程中,恢复上市推荐人至少应当对下列情况予以充分关注和尽职核查,并出具核查报告:

(1) 公司规范运作的情况:包括公司人员、资产、财务的独立性,公司关联交易情况,公司重大出售或购买资产行为的规范性,公司重组后的业务方向以及公司经营状况是否发生实质性好转,与控制人之间的同业竞争关系等。

(2) 公司财务风险的情况:包括公司的收入确认、非经常性损益的确认是否符合规范,会计师事务所出具的非标准无保留审计意见所涉及事项对公司是否存在重大影响,公司对涉及明显违反会计准则、制度及相关信息披露规定的事项进行纠正和调整的情况等。

(3) 公司或有风险的情况:包括资产出售、抵押、置换、委托经营、公司的重大对外担保、重大诉讼、仲裁情况(小额标的须累计计算)及其对公司经营所产生的不确定性等。

对公司的不规范行为,包括但不限于公司存在明显违反会计准则、制度及相关信息披露规范规定的事项的,恢复上市推荐人应当要求公司改正。对于拒绝改正的,恢复上市推荐人不得为申请恢复上市的公司出具恢复上市推荐书。

申请股票恢复上市的公司应当聘请具有证券从业资格的律师事务所对其恢复上市申请的合法、合规性进行充分的核查验证,对有关申请材料进行审慎审阅,并对恢复上市申请材料的真实性、准确性、完整性承担相应的法律责任。

证交所在收到上市公司提交的恢复上市申请全部材料后5个工作日内作出是否受理的决定并通知公司。上市公司未能按要求提供申请文件的,交易所不受理其股票恢复上市申请。公司应当在收到交易所是否受理其申请的决定后2个工作日内披露决定的有关情况,并刊登可能终止上市的风险提示公告。交易所受理上市公司恢复上市申请后30个工作日内作出是否核准其恢复上市申请的决定。

上市公司暂停上市后半年度财务报告显示其盈利,并被会计师事务所出具标准无保留意见,但有关材料显示上市公司财务报告涉嫌虚假的,证交所报中国证监会进行调查。交易所在作出恢复上市决定后2个工作日内通知上市公司,同时报中国证监会备案。

中国证监会或交易所核准恢复上市的,上市公司应当在收到有关决定后的2个工作日内,刊登《股票恢复上市公告》。上市公司刊登《股票恢复上市公告》5个交易日后,其股票恢复上市。自恢复上市之日起至恢复上市后的第一个年度报告披露日止,交易所对其股票交易实施特别处理。

（四）终止上市

上市公司在存在股本总额、股权分布等发生变化不再具备上市条件，且限期内未能消除，交易所根据中国证监会终止其上市的决定，终止公司股票上市。上市公司因不按规定公开其财务状况，或者对财务会计报告作虚假记载，或有重大违法行为，经查实后果严重的，交易所根据中国证监会终止其上市的决定，终止公司股票上市。

上市公司出现下列情形之一的，证交所终止其股票上市：① 未能在法定期限内披露其暂停上市后第一个半年度报告的。② 在法定期限内披露了暂停上市后第一个半年度报告，虽盈利但未在披露后 5 个工作日内提出恢复上市申请的。③ 恢复上市申请未被受理的。④ 恢复上市申请未被核准的。⑤ 未能在法定期限内披露恢复上市后的第一个年度报告的。⑥ 在法定期限内披露了恢复上市后的第一个年度报告，但公司出现亏损的。

上市公司出现上列第①项、第⑤项情形之一，交易所在法定披露期限结束后的 10 个工作日内作出终止上市的决定。上市公司出现第②项、第③项情形之一，交易所自公司半年度报告披露后 15 个工作日内作出终止上市的决定。上市公司出现第④项的情形，交易所在受理其恢复上市申请后 30 个工作日内作出终止上市决定。

上市公司恢复上市后第一个会计年度预计出现亏损，可能出现第⑥项情形的，应当在会计年度结束后的 20 个工作日内发布可能被终止上市的风险提示公告，并在年度报告披露前至少再发布 2 次风险提示公告。恢复上市后第一个会计年度的审计报告显示亏损，出现第⑥项情形的，上市公司董事会应当在收到审计报告后 2 个工作日内向交易所报告并披露年度报告。上市公司在披露年报的同时应当刊登可能被终止上市的风险提示公告。

自公司披露年度报告之日起，交易所对其股票停牌，并于 30 个工作日内作出终止上市的决定。交易所在作出终止上市决定后 2 个工作日内通知上市公司，同时报中国证监会备案。

上市公司应当在接到中国证监会或本所终止上市的决定后 2 个工作日内，在指定报纸和网站发布《股票终止上市公告》。《股票终止上市公告》应当包括以下内容：

(1) 终止上市股票的种类、简称、证券代码以及终止上市的日期。
(2) 中国证监会终止上市决定的主要内容。
(3) 终止上市后其股票登记、转让、管理事宜。
(4) 中国证监会和交易所要求的其他内容。

四、持续性信息披露及其法定文件

上市公司持续信息披露主要包括中期报告、年度报告等定期信息披露和重要会议、重要事件等临时信息披露。

第二节　证券交易原则、种类与方式

一、证券交易及其原则

(一)证券交易的概念及特征

证券是用来证明证券持有人有权取得相应权益的凭证。证券交易是指已发行的证券在证券市场上买卖的活动。证券交易与证券发行有着密切的联系,两者相互促进、相互制约。一方面,证券发行为证券交易提供了对象,决定了证券交易的规模,是证券交易的前提;另一方面,证券交易使证券的流动性特征显示出来,从而有利于证券发行的顺利进行。

证券交易的特征主要表现在3个方面,分别为证券的流动性、收益性和风险性。同时,这些特征又互相联系在一起。证券需要有流动机制,因为只有通过流动,证券才具有较强的变现能力。而证券之所以能够流动,就是因为它可能为持有者带来一定收益。同时,经济发展过程中存在许多不确定因素,所以证券在流动中也存在因其价格的变化给持有者带来损失的风险。

(二)证券交易的原则

证券交易的原则是反映证券交易宗旨的一般法则,应该贯穿于证券交易的全过程。为了保障证券交易功能的发挥,以利于证券交易的正常运行,证券交易必须遵循"公开、公平、公正"三个原则。

1. 公开原则

公开原则又称信息公开原则,指证券交易是一种面向社会的、公开的交易活动,其核心要求是实现市场信息的公开化。根据这一原则的要求,证券交易参与各方应依法及时、真实、准确、完整地向社会发布有关信息。从国际上来看,1934年美国《证券交易法》确定公开原则后,它就一直为许多国家的证券交易活动所借鉴。在我国,强调公开原则有许多具体的内容。例如,上市的股份公司财务报表、经营状况等资料必须依法及时向社会公开,股份公司的一些重大事项也必须及时向社会公布等。按照这个原则,投资者对于所购买的证券,能够有更充分、真实、准确、完整的了解。

2. 公平原则

公平原则是指参与交易的各方应当获得平等的机会。它要求证券交易活动中的所有参与者都有平等的法律地位,各自的合法权益都能得到公平保护。在证券交易活动中,有各种各样的交易主体,这些交易主体的资金数量、交易能力等可能各不相同,但不能因此而给予不公平的待遇或者使其受到某些方面的歧视。

3. 公正原则

公正原则是指应当公正地对待证券交易的参与各方,以及公正地处理证券交易事务。

在实践中,公正原则也体现在很多方面。例如,公正地办理证券交易中的各项手续,公正地处理证券交易中的违法违规行为等。

二、证券交易种类

证券交易种类通常是根据交易对象来划分的,证券交易的对象就是证券买卖的标的物。

在委托买卖证券的情况下,证券交易对象也就是委托合同中的标的物。按照交易对象的品种划分,证券交易种类有股票交易、债券交易、基金交易以及其他金融衍生工具的交易等。

1. 股票交易

股票是一种有价证券,是股份有限公司签发的证明股东所持股份的凭证。

股票可以表明投资者的股东身份和权益,股东可以据以获取股息和红利。股票交易就是以股票为对象进行的流通转让活动。股票交易可以在证券交易所进行,也可以在场外交易市场进行。前者通常称为上市交易,后者的常见形式是柜台交易。在股票上市交易后,如果发现不符合上市条件或其他原因,可以暂停上市交易,直至终止上市交易。暂停上市交易后,在规定时间内重新具备了条件的亦可以恢复上市交易。

2. 债券交易

债券也是一种有价证券,是社会各类经济主体为筹集资金而向债券投资者出具的、承诺按一定利率定期支付利息并到期偿还本金的债权债务凭证。债券交易就是以债券为对象进行的流通转让活动。根据发行主体的不同,债券主要有政府债券、金融债券和公司债券三大类。这三类债券都是债券市场上的交易品种。

政府债券是国家为了筹措资金而向投资者出具的,承诺在一定时期支付利息和到期还本的债务凭证。政府债券的发行主体是中央政府和地方政府。中央政府发行的债券称为国债,地方政府发行的债券称为地方债。金融债券是指银行及非银行金融机构依照法定程序发行并约定在一定期限内还本付息的有价证券。公司债券是公司依照法定程序发行,约定在一定期限还本付息的有价证券。

3. 基金交易

证券投资基金是指通过公开发售基金份额募集资金,由基金托管人托管、由基金管理人管理和运用资金、为基金份额持有人的利益以资产组合方式进行证券投资活动的基金。因此,它是一种利益共享、风险共担的集合证券投资方式。基金交易是指以基金为对象进行的流通转让活动。从基金的基本类型看,一般可以分为封闭式与开放式两种。

对于封闭式基金来说,在成立后,基金管理人可以申请其基金在证券交易所上市。如果获得批准,投资者就可以在证券交易所市场上买卖基金份额。对于开放式基金来说,有非上市的开放式基金和上市的开放式基金之分。如果是非上市的开放式基金,投资者可以进行基金份额的申购和赎回。其中,一种情况是只允许通过基金管理人及其代销机构办理;另一种情况是既可以通过基金管理人及其代销机构办理,也可以通过证券交易所系统办理。如果是上市的开放式基金,则除了申购和赎回外,投资者还可以在证券交易所市场上进行买卖。开放式基金份额的申购价格和赎回价格,是通过对某一时点上基金份额实际代表的价值即基金资产净值进行估值,在基金资产净值的基础上再加一定的手续费而确定的。

此外,我国证券市场上还有交易型开放式指数基金。这种基金代表的是一篮子股票的投资组合,追踪的是实际的股价指数。对于投资者而言,交易型开放式指数基金可以在证交易所挂牌上市交易,并同时进行基金份额的申购和赎回。

4. 金融衍生工具交易

股票、债券等属于基础性的金融产品。在现代证券市场上,除了基础性的金融工具交易,还存在许多衍生性的金融工具交易。金融衍生工具又称金融衍生产品,是与基础金融产品相对应的一个概念,指建立在基础产品或基础变量之上,其价格取决于后者价格(或数值)变动的派生金融产品。金融衍生工具交易包括权证交易、金融期货交易、金融期权交易、可转换债券交易等。

(1) 权证交易。权证是基础证券发行人或其以外的第三人发行的,约定持有人在规定期间内或特定到期日,有权按约定价格向发行人购买或出售标的证券,或以现金结算方式收取结算差价的有价证券。从内容上看,权证具有期权的性质。在证券交易市场上,因为权证代表一定的权利,故也有交易的价值。我国目前的权证都在证券交易所进行交易,它们的具体交易方式与股票交易类似。另外,在国内外证券市场上,权证根据不同的划分标准可以有不同的分类,如认股权证和备兑权证,认购权证和认沽权证,美式权证、欧式权证和百慕大式权证等。

(2) 金融期货交易。金融期货交易是指以金融期货合约为对象进行的流通转让活动。金融期货合约是指买卖双方在有组织的交易所内以公开竞价的形式达成的,在将来某一特定时间交收标准数量特定金融工具的协议。这里的特定金融工具是指诸如外汇、债券、股票和股票价格指数等。因此,在实践中,金融期货主要有外汇期货、利率期货、股权类期货(如股票价格指数期货和股票期货等)三种类型。

(3) 金融期权交易。金融期权交易是指以金融期权合约为对象进行的流通转让活动。金融期权合约是指合约买方向卖方支付一定费用(称为"期权费"或"期权价格"),在约定日期内(或约定日期)享有按事先确定的价格向合约卖方买卖某种金融工具的权利的契约。因此,金融期权的买入者在支付了期权费以后,就有权在合约所规定的某一特定时间或一段时期内,以事先确定的价格向卖出者买进或向买进者卖出一定数量的某种金融商品(现货期权)或者金融期货合约(期货期权)。当然,也可以不行使这一权利。金融期权的基本类型是买入期权和卖出期权。前者指期权的买方具有在约定期限内按协定价格买入一定数量金融工具的权利,后者指期权的买方具有在约定期限内按协定价格卖出一定数量金融工具的权利。如果按照金融期权基础资产性质的不同,金融期权还可以分为股权类期权、利率期权、货币期权、金融期货合约期权、互换期权等。

(4) 可转换债券交易。可转换债券是指其持有者可以在一定时期内按一定比例或价格将之转换成一定数量的另一种证券的债券。可转换债券交易就是以这种债券为对象进行的流通转让活动。在通常情况下,可转换债券转换成普通股票,因此它具有债权和期权的双重特性。一方面,可转换债券在发行时是一种债券,债券持有者拥有债权,持有期间可以获得利息,如果持有债券至期满还可以收回本金;另一方面,可转换债券持有者也可以在规定的转换期间内选择有利时机,要求发行公司按规定的价格和比例,将可转换债券转换为股票。此外,可转换债券持有者还可以选择在证券交易市场上将其抛售来实现收益。

在我国,近年来还出现了分离交易的可转换公司债券。这种债券实际上是可分离交易的附认股权证公司债券,即该债券发行上市后,债券与其原来附带的认股权可以分开,分别独立交易。

三、证券交易方式

证券交易方式可以按照不同的角度来认识。根据交易合约的签订与实际交割之间的关系,证券交易的方式有现货交易、远期交易和期货交易。在短期资金市场,结合现货交易和远期交易的特点,存在着债券的回购交易。如果投资者买卖证券时允许向经纪商融资或融券,则发生信用交易。

1. 现货交易

所谓现货交易,是指证券买卖双方在成交后就办理交收手续,买入者付出资金并得到证券,卖出者交付证券并得到资金。所以,现货交易的特征是"一手交钱,一手交货",即以现款买现货方式进行交易。

2. 远期交易和期货交易

远期交易是双方约定在未来某一时刻(或时间段内)按照现在确定的价格进行交易。期货交易是在交易所进行的标准化的远期交易,即交易双方在集中性的市场以公开竞价方式所进行的期货合约的交易。而期货合约则是由交易双方订立的、约定在未来某日期按成交时约定的价格交割一定数量的某种商品的标准化协议。

期货交易与远期交易有类似的地方,都是现在定约成交,将来交割。但远期交易是非标准化的,在场外市场进行;期货交易则是标准化的,有规定格式的合约,一般在场内市场进行。另外,现货交易和远期交易以通过交易获取标的物为目的;而期货交易在多数情况下不进行实物交收,而是在合约到期前进行反向交易、平仓了结。

3. 回购交易

回购交易更多地具有短期融资的属性。从运作方式看,它结合了现货交易和远期交易的特点,通常在债券交易中运用。债券回购交易就是指债券买卖双方在成交的同时,约定于未来某一时间以某一价格双方再进行反向交易的行为。在债券回购交易中,当债券持有者有短期的资金需求时,就可以将持有的债券作质押或卖出而融进资金;反过来,资金供应者则因在相应的期间内让渡资金使用权而得到一定的利息回报。

4. 信用交易

信用交易是投资者通过交付保证金取得经纪商信用而进行的交易,也称为融资融券交易。这一交易的主要特征在于经纪商向投资者提供了信用,即投资者买卖证券的资金或证券有一部分是从经纪商借入的。

(1) 信用买入交易。信用买进交易又称为保证金购买,是指对市场行情看涨的投资者交付一定比例的初始保证金(Initial Margin),由经纪人垫付其余价款,为他买进指定证券。美联储规定最低初始保证金比率为50%。

融资保证金比例是指投资者融资买入时交付的保证金与融资交易金额的比例。计算公式为

$$融资保证金比例=保证金/(融资买入证券数量×买入价格)×100\%$$

对于客户来说,通过保证金购买可以减少自有资金不足的限制,扩大投资效果。当投资者对行情判断正确时,其盈利可大增。当投资者对行情判断错误时,其亏损也是相当严

重的。

【例 5.1】 假设 A 股票每股市价为 10 元,某投资者对该股票看涨,于是进行保证金购买。该股票不支付现金红利。假设初始保证金比率为 50%,维持担保率为 130%,保证金贷款的年利率为 6%,其自有资金是 10000 元。这样,他就可以借入 20000 元购买 2000 股股票。

假设一年后股价升到 14 元,如果没有进行保证金购买,则投资收益率为 40%,而保证金购买的投资收益率为

$$[14 \times 2000 - 20000 \times (1 + 6\%)]/10000 = 68\%$$

假设一年后该股票价格跌到 5 元,如果没有进行保证金购买,则投资收益率为 -50%,而保证金购买的投资收益率为

$$[5 \times 2000 - 20000 \times (1 + 6\%)]/10000 = -112\%$$

(2) 信用卖出交易。信用卖出交易又称为卖空交易,是指市场行情看跌的投资者本身没有证券,就向经纪人交纳一定比率的初始保证金(现金或证券)借入证券,在市场上卖出,并在将来买回该证券还给经纪人。卖空交易的实质就是在证券价格下跌的过程中盈利。

【例 5.2】 假设 A 股票每股市价为 18 元,某投资对该股票看跌,于是进行保证金购买。该股票不支付现金红利。假设初始保证金比率为 50%,其自有资金是 9000 元。这样,他就可向经纪人借入 1000 股卖掉。

假设股价跌至 12 元,可在市场上以此价格买回股票还给经纪人,保证金购买的投资收益率为

$$(18 \times 1000 - 12 \times 1000)/9000 = 66.67\%$$

假设一年后该股票价格升到 26 元,而保证金购买的投资收益率为

$$(18 \times 1000 - 26 \times 1000)/9000 = -88.89\%$$

第三节 证券交易概述

证券交易市场也称证券流通市场、二级市场(Security Secondary Market)、次级市场,是指对已经发行的证券进行买卖,转让和流通的市场。在二级市场上销售证券的收入属于出售证券的投资者,而不属于发行该证券的公司。

一、场内交易市场

场内交易市场是指由证券交易所组织的集中交易市场,有固定的交易场所和交易活动时间,在多数国家它还是全国唯一的证券交易场所,因此是全国最重要、最集中的证券交易市场。证券交易所接受和办理符合有关法令规定的证券上市买卖,投资者则通过证券商在证券交易所进行证券买卖。

证券交易所不仅是买卖双方公开交易的场所,而且为投资者提供多种服务,交易所随时向投资者提供关于在交易所挂牌上市的证券交易情况,如成交价格和数量等;提供发行证券企业公布的财务情况,供投资者参考。交易所制定各种规则,对参加交易的经纪人和自营商进行严格管理,对证券交易活动进行监督,防止操纵市场、内幕交易、欺诈客户等违法犯罪行为的发生。交易所还要不断完善各种制度和设施,以保证正常交易活动持续、高效地进行。

【资料链接】5-2　　　　　　　　　　上海证券交易所

> 上海证券交易所(简称上证所或上交所;英文:Shanghai Stock Exchange,缩写:SSE),是中国大陆两所证券交易所之一,位于上海市浦东新区。上海证券交易所于1990年11月26日由中国人民银行总行批准成立,同年12月19日正式营业。上海证券交易所是不以营利为目的的法人,归中国证监会直接管理。其主要职能包括:提供证券交易的场所和设施;制定证券交易所的业务规则;接受上市申请,安排证券上市;组织、监督证券交易;对会员、上市公司进行监管;管理和公布市场信息。其主要指数为上证指数。
>
> 上证所市场交易时间为每周一至周五。上午为前市,9:15至9:25为集合竞价时间,9:30至11:30为连续竞价时间。下午为后市,13:00至14:57为连续竞价时间,14:57至15:00为集合竞价时间。周六、周日和上证所公告的休市日市场休市。
>
> 上海证券交易所是国际证监会组织、亚洲暨大洋洲交易所联合会、世界交易所联合会的成员。2012年按照市值列世界第六位。
>
> 资料来源:根据上海证券交易所相关资料整理。

二、场外交易市场

场外交易市场又称柜台交易或店头交易市场,指在交易所外由证券买卖双方当面议价成交的市场,它没有固定的场所,其交易主要利用电话进行,交易的证券以不在交易所上市的证券为主,在某些情况下也对在证券交易所上市的证券进行场外交易。场外交易市场中的证券商兼具证券自营商和代理商的双重身份。作为自营商,他可以把自己持有的证券卖给顾客或者买进顾客的证券,赚取买卖价差;作为代理商,又可以客户代理人的身份向别的自营商买进卖出证券。近年来,国外一些场外交易市场发生很大变化,它们大量采用先进的电子化交易技术,使市场覆盖面更加广阔,市场效率有很大提高。这方面,以美国的纳斯达克市场为典型代表。

三、证券交易所会员制度

在证券市场上,证券交易所是最主要的交易场所。对于实行会员制的证券交易所,投资者是通过交易所会员来代理买卖证券的。上海证券交易所和深圳证券交易所都采取会员制。它们通过接纳证券公司入会,组成一个自律性的会员制组织。

在我国,证券交易所接纳的会员分为普通会员和特别会员。普通会员应当是经有关部门批准设立并具有法人地位的境内证券公司。境外证券经营机构设立的驻华代表处,经申请可以成为证券交易所的特别会员。

证券交易所要对会员进行监督管理,其中重要的一环是制定具体的会员管理规则。这一规则的内容包括总则、会员资格管理、席位与交易权限管理、证券交易及相关业务管理、日常管理、监督检查和纪律处分等。

（一）会员资格

证券公司要成为会员应具备一定的条件。一般来说,证券交易所是从证券公司的经营范围、承担风险和责任的资格及能力、组织机构、人员素质等方面规定入会的条件。上海证券交易所和深圳证券交易所对此的规定基本相同,主要有：

(1) 经中国证监会依法批准设立并具有法人地位的证券公司。
(2) 具有良好的信誉、经营业绩和一定规模的资本金或营运资金。
(3) 组织机构和业务人员符合中国证监会和证券交易所规定的条件。
(4) 承认证券交易所章程和业务规则,按规定缴纳各项会员经费。
(5) 证券交易所要求的其他条件。

具备上述条件的证券公司向证券交易所提出申请,并提供必要文件,经证券交易所理事会批准后,可成为证券交易所的会员。

（二）会员的权利与义务

1. 会员的权利

证券交易所会员可享有某些权利,上海证券交易所和深圳证券交易所在这方面的规定基本一致,主要有以下几个方面：

(1) 参加会员大会。
(2) 有选举权和被选举权。
(3) 对证券交易所事务的提议权和表决权。
(4) 参加证券交易所组织的证券交易,享受证券交易所提供的服务。
(5) 对证券交易所事务和其他会员的活动进行监督。
(6) 按规定转让交易席位等。

2. 会员的义务

证券交易所会员在享受权利的同时,也必须承担一定的义务。上海证券交易所和深圳证券交易所对这方面的规定也大致相同,主要有以下几个方面：

(1) 遵守国家的有关法律法规、规章和政策,依法开展证券经营活动。
(2) 遵守证券交易所章程、各项规章制度,执行证券交易所决议。
(3) 派遣合格代表入场从事证券交易活动(深圳证券交易所无此项规定)。
(4) 维护投资者和证券交易所的合法权益,促进交易市场的稳定发展。
(5) 按规定缴纳各项经费和提供有关信息资料以及相关的业务报表和账册。
(6) 接受证券交易所的监督等。

对于不履行义务的会员,证券交易所有权根据情节的轻重给予一定的处分。

（三）会员资格的申请与审批

证券公司申请成为证券交易所的会员,首先要将一系列相关材料报送证券交易所,如申请书、设立的批准文件、经营证券业务许可证、企业法人营业执照、章程及主要业务规章制度等。证券公司申请文件齐备的,证券交易所予以受理,并自受理之日起20个工作日内作出是否同意接纳为会员的决定。证券交易所同意接纳的,向该证券公司颁发会员资格证书,并予以公告。

(四)日常管理

证券交易所会员应当设会员代表1名,组织、协调会员与证券交易所的各项业务往来。会员代表由会员高级管理人员担任。会员应当设会员业务联络人1～4名,根据授权代位履行会员代表职责。会员代表应当履行的职责有:办理证券交易所会员资格、席位、参与者交易业务单元(交易单元)、交易权限管理等相关业务;报送统计月报、年报及证券交易所要求的其他文件;组织与证券交易所证券业务相关的会员内部培训;组织会员相关业务人员参加证券交易所举办的培训;协调会员与证券交易所交易及相关系统的改造、测试等;每日浏览证券交易所网站会员专区,及时接收本所发送的业务文件,并予以协调落实;及时更新会员专区中的会员总部、分支机构的相关资料及其他信息;督促会员及时履行报告与公告义务;督促会员及时缴纳各项费用;证券交易所要求履行的其他职责。

证券交易所会员应当向证券交易所履行下列定期报告义务:每月前7个工作日内报送上月统计报表及风险控制指标监管报表,每年4月30日前报送上年度经审计财务报表和证券交易所要求的年度报告材料,每年4月30日前报送上年度会员交易系统运行情况报告,证券交易所规定的其他定期报告义务。

证券交易所会员应当按照规定的收费项目、收费标准与收费方式,按时缴纳相关费用。会员拖欠证券交易所相关费用的,证券交易所可视情况暂停受理或者办理相关业务。会员被中国证监会依法指定托管、接管的,应当按照证券交易所要求缴纳为保证证券交易正常进行发生的相关费用。如不能按时缴纳的,证券交易所可视情况采取相应措施。

(五)监督检查和纪律处分

1. 监督检查

证券交易所对会员的证券交易行为实行实时监控,重点监控会员可能影响证券交易价格或者证券交易量的异常交易行为。证券交易所可根据监管需要,采用现场和非现场的方式对会员证券业务活动中的风险管理、交易及相关系统安全运行等情况进行监督检查。

证券交易所在会员监管过程中,对存在或者可能存在问题的会员,可以根据需要采取下列措施:

(1)口头警示。
(2)书面警示。
(3)要求整改。
(4)约见谈话。
(5)专项调查。
(6)暂停受理或者办理相关业务。
(7)提请中国证监会处理。

证券交易所会员应当积极配合证券交易所监管,按照证券交易所要求及时说明情况,提供相关的业务报表、账册、原始凭证、开户资料及其他文件和资料,不得以任何理由拒绝或者拖延提供有关资料,不得提供虚假的、误导性的或者不完整的资料。

2. 纪律处分

证券交易所会员应承担相应的义务,如果违反证券交易所业务规则,证券交易所责令其改正,并视情节轻重单处或者并处下列纪律处分措施:

(1) 在会员范围内通报批评。
(2) 在中国证监会指定媒体上公开谴责。
(3) 暂停或者限制交易。
(4) 取消交易权限。
(5) 取消会员资格。

证券交易所采取上述纪律处分时,可视情况通报中国证监会或者其派出机构。会员受到上述第(3)、(4)、(5)项纪律处分的,应当自收到处分通知之日起5个工作日内在其营业场所予以公告。

证券交易所会员董事、监事、高级管理人员对会员违规行为负有责任的,证券交易所责令改正,并视情节轻重处以下列纪律处分措施:

(1) 在会员范围内通报批评。
(2) 在中国证监会指定媒体上公开谴责。

另外,根据我国《证券交易所管理办法》的规定,证券交易所决定接纳或者开除会员应当在决定后的5个工作日内向中国证监会备案,决定接纳或者开除正式会员以外的其他会员应当在履行有关手续5个工作日之前报中国证监会备案。

(六) 特别会员的管理

境外证券经营机构设立的驻华代表处,若符合条件,经申请可以成为我国上海证券交易所和深圳证券交易所的特别会员。

境外证券经营机构驻华代表处申请成为证券交易所特别会员的条件是:依法设立且满1年;承认证券交易所章程和业务规则,接受证券交易所监管;其所属境外证券经营机构具有从事国际证券业务经验,且有良好的信誉和业绩;代表处及其所属境外证券经营机构最近1年无因重大违法违规行为而受主管当局处罚的情形。

1. 特别会员享有的权利

(1) 列席证券交易所会员大会。
(2) 向证券交易所提出相关建议。
(3) 接受证券交易所提供的相关服务。

2. 特别会员应承担的义务

(1) 遵守国家相关法律法规、规章和证券交易所章程、规则及其他相关规定。
(2) 执行证券交易所决议,接受证券交易所年度检查和临时检查,提交年度工作报告和其他重大事项变更报告。
(3) 及时协调、联络所属境外证券经营机构与证券交易所有关的业务与事务。
(4) 按证券交易所规定缴纳特别会员费及相关费用。

特别会员可以申请终止会籍。特别会员违反有关法律法规、证券交易所章程和规则的,证券交易所可以责令其改正,并视情节轻重给予处分,如警告、会员范围内通报批评、公开批评、取消会籍等。

四、证券交易所交易席位

（一）交易席位的含义

在传统意义上，交易席位是证券公司在证券交易所交易大厅内进行交易的固定位置，其实质还包括了交易资格的含义，即取得了交易席位后才能从事实际的证券交易业务。从上海证券交易所和深圳证券交易所的相关管理制度看，交易席位代表了会员在证券交易所拥有的权益，是会员享有交易权限的基础。

（二）交易席位的管理

1. 交易席位的取得和享有的权利

证券交易所会员的权利之一是参加交易，参加交易先要取得交易席位。根据我国证券交易所现行制度的规定，证券交易所会员应当至少取得并持有一个席位。证券交易所会员可以向证券交易所提出申请购买席位，也可以在证券交易所会员之间转让席位。

证券交易所会员取得席位后，享有下列权利（以深圳证券交易所为例）：

(1) 进入证券交易所参与证券交易。
(2) 每个席位自动享有1个交易单元的使用权。
(3) 每个席位自动享有1个标准流速的使用权。
(4) 每个席位每年自动享有交易类和非交易类申报各2万笔流量的使用权。
(5) 证券交易所章程、业务规则规定享有的其他权利。

2. 交易席位的转让

证券交易所为了保证证券交易正常、有序地进行，要对会员取得的交易席位实施严格管理。证券交易所会员不得共有席位，席位也不得退回证券交易所。未经证券交易所同意，会员不得将席位出租、质押，或将席位所属权益以其他任何方式转给他人。交易席位可以转让，但转让席位必须按照证券交易所的有关规定。根据现行制度：席位只能在会员间转让；会员转让席位的，应当将席位所属权益一并转让；会员转让席位，应当签订转让协议，并向证券交易所提出申请。证券交易所自受理之日起5个工作日内对申请进行审核，并作出是否同意的决定。对存在欠费或不履行证券交易所规定义务的会员，证券交易所可不受理其席位转让申请。

（三）交易单元

交易单元是指证券交易所会员取得席位后向证券交易所申请设立的、参与证券交易所证券交易与接受证券交易所监管及服务的基本业务单位。

证券交易所的会员及证券交易所认可的机构，若要进入证券交易所市场进行证券交易，要向证券交易所申请取得交易权，成为证券交易所的交易参与人。交易参与人应当通过在证券交易所申请开设的交易单元进行证券交易，交易单元是交易权限的技术载体。会员参与交易及会员权限的管理通过交易单元来实现。

下面根据《深圳证券交易所席位与交易单元管理细则》的规定，介绍深圳证券交易所交易单元的相关事项。

（1）深圳证券交易所会员取得席位后，可根据业务需要向交易所申请设立1个或1个以上的交易单元。会员通过其在交易所设立的交易单元参与证券交易，接受交易所交易服务和管理。会员从事证券经纪、自营、融资融券等业务，应当分别通过专用的交易单元进行（交易所另有规定的除外）。

（2）深圳证券交易所根据会员的申请和业务许可范围，为其设立的交易单元设定下列交易或其他业务权限：① 一类或多类证券品种或特定证券品种的交易；② 大宗交易；③ 协议转让；④ 交易型开放式指数基金（ETF）、上市开放式基金（LOF）及非上市开放式基金等的申购与赎回；⑤ 融资融券交易；⑥ 特定证券的主交易商报价；⑦ 其他交易或业务权限。

（3）深圳证券交易所根据会员的申请，为交易单元提供下列使用交易所交易系统资源和获取交易系统服务的功能：① 申报买卖指令及其他业务指令；② 获取实时及盘后交易回报；③ 获取证券交易即时行情、证券指数、证券交易公开信息等交易信息及相关新闻公告；④ 配置相应的通信通道等通信资源，接入和访问交易所交易系统；⑤ 获取交易所交易系统提供的其他服务权限。

会员设立的交易单元通过网关与深圳证券交易所交易系统连接。会员可通过多个网关进行一个交易单元的交易申报，也可通过一个网关进行多个交易单元的交易申报，但不得通过其他会员的网关进行交易申报。

经深圳证券交易所同意，会员可将其设立的交易单元提供给证券投资基金管理公司、保险资产管理公司等机构使用。

五、竞价交易制度

现代证券市场的交易机制，根据市场微观结构可分为两种基本类型：一种称为委托驱动制，又称竞价交易制，其特征是：开市价格由集合竞价形成，随后交易系统对不断进入的投资者的交易指令按价格与时间优先原则排序，将买卖指令配对竞价成交；另一种称为报价驱动制，又称做市商制，是以做市商为中心的市场交易方式与交易制度。做市商通过提供买卖报价为金融产品制造市场的证券商。证券交易所是典型的拍卖市场，所以证券交易所的交易机制主要是竞价交易制度。

（一）集合竞价

1. 确定有效委托

在该制度下，买卖双方将委托通过经纪商送到交易中心，由交易中心进行在有涨跌幅限制的情况下，有效委托是这样确定的：根据该只证券上一交易日收盘价以及确定的涨跌幅度来计算当日的最高限价、最低限价。有效价格范围就是该只证券最高限价、最低限价之间的所有价位。限价超出此范围的委托为无效委托，系统作自动撤单处理。撮合成交。根据交易的是否连续可以分为集合竞价和连续竞价。

2. 选取成交价位

在有效价格范围内选取产生最大成交量的价位。如有2个以上这样的价位，则依以下规则选取成交价位：

高于选取价格的所有买委托和低于选取价格的所有卖委托能够全部成交。

与选取价格相同的委托的一方必须全部成交。如满足以上条件的价位仍有多个，则选取离昨市价最近的价位。

3. 集中撮合交易

所有的买委托按照委托限价由高到低的顺序排列,限价相同者按照进入系统的时间先后排列;所有卖委托按委托限价由低到高的顺序排列,限价相同者按照进入系统的时间先后排列。

依序逐笔将排在前面的买委托与卖委托配对成交,即按照"价格优先,同等价格下时间优先"的成交顺序依次成交,直至成交条件不满足为止,所有成交都以同一成交价成交。

(二)连续竞价

证券交易可在交易日的交易时间内持续进行的一种竞价方式。国内交易所在每日9点30分连续交易后,按"价格优先,时间优先,量大优先"原则撮合成交。集合竞价未能撮合成交的委托自动转入连续竞价。"价格优先"是指不同价位,买方的最高申报价格和卖方的最低申报价格优先成交;"时间优先"是指同一价位的委托,指令先到的优先成交。"量大优先"是指同价同时的委托,交易量大的优先成交。

在连续竞价过程中,当一笔新进入的买进委托价大于等于已有的卖出委托价,则按卖出委托价成交;当一笔新进入的卖出委托价小于等于已有的买进委托价,则按买进委托价成交。

【资料链接】5-3　　　　世界主要交易所的交易方式

交易方式	证券交易所
委托驱动	亚洲各主板市场　意大利　巴黎　伊斯坦布尔　圣地亚哥　新西兰　温哥华　加拿大(CDNX)*　中国香港(HKGEM)*　伦敦国内板　日本(MOTHERS)*　韩国(KOSDAQ)*　瑞士　圣保罗　维也纳　布鲁塞尔　德黑兰　里约热内卢　巴塞罗那　法兰克福
报价驱动	伦敦　美国(NASDAQ)*　欧洲(EASDAQ)*　日本(JASDAQ)*　芝加哥　新加坡(SESDAQ)*　马来西亚(MESDAQ)*　欧洲新市场(EURO.NM)*
混合机制	华沙　纽约　美国(AMEX)　蒙特利尔　多伦多　英国(AIM)*　阿姆斯特丹　墨西哥　泰国(MAI)*　卢森堡

资料来源:根据各证券交易所网页和综合科研网 www.drenet.com.cn 相关资料整理,*号表示第二板(创业板)市场。

第四节 证券交易操作实务

一、证券交易操作程序

在证券交易活动中,投资者在证券市场上买卖已发行的证券要按照一定的程序进行。所谓证券交易程序,也就是指投资者在二级市场上买进或卖出已上市证券所应遵循的规定过程。在证券交易所市场,证券交易的基本过程包括开户、委托、成交、结算等几个步骤。

(一) 开户

开户有两个方面,即开立证券账户和开立资金账户。证券账户用来记载投资者所持有的证券种类、数量和相应的变动情况,资金账户则用来记载和反映投资者买卖证券的货币收付和结存数额。

开立证券账户和资金账户后,投资者买卖证券所涉及的证券、资金变化就会从相应的账户中得到反映。例如,某投资者买入甲股票1000股,包括股票价格和交易税费的总费用为10000元,则投资者的证券账户上就会增加甲股票1000股,资金账户上就会减少10000元。

(二) 委托

在证券交易所市场,投资者买卖证券是不能直接进入交易所办理的,而必须通过证券交易所的会员来进行。换而言之,投资者需要通过经纪商的代理才能在证券交易所买卖证券。在这种情况下,投资者向经纪商下达买进或卖出证券的指令,称为"委托"。

委托指令有多种形式,可以按照不同的依据来分类。从各国(地区)情况看,一般根据委托订单的数量,有整数委托和零数委托;根据买卖证券的方向,有买进委托和卖出委托;根据委托价格限制,有市价委托和限价委托;根据委托时效限制,有当日委托、当周委托、无期限委托、开市委托和收市委托等。

证券经纪商接到投资者的委托指令后,首先要对投资者身份的真实性和合法性进行审查。审查合格后,经纪商要将投资者委托指令的内容传送到证券交易所进行撮合。这一过程称为"委托的执行",也称为"申报"或"报盘"。

证券交易所在证券交易中接受报价的方式主要有口头报价、书面报价和电脑报价三种。采用口头报价方式时,证券公司的场内交易员接到交易指令后,在证券交易所规定的交易台前或者指定的区域,用口头方式喊出自己的买价或者卖价,同时辅以手势,直至成交。而在书面报价情况下,交易员将证券买卖要求以书面形式向证券交易所申报,然后按规定的竞价交易原则撮合成交。电脑报价则是指证券公司通过计算机交易系统进行证券买卖申报,其做法是:证券公司将买卖指令输入计算机终端,并通过计算机系统传给证券交易所的交易系统,交易系统接收后即进行配对处理。若买卖双方有合适的价格和数量,交易系统便自动撮合成交。目前,我国通过证券交易所进行的证券交易均采用电脑报价方式。

(三) 成交

证券交易所交易系统接受申报后,要根据订单的成交规则进行撮合配对。符合成交条件的予以成交,不符合成交条件的继续等待成交,超过了委托时效的订单失效。

在成交价格确定方面,一种情况是通过买卖双方直接竞价形成交易价格;另一种情况是交易价格由交易商报出,投资者接受交易商的报价后即可与交易商进行证券买卖。

在订单匹配原则方面,根据各国(地区)证券市场的实践,优先原则主要有:价格优先原则、时间优先原则、按比例分配原则、数量优先原则、客户优先原则、做市商优先原则和经纪商优先原则等。其中,各证券交易所普遍使用价格优先原则作为第一优先原则。我国采用价格优先和时间优先原则。

(四) 结算

证券交易成交后,首先需要对买方在资金方面的应付额和在证券方面的应收种类和数量进行计算,同时也要对卖方在资金方面的应收额和在证券方面的应付种类和数量进行计算,这一过程属于清算,包括资金清算和证券清算。清算结束后,需要完成证券由卖方向买方转移和对应的资金由买方向卖方转移,这一过程属于交收。清算和交收是证券结算的两个方面。

对于记名证券而言,完成了清算和交收,还有一个登记过户的环节。完成了登记过户,证券交易过程才告结束。

二、证券回购交易

证券回购交易是指证券买卖双方在成交同时就约定于未来某一时间或某一价格双方再行反向交易的行为。其实质内容是:证券的持有方(融资者、资金需求方)以持有的证券作抵押,获得一定期限内的资金使用权,期满后则需归还借贷的资金,并按约定支付一定的利息;而资金的贷出方(融券方、资金供应方)则暂时放弃相应资金的使用权,从而获得融资方的证券抵押权,并于回购期满时归还对方抵押的证券,收回融出资金并获得一定利息。因此,证券回购交易实质上是一种以有价证券作为抵押品拆借资金的信用行为。

我国目前证券回购交易的券种:国库券和经中国人民银行批准发行的金融债券。

我国证券回购交易业务的主要场所:沪、深证券交易所及经国务院和中国人民银行批准的全国银行间同业市场。

(一) 现行回购交易品种

所谓标准品种是指不分券种,只分回购期限,统一按面值计算持券量的标准化债券回购交易品种。

(1) 上海证券交易所的国债回购品种共有 6 个,即 3 天、7 天、14 天、28 天、91 天、182 天。

(2) 深圳证券交易所推出的债券回购品种共有 9 个,即 3 天、4 天、7 天、14 天、28 天、63 天、91 天、182 天和 273 天。

（二）证券回购交易的条件

证券回购交易的条件有以下3个：

（1）用于证券回购的券种只能是国库券和经中国人民银行批准发行的金融债券。

（2）在证券回购交易过程中，以券融资方应确保在回购成交日至购回日期间其在登记结算机构保留存放的标准券的数量等于回购的债券量，否则将按卖空国债的规定予以处罚。

（3）在证券回购交易过程中的以资融券方，在初始交易前必须将足够的资金存入所委托的证券营业部的证券清算账户，在回购期内不得动用抵押债券。

将回购的券种局限于国库券和一部分金融债券，是由这些债券的本身特点所决定的：

（1）国库券和经中国人民银行批准发行的金融债券在我国证券市场发行的所有债券中信誉是最高的。因此，它们易于为广大投资者所接受，适宜做回购交易中的抵押品。

（2）这两种债券具有足够的市场性，发行量有一定的规模。这是产生真正意义的债券回购市场的一个必要前提条件。只有债券发行达到一定数量，债券的持有者才会具有广泛性，从而能产生真正意义上的债券回购交易。

（三）证券回购交易过程中的禁止行为

在证券回购交易过程中禁止的行为有：

（1）禁止任何金融机构挪用个人或机构委托其保管的债券进行回购交易或作其他用途。

（2）禁止任何金融机构以租券、借券等方式从事证券回购交易。

（3）禁止将回购资金用于固定资产投资、期货市场投资和股本投资。

三、认购配股

股东认购配股的过程既是公司发行新股筹资的过程，也是股东行使优先认股权的过程。

（一）配股权证及其派发、登记

配股权证是上市公司给予其老股东的一种认购该公司股份的权利证明。配股权证分配方案的产生与分红派息方案的产生大致相同，即首先由董事会提出配股方案，经股东大会审议通过后，向社会公告。在现阶段，我国A股的配股权证不挂牌交易，不允许转托管。

配股权证的派发程序与分红派息中红股的派发过程基本一致。中国结算公司根据上市公司提供的配股方案中的配股比例，按照配股除权登记日登记的股东持股数增加其配股权证。

（二）认购配股缴款的操作流程

目前，配股是利用证券交易所交易系统来实施的。

1. 上海证券交易所配股操作流程

（1）证券交易所按上市公司的送配公告，在股权登记日闭市后根据每个股东股票账户中的持股量，按照无偿送股比例，自动增加相应的股数并主动为其开立配股权证账户，按有偿配股的比例给予相应数量。

(2) 配股缴款期限内,承销商确定一个交易席位代理上市公司作为买入方按证券交易所规定的统一的证券代码申报买入配股权证。

(3) 证券公司的营业网点均可按照上市公司公告中的配股价格受理投资者的配股认购缴款业务。操作方法同柜台接受委托买入股票。拥有该种股票配股权证的投资者,凭本人身份证和股票账户,在其缴纳认购款项或确认其资金账户中有足够的存款余额后,可委托买入不超过可配股数的股票,具体方式为向场内申报卖出配股权证(其实质是买入股票)。

(4) 由于是申报卖出,因此证券交易所利用电脑交易撮合系统的控制卖空的功能,即可判别客户拥有配股权证的数量,一旦确认即可撮合成交。

(5) 每日闭市后,配股缴款自动纳入清算系统,同其他证券交易的清算资金同步划拨,最后集中划入承销商的买方席位。

(6) 在配股权证缴款期结束后,由承销商将配股缴款集中划付给上市公司,完成整个配股缴款工作。

(7) 按照有关规定,在配股缴款过程中,证券公司不得向客户收取佣金、过户费和印花税等交易费用。

上海证券交易所实行全面指定交易后,中国结算公司上海分公司在配股登记日闭市后向各证券营业部传送投资者配股明细数据库。凡是办理了指定交易的投资者,在公告的配股期限内,可委托其指定交易所属证券营业部在交易时间内,通过上海证券交易所交易系统卖出配股权进行配股认购。上海证券交易所交易系统控制证券公司的可配股总量及投资者明细账户的可配股数量。每日交易结束后,证券公司根据上海证券交易所发回的成交回报数据确认配股数据。若申报账户的配股数量小于或等于证券公司的可配股总量,且小于或等于该账户的可配股数量,则按申报数量予以确认;否则,配股申报无效。对于那些在配股期内尚未办理全面指定交易的投资者,在选择证券公司办理指定交易后,即可委托该证券公司进行配股。

由于指定交易申报是即时有效的,因此证券公司在指定交易申报成功后,即可按投资者的委托数量进行申报。配股上市前一日闭市后,中国结算公司上海分公司将配股上市数据传送至证券公司,证券公司据此更新投资者所持有的股份。

2. 深圳证券交易所配股操作流程

(1) 在股权登记日(R 日)收市后,证券营业部接收股份结算信息库中的配股权证数据,即证券营业部根据每个股东股票账户中的持股量,按配股比例给予相应的权证数量。

(2) 配股认购于 R+1 日开始,认购期为 5 个工作日。逾期不认购,视同放弃。上市公司(或保荐机构)在配股缴款期内应至少刊登 3 次《配股提示性公告》。配股缴款时,如投资者在多个证券营业部开户并持有该公司股票的,应到各个相应的营业部进行配股认购,申报方向为买入。投资者在配股缴款时可以多次申报,可以撤单。如超额申报认购配股,则超额部分不予确认。在每一认购日收市后,中国结算公司对配股认购数据进行确认,确认结果通过股份结算信息库返回证券营业部。公司股票及其衍生品种在 R+1 日至 R+6 日期间停牌。配股发行不向投资者收取手续费。

(3) 配股缴款结束后(即 R+7 日),公司股票及其衍生品种恢复交易。如配股发行成功,结算公司在恢复交易的首日(R+7 日)进行除权,并根据配股结果办理资金划拨,将配股认购资金划入主承销商结算备付金账户;如配股发行失败,结算公司在恢复交易的首日(R+7 日)不进行除权,并将配股认购本金及利息退还到结算参与人结算备付金账户。

四、分红派息

分红派息主要是上市公司向其股东派发红利和股息的过程,也是股东实现自己权益的过程。分红派息的形式主要有现金股利和股票股利两种。上市公司分红派息须在每年决算并经审计之后,由董事会根据公司盈利水平和股息政策确定分红派息方案,提交股东大会审议。随后,董事会根据审议结果向社会公告分红派息方案,并规定股权登记日。

目前,上海、深圳证券交易所上市证券的分红派息,主要是通过中国结算公司的交易清算系统进行的,投资者领取红股、股息无须办理其他申领手续,红股、股息由交易清算系统自动派到投资者账上。下面以上海证券交易所为例,说明上市证券分红派息的操作流程。

(一) A股现金红利派发日程安排

根据现行有关部门制度规定,A股现金红利派发日程安排如下:

1. 申请材料送交日(T-5日前)

证券发行人在实施权益分派公告日5个交易日前,要向中国结算公司上海分公司提交相关申请材料。

2. 中国结算公司上海分公司核准答复日(T-3日前)

中国结算公司上海分公司在公告日3个交易日前审核申报材料并作出答复。

3. 向证券交易所提交公告申请日(T-1日前)

证券发行人接到中国结算公司上海分公司核准答复后,应在确定的权益登记日3个交易日前,向证券交易所申请信息披露。

4. 公告刊登日(T日)

证券发行人在指定报刊上刊登实施权益分派的公告。

5. 权益登记日(T+3日)

证券发行人应确保权益登记日不得与配股、增发、扩募等发行行为的权益登记日重合,并确保自向中国结算公司上海分公司提交申请表之日至权益登记日期间,不得因其他业务改变公司的股本数或权益数。

6. 除息日(T+4日)

权益登记日后的第一天就是除息日,以此为期限,这一天及之后购入公司股票的股东不再享有公司此次分红配股的权利。

7. 发放日(T+8日)

证券发行人要确保在现金红利发放日前的第二个交易日16:00前,将发放款项汇至中国结算公司上海分公司指定的银行账户。中国结算公司上海分公司收到相应款项后,在现金红利发放日前的第一个交易日闭市后,通过资金结算系统将现金红利款项划付给指定的证券公司。投资者可在发放日领取现金红利。未办理指定交易的A股投资者,其持有的现金红利暂由中国结算公司上海分公司保管,不计息。一旦投资者办理了指定交易,中国结算公司上海分公司结算系统自动将尚未领取的现金红利划付给指定的证券公司。

(二) B股现金红利派发日程安排

B股现金红利的派发日程与A股稍有不同,程序如下:

(1) 申请材料送交日为 T-5 日前。
(2) 中国结算公司上海分公司核准答复日为 T-3 日前。
(3) 向交易所提交公告申请日为 T-1 日前。
(4) 公告刊登日为 T 日。
(5) 最后交易日为 T+3 日。
(6) 权益登记日为 T+6 日。
(7) 现金红利发放日为 T+11 日。

未办理指定交易及暂无指定结算证券公司（托管银行）的 B 股投资者，其持有股份的现金红利暂由中国结算公司上海分公司保管，不计息。一旦投资者办理指定交易或指定结算证券公司（托管银行），由指定结算证券公司（托管银行）向中国结算公司上海分公司申请领取该部分现金红利。

对于上市公司派送红股和公积金转增股本，中国结算公司上海分公司在送股登记日闭市后，将向证券公司传送指定交易投资者送股明细数据库。证券公司将据此更新所有指定交易客户的证券托管数量，投资者无须办理任何申领手续。至送股登记日的下一个交易日，所有流通股的送股部分可到投资者账上，并可在以后上市流通。

在具体的送股日程安排方面，根据中国结算公司上海分公司的规定，A 股和 B 股不完全相同。

（三）A 股送股日程安排

根据相关规定，上海证券交易所 A 股送股日程安排如下：
(1) 申请材料送交日为 T-5 日前。
(2) 结算公司核准答复日为 T-3 日前。
(3) 向证券交易所提交公告申请日为 T-1 日前。
(4) 公告刊登日为 T 日。
(5) 股权登记日为 T+3 日。

（四）B 股送股日程安排

在上海证券交易所市场，B 股送股日程安排与 A 股不完全一样，安排如下：
(1) 申请材料送交日为 T-5 日前。
(2) 结算公司核准答复日为 T-3 日前。
(3) 向证券交易所提交公告申请日为 T-1 日前。
(4) 公告刊登日为 T 日。
(5) 最后交易日为 T+3 日。
(6) 股权登记日为 T+6 日。

本 章 小 结

◆内容摘要
1. 证券交易市场又称为"二级市场"或"次级市场"，是买卖已发行证券的市场，证券交易市场是证券市场的重要组成部分。证券交易市场的交易活动可以在固定的场所集中进行,也可以在不固定的场所分散进行。证券交易市场是证券发行市场正常发展的重要支撑。证券发行市场和证券交易市场紧密联系,相辅相成,共同构成了一个完整的证券市场。

2. 股票上市是指经核准同意股票在证券交易所挂牌交易。根据《证券法》及交易所上市规则的规定,股份有限公司申请其股票上市必须符合法律规定的条件。

3. 中小企业板块是在深圳证券交易所主板市场中设立的一个运行独立、监察独立、代码独立、指数独立的板块,集中安排符合主板发行上市条件的企业中规模较小的企业上市。中小企业板是现有主板市场的一个板块,其适用的基本制度规范与现有市场完全相同,适用的发行上市标准也与现有主板市场完全相同,必须满足信息披露、发行上市辅导、财务指标、盈利能力、股本规模、公众持股比例等各方面的要求。

4. 企业债券、公司债券发行完成后,经核准可以在银行间市场上市或在证券交易所上市流通。

5. 证券交易是指已发行的证券在证券市场上买卖的活动。证券交易与证券发行有着密切的联系,两者相互促进、相互制约。

6. 场内交易市场是指由证券交易所组织的集中交易市场,有固定的交易场所和交易活动时间,在多数国家它还是全国唯一的证券交易场所,因此是全国最重要、最集中的证券交易市场。

7. 在证券交易活动中,投资者在证券市场上买卖已发行的证券要按照一定的程序进行。所谓证券交易程序,也就是指投资者在二级市场上买进或卖出已上市证券所应遵循的规定过程。在证券交易所市场,证券交易的基本过程包括开户、委托、成交、结算等几个步骤。

◆关键词

证券交易市场　上市保荐　股票　企业债券　公司债券　场内交易市场　场外交易市场　交易席位　回购交易　认购配股　分红派息

◆思考题

1. 股票上市的条件是什么?
2. 简述股票上市的保荐人制度。
3. 公司债券上市的条件及程序是什么?
4. 证券交易的概念及原则是什么?
5. 证券交易的种类及方式是什么?
6. 如何区分证券交易场内市场与场外市场?
7. 证券交易的程序和步骤有哪些?

分析案例

证监会查处首例投行后台人员涉嫌内幕交易案

新华网消息:根据深圳证券交易所监控发现的线索,2011年12月,证监会对邹炎涉嫌内幕交易行为立案调查。2012年6月,证监会将本案移送公安机关,公安机关目前已移送检察院审查起诉。

2011年1月20日,广东省交通集团有限公司(以下简称交通集团)决定启动其所控股广东省高速公路发展股份有限公司(以下简称粤高速)2011年重大资产重组项目,该事项属于内幕信息。交通集团聘请中国国际金融有限公司(以下简称中金公司)为本次重组的财务顾问。自3月14日起,"粤高速A"股票停牌,6月13日,"粤高速A"复牌并公告《非公开发行之重大资产重组暨关联交易预案》,公司计划向其控股股东交通集团下属全资子公司建设公司发行A股股票,收购建设公司持有的广珠公司100%股权。

经查,邹炎当时为中金公司投资银行部工作人员,负责中金公司投资银行部大客户项目组的人力资源调配工作。2011年1月21日~24日,邹炎在安排粤高速重组项目组成员工作的过程中,通过与项目组负责人沟通以及与投行部运营管理工作人员的邮件往来,知悉了粤高速的重组事项,并告知其妻子以共有资金买入"粤高速A"股票。2011年1月24日至2月11日,其妻子通过亲戚账户买入"粤高速A"股票77万股,动用资金340余万元。同年2月22日至3月4日,该账户累计卖出成交"粤高速A"股票41万股,3月14日停牌前持有"粤高速A"股票36万股,6月13日复牌时卖出部分"粤高速A"股票,账面浮盈14余万元。

邹炎的上述行为违反了《证券法》第七十三条"禁止证券交易内幕信息的知情人和非法获取内幕信息的人利用内幕信息从事证券交易活动"以及第七十六条"证券交易内幕信息的知情人和非法获取内幕信息的人,在内幕信息公开前,不得买卖该公司的证券,或者泄漏该信息,或者建议他人买卖该证券"的规定,同时涉嫌构成《刑法》第一百八十条"证券、期货交易内幕信息的知情人员或者非法获取证券、期货交易内幕信息的人员,在涉及证券的发行,证券、期货交易或者其他对证券、期货交易价格有重大影响的信息尚未公开前,买入或者卖出该证券,或者从事与该内幕信息有关的期货交易,或者泄漏该信息,或者明示、暗示他人从事上述交易活动……"规定的情形。根据《行政执法机关移送涉嫌犯罪案件的规定》(国务院令第310号)有关规定,证监会将本案移送公安机关处理,目前已移送检察院审查起诉。

本案是典型的证券经营机构从业人员内幕交易案,其特点是投资银行部门后台管理人员涉嫌内幕交易,属于新型投行人员违法、违规。

资料来源:根据新华网相关资料整理。

试根据以上案例分析:

(1) 根据案情资料,分析证券市场如何防范内幕交易行为?

(2) 根据案情资料,讨论未来我国证券交易市场发展改革方向及措施?

应用训练

训练一:模拟证券交易。

训练二:以当地证券交易所、证券公司为例撰写调查报告。

第六章　股票价格指数

- 理解指数的含义,能区分不同的指数类别,了解指数的作用。
- 掌握股票价格指数的含义,熟悉股票价格指数的编制要求与步骤。
- 掌握股票价格指数的计算方法。
- 熟悉国内、国际主要股票价格指数。
- 了解股指期货相关概念及其在我国发展的必要性。

　　研究表明,我国股指期货的引入未能有效拓展信息流入股票市场的渠道,其原因主要包括:一是股指期货的高准入门槛导致众多散户投资者无法利用股指期货对冲风险。我国股票市场90%以上是散户,而沪深300指数期货50万元的准入门槛,导致散户投资者无法利用它进行风险管理,高准入门槛既影响到投资者进一步增加投资的意愿,也影响到投资者的后续进入。二是做空机制的不完善导致期货市场的信息变化不能有效传递到现货市场。目前,我国股指期货交易设计鼓励投资者进行套期保值,但另一方面,在我国融券卖出还受到诸多限制,导致不能通过做空现货市场在期货市场获利,套利限制导致了信息的不充分、不对称传递。三是股指期货市场和股票现货市场的非同步交易。不同于股票现货市场的"T+1"交易制度,我国股指期货市场实行的是"T+0"交易制度,"T+0"虽然可以活跃市场,但也可能吸引短线投机者进入期货市场,更重要的是可能引发市场操纵行为,导致股票市场的剧烈波动。

　　资料来源:田树喜,刘冬洋,闫鹏飞.股指期货是否抑制了股票市场的正反馈交易:基于沪深股票指数的实证检验[J].东北大学学报(社会科学版),2018(5).

第一节　股票价格指数概述

一、指数概述

（一）指数的含义

指数的编制产生于18世纪后半叶，当时由于美洲新大陆开采的金银源源不断流入欧洲，使欧洲物价大涨，经济学家为了测定物价的变动，尝试编制物价指数。此后，指数理论不断发展，并逐步扩展到工业生产、进出口贸易、铁路运输、成本、股票证券等方面。

指数是测定多项内容综合变动的相对数，如商品零售价格指数反映的是零售市场几百万种商品价格变化的整体状况，单一商品价格指数也有，但计算简单，经济意义不强，不是指数方法论的核心内容。指数的表现形式为动态相对数，即涉及的是多项内容在不同时期上的值的对比，对比的基期的选择也是指数方法需要讨论的问题。

统计指数的概念有广义和狭义两种理解。广义指数是泛指社会经济现象数量变动的比较指标，即用来表明同类现象在不同空间、不同时间、实际与计划对比变动情况的相对数。狭义指数仅指反映不能直接相加的复杂社会经济现象在数量上综合变动情况的相对数。例如，要说明一个国家或一个地区商品价格综合变动情况，由于各种商品的经济用途、规格、型号、计量单位等不同，不能直接将各种商品的价格简单对比，而要解决这种复杂经济总体各要素相加问题，就要编制统计指数综合反映它们的变动情况。

（二）指数的分类

从不同的角度出发，统计指数可以有不同的类型。

1. 按指数所反映的对象范围不同分类

可分为个体指数和总指数。个体指数反映的是个别现象变动的相对数，如个别产品的价格指数、销售量指数等。个体指数是计算总指数的基础；总指数是反映多个现象综合变动程度的相对数，如多种农产品的价格指数、多种产品的产量指数等。总指数的编制方法有综合法和平均法两种。

2. 按照所反映指标的性质不同分类

分为数量指标指数和质量指标指数。数量指标指数反映的是现象总体总规模的变动程度，如产量指数、销售量指数、工人人数指数等；质量指标指数反映的是生产工作质量的提高程度的相对数，如成本指数、价格指数、劳动生产率指数等。

数量指标和质量指标的划分具有一定的相对性，把指标区分为数量指标和质量指标，更多的是为了讨论问题的方便，而不是真正要把指标分成不同的类型。

3. 按计算形式不同分类

分为简单指数和加权指数。简单指数是把计入指数的各项目的重要性视为相同；加权指数则是一家各项目重要程度不同赋予不同的权重,再进行计算。

4. 按照采用的对比的基期不同分类

分为定基指数和环比指数。定基指数值各个时期指数都是采用同一固定时期为基期进行计算的;环比指数是依次以前一时期为基期计算的。

(三) 指数的作用

1. 综合反映社会经济现象总变动方向及变动幅度

在统计实践中,经常要研究多种商品或产品的价格综合变动情况,多种商品的销售量或产品产量的总变动,多种产品的成本总变动,多种股票价格综合变动等。这类问题由于各种商品或产品的使用价值不同、各种股票价格涨跌幅度和成交量不同,所研究总体中的各个个体不能直接相加。指数法的首要任务,就是把不能直接相加总的现象过渡到可以加总对比,从而反映复杂经济现象的总变动方向及变动幅度。

2. 分析现象总变动中各因素变动的影响方向及影响程度

利用指数体系理论可以测定复杂社会经济现象总变动中,各构成因素的变动对现象总变动的影响情况,并对经济现象变化作综合评价。任何一个复杂现象都是由多个因子构成的,如

$$销售额 = 价格 \times 销售量$$

运用指数法编制商品零售价格指数和零售量指数,可分析它们的变动对商品零售总额变动的影响。

又如影响利润总额变化的各种因素有产品产量、产品销售量、产品成本、产品销售价格等。运用指数法编制商品零售价格指数和零售量指数,可分析它们的变动对商品零售总额变动的影响。编制产品产量指数、产品销售量指数、产品成本指数和产品销售价格指数等并分别对它们进行测定,根据各因素变动影响,可综合评价利润总额变动的情况。

3. 反映同类现象变动趋势

编制一系列反映同类现象变动情况的指数形成指数数列,可以反映被研究现象的变动趋势。例如,根据1980年至2002年共23年的零售商品价格资料,编制22个环比价格指数,从而构成价格指数数列。这样,就可以揭示价格的变动趋势,研究物价变动对经济建设和人民生活水平的影响程度。此外,利用统计指数还可以进行地区经济综合评价、对比,研究计划执行情况等。

二、股票价格指数的含义

股票价格指数,又称股价指数,是衡量股票市场上股票总体价格水平及其变动趋势的一种动态相对数指标。由于股票市场受各种因素的影响,变化无常,不仅单个股票的价格波动频繁,股票市场的总体走势也起伏不定。通常情况下,如果股票市场总体走势向好,则个别股票走高或继续走高的可能性就较大;反之,则单只股票走高的可能性不大。因此,投资者不仅要了解单只股票的价格变化情况,还要了解股票市场的总体变化趋势,股票价格指数就是能反映股票市场总体价格变动方向与幅度的综合性分析指标。股票价格指数是反映不同时期的股价变动情况的相对指标,可以比较准确地反映股票市场的行情变化和发展趋势,从而有利于投资者进行投资选择。

股票价格指数一般由证券交易所、金融服务机构、研究咨询机构或财经媒体等编制和发布。例如,我国的上证综合指数是由上海证券交易所编制的;纽约股票价格指数是由纽约证券交易所编制发布的;标准普尔指数是由美国最大的证券研究机构——标准普尔公司编制的;日经指数是由日本经济新闻社编制发布的等。

三、股票价格指数编制的要求与步骤

(一)股票价格指数编制的要求

由于上市股票种类繁多,计算全部上市股票的价格指数的工作很繁琐复杂。因此,人们常常从上市股票中选择若干只有代表性的样本股票,计算这些样本股票的价格指数,以反映整个市场的股票价格总趋势。在计算股价指数时要注意以下三点:

1. 样本股票的选取要具有代表性、普遍性

由于计算的股票价格指数是要反映整个股票市场的总趋势,所以在选择样本股票时应充分考虑其行业分布、市场影响力、股票等级等因素。

2. 计算方法的科学性

股价指数的计算应对不断变化的股市行情作出相应的调整或修正,使股价指数具有较好的灵敏度。指数计算依据的口径必须统一,一般均以收盘价作为计算依据。随着科学技术的发展,计算手段也需要不断完善,使股价指标更能准确、客观地反映股市行情。

3. 基期应有较好的均衡性和可比性

基期指用来进行比较的基准时期,基期应该有较好的代表性和均衡性,要能够代表正常情况下股票市场的均衡水平。基期只有定得合适才有可比性,据此计算出来的股价指数也才能如实地反映股市活动的全部情况。

(二)股票价格指数编制的一般步骤

目前世界各地的股票市场都有自己独特的价格指数,尽管各有自己的特点,但编制原理大致相同,主要包括三个步骤。

1. 选取有代表性的股票

一般机构计算股票指数并不把所有上市公司的股票价格都加以平均,因为上市公司可能数量繁多,并且在各自市场中的作用也不尽相同。全部加以计算一是工作量大,二是没必要,一般都是选取具有代表性的较大公司的股票。这些大公司股票的市场价值占全部股票市场价值的较大部分,据此计算的股票价格指数更能反映整个市场情况。

根据上市公司的行业分布、经济实力、资信等级等因素,选择适当数量的有代表性的股票,作为编制指数的样本股票,样本股票可随时变换或作数量上的增减,以保持良好的代表性。

2. 计算报告期的平均股价或市值,并做必要的修正和调整

在编制股价指数时,通常分别计算股价平均数和股价指数,这主要是因为两者是从不同角度反映股票市场价格变动情况:股价平均数反映的是多只股票在同一时间点上的一般价格的绝对水平,属于静态指标;而股票价格指数反映的是多只股票在报告期价格相对于基期价格的相对变动程度,属于动态指标。相对于股价平均数,股票价格指数更能准确地反映股价的长期变动趋势。为保持股价指数的连续性及不同时期股价指数的可比性，有时还需要对指数作相应的修正和调整。

3. 计算股票价格指数

选定了合适的基期后，将报告期的平均股价或市值与基期的平均股价或市值相比较，通常将基期指数定为 100 或 1000，计算出报告期股票价格指数。

四、股价平均数的计算

（一）简单算术股价平均数

简单算术股价平均数是将样本股票每日收盘价之和除以样本股票数。

计算式为

$$P = \frac{\sum p_i}{n} \tag{6-1}$$

式(6-1)中，P 指简单算术股价平均数；p_i 指各样本股票收盘价；n 指样本股票数。

世界上第一个股票价格平均数——道·琼斯股价平均数在 1928 年 10 月 1 日前就是使用简单算术平均法计算的。

【例 6.1】 某日从某股票市场采集了 A、B、C、D 4 只股票作为样本股种，其在某一交易日的收盘价分别为 10 元、16 元、24 元和 30 元，则当日该市场股价平均数为

$$P = \frac{\sum p_i}{n} = \frac{10+16+24+30}{4} = 20(元)$$

简单算术股价平均数虽然计算较简便，简单易懂，但没有区分重要性不同的样本股票对股价平均数的不同影响，且没有考虑当样本股票发生股票分割、派发红股、增资时对股价变化的影响。例如，2010 年 4 月 18 日，A 股票为 60 元，B 股票为 40 元，其简单算术平均股价为(60+40)/2 元=50 元。4 月 19 日，A 股票发生股份分割，面额减半，则分割后的股价为30 元，此时若不进行修正，平均股价变为(30+40)/2 元=35 元，比 18 日下跌 15 元，但事实上股价并没有下跌。

针对简单算术股价平均数的上述不足，可以通过修正股价平均数和加权股价平均数来弥补。

（二）修正的股价平均数

修正的股价平均数有除数修正法和股价修正法，通常采用的是除数修正法。除数修正法又称道式修正法。这是美国道·琼斯在 1928 年创造的一种计算股价平均数的方法。该法的核心是求出一个常数除数，以修正因股票分割、增资、发放红股等因素造成股价平均数的变化，以保持股价平均数的连续性和可比性。

计算式为

$$P = \frac{\sum p_i}{n'} \tag{6-2}$$

式(6-2)中，P 为修正股价平均数；p_i 为各样本股票股价变动后的收盘价；n' 为修正后的除数；

$$n' = \frac{变动后的总股价}{变动前的股价平均数}$$

【例 6.2】 若例 6.1 中股票 D 每 1 股拆分为 3 股,即拆分后的股票 D 股每股股价为 10 元,则修正后的除数为

$$n' = \frac{10+16+24+10}{20} = 3$$

修正股价平均数为

$$P = \frac{10+16+24+10}{3} = 20(元)$$

修正后的股价平均数与分割前一样,股价水平不会因股票分割而变动。

(三)加权股价平均数

加权股价平均数是根据各种样本股票的相对重要性进行加权平均计算的股价平均数。计算公式为

$$P = \frac{\sum p_i w_i}{\sum w_i} \tag{6-3}$$

式(6-3)中,w_i 为样本股票的发行量或成交量。

【例 6.3】 若样本股 A、B、C、D 4 只股票的价格分别为 10 元、16 元、24 元、30 元,发行量分别为 30 万股、15 万股、20 万股、10 万股,则以发行量为权数的加权股价平均数为

$$P = \frac{10 元 \times 30 万股 + 16 元 \times 15 万股 + 24 元 \times 20 万股 + 30 元 \times 10 万股}{30 万股 + 15 万股 + 20 万股 + 10 万股} = 17.6(元)$$

比较简单算术股价平均数、修正股价平均数及加权股价平均数各自的特点。

五、股票价格指数的计算

股票价格指数是反映不同时点上股价变动情况的相对指标。通常是将报告期的股票价格与所定的基期价格相比,并将两者的比值乘以基期的指数值,即为该报告期的股票价格指数,基期值通常为 100 或 1000。股票价格指数有简单算术股票价格指数和加权股票价格指数两种。

(一)简单算术股票价格指数

简单算术股票价格指数有两种编制方法:平均法和综合法。

1. 平均法

平均法就是先计算各单个样本股票的个体价格指数,再算它们的算术平均数。英国的《经济学家》中普通股票指数就使用这种计算法。

其计算公式为

$$I = \frac{\sum \frac{p_{1i}}{p_{0i}}}{n} \times 基期指数值 \tag{6-4}$$

式(6-4)中，I 为股票价格指数；p_{1i} 为报告期第 i 只股票的价格；p_{0i} 为基期第 i 只股票的价格；n 为样本股票数量。

【例6.4】 A、B、C、D 4只样本股票基期和报告的股价及交易量如表6-1所示。

表6-1 某股市4只股票交易表

股票名称	股价(元)		成交量(股)	
	基期	报告期	基期	报告期
A	5	8	1000	1500
B	8	12	500	900
C	10	14	1200	700
D	15	18	600	800

若基期指数值为100，用平均法对表6-1中4只样本股票编制的股票价格指数为

$$I = \frac{\frac{8}{5}+\frac{12}{8}+\frac{14}{10}+\frac{18}{15}}{4} \times 100 = 142.5$$

即4只股票报告期的价格是在基期价格的基础上平均上涨了42.5%。

2. 综合法

综合法是先将样本股票的基期和报告期价格分别加总，再对比求出股票价格指数。

计算公式为

$$I = \frac{\sum p_{1i}}{\sum p_{0i}} \times 基期指数值 \tag{6-5}$$

例如，表6-1中4只股票用综合法编制的股票价格指数为

$$I = \frac{8+12+14+18}{5+8+10+15} \times 100 \approx 136.8$$

结果说明，4只股票报告期的价格是在基期价格的基础上平均上涨了36.8%。

简单股票价格指数计算简单，对股市短期价格变动的反应较灵敏，但该指数简单地将单个股票价格相加或相比，没有考虑由于股票发行量和交易量的不同，而对整个股票市场价格的影响。

（二）加权股票价格指数

加权股票价格指数是根据以各样本股票的发行量或成交量作为权数，将各样本股票的报告期和基期价格与其权数分别相乘后求和，再进行对比计算得出的。

加权股票价格指数分为基期加权股价指数、报告期加权股价指数和几何加权股价指数。

1. 基期加权股价指数

基期加权股价指数是以样本股票基期的成交量或发行量作为权数进行编制计算的，又称拉斯贝尔加权指数或拉氏指数。计算式为

$$I = \frac{\sum p_{1i}q_{0i}}{\sum p_{0i}q_{0i}} \times 基期指数值 \tag{6-6}$$

式(6-6)中，q_{0i} 为第 i 只股票的基期发行量或成交量。

2. 报告期加权股价指数

又称派许加权指数,是以样本股票报告期的成交量或发行量作为权数进行计算的。

计算公式为

$$I = \frac{\sum p_{1i}q_{1i}}{\sum p_{0i}q_{1i}} \times 基期指数值 \tag{6-7}$$

式(6-7)中,q_{1i}为第i只股票报告期的发行量或成交量。

【例6.5】 分别计算表6-1中样本股票的基期加权股价指数和报告期加权股价指数。

解 假设基期指数值为100,则基期加权股价指数为

$$I = \frac{8 \times 1000 + 12 \times 500 + 14 \times 1200 + 18 \times 600}{5 \times 1000 + 8 \times 500 + 10 \times 1200 + 15 \times 600} \times 100 \approx 138.7$$

即以基期成交量为权数,该股票市场报告期价格比基期价格平均上涨了38.7%。

报告期加权股价指数为

$$I = \frac{8 \times 1500 + 12 \times 900 + 14 \times 700 + 18 \times 800}{5 \times 1500 + 8 \times 900 + 10 \times 700 + 15 \times 800} \times 100 \approx 139.5$$

即以报告期成交量为权数,该股票市场报告期价格比基期价格平均上涨了39.5%。

基期加权股价指数和报告加权股价指数的计算结果不完全一样,因为两者采用的权数不同所致。

3. 加权几何股价指数

是对基期加权股价指数和报告期加权股价指数用几何平均数进行平均。

计算公式为

$$I = \sqrt{\frac{\sum p_{1i}q_{0i}}{\sum p_{0i}q_{0i}} \times \frac{\sum p_{1i}q_{1i}}{\sum p_{0i}q_{1i}}} \times 基期指数值 \tag{6-8}$$

该指数由于计算复杂,实际中很少应用。

第二节 中国主要股票价格指数

一、上海证券交易所股价指数

目前,上海证券交易所股价指数系列包括4类10个指数。第1类,成分指数,包括上证180指数,其前身为上证30指数;第2类,综合指数,包括上证综合指数;第3类,分类指数,包括上证A股、上证B股、上证工业类指数、上证商业类指数、上证房地产业类指数、上证公用事业类指数、上证综合业类指数;第4类,基金指数,包括上证基金指数。以上指数中,上证综合指数最常用。

(一)上证综合指数

上证综合指数,是上海证券交易所编制的,以上海证券交易所挂牌上市的全部股票为计

算范围,以发行量为权数的加权综合股价指数。该指数自 1991 年 7 月 15 日起开始实时发布,基准日定为 1990 年 12 月 19 日,基日指数定为 100 点,1992 年 2 月 21 日第一只 B 股上市后,又增设了上证 A 股指数和 B 股指数,分别反映全部 A 股和全部 B 股的股价走势,上证综合指数综合反映上交所全部 A 股、B 股上市股票的股价走势。

上证综合指数计算公式为

$$本日股价指数 = \frac{本日市价总值}{基日市价总值} \times 100$$

市价总值是以股票收盘价乘以报告期股票发行量或成交量,在遇到股票增资扩股时,上述计算公式需作调整为

$$本日股价指数 = \frac{本日市价总值}{新基日市价总值} \times 100$$

上式中,新基日市价总值=修正前基日市价总值×(修正前市价总值+市价总值变动额)/修正前市价总值

该指数包括了挂牌上市的所有股票,所有能全面、准确地反映某个时间点股票价格的全面变动情况,能广泛考虑到行业分布和不同公司的规模,具有广泛的代表性。但该指数的缺点是敏感性较差,不能及时反映主要上市公司股票价格对市场大势的影响,而且只要有新股上市就要计入指数中,使得指数内部结构变动频繁,影响了结构的稳定性和指数前后的可比性。

由于我国上市公司的股票有流通股和非流通股之分,其流通量与总股本并不一致,所以总股本较大的股票对股票指数的影响就较大,上证指数常常就成为机构大户造市的工具,使股票指数的走势与大部分股票的涨跌相背离。

(二)上证 180 指数

上证成分指数(简称上证 180 指数)是对原上证 30 指数进行调整和更名后产生的指数。目的在于通过科学客观的方法挑选出最具代表性的样本股票,建立一个反映上海证券市场的概貌和运行状况、能够作为投资评价尺度及金融衍生产品基础的基准指数。

180 指数选样标准是根据股票在行业内的代表性、规模和流动性来确定的。

180 指数选样方法:

(1) 根据总市值、流通市值、成交金额和换手率对股票进行综合排名。

(2) 按照各行业的流通市值比例分配样本只数。

(3) 按照行业的样本分配只数,在行业内选取排名靠前的股票。

(4) 对各行业选取的样本作进一步调整,使成份股总数为 180 家。

指数的权数及计算公式上证成分指数采用派许加权综合价格指数公式计算,以样本股的调整股本数为权数。

(三)上证 50 指数

上海证券交易所宣布于 2004 年 1 月 2 日发布上证 50 指数。上证 50 指数是从上证 180 指数样本中挑选出规模大、流动性好的 50 只股票组成样本股,综合反映上海证券市场最具市场影响力的一批优质大盘股的整体状况,指数基日为 2003 年 12 月 31 日,基点为 1000

点,采用派许加权方法。

国外及中国香港成熟市场上著名指数所选样本股的总流通市值和成交金额都较大,这是成分股选择中最基本和最核心的标准,也是样本股选择的主流标准。而上证50指数正是从这两个角度来选择样本股的,反映了上证50指数编制方法的国际先进性和科学性。

上证50指数依据样本稳定性和动态跟踪相结合的原则,每半年调整一次成分股,调整时间与上证180指数一致。每次调整的比例一般不超过10%。

二、深圳证券交易所股价指数

(一)深圳综合指数

深证综合指数,是深圳证券交易所编制的,以深圳证券交易所挂牌上市的全部股票为计算范围,以发行量为权数的加权综合股价指数。该指数以1991年4月3日为基日,基日指数定为100点。深证综合指数综合反映深交所全部A股和B股上市股票的股价走势。此外还编制了分别反映全部A股和全部B股股价走势的深证A股指数和深证B股指数。

计算公式为

$$股票价格指数 = \frac{现时采样股总市值}{基期采样股总市值}$$

为了方便工作,后来指数采用"每日连锁法"计算,即

$$今日即时指数 = 上一营业日收市指数 \times \frac{今日现时总市值}{上一个营业日收市总市值}$$

(二)深圳成分指数

深证成分指数,是深圳证券交易所从上市的所有股票中抽取具有市场代表性的40家上市公司的股票作为计算对象,并以流通股为权数计算得出的加权股价指数,综合反映深交所上市A、B股的股价走势。该指数取1994年7月20日为基日,基日指数定为1000点。成份股指数于1995年1月23日开始试发布,1995年5月5日正式启用。

计算公式为

$$即日成分股指数 = \frac{即日成分股可流通总市值}{基期成分股可流通总市值}$$

上式中,成分股可流通总市值=成分股可流通A股总市值+成分股可流通B股总市值

三、沪深300指数

沪深300指数是沪深证券交易所于2005年4月8日联合发布的反映A股市场整体走势的指数。该指数的编制目标是反映中国证券市场股票价格变动的概貌和运行状况,并能够作为投资业绩的评价标准,为指数化投资和指数衍生产品创新提供基础条件。

沪深300指数以规模和流动性作为选样的两个根本标准,并赋予流动性更大的权重。在对上市公司进行指标排序后进行选择,同时规定了详细的入选条件,比如新股上市(除少

数大市值公司外)不会很快进入指数,一般而言,上市时间一个季度后的股票才有可能入选指数样本股;剔除暂停上市股票、ST股票以及经营状况异常或最近财务报告严重亏损的股票和股价波动较大、市场表现明显受到操纵的股票。因此,300指数反映的是流动性强和规模大的代表性股票的股价的综合变动,便于投资者进行跟踪和进行投资组合,保证了指数的稳定性、代表性和可操作性。

沪深300指数在编制过程中采用自由流通量为权数。即剔除不上市流通的股本之后的流通量,就是剔除公司创建者、家族和高级管理人员长期持有的股份、国有股、战略投资者持股、冻结股份、受限制的员工持股、交叉持股后的流通量。这既保证了指数反映流通市场股价的综合动态演变,也便于投资者进行套期保值、投资组合和指数化投资。

沪深300指数每年调整2次样本股。300指数规定,综合排名在240名内的新样本优先进入,排名在360名之前的老样本优先保留。当样本股公司退市时,自退市日起,该股从指数样本中剔除,而由过去最近一次指数定期调整时的候选样本中排名最高的尚未调入指数的股票替代。虽然沪深300指数没有明确的行业选择标准,不过样本股的行业分布状况基本与市场的行业分布状况接近,具有较好的代表性。

由于沪深300指数覆盖了沪、深两个证券市场,具有很好的总体市场代表性,因此在中国股指期货标的指数选择上呼声最高,已经成为中国股指期货的标的物。

四、中国香港恒生股票价格指数

恒生股票价格指数、国企指数以及红筹股指数是中国香港股票市场中3个不同的指数。

恒生指数反映的是香港股市整体走势,恒生红筹股指数则反映香港股市中红筹股的价格走势。按照编制股价指数时纳入指数计算范围的股票样本数量,可以将股价指数划分为全部上市股票价格指数和成分股指数。恒生股票价格指数包括从香港500多家上市公司中挑选出来的33家有代表性且经济实力雄厚的大公司股票作为成份股,包含四大类——4种金融业股票、6种公用事业股票、9种地产业股票和14种其他工商业(包括航空和酒店)股票。

这些股票占香港股票市值的70%左右,因该股票指数涉及香港的各个行业,具有较强的代表性。

恒生股票价格指数的编制是以1964年7月31日为基期,因为这一天中国香港股市运行正常,成交值均匀,可反映整个中国香港股市的基本情况,基点确定为100点。其采取的是报告期加权股票价格指数计算方法,即将33种股票按每天的收盘价乘以各自的发行股数为计算日的市值,再与基期的市值相比较,乘以100就得出当天的股票价格指数。由于恒生股票价格指数所选择的基期适当,基本上能反映整个股市的活动情况。

1985年,恒生指数开始公布4个分类指数,把33种成分股份分别纳入工商业、金融、地产和公共事业4个分类指数中。

课堂讨论　我国的股票指数的波动幅度远大于发达国家市场的股票指数。万德(Wind)数据库对2002年至2008年股票市场的数据统计显示,股票指数的上涨,吸引了大量的个人投资者进入市场,而新资金的加入,又进一步推高了股票价格。随着指数的下跌,投资者却也纷纷采取了回避态度。基金作为机构的主力,也对股票指数产生重大影响。受熊市影响,人们对从事证券投资的开放式基金申购意愿很低,而在大牛市的后期,又出现了人们的疯狂抢购行为。

相对于发达国家的市场,我国证券市场的换手率相当高,但是这种高换手率也存在一定的不均衡的态势。万德(Wind)数据库的统计数据显示,我国投资者参与者股票交易很频繁,且其交易热情呈现出不均衡的态势。换手率与股价指数之间存在明显的同步性,换手率随股指上升而上升,而在熊市阶段,则呈现下降趋势。股票指数和换手率之间存在着一种交互影响的关系。

资料来源: 饶育蕾. 行为金融学[M]. 上海:复旦大学出版社,2010.

讨论:
(1) 投资者的股票买卖行为与股票指数之间有怎样的联系?
(2) 导致我国股票价格指数易波动的因素有哪些?

第三节　国外主要股票价格指数

根据股价指数反映的价格走势所涵盖的范围,可以将股价指数划分为反映整个市场走势的综合性指数和反映某一行业或某一类股票价格走势的分类指数。

一、道·琼斯股票平均价格指数

道·琼斯股票指数是世界上历史最为悠久的股票指数,它的全称为道·琼斯股票价格平均指数。它是在1884年由道·琼斯公司的创始人查理斯·道编制的。其最初的股票价格平均指数是根据11种具有代表性的铁路公司的股票,采用算术平均法进行计算编制而成的。

现在的道·琼斯股票价格平均指数是以1928年10月1日为基数,因为这一天收盘时的道·琼斯股票价格平均数恰好约为100美元,所以就将其定为基准日。而以后股票价格同基期相比计算出的百分数,就成为各期的股票价格指数,所以现在的股票指数普遍用点来做单位,而股票指数每一点的涨跌就是相对于基数日的涨跌百分数。道·琼斯股票价格平均指数最初的计算方法是用简单算术平均法求得,当遇到股票的除权除息时,股票指数就发生不连续的现象。1928年后,道·琼斯股票价格平均指数采用了新的计算方法,即在计点的股票除权或除息时采用连接技术,以保证股票指数的连续,从而使股票指数计算方法得到了完善,并逐渐推广到全世界。

目前,道·琼斯股票价格平均指数共分四组,第一组是工业股票价格平均指数。它由30种有代表性的大工商业公司的股票组成,且随经济变化而发展,大致上反映了各个时期美国整个工商业股票的价格水平,这也就是人们通常所引用的道·琼斯工业股票价格平均数。

第二组是运输业股票价格平均指数。它包括20种有代表性的运输业公司的股票。第三组是公用事业股票价格平均指数，由代表着美国公用事业的15家煤气公司和电力公司的股票组成。第四组是平均价格综合指数。它是综合前三组股票价格平均指数所选用的、共65种股票而得出的综合指数，这组综合指数虽然为优等股票提供了直接的股票市场状况参数，但现在通常引用的是第一组工业股票价格平均指数。

道·琼斯股票价格平均指数是目前世界上影响最大、最有权威性的一种股票价格指数，其股票行情为世界股票市场所瞩目，道·琼斯作为反映美国股市行情变化最敏感的股票价格平均指数之一，是观察市场动态和从事股票投资的投资者的主要参考。从1996年5月25开始，还针对我国的股票市场编制了道·琼斯中国股票指数。截至1998年4月1日，沪、深两市共有88只股票作为其成分股入选，故称为道·琼斯中国88股票指数。

二、标准·普尔股票价格指数

除了道·琼斯股票价格指数外，标准·普尔股票价格指数在美国也很有影响力，它是由美国最大的证券研究机构——标准·普尔公司编制的股票价格指数。该公司于1923年开始编制发表股票价格指数，最初采选了230种股票，编制两种股票价格指数。到1957年，这一股票价格指数的范围扩大到500种股票，分成95种组合。其中最重要的4种组合是工业股票组、铁路股票组、公用事业股票组和500种股票混合组。从1976年7月1日开始，改为40种工业股票、20种运输业股票、40种公用事业类股票和40种金融业股票。几十年来，虽然有股票更迭，但始终保持为500种。

标准·普尔公司股票价格指数以1941年至1993年抽样股票的平均市价为基期，以上市股票数为权数，按基期进行加权计算，其基点数为10。

三、日经平均股价指数

日经平均股价指数是由日本经济新闻社编制并公布的反映日本股票市场价格变动的股票价格平均数。该指数从1950年9月开始编制。最初在根据东京证券交易所第一市场上市的225家公司的股票算出修正平均股价，当时称为"东证修正平均股价"。1975年5月1日，日本经济新闻社向道·琼斯公司买进商标，采用美国道·琼斯公司的修正法计算，这种股票指数也就改称为"日经道·琼斯平均股价"。1985年5月1日在合同期满10年时，经两家商议，将名称改为"日经平均股价指数"。

按计算对象的采样数目不同，该指数分为两种：一种是日经225平均股价指数。该指数以在东京证券交易所第一市场上市的225种股票为样本股，包括150家制造业、15家金融业、14家运输业和46家其他行业股票，样本选定后原则上不更改。由于日经225种平均股价从1950年一直延续下来，因而其连续性及可比性较好，成为考察和分析日本股票市场长期演变及动态的最常用和最可靠的指标。另一种是日经500平均股价指数。该指数从1982年1月4日开始编制，样本股扩至500种，约占东京证券交易所第一市场上市股票的一半，其代表性就相对更为广泛，但它的样本是不固定的，每年4月份要根据上市公司的经营状况、成交量和成交金额、市价总值等因素对样本进行更换。

四、金融时报股票价格指数

伦敦金融时报股票价格指数,是伦敦《金融时报》工商业普通股票平均价格指数的简称。由英国最著名的报纸《金融时报》编制和公布,用以反映英国伦敦证券交易所的行情变动。该指数分三种:一是由30种股票组成的价格指数;二是由100种股票组成的价格指数;三是由500种股票组成的价格指数。通常所讲的英国金融时报指数指的是第一种。该指数以1935年7月1日为基期日,以该日股价指数为100点,以后各期股价与其比较,所得数值即为各期指数,该指数也是国际上公认的重要股价指数之一。

第四节 股指期货

一、股指期货的含义、产生

(一)股指期货含义

股指期货是指以股票价格指数为标的物的期货合约。在交易的时候,买卖双方根据自己的判断,报出不同的股票价格指数作为股指期货的价格,在计算机系统内撮合成交。因此,股指期货买卖的是一定时期后的股票指数价格水平,是投资者对股票价格指数走势的一种预期和判断。在合约到期后,股指期货将通过现金结算差价来进行交割。

(二)股指期货的产生

股指期货是20世纪80年代最成功的金融创新产品。20世纪70年代,美国经济陷入"滞胀",1981年里根总统执政后,采取了强有力的紧缩货币政策,致使美国利率一路高攀。股票价格因此狂跌不止,投资者损失惨重,大批美国投资者几乎丧失对投资信心。为减轻股票价格波动给投资者带来的风险,稳定和发展美国股票市场,发展对投资风险进行管理的金融衍生工具势在必行。股指期货就是在这样的背景下产生并快速发展起来的。1982年2月24日,美国堪萨斯期货交易所首次推出堪萨斯价值线综合指数期货(KCYLIF),标志着股指期货的产生。此后,种类繁多的股指期货合约增长非常迅速,已经成为全球股票市场不可分割的一部分。

二、股指期货特点

(一)股指期货的合约标的物是股票价格指数

与其他期货不一样,股指期货的标的物是股票价格指数,不是一个具体的商品、实物,它代表的是一篮子股票的价格,股指期货的投资者,根据自己对股市走势的预期,报出不同的价格指数作为股指期货的价格来交易。

(二)股指期货的合约价值和乘数大小有关

1手股指期货价值多少不仅和当时股票价格指数的大小有关,还和乘数的大小有关。所谓乘数是交易所制定的一个把指数点换算成金额的指标,股指期货的合约价值是指数点×乘数。例如,如果现在股票价格指数为1400点,合约乘数为100元,1手股指期货合约价值就等于14万元。乘数越大,股指期货的合约价值也越大,开仓时买卖1手股指期货花的钱也越多。

(三)股指期货是现金交易

股指期货不能像商品期货采取实物交割,而是进行现金交割,因为若采取实物交割,则到交割时卖方拿出一篮子股票而买方获得一篮子股票,交易不方便,所以在到期时要进行现金的划转。

三、股指期货交易的作用

1. 股指期货有价格发现功能

期货市场由于所需的保证金低和交易手续费便宜,因此流动性极好。一旦有信息影响大家对市场的预期,会很快地在期货市场上反映出来。并且可以快速地传递到现货市场,从而使现货市场价格达到均衡。

2. 股指期货有风险转移功能

股指期货的引入,为市场提供了对冲风险的途径,期货的风险转移是通过套期保值来实现的。如果投资者持有与股票指数有相关关系的股票,为防止未来下跌造成损失,他可以卖出股票指数期货合约,即股票指数期货空头与股票多头相配合时,投资者就避免了总头寸的风险。

3. 股指期货有利于投资人合理配置资产

如果投资者只想获得股票市场的平均收益,或者看好某一类股票,如科技股,如果在股票现货市场将其全部购买,无疑需要大量的资金,而购买股指期货,则只需少量的资金,就可跟踪大盘指数或相应的科技股指数,达到分享市场利润的目的。而且股指期货的期限短(一般为3个月),流动性强,这有利于投资人迅速改变其资产结构,进行合理的资源配置。

4. 股指期货为证券投资风险管理提供了新的手段

它从两个方面改变了股票投资的基本模式。一方面,投资者拥有了直接的风险管理手段,通过指数期货可以把投资组合风险控制在浮动范围内;另一方面,指数期货保证了投资者可以把握入市时机,以准确实施其投资策略。以基金为例,当市场出现短暂不景气时,基金可以借助指数期货,把握离场时机,而不必放弃准备长期投资的股票。同样,当市场出现新的投资方向时,基金既可以把握时机,又可以从容选择个别股票。正因为股票指数期货在主动管理风险策略方面所发挥的作用日益被市场所接受,所以近二十年来世界各地证券交易所纷纷推出了这一交易品种,供投资者选择。

四、世界主要股指期货的发展

目前,世界主要的股指期货有:标普 500 期指、金融时报 100 期指、恒生指数期货、日经 225 期指、法国证协 40 期指、德国 DAX 期指、韩国 KOSPI200 期指、我国台湾综合期指和印度 SENSEX 期指等。各国股指期货市场发展各具特色。

(一) 美国股指期货的发展

1982 年 2 月,美国堪萨斯市交易所推出了世界首份股指期货合约后,美国股市逐步走出低谷,股指期货也越来越受到投资者的欢迎。美国股指期货交易的主要功能是运用其对冲功能回避或者降低股市投资人的风险。投资者运用期货和期权工具,可组合出近 30 种策略以控制风险。股指期货的推出为做市商提供了一个在不抛出其所持有股票的情况下,规避其投资风险的工具。做市商在降低风险的同时也在现货市场上缩小了股票买入和卖出之间的差价,使股票的价格更合理,有效地提高了期货和现货价格之间关系的稳定性。在美国,股票的卖空机制确实在帮助股指期货实现套保中起到了重要作用。目前,美国市场的股指期货交易依靠的主要是专职套利者的裸卖空活动。美国股指期货市场采用的是二元三级监管模式:二元是指股指期货市场存在两个一级监管部门,即商品期货交易委员会和证券交易委员会;三级是指政府监管、行业自律管理和交易所自我监管三级既分工又协作的监管模式。

(二) 英国股指期货的发展

英国于 1984 年在伦敦国际金融期货交易所推出《金融时报》100 种股票价格指数期货交易。英国股指期货的交易方式与融资融券相似,也有保证金比例要求。此外,英国投资者可用融资融券来做股指期货,即可以采用两个杠杆工具进行投资。在英国,一些信息提供商会定期披露融资融券在股票交易中的比例,这对市场而言是很好的晴雨表。而在特殊情况下,英国监管机构也会对交易进行干涉。英国股指期货市场采用的是一元三级监管模式。该模式最突出特点在于监管权力的集中,在中央政府一级只有一个监管主体,即 1985 年成立的证券投资委员会,1986 年颁布的《金融服务法》,授予证券投资委员会法定权利,对股指期货市场行使政府监管的职能,主要负责发展和完善英国投资行业的监督管理体制,制订有关规章、规则,从业者资格管理等。与美国相比,英国政府对市场干预较少,除了某些必要的国家立法外,政府监管主要通过对行业协会、交易所的监督和指导来保证股指期货市场的正常运转。

(三) 日本股指期货的发展

日本股票指数期货合约首先出现在海外,1986 年 9 月,日经 225 指数期货首先在新加坡金融期货交易所交易。1987 年 6 月 9 日,日本大阪证券交易所推出了以 50 种股票打包组成的股票期货交易。1988 年 9 月,东京证券交易所推出了东证股指期货交易,大阪证券交易所推出了日经平均股价期货交易(日经 225 指数期货)。一开始,日本股指期货交易发展缓慢,直到 1987 年股市暴跌后交易量才迅速发展起来。1992 年日本股市达到历史低点时,日本财务省为了限制股指期货对市场波动性的影响,对股指期货交易采取了惩罚性的措施,提高了股指期货保证金和股指期货佣金，同时加强了对涨跌停板的管理，此后股指期货交易量出现不断下降的局面。日本股指期货市场实行的是多元三级监管模式，政府没有专门设立的统一监督管理全国期货市场的行政主管机构，而是由政府的各相关职能部门依据法律来履行监管期货市场的职能。日本《证券交易法》规定，由大藏省监管金融期货期权市场，其中大藏省证券局主管与证券相关的期货与期权交易，大藏省银行局主管金融期货商品的交易，它们在职能划分上存在着一定的交叉性，需要进行密切的合作。

（四）新加坡股指期货的发展

新加坡国际金融交易所成立于1984年9月，是亚洲最早成立的金融期货交易所，它的成立及其随后开展的业务不仅开创了亚洲金融期货发展的新局面，而且开创了股指期货境外上市的先河。由于新加坡国内资源有限，投资者数量和股指交易品种较少，从成立之初新加坡国际金融交易所就力图发展国际化业务，重点开发了他国股指衍生产品。1986年9月，新加坡推出了世界上首个日本股市指数期货，日经225种股票价格指数期货，也开创了亚洲股指期货交易的先河。1988年9月到11月期间，新加坡相继推出了以摩根士丹利新加坡自由指数为基准的新加坡股票指数期货合约、以道·琼斯马来西亚指数为基准的马来西亚股票指数期货合约和以道·琼斯泰国股票指数为准的泰国股票指数期货合约这三种股指期货合约。这些成就强化了新加坡作为亚洲主要股票指数衍生产品交易中心的地位。据统计，新加坡衍生品交易约有80%以上来自美国、欧洲、日本等新加坡本土以外的投资者。

（五）中国香港股指期货的发展

香港期货交易所于1986年5月推出恒生指数期货合约，于1993年3月推出恒生指数期权合约，2000年10月推出小型恒生指数期货合约，2001年5月推出MSCI中国外资自由投资指数期货，以及道·琼斯工业平均指数期货。这些合约为投资者提供了有效的管理投资组合系统风险工具和捕捉指数套利的机会。不断创新并推出适合市场的产品是香港股指期货市场成功的重要原因之一。香港股指期货市场既吸收欧美先进经验，同时又具有一些与欧美市场不同的特点。一是本地个人投资者是香港指数期货最主要的市场参与者，海外投资者也占相当的比重；二是套利交易比例偏低，纯粹的套利交易所占比例不到10%，而套期保值的对冲交易却占比超过90%，显示出恒生期指无论在合约设计还是交易监管上都已日臻成熟。

（六）韩国股指期货的发展

韩国在1996年推出其股指期货——KOSPI 200时就确定了较高的交易单位和最低保证金要求，不鼓励个人投资者过分参与市场，市场设计以机构投资者为主体。在市场顺利运作几年后，才逐步放宽限制，吸引中小投资者参与交易。这对我国股指期货的发展有很积极的借鉴意义，我国可在市场运行一段时间之后，适当缩小合约规模，或推出小型指数合约，吸引中小投资者入市。

新兴市场虽然在股指期货的推出上起步较晚，但增长势头相当迅猛。根据世界交易所联合会的统计，2009年印度S&P CNX Nifty指数期货，俄罗斯RTS指数期货，韩国KOSPI 200指数期货分别位居全球股指期货合约交易量的第三、四和五位。尤其是韩国，在股指期货的发展中政府起了很重要的引导作用，值得我国借鉴学习。在俄罗斯、匈牙利、波兰等转轨经济国家均已开设了股指期货交易后,南美的巴西、智利等国也成功地推出了各自的股指期货合约。

【资料链接】6-2　　　　　韩国股指期货的发展中政府的作用

> 韩国发展股指期货最根本的经验是政府的积极引导和大力支持。无论是从最开始对股指期货的引入、市场的逐步发育,还是法律的完善和监管制度的设计,政府都发挥了主导作用。
>
> 韩国从1984年开始对衍生产品的研究,到1994年完成标准指数的开发,到1996年5月3日推出了KOSPI 200股指期货品种,整整花了近12年时间。在期货市场开设之初,韩国政府通过较高的交易单位和最低保证金限制个人投资者参与。1996年KOSPI 200日均交易量达3670张合约,金额达1574亿韩元,在交易量中,证券公司占80.67%,个人投资者占12.01%,外国投资者为3.02%。随着期货市场的成熟,最低保证金的要求从5000万韩元降至1000万韩元,逐步普及到中小投资者,2005年个人投资者的比例占到44%,个人投资者所占比例较高是韩国股指期货区别于其他发达国家的一个特色。韩国政府在健全法律法规,提高监管水平,加强风险管理方面也做了大量的工作。1987年修改了证券法,为股指期货的实施提供了法律依据。1993年成立的期货期权委员会,为金融衍生品的推出做准备,并在1995年12月出台了期货交易法,2000年12月29日对期货交易法再次进行修订,金融和经济部作为最高政府部门监管股指期货市场,证券交易委员会负责对衍生品的审批和不公平交易的监管等。证券交易所则是作为一个维护公平、有序市场和负责清算交割等工作的自律组织。
>
> 资料来源:根据私募排排网相关资料整理。

五、股指期货的发展对我国的意义

2010年4月16日,在酝酿了4年之久以后,我国内地首批四个沪深300股指期货合约正式上市交易,标志着我国金融衍生品市场建设迈出了重要一步。

我国市场发展股指期货对我国股票市场、金融资本市场的发展具有深远意义。

(一)我国股指期货的发展意义

1. 规避股票市场系统性风险

作为新市场,我国股票市场的波动幅度、频率要明显大于承受市场,意味着市场在提供更多收益机会的同时,也蕴含着更多、更大的风险。虽然潜心选择绩优成长股和进行股票的组合投资,能规避市场的非系统性风险,但无法防止市场系统性风险,随着市场规模的扩大,市场系统性风险更大。系统性风险在我国股票市场中占据主导地位,使得在我国股市中以投资组合来分散风险难以奏效。如何规避高比重的风险,已经成为我国股票市场发展必须解决的问题,探讨发展股指期货市场,为解决这一问题提供了途径,投资者可以通过股指期货市场规避系统性风险。

2. 多样化机构投资者投资组合

在成熟的证券市场上,机构投资者(包括投资基金)成为市场的主力军,投资者通过种种基金间接参与证券市场,养老、保险基金等也把证券市场作为投资组合的重要部分,从而使证券市场容量和流动性大,市场稳定有序。我国证券市场非系统性风险占投资总风险的比例小,机构投资者的优势在于用投资组合来降低投资风险,在这种情况下,即使非系统性风险被完全分散掉,投资者仍需承受相当高的系统性风险,他们通过股票市场本身分散风险的优势将明显被弱化,有了股指期货后便可以为机构投资者优化投资组合,抵消一部分系统性风险。

3. 稳定股票市场

保护长线投资者利益,减轻股票市场卖压,树立正确的投资理念,保持股票市场的稳定性是股票市场发展的重要保证。目前,我国股市投机气氛极浓,很少有人长期持股,行情看涨时众多投资者一起入市进行炒作,没有行情时便纷纷抛售股票,造成股价大起大落;或者缺乏理智而造成心理恐慌。如果推出股指期货交易,长线投资者为避免股票下跌带来的损失可卖出股指期货合约进行套期保值,从而锁定持股成本,提高持股信心。而且当股票市场的价格因某种价格形成机制上的原因而缺乏理性时,股指期货自身的功能会抑制这种非理性倾向,促使股价向理性回归。

30多年来世界金融期货市场的持续快速发展说明,推出金融期货确实对股票现货市场的健康发展有着长期的推动作用。对于广大的投资者而言,股指期货的出现可以更好地对冲现有股市中存在的系统风险,保证投资者获得稳固的收益;对于机构投资者而言,股指期货能够对冲大头寸带来的风险,为机构投资者提供良好的制度保障。随着股指期货的正式推出,我国股票市场发展将进入新的历程,我国金融市场的深刻变革也将由此开始。

(二)我国股指期货发展的对策建议

1. 更好地发挥股指期货对冲风险的功能

从国际资本市场创新产品发展来看,经历了一个从满足市场融资需求为主到满足投资与风险管理需求为主的变化过程。作为我国重要的创新产品,股指期货的推出为投资者规避股票市场的系统性风险提供了良好的金融工具。目前,国际热钱正通过各种渠道和途径涌入我国。股指期货推出后,热钱会以各种契机,以资金、持仓、信息优势操纵股市,再利用股指期货等衍生品的杠杆效应,获取巨额利润。因此,必须实行强有力的跨市场协调监管,发挥股指期货对冲风险的功能。

2. 构建适应我国股指期货市场的监管模式

美国、英国和日本股指期货市场监管模式方面有各自的成功经验。结合我国的国情,首先要加快股指期货市场的法律法规建设,尽快制定期货交易相关法律,保证其有效性和前瞻性,对政府监管和行业自律之间的关系进行明确界定,对股指期货交易的主体资格、股指期货合约标准、交易规则、监控机制等方面作出明确的规定,坚持和维护期货市场统一管理的监管体制。增强法律的可操作性,完善风险控制体系,规范股指期货交易行为,保护投资者的合法权益,以促进股指期货市场的健康发展。

3. 更好地发挥股指期货的价值发现功能

股指期货合约价格是现货市场的定价标杆,是对未来股价水平的理性预期。股指期货特别是远期合约,可以更从容、理性地判断未来股价走势,通过价格发现机制形成远期价格。为了更好地发挥股指期货的价值发现功能,要力求使交易规则公开公正,交易过程高度透明,要有大量的、合格的、理性的机构投资者参与股指期货市场,才能有效促进价格功能的正常发挥。因此,未来我国的股指期货市场应借鉴美国市场模式,以机构投资者为主,避免过度投机行为的发生。

4. 逐步扩大股指期货层面

在成熟的欧美市场,私募基金、共同基金、养老基金等众多实力雄厚的机构投资者在指数期货的投资中扮演着主要角色,公众投资者可以通过机构投资者间接享受到股指期货套期保值策略和盈利新模式所带来的好处,自身的财产性收入也会不断提高。

本章小结

◆ 内容摘要

1. 指数是测定多项内容综合变动的相对数,它有狭义和广义之分。广义指数是泛指社会经济现象数量变动的比较指标。狭义指数仅指反映不能直接相加的复杂社会经济现象在数量上综合变动情况的相对数。指数从不同角度可以分为个体指数与总指数、数量指标指数与质量指标指数、简单指数与加权指数、定基指数与环比指数等。

2. 股票价格指数是衡量股票市场上股票总体价格水平及其变动趋势的一种动态相对数指标。股票价格指数的编制包括选取有代表性的股票,计算报告期的平均股价或市值,并做必要的修正和调整计算及股票价格指数。

3. 股票价格指数的计算方法包括简单算术股票价格指数和加权股票价格指数。

4. 简单算术股票价格指数有两种编制方法:平均法和综合法。平均法就是先计算各单个样本股票的个体价格指数,再算它们的算术平均数。综合法是先将样本股票的基期和报告期价格分别加总,再对比求出股票价格指数。

5. 加权股票价格指数有基期加权和报告期加权两种。基期加权股价指数是以样本股票基期的成交量或发行量作为权数进行编制计算的,又称拉斯贝尔加权指数或拉氏指数。报告期加权股价指数又称派许加权指数,是以样本股票报告期的成交量或发行量作为权数进行计算的。

6. 国内主要股票价格指数主要有上证综合指数、上证180指数、上证50指数、深证综合指数、深证成分指数及沪深300指数。国际股票价格指数主要有道·琼斯股票指数、标准·普尔股票价格指数、日经平均股票价格指数、香港恒生股票价格指数及伦敦金融时报股票价格指数。

7. 股指期货是指以股票价格指数为标的物的期货合约。2010年4月16日,我国首批沪深300股指期货合约正式上市交易。股指期货的出现可以更好地对冲现有股市中存在的系统风险,多样化机构投资者投资组合,稳定股票市场。

◆ 关键词

指数　股价平均数　简单股票价格指数　基期加权股票价格指数　报告期加权股票价格指数 上证综合指数　深证成分指数　沪深300指数　股指期货

◆ 思考题

1. 什么是指数?它有哪些不同的分类?
2. 对简单算术股票价格指数和加权股票价格指数的计算进行比较。
3. 国际上主要股票价格指数有哪些?国内主要股票价格指数有哪些?
4. 股指期货的发展对我国有何意义?

A股"入摩"又"入富"

2018年9月27日，又是中国资本市场一个值得载入史册的日子。当天，全球第二大指数公司富时罗素宣布，将A股纳入其全球股票指数体系，A股分类是次级新兴市场，从2019年6月开始将A股纳入次级新兴市场。与此同时，明晟公司发布公告称，考虑进一步调高A股在MSCI指数中的权重，将MSCI中国A股大盘指数纳入因子从5%提高至自由流通调整后市值的20%。富时罗素国际指数和MSCI新兴市场指数一样，都属于国际上最大的指数之一，有众多的资金盯住这个指数来进行配置。机构人士认为，上述举措有望为A股市场带来数千亿元长期资金。

富时全球股票指数体系是富时罗素指数公司的旗舰指数体系，包含46个不同国家或地区的约7400只股票，占全球可投资市场总市值的98%，细分为发达、先进新兴、次级新兴市场3个层面，其中与中国A股相关的核心指数是富时新兴市场指数。富时罗素指数在欧洲很有影响力，具有欧洲特色，富时罗素指数纳入A股与沪伦通形成呼应，便利了欧洲资金投资中国，为欧洲投资者提供了新的标的。

经过40多年发展，MSCI旗下各项指数已成为绝大多数国际投资者的风向标，一只股票被纳入某一重要的MSCI基准指数意味着可能带来相当可观的被动买盘。根据MSCI官网数据，目前全球排名前100家的资产管理者中，有97家是其客户。MSCI数据显示，跟踪MSCI新兴市场指数以及全球市场指数投资的资金大约在1.6万亿美元和3.2万亿美元。另外，新兴市场指数所跟踪的标的，约占MSCI全球市场指数所跟踪标的市值的12%。

2018年8月，MSCI发布8月指数评估报告称，将实施中国A股纳入MSCI指数的第二步，把现有A股的纳入因子从2.5%提升至5%。兴业证券策略团队测算，基于2.5%的纳入比例，或将有90亿美元（约合572亿元人民币）的资金流入；基于5%的纳入比例，或将有180亿美元（约合1145亿元人民币）的资金流入。一位机构人士认为，保守估计预计将有4900亿元的资金流入。

对于富时罗素成功纳入A股，将带来多少海外资金？机构人士认为，据富时罗素估计，跟踪全球指数和全球新兴市场指数的被动基金中，约有40%以富时罗素指数体系为基准，60%以MSCI指数体系为基准，按照富时罗素CEO的表态，预计富时罗素引入资金将与MSCI引入资金相当，约为1000亿元。

资料来源：根据新浪财经网（https://finance.sina.com.cn，2018-09-27）相关资料整理。

试根据以上案例分析：

1. 市场低迷之际，外资为何纷纷看好A股？
2. "入摩""入富"对中国资本市场有何积极意义？

训练：股票价格指数的相关计算。

搜集若干只股票在基期及报告期的股票价格及交易量，尝试用基期加权股票价格指数和报告期加权股票价格指数的方法计算其股票价格指数，并分析这些股票的平均价格走势情况。

第七章 证券投资基本分析

- 理解基本分析的概念。
- 了解宏观经济分析的内容。
- 了解行业分析的内容,掌握行业投资的决策。
- 了解公司分析包含的内容,掌握财务指标分析的应用技巧。

"证券分析之父"——本杰明·格雷厄姆

价值学派的鼻祖,被誉为"证券分析之父"的本杰明·格雷厄姆将证券投资定义为:根据详尽的分析,本金安全和回报满意、有保证的操作。格雷厄姆对证券投资的认识可以从以下几个方面来理解:

1. 证券投资是一个复杂的操作过程

格雷厄姆说:"投资是一项操作,而不是一种证券或一次购买。"他认为的"操作"是一个系统、复杂的决策过程与执行过程,而不是单纯的买入;同时,某一种证券具有内在投资特征也是不对的,债券、股票等在某一价位上可以是投资工具,在另一价位上则是投机工具,价格自始至终都是影响证券投资的基本因素。

2. 证券投资强调投资组合

格雷厄姆说:"一组证券是投资,单独购买则不够安全。"即价值学派强调本金的安全性,认为要达到投资的最低要求,必须进行多样化组合以降低单个证券的风险。(本书第九章证券投资组合管理即是论述相关思想。)

3. 证券投资不以时间长短来衡量

格雷厄姆说:"快速获利也可以是投资。"即证券投资主要根据市场价格与内在价值的偏离情况进行交易,内在价值高于市场价格时买入;内在价值低于市场价格时卖出。在这一操作中是不以时间长短来衡量的,时间持有较长可能是投机失败而持有;时间较短则可能是投资思想而进行的操作。

4. 证券投资要合理地设定投资目标

格雷厄姆说:"无论盈利多少,只要投资者肯接受,都是投资。"即不以盈利的多少来衡量投资,只要投资者肯接受,盈利多少都是满意的回报。

5. 套利和对冲操作属于投资

格雷厄姆说:"应该把套利和对冲操作归于证券投资的范畴。"即在买入某些证券的同时卖出另一些证券,在这一类操作中,安全性是通过买入和卖出结合在一起而得到保障的,这是对常规认识上证券投资的合理延伸。

资料来源: 根据百度文库网资料整理而成。

第一节 证券投资基本分析概述

一、基本分析法的概念

基本分析法主要是通过对决定股票投资价值及价格的基本要素的分析,评价股票的投资价值,判断股票的合理价位及其变动趋势,提出相应的投资建议的一种分析方法。

股票是一种所有权证书,它代表持有人对发行股票的公司的所有权股份。股票本身没有价值,也没有价格,是一种虚拟资本。它之所以有价值和价格,是因为它代表了一定量的资本。从本质上讲,股票价格反映了股份公司的实力。对决定股票投资价值及价格的基本要素进行分析,实际上是对影响或反映上市公司实力的各种因素进行分析。如对国际形势、国家的宏观经济状况、经济政策走势、行业发展状况、产品市场状况、公司销售和财务状况等要素进行分析。这些因素通过影响或反映上市公司自身的实力,从而决定了股票的投资价值和价格。基本分析法就是通过对这些基本因素的分析,评价股票的投资价值和价格。此外,由于这些因素还会改变股票市场的供求关系,从而也可以影响股票的价格及其变动趋势。因为,尽管股市价格千变万化,但作为一种商品,股票的价格归根结底也是由股票市场的供求关系决定的。在股票市场上,当众多购买者相互竞购某一股票时,则该股票需求量增加,出现供不应求的局面,股票价格必然上涨;反之,当众多持股者竞相抛售某一股票时,则该股票供给量增加,出现供大于求的局面,股票价格必然下跌。基本分析法就是通过对影响股市供求关系的这些基本因素的分析,把握股市的供求关系及股票价格的变动趋势,以获得尽量大的投资收益。

二、基本分析法的理论基础

股票投资分析的理论基础主要包括以下 7 个方面:

1. 经济学

包括宏观经济学和微观经济学。它所揭示的各经济主体与国民收入、经济增长速度、通货膨胀、物价指数、投资规模、进出口和居民消费等经济变量之间的关系的原理,为探索经济变量与股票价格之间的关系提供了理论依据。

2. 财政学与金融学

财政政策和货币政策直接影响股票市场价格。财政学与金融学所揭示的政府支出、税率、财政赤字、政府债务规模等财政政策指标与货币供给、利率、汇率、贷款规模和结构等货币政策指标以及它们之间相互关系的原理,为探索财政政策和货币政策与股票价格之间的关系提供了理论依据。

3. 财务管理学

财务管理学所揭示的上市公司的财务状况,直接反映了上市公司的实力,为探索上市公司财务状况与股票投资价值和价格之间的关系提供了理论依据。

4. 投资学

投资学所揭示的投资价值、投资风险、投资回报率等对股票价格有重要影响,对评价和预测股票价值和股票价格具有重要的指导作用。

5. 政治学

股票价格不仅受经济因素的影响,也受政治因素的影响。政治学所揭示的有关政治规律的基本原理,对预测股票价格有重要的指导作用。

6. 哲学

哲学是凌驾于各个学科之上的一门学科。它所揭示的哲学思想、哲学观点等对股票投资者进行股票操作具有很大的指导作用。

7. 心理学

股票投资在很大程度上取决于人的心理素质。心理学所揭示的有关心理行为的一般规律和基本原理,对股票投资者合理调整心理预期具有重要指导作用。

三、基本分析法的内容

基本分析法主要包括三个方面的内容:

1. 宏观经济分析

主要探讨宏观经济运行状况和宏观经济政策对股票投资活动和股票市场的影响。宏观经济运行状况主要通过一系列经济指标来反映。根据经济指标与股票价格变化的一致性,经济指标可分为3类:

(1)超前性指标。主要包括货币供应量、利率水平、消费者预期、企业投资规模、主要生产资料价格和股票价格指数等指标。这些指标的变化先于股票价格的变化,可以对将来的经济状况提供预示性的信息,有助于对股票价格的变化进行分析和预测。

(2)同步性指标。主要包括国民生产总值、失业率和社会商品销售额等指标。这些指标的变化与股票价格的变化基本趋于同步,它们所反映的是国民经济正在发生的变化,并不预示将来的变动。

(3)滞后性指标。主要包括银行短期商业贷款利率、银行未收回贷款规模和优惠利率水平等指标。这些指标的变化一般滞后于股票价格的变化,它们所提供的经济信息相对滞后。对股票价格有重要影响的宏观经济政策主要包括:货币政策、财政政策、产业政策、股市政策、收入分配政策和利率与汇率政策等。在股票投资领域,宏观经济分析是非常重要的。只有把握住经济发展的大方向,才能作出正确的长期投资决策;只有密切关注宏观经济因素的变化,才能抓住市场机遇。

2. 中观经济分析

主要探讨产业和区域经济对股票价格的影响。产业分析主要探讨产业所属的市场类型、所处的生命周期、影响产业发展的因素以及产业业绩对股票价格的影响。区域经济分析主要探讨区域经济因素对股票价格的影响。产业分析对股票投资分析有着十分重要的意义。产业的发展状况对于该产业上市公司的影响十分巨大。从某种意义上说,投资于某上市公司,实际上就是以某产业为投资对象。在国民经济中,一些产业与整个国民经济保持同步增长,另一些产业的增长率高于整个国民经济的增长率,还有一些产业则滞后于整个国民经济的增长。鉴于此,若选择某企业作为投资对象,必须研究其所属产业的发展状况。另外,上市公司在一定程度上还受到区域经济的影响。分析区域经济对选择股票投资对象具有十分重要的作用。这对区域经济发展不平衡的我国尤为重要。

3. 微观经济分析

主要是对上市公司的成长周期、内部组织管理、发展潜力、竞争能力、盈利能力、财务状况及经营业绩等进行全面分析。微观经济分析是基本分析法的重点。如果没有对发行股票的上市公司的基本状况进行全面分析,就不可能准确地预测特定股票的价格及其变动趋势,也就不可能准确地选择股票投资对象。

此外,基本分析法还包括国际国内的政治局势分析和心理因素分析等。

四、基本分析法的优缺点和适用范围

1. 基本分析法的优点

(1) 注重宏观环境的分析,对长期投资者十分重要。因为宏观环境对股票供求关系的影响是长期的、潜在的,主要影响股票价格的长期趋势。

(2) 有助于投资者进行个股选择。上市公司的行业状况、利润、资产净值、前景等直接反映了个股情况,对此进行基本分析,有助于投资者进行个股选择。

(3) 应用起来比较简单。

2. 基本分析法的缺点

(1) 预测的时间跨度相对较长,对把握整个股市的近期走势作用不大。美国华尔街股市老手柴为格(Martin Zweig)认为,基本分析虽然对选股很重要,但却对预测股市近期走势帮助不大。选股时,对基本因素的考虑约占80%,而在预测股市近期大势时,对基本因素的考虑不超过5%。

(2) 预测的精确度相对较低。

3. 基本分析法的适用范围

总体上而言,基本面分析只适用于大势的研判,而不适用于具体入市时机的决断,相对适用于周期相对较长的个别股票价格的预测和相对成熟的股票市场。

第二节 证券投资的宏观分析

一、经济周期与股价运行

（一）经济周期的定义

科学研究和实践证明，宏观经济走势呈螺旋式上升、波浪式前进，具有周期轮回的特征。宏观经济的这种周期性波动，被称为经济周期。经济学家给经济周期下的定义是"经济水平的一种波动，它形成一种规律性的模式，即先是经济活动的扩张，随后是收缩，接着是进一步扩张，呈现出周期性的波动"。经济扩张到一定程度必然会出现繁荣，经济收缩到一定程度必然会发生萧条，因此经济周期是经济繁荣与萧条的交替。

（二）经济周期不同阶段的股价表现

经济周期是一个连续不断的过程，表现为扩张和收缩的交替出现，对股市走势的影响可以从经济周期四个阶段的运行轨迹来分析。

1. 萧条阶段

这一阶段的经济活动低于正常水平的阶段，此时，信用收缩，消费萎缩，投资减少，生产下降，效益滑坡，失业严重，收入相应减少，悲观情绪笼罩着整个经济领域。在股市中，利空消息满天乱飞，市场人气极度低迷，成交萎缩频创地量，股指不断探新低，一片熊市景象。当萧条到一定时期，人们压抑的需求开始显露，企业开始积极筹划未来，政府为了刺激经济增长，出台放松银根及其他有利于经济增长的政策。由于对经济复苏的预期，一些有远见的投资者开始默默吸纳股票，股价再缓缓回升。

2. 复苏阶段

该阶段是萧条与繁荣的过渡阶段。各项经济指标显示，经济已开始回升，公司的经营转好，盈利水平提高，因经济的复苏使居民的收入增加，加之良好预期，流入股市的资金开始增多，对股票的需求增大，从而推动股价上扬。股市的获利效应使投资者对股市的信心增强，更多的居民投资股市，形成股价上扬的良性循环。

3. 繁荣阶段

这一阶段，信用扩张，消费旺盛，生产回升，就业充分，国民收入增长，乐观情绪笼罩着整个经济领域。在股市中，投资者信心十足，交易活跃，成交剧增，股价指数屡创新高，当经济繁荣达到过热阶段时，政府为调控经济会提高利率实行紧缩银根的政策，公司业绩会因成本上升收益减少而下降，股价上升动力衰竭。此时股价所形成的峰位往往成为牛市与熊市的转折点。

4. 衰退阶段

该阶段，国民生产总值开始下降，股价由繁荣末期的缓慢下跌变成急速下跌，由于股市的总体收益率降低甚至低于利率,加之对经济的预期看淡,人们纷纷离开股市,股市进入漫长的熊市。

二、通货膨胀、紧缩与股价运行

货币发行量的多少有个度的限制,超过商品、劳务等流通需要的货币现象成为通货膨胀,相反,货币供应量不能满足实际流通需要的货币现象我们通常称之为通货紧缩。适中的货币供应量是各国政府当局追求的理想目标。

在通货膨胀初期,对上市公司来说,企业销售增加,同时因为以低价原材料生产的库存产品成本较低,公司利润会有较大幅度的增长。在通货膨胀初期商品价格全面上涨时,生产资料价格一般领涨于其他商品价格,而这些生产生产资料(如建材、钢铁等)、生活必需品上市公司的股票上涨领先于其他公司的股票。在通货膨胀后期,通货膨胀的持续会导致生产要素价格大幅上扬,企业成本急剧增加,上市公司盈利减少,这直接导致市面人气低落。同时因通货膨胀加剧了各种社会经济矛盾,政府为抑制严重的通货膨胀将采取紧缩性的货币政策,大幅度提高利率。由于股票投资收益率的相对下降,投资者纷纷抽资退出股市,对股票的需求减少,从而股价下跌。通货紧缩反映到股市上,一方面上市公司因投资减少,销售下降,盈利水平大受影响,经营业绩出现滑坡;另一方面投资者因收入的减少及对经济前景悲观而减少投入股市的资金,表现在股票市场上投资者或因对股市后市信心不足而抛售股票,或采取观望态度。

【资料链接】7-1 通货膨胀与股价运行——20世纪90年代初的中国股市

> 1988年我国商品零售价格指数达到高峰后下降,在1990年达到了低谷,随后开始进入新一轮的通货膨胀。物价指数由1990年的2.1%上升到1991年的2.9%,此时我国股市刚刚建立,随着通货膨胀的走高,股价指数逐步上升。1993年我国出现了经济过热,进入了严重的通货膨胀时期,这一年的物价指数高达13.2%,是1992年涨幅的1.44倍,是该轮经济周期中涨幅最大的一年。1993年我国沪市股价指数也达到了1558.95点的高点。随后国家采取严厉的宏观调控手段抑制通货膨胀。由于物价上涨的惯性,1994年的零售物价指数再创新高,达21.7%,但涨幅比1993年下降了55.5%。我国股市则踏着通货膨胀的节拍步入长达3年的熊市。

三、国际收支状况与股价运行

国际收支状况对股票市场的影响主要体现在国际收支总额的平衡状况上。如果一国国际收支状况逆差增加,本币贬值,外币升值,国内资金持有者和外国投资者为防范汇率风险,纷纷卖出本币买入外币,国内资本外流,股市中资金抽出,这时股票价格一般看跌。但对于不同类型的企业,其影响不同。对于出口型企业来说,本币贬值,外币升值,意味着在国际市场的竞争力加强,市场扩大,销售收入提高,从而使企业经营业绩提高,股票价格自然上扬;相反,依赖于进口的企业成本增加,利润受损,股票价格下跌。如果一国国际收支状况顺差增加,本币升值,外币贬值会吸引外国资本涌入本国,有一部分进入股市,这时股票价格一般看涨。此时出口型企业股票价格会下跌,进口型企业股票价格会上涨。当然如果顺差过大,就会造成外汇储备增加,本币投放增加,通胀压力增大。同时长期顺差难免会带有投机资本混杂其中,一旦发生逆向流动,难免会使经济波动,甚至发生金融危机。总的来说,国际收支状况变化肯定会通过货币数量效应与企业效益效应来影响证券市场。

四、财政政策对股价的影响

一国政府运用财政政策来影响国民经济,一方面可以通过"自动稳定器",即财政政策系统本身存在的一种防御各种干扰因素对国民经济冲击的机制,能够在经济繁荣时自动抑制膨胀,在经济衰退时减轻萧条,通过这种内在的稳定器调节社会供需,减轻经济波动;另一方面通过"相机抉择"发挥财政政策的职能。自动稳定器虽然在起作用,但作用有限,要确保经济稳定,还需政府运用财政政策工具,从经济形势出发,主动采取一些财政措施,使总供需平衡。

(一)宽松的财政政策对股票价格的影响

总体上讲,宽松的财政政策会促使股价上涨。

1. 减少税收对股价的影响

对于上市公司,减税会直接减少支出增加税后利润,每股税后收益增加,这使股票更"值钱",股票的交易价格也将上涨。上市公司税后收益增加,企业投资增加,进而带动社会整体需求增加,促进经济增长,使企业利润进一步增加,股票价格将长期走牛。对于社会公众,降低税收、扩大减免税范围,在增加了社会公众收入的同时也增加了投资需求和消费需求,增加投资需求会直接加大对股票的需求,而增加消费需求会带动社会整体需求增加,因此,减税有利于股票价格上涨。

2. 增加政府支出对股市的影响

加大政府的财政支出与财政赤字,通过政府的投资行为,增加社会整体需求,扩大就业,刺激经济的增长,这样企业利润也将随之增加,进而推动股票价格上涨。在经济的回升中,居民收入增加,居民的投资需求和消费需求也会随之增加,前者会直接刺激股价上涨,后者会间接促使股价步入上升通道。

3. 国债发行对股价的影响

一国政府运用国债这个政策工具实施财政政策时,往往要考虑很多的因素。实施宽松的财政政策,从增加社会货币流通量这个角度出发,往往会减少国债的发行;从增加政府支出及加大财政赤字这个角度出发,又会增加国债的发行。减少国债的供给,社会货币流通量增加,在股票总供给量不变或变化较小时会增加对股票的需求,使股价上涨。但减少国债发行又会影响到政府的支出,给国民经济及股市上涨带来负面影响。增加国债的发行一方面导致证券供应的增加,在证券市场无增量资金介入的情况下,就会减少对股票的需求,引起股票价格下跌;另一方面又会增加政府的支出,刺激国民经济增长,有利于股价上涨。因此国债的发行对股价的影响十分复杂,不能单纯地从一个角度来分析国债发行对股价的影响。

(二)紧缩的财政政策对股票价格的影响

紧缩的财政政策对股价产生的影响与宽松的财政政策正好相反,从总体上抑制股价上涨。

五、货币政策对股市的影响

(一) 货币政策手段及功能

政府实施货币政策,西方国家主要采用法定存款准备金率、再贴现及公开市场操作等手段,我国主要采用中央银行对商业银行的贷款限额(1998年取消)、法定存款准备金率、利率、再贴现、公开市场操作等手段。

(二) 货币政策的运作及对股票价格的影响

总的来说,宽松的货币政策将使股价上涨,紧缩的货币政策将使股价下跌。

1. 宽松的货币政策对股市的影响

(1) 存款准备金率、再贷款利率、再贴现率下调对股市的影响。存款准备金率、再贷款利率、再贴现率下调,增加了商业银行的资金头寸,使商业银行可贷资金充裕,为上市公司提供良好的融资环境。一方面有利于上市公司获得更多的贷款进行资产重组,摆脱经营困境,增加营业利润,为股价盘升奠定坚实的基础;另一方面,上市公司拥有多个融资渠道,就会减轻对股民的配股压力,使二级市场资金更为宽裕,也有利于股价震荡上行。

(2) 公开市场业务对证券市场的影响。政府如果通过公开市场购回债券来增大货币供应量,则一方面减少了国债的供给,从而减少证券市场的总供给,使得证券价格上扬,特别是被政府购买的国债品种(通常是短期国债)其价格上扬幅度将更大;另一方面,政府回购国债相当于向证券市场提供了一笔资金,这笔资金最直接的效应是提高对证券的需求,从而使整个证券市场价格上扬。可见公开市场业务的调控工具最先、最直接地对证券市场产生影响。

(3) 降低利率对股市的影响。在货币政策工具中,利率的调整对股价的影响最直接、力度最大。

降低利率,投资于股票的机会成本降低,从而会直接吸引储蓄资金流入股市,导致对股票需求增加,刺激股价长期走好。降低利率,企业借款成本降低、利润增加,股价自然上涨。降低利率,股票理论价格提高,市场平均市盈率提高,为股价上涨从理论上提供依据。

2. 紧缩的货币政策对股市的影响

紧缩的货币政策对股市的影响与宽松的货币政策对股市的影响正好相反,从总体上抑制股价上涨。

六、收入政策对证券市场的影响

着眼于短期供求总量均衡的收入总量调控通过财政、货币政策来进行,因而收入总量调控通过财政政策和货币政策的传导对证券市场产生影响。

随着社会主义市场经济体制的建立和完善,我国收入分配格局(即结构)发生了根本性的变化。农民收入增加,城镇居民收入增加,企业留利增加,国家财政在总收入中的比重逐步下降,从而导致了我国民间金融资产大幅度增加,并具有相当规模。随着收入分配的进一步完善,这种增加的趋势是十分明显的。由于社会积累资金向民众倾斜,向社会分散,这部分资金必然要寻找出路,或者储蓄,或者投资。由于资金分散,直接的实业投资很难普遍进行,大部分投资需借助于金融市场来实现。民间金融资产的增大,社会总积累向社会分配的趋向,将导致储蓄增加,同时增加证券市场需求,促进证券市场规模的发展和价格水平的逐步提高。

七、政治及其他因素对股价的影响

1. 国际形势的变化

国际形势缓和有利于经济的发展,作为经济"晴雨表"的股市会趋于上涨;反之,国际形势紧张则不利于股市上涨。而一国股票市场受国际形势变动的影响与该国经济开放程度有关。一国经济开放程度越高,国内股市受国际形势影响越大,反之则小。但当今世界经济一体化步伐加快,国与国之间的经济交往越来越密切,任何一个国家的股票市场都很难不受国际形势的影响。

2. 国内政局及重大政治事件

国内政局的稳定有利于该国股票市场的平稳发展;反之,国内政局不稳,则不利于该国股市的发展,易引发股市下跌。如1999年俄罗斯政府总理人选几经更迭,造成政局动荡不安,给该国股市产生极大的压力。而突发性的政治事件也会对股票市场产生重大影响。

3. 战争

战争使一国政局不稳、经济倒退、人心动荡,相应地就会引起股价下跌。但是战争对不同行业的股票价格影响又有所不同。比如战争使军需工业兴盛,地产股则会遭受重创。

4. 自然灾害

一个国家一旦发生如洪涝、地震等无法抗拒的自然灾害,设备受损、生产停顿、经济停滞,对股市就会产生重大的影响。

第三节　证券投资的行业分析

股票投资的行业分析是介于宏观经济分析与公司分析之间的中观层次的分析,包括传统意义上的行业分析和板块分析两个方面。证券市场上的行业是指一个企业群体,这个企业群体的成员由于其产品(包括有形与无形)在很大程度上的可相互替代性而处于一种彼此紧密联系的状态,并且由于产品可替代性的差异而与其他企业群体相区别。板块则是指因市场表现具有联动性或处于相同的地域等共同特征而被人为归类在一起的一组股票,其共同特征往往被所谓的股市庄家作为炒作的题材。在宏观经济分析为证券投资提供了背景条件之后,我们需对不同行业和板块股票的经营状况和市场表现进行分析,以便更好地帮助投资者解决如何投资的问题。

一、我国的行业和板块分类及其意义

在不同的应用领域,对行业有不同的分类方法。了解与证券市场相关的各种行业分类

方法及按适宜的标准进行行业分类,是股票投资过程进行行业分析的基础。由于篇幅限制,本书专门就目前我国证券市场投资实际应用的行业予以介绍。(证券市场上被业内分析人士和广大投资者接受并获广泛应用的分类方法是为进行投资时分析方便而逐渐形成的,其中应用最多的有行业分类和板块分类。)

（一）我国的行业分类

在不同的应用领域,对行业有不同的分类方法。了解与证券市场相关的各种行业分类方法及按适宜的标准进行行业分类,是股票投资过程进行行业分析的基础。

1. 我国国民经济的行业分类

为适应社会主义市场经济的发展,正确反映国民经济内部的结构和发展状况,国家统计局按照产品的统一性对产业进行了分类,于 1984 年制定并在 1994 年修订了《国民经济行业分类与代码》(国家标准 GB/T 4754－94),成为我国各领域对行业进行分类的基础。这种新的分类方法将社会经济活动划分为门类、大类、中类和小类四级。大的门类分为从 A 到 P 共 16 类如表 7-1 所示。

表 7-1　我国国民经济的行业分类

A	农、林、牧、渔业	I	金融保险业
B	采掘业	J	房地产业
C	制造业	K	社会服务业
D	电力、煤气及水的生产和供应业	L	卫生、体育和社会福利业
E	建筑业	M	教育、文化艺术及广播业
F	地质勘察业、水利管理业	N	科学研究和综合技术服务业
G	交通运输、仓储及邮电通信业	O	国家机关、党政机关
H	批发和零售贸易、餐饮业	P	其他行业

2. 我国证券市场的行业划分

(1) 上证指数分类法。上海证券交易所为编制沪市成分指数,将在上海上市的全部上市公司分为 5 类:工业、商业、房地产业、公用事业和综合类,并据此分别计算和公布各分类股价指数。

(2) 深证指数分类法。深圳证券交易所将在深圳上市的全部上市公司分为 6 类:工业、商业、金融业、房地产业、公用事业和综合类,同时分别计算和公布各分类股价指数。两个证券交易所为编制股价指数而对产业进行的分类显然是不完全的,随着新公司的不断上市以及老上市公司业务活动的变化,这两种分类方法已不能涵盖全部上市公司,如上海浦东发展银行的上市使上海市场出现了金融服,而两地农业类上市公司的数量也越来越多。为了提高证券市场规范化水平,中国证监会在总结沪、深两个交易所分类经验的基础上,以我国国民经济行业的分类为主要依据,于 1999 年 4 月制定了《中国上市公司分类指引》并予以试行。

（二）我国的板块分类

股票市场的板块效应是我国证券市场的特殊现象,在我国证券市场发展的各个阶段都产生过重要的影响,投资者切不可忽视。板块分类标准不一,如可按地域划分,比较著名的有北京板块、深圳板块、四板块等;也可以上市公司的经营业绩为纽带划分,包括绩优板块、ST板块等;根据行业分类划分有高科技板块、金融板块、房地产板块、酿酒板块、建材板块等;按照上市公司的经营行为划分有重组板块等。随着上市公司的不断发展及数量的日益增多,划分板块的标准也越来越多,各个板块之间的相互联动关系也日趋复杂。只要一个名称能成为市场炒作的题材,就能以此名称冠名一个板块。

(三)行业与板块分析在股票投资中的作用

1. 行业分析可为股票投资者提供更为详尽的行业投资背景

宏观经济分析主要分析了社会经济的总体状况,但没有对社会经济的各组成部分进行具体分析。社会经济的发展水平和增长速度反映了各组成部分的平均水平和速度,但各部门的发展并非都和总体水平保持一致。在宏观经济运行态势良好、速度增长、效益提高的情况下,有些部门的增长与国民生产总值、国内生产总值增长同步,有些部门则高于或低于国民生产总值或国内生产总值的增长。投资者除需了解宏观政治经济背景之外,还需对各行业的一般特征、经营状况和发展前景有进一步的了解,这样才能更好地进行投资决策。

2. 行业分析可协助股票投资者确定行业投资重点

国家在不同时间的经济政策与对不同地区的政策导向会对不同的行业和地区产生不同的影响,属于这些行业和位于这些地区的企业会受益匪浅。如我国政府近期提出了开发西部的目标,要加强对西部发展的支持力度,利用财政政策等各种手段加快西部的基础设施建设,这会直接或间接对西部许多上市公司产生有利影响,投资者可根据这一行业背景选择合适的企业进行投资。

3. 行业与板块分析可协助股票投资者选择投资企业及持股时间

通过对行业所处生命周期和影响行业发展的因素进行分析,投资者可了解行业的发展潜力和欲投资企业的优势所在,这对其最终确定所投资企业及确定持股时间有重要作用。很多时候,股票的价格会随着某一行业的发展而相应地上升。例如,某一种新型发动机的引入使得许多与该行业有关的证券价格上升,因为投资者和投机家们都断定,由于新型发动机的出现使得这些行业都处在潜在增长的边缘。然而,当投资者获悉这种发动机具有耐久性,并且极易应用于现有制造生产体系的确切资料后,这些行业的证券市场价格便恢复到更合理的水平,投资者必须据此适时作出投资决策。板块分析对于投资者选择股票也有较大的影响。在市场发展的某一阶段,属于某一板块的数只股票长期处于强势,那么该板块中的其他尚处于盘整阶段的股票很有可能就是当前市场最有上升潜力的股票,极具投资价值;而在板块中大多数股票升势转弱时,该板块中的其他股票也就接近其出货时机了。

二、行业的一般特征分析

行业的经济结构不同,变动规律不同,所处生命周期阶段不同,其盈利水平的高低、经营的稳定状况也不同。这是进行行业分析时要着重考虑的因素。

(一)行业的经济结构分析

行业的经济结构随该行业中企业的数量、产品的性质、价格的制定和其他一些因素的变化而变化,根据经济结构的不同,行业基本上可分为4种市场类型:完全竞争、垄断竞争、寡头垄断、完全垄断。

1. 完全竞争型

完全竞争型是指一个行业中有很多的独立生产者,他们都以相同的方式向市场提供同质产品。其主要特点是:

(1) 企业是价格的接受者,而不是价格的制定者,也就是说企业不能够影响产品的价格。

(2) 所有企业向市场提供的产品都是同质的、无差别的。

(3) 生产者众多,所有资源都可以自由流动。

(4) 企业的盈利基本上是由市场对产品的需求决定的。

(5) 生产者和消费者对市场完全了解,并且可随意进入或退出此行业。

显然,完全竞争是一个理论上的假设,在现实经济中很少存在,一些初级产品和某些农产品的市场类型比较接近完全竞争市场的情况。

2. 垄断竞争型

垄断竞争是指一个行业中有许多企业生产同一种类但具有明显差别的产品。其主要特点是:

(1) 企业生产的产品同种不同质,即产品存在着差别。也就是说,产品基本相似,但在质量、商标、包装、大小以及卖者的服务态度、信用等方面存在一定的差别。这是垄断竞争与完全竞争的主要区别。

(2) 从某种程度说,企业对自己产品的价格有一定的控制能力,是价格的制定者。

(3) 生产者众多,所有资源可以流动,进入该行业比较容易。在国民经济各产业中,大多数产成品的市场类型都属于这种类型。

3. 寡头垄断型

寡头垄断是指一个行业中少数几家大企业(称为"寡头")控制了绝大部分的市场需求量。其主要特点是:

(1) 企业为数不多,而且相互影响、相互依存。正因为如此,每个企业的经营方式和竞争策略都会对其他几家企业产生重要影响。

(2) 产品差别可有可无。当产品无差别时称为纯粹寡头垄断,当产品有差别时称为差别寡头垄断。

(3) 生产者较少,进入该行业十分困难。从以上特点可以看出,寡头垄断在现实是普遍存在的,资本密集型、技术密集型行业,如汽车行业,以及少数储量集中的矿产品,如石油等产品的市场多属这种类型。生产所需的巨额投资、复杂的技术或产品储量的分布成为限制新企业进入寡头垄断型行业的主要障碍。目前西方国家的许多重要行业常常被几家企业所控制,例如,美国汽车市场是被本国的通用汽车公司、福特汽车公司、克莱斯勒公司以及日本的本田汽车公司和日产汽车公司所控制;胶卷业的两个主要竞争对手是美国的柯达公司和日本的富士公司;等等。

4. 完全垄断型

完全垄断型是指一个行业中只有一家企业生产某种特质产品。特质产品指那些没有或基本没有其他替代品的产品。完全垄断可分为两种类型:

(1) 政府完全垄断,如国有铁路、邮电等部门。

(2) 私人完全垄断,如政府赋予的特许专营或拥有专利的独家经营以及由于极其强有力的竞争实力而形成的私人垄断经营。

完全垄断型的特点是:

(1) 一个行业仅有一个企业,也就是说这个垄断企业就构成了一个行业,其他企业进入这个行业几乎是不可能的。

(2) 产品没有或缺少合适的替代品。因此垄断企业能够根据市场的供需情况制定理想的价格和产量,在高价少销和低价多销之间进行选择,以获取最大利润。但是,垄断者的自由性是有限度的,要受到政府管制和反垄断法的约束。

在现实经济生活中,公用事业(如铁路、煤气公司、自来水公司和邮电通信等)和某些资本、技术高度密集型行业或稀有金属矿藏的开采等行业属于这种完全垄断的市场类型。

我们可以看出,如果按照经济效率的高低和产量的大小排列,上述四种市场类型依次为完全竞争、垄断竞争、寡头垄断和完全垄断,而按照价格的高低和可能获得的利润的大小排列,则次序正好相反,即依次为完全垄断、寡头垄断、垄断竞争和完全竞争。

(二) 经济周期与行业分析

各行业变动时,往往呈现出明显的、可测的增长或衰退的格局。根据这些变动与国民经济总体周期变动的关系的密切程度不同,可以将行业分为以下几类:

1. 增长型行业

增长型行业的运动状态与经济活动总水平的周期及其振幅无关。这些行业主要依靠技术的进步、新产品的推出及更优质的服务来使其经常呈现出增长形态,因此其收入增长的速率与经济周期的变动不会出现同步影响。然而,由于此类行业的股票价格不会随着经济周期的变化而变化,投资者难以把握精确的购买时机。

2. 周期型行业

周期型行业的运动状态直接与经济周期相关。当经济处于上升时期,这些行业会紧随其扩张;当经济衰退时,这些行业也相应衰落。这是因为,当经济上升时,对这些行业相关产品的购买会相应增加。消费品业、耐用品制造业及其他需求弹性较高的行业,就属于典型的周期型行业。

3. 防御型行业

这些行业运动状态的存在是因为其行业的产品需求相对稳定,其特征是受经济周期的影响比较小,不会因经济周期变化而出现大幅度变动,甚至在经济衰退时也能取得稳步发展。这些行业的产品往往是生活必需品或是必要的公共服务,公众对其产品有相对稳定的需求,因而盈利水平相对较稳定。例如,食品业、药品业、公共事业等就属于这一类行业。

课堂讨论

你身边所熟知的行业属于什么类型

我们日常生活中接触到的很多行业,如餐饮业、电器行业、食品行业、金融业、公用事业、建筑业等很多行业的企业,你能判断出这些行业到底属于哪种行业类型吗?

(三)行业生命周期分析

一般而言,每个产业都要经历一个由成长到衰退的发展演变过程,这个过程便称为行业的生命周期。行业的生命周期通常可分为四个阶段,即初创阶段、成长阶段、成熟阶段和衰退阶段。

1. 初创阶段

在这一阶段,由于新行业初建不久,只有为数不多的创业公司投资于这个新兴的行业,由于初创阶段行业的创立投资和产品的研究、开发费用较高,同时因大众对其尚缺乏了解而产品市场需求狭小,销售收入较低,所以这些创业公司财务上可能不但没有盈利反而发生亏损,这必然使这些创业公司面临很大的投资风险,甚至还可能因财务困难而引发破产的危险。在初创阶段后期,随着行业生产技术的提高、生产成本的降低和市场需求的扩大,新行业便逐步由高风险低收益的初创期转向高风险高收益的成长期。

2. 成长阶段

在成长阶段,新兴行业的产品经过广泛宣传和消费者的试用,逐渐赢得了消费者的认可,市场需求开始上升。与市场需求变化相适应,供给方面相应地出现了一系列的变化,即投资于新兴行业的厂商大量增加,产品也逐渐从单一、低质、高价向多样、优质和低价方向发展,因而新兴行业出现了生产厂商和产品相互竞争的局面。这种状况的继续将导致生产厂商随着市场竞争的不断发展和产品产量的不断增加,市场的需求日趋饱和。生产厂商不能单纯地依靠扩大生产量、提高市场份额来增加收入,而必须依靠追加投资,提高生产技术,降低成本,以及研制和开发新产品来争取竞争优势,战胜竞争对手和维持企业的生存。

3. 成熟阶段

行业的成熟阶段是一个相对较长的时期。在这一时期里,在竞争中生存下来的少数大厂商垄断了整个行业的市场,每个厂商都占有一定比例的市场份额。厂商与产品之间的竞争手段逐渐从价格手段转向各种非价格手段,如提高质量、改善性能和加强售后服务等。此时,行业的利润由于一定程度的垄断达到了很高的水平,而风险因市场比例较稳定、新企业难以进入而降低。其原因是市场已被原有大企业比例分割,产品的价格比较低,新企业由于创业投资无法很快得到补偿或产品销路不畅,资金周转困难而难以进入。

在行业成熟阶段,行业增长速度降到一个更加适度的水平。在某些情况下,整个行业的增长可能完全停止,其产出甚至下降,因此行业的发展很难较好地与国民生产总值保持同步增长,当国民生产总值减少时,行业甚至蒙受更大的损失。但是,由于技术创新等原因,某些行业或许实际上会有新的增长。

4. 衰退阶段

行业在经历了较长的稳定阶段后,就进入了衰退阶段。这主要是因为新产品和大量替代品的出现,使得原行业的市场需求减少,产品的销售量开始下降,某些厂商开始向其他更有利可图的行业转移资金,从而原行业的厂商数目减少,利润下降。至此,整个行业便进入了生命周期的最后阶段。在衰退阶段,市场逐渐萎缩,当正常利润无法维持或现有投资折旧完毕后,整个行业便解体了。

三、影响行业兴衰的主要因素

概括地说,影响行业兴衰的主要因素有以下几个方面:

(一) 技术进步因素

技术进步对行业的影响是巨大的。例如,电灯的出现极大地削减了对煤气灯的需求,蒸汽动力行业则被电力行业逐渐取代。因此,投资者必须不断考察一个行业产品的前途,分析其被优良产品或其他消费需求替代的趋势。

(二) 政府的影响和干预

1. 政府影响的行业范围

政府实施管理的主要行业是:公共事业,如电力、邮电通信、广播电视、供水、排污、煤气等;运输部门,如铁路、公路、航空、航运和管道运输等;金融部门,包括银行以及保险公司、商品与证券交易市场、经纪商、交易商等非银行金融机构。政府对这些行业的管理措施可以影响行业的经营范围、增长速度、价格政策、利润率等诸多方面。

政府实施管理的主要行业大多直接服务于公共利益,或与公共利益联系密切。公用事业作为社会的基础设施,具有投资大、建设周期长、收效慢的特点,允许众多厂家投巨资竞相建设是不经济的,因此政府往往通过授予某些厂商在指定地区独家经营某项公用事业特许权的方法来对他们进行管理。被授权的厂商也就成为这些行业的合法垄断者,但他们的定价受到政府的调节和管制,政府一般只允许这些厂商获得合理的利润率,而且政府的价格管理不保证这些企业一定能够盈利,成本的增加、管理的不善和需求的变化同样也会使其发生亏损。

交通运输业与大众生活和经济发展有着密切联系。这些行业服务范围广、涉及问题多(如不同的税收和安全规则等),所以有必要由政府统一管理,规范行业的行为准则,以免发生不必要的损失。

金融部门是国民经济的枢纽,也是政府干预经济的主要渠道之一,它们的稳定关系到整个经济的繁荣和发展,为保证经济的稳定增长及社会的团结安定,金融部门成为政府重点管理的对象。

2. 政府对行业的促进干预和限制干预

为降低某些行业的成本刺激和扩大其投资规模,政府可通过补贴、优惠税、限制外国竞争的关税及保护某行业的附加法规等措施来实现其对行业的促进作用。另一方面,考虑到生态及环保、安全、企业规模和价格因素,政府也会对某些行业实施限制性规定,加重该行业的负担,某些法律法规也会对一些行业的短期业绩产生副面作用。总之,政府的干预极大地保证了某些行业及社会的稳定性,否则情况会变得十分混乱。例如,铁路运输业有其自己的运行轨道,因而不会出现所有的火车只在可能获利的城市之间运行,而偏远地区不通铁路的情况。公用事业的规模保证了某地域只能有一家电力公司,从而避免了潜在的混乱,不至于四五家电力公司在同一地点竖起自己的电线杆。

(三) 社会习惯的改变

当今社会,消费者和政府越来越强调经济行业所应负担的社会责任,注重工业化给社会所带来的种种影响。这种日益增强的社会意识对许多行业已经产生了明显的作用。

防止环境污染,保持生态平衡目前已经成为工业化国家的一个重要的社会趋势,在发展中国家也正日益受到重视,因此与保护生态平衡相关的一些行业会不断产生并得到迅猛的发展。

四、行业投资决策

通过上面进行的行业分析，投资者可以选择处于成长期和稳定期、竞争实力较强、有较大发展潜力的增长型行业作为投资对象。同时，即期的价格收益比在某种程度上也可以作为投资时考虑的因素。例如，某行业显示出的未来增长潜力很大，但是该行业证券的价格相对较高，则不能充分表明这些证券是可以购买的；而一些有着适度收入的行业的证券，如果其价格较低，并且估计其未来收入的变动很小，则这些证券是值得购买的。

因此，投资者在进行投资决策之前，只有通过对欲投资企业所属行业的考察，才能判断市场是否高估或低估了其证券及该行业的潜力和发展能力，进而确定该证券的价格是否合理。在许多时候，市场中投资者和投机者之间的相互作用和影响，足以驱使证券的价格过高或过低，以致偏离真实价值。投资者必须明白，大多数市场运动的变化都源于投资者对某一企业或行业真实价值的感觉，而并非产生于影响某行业未来收入基本因素的变化。

对个别投资者来说，商业性投资公司或证券公司公布的行业分析或调查资料及具有投资观点和建议的补充资料是极有价值的。因为个别投资者往往无法对必要的大量资料作出准确的计算，而这些投资机构的专业分析人员专长于各行业，能够提供以行业和经济分析为基础的报告，这些信息是十分有益的。首先，它包含了对某一行业未来的展望，并描述了其规模和经济重要性，从而概括出了一个行业经营模式、现期困难及发展的可能性和它们对行业在未来若干年中业绩的影响。其次，这些调查报告也讨论了行业的作为与属性、活动的广度和获利程度及其未来最有可能的增长潜力。所以说投资者在投资时应充分利用这些调查报告的投资导向作用。

另外，一般来说，股票的价格与其真实价值不会有太大的偏差，但投资者要确定某一行业证券的投资价值，必须辨别现实价格与其真实价值的差异及其所反映的未来收入的机会和投机需求程度有多大。当然，投资者还应考虑其他因素，如加入世贸组织后我国某些行业竞争力的变化、消费者的偏好和收入分配的变化等。只有广泛收集信息、系统地评估该行业，投资者才能进行正确的行业分析，从而最终作出明智的行业投资决策。

第四节 证券投资的公司分析

股票投资决策，除去技术分析，还要具有分析上市公司基本素质的能力、阅懂读透财务报告的本领。股票投资分析，应该对上市公司的竞争能力、技术水平、历史沿革、经营范围、会计数据、财务指标、股本结构、重大投资事项、分红配股方案及财务报表等进行详尽了解，再结合二级市场的股价走势，进行深入的研究，从而洞悉上市公司的经营作风、盈利水平、盈利能力及其竞争能力等。

一、公司竞争能力的判断

公司的竞争能力及其在同行业中的竞争地位，是通过多种因素综合反映形成的。同时，公司竞争地位的判断也是投资者对公司基本素质和基本情况分析的首要内容。公司无论是在技术更新方面的发展状况，还是在管理方面显现的优势，都能通过公司在同行业中的竞争地位得以综合体现。一般来说，一个极具竞争能力的上市公司，其在同行业中的竞争地位是通过规模优势、较高的产品质量、不断的技术革新、熟谙市场情况、注意产品需求动态、推销技术高明等条件的具备而获得的。投资者对拟投资公司在同行中的竞争地位，可以通过多项经济指标、多个方面加以分析。因此，进行长期投资的话，投资者一般选择具有竞争优势的公司以获取较高的投资价值。

二、公司行业地位分析

公司在本行业中的竞争地位是公司基本素质的首要内容。市场经济的规律就是优胜劣汰，没有竞争优势的公司，注定要随着时间的推移而逐渐萎缩及至消亡。而公司在同行业中的竞争地位，主要依靠资金实力、规模经营优势、优异的产品质量、先进的技术水平、高效的经营管理等条件，最终集中表现在公司产品的销售额及其增长速度上。因此，公司的竞争能力及其行业地位可通过以下指标来衡量：

1. 年销售额

公司年销售额的大小是衡量公司在同行业中相对竞争地位的重要指标。一般来说，公司的销售额越大，则盈利水平也越高，在一定程度上也表明公司竞争能力越强。考察公司年销售额情况，可以通过以下对比得出结论：将该公司的年销售额与该行业的总销售额对比，计算出该公司销售额占全行业销售额的比重，以反映公司产品市场份额的大小。将该公司的年销售额与同行业中销售额排名靠前的公司进行比较，研究该公司年销售额的差距或进步。

2. 销售额年增长率

公司销售额的年增长率高低可以反映公司的发展趋势。只有那些既有相当规模又能保持销售额迅速增长的公司才能长期保持在本行业中的主导、支配地位，才是真正具有竞争实力的公司。因此，投资者理想的投资对象，不应仅限于有名的大公司，也应包括那些既有规模又有增长速度的公司。事实上，对投资者来说，公司的增长速度比公司规模更为重要，因为增长的销售额能带来增长的利润额，带来公司价值的不断提高、股息的不断增长，从而可使投资者达到预期的投资目标。

销售额年增长率是一个相对指标，投资者可将某一公司销售额年增长率与同行业的其他公司比，或者与整个行业的平均增长率比，甚至与国内生产总值、国民生产总值、国民收入、人均收入等国民经济指标的年增长率比。如果某一公司销售额年增长率大于本行业的平均增长率或国民经济指标的年增长率，则表明该公司是一成长型公司，未来具有发展潜力。

3. 年销售额稳定性

销售额及其增长是否能保持稳定，也是投资者在分析公司竞争能力时需要考虑的重要因素。在其他条件相同的情况下,公司若能保持稳定的销售额及销售额增长率,意味着公司的盈利水平也能保持稳定或稳定增长。这样,投资者就能获得稳定的股息和红利,从而使投资风险大为下降。

4. 年销售利润率

销售利润率也是反映公司竞争能力的一个重要指标。如果公司销售额较高,而销售利润率偏低或接近亏损,说明公司及其产品已处于竞争极为激烈的行业,投资者对该公司的经营要多加留意。

三、公司经济区位分析

区位,或者说经济区位,是指地理范畴上的经济增长带(点)及其辐射范围。区位经济是公司运营的外部环境。公司经济区位分析旨在将上市公司的价值分析与区位经济的发展联系起来,以便分析上市公司未来发展的前景,确定上市公司的投资价值。公司经济区位分析一般包括以下3个方面的内容:

1. 区位内的自然条件与基础条件

自然和基础条件包括矿产资源、土地资源、水资源、能源、交通、通信设施等,它们在区位经济的发展中起着重要的作用,也对区位内的上市公司的发展起着重要的限制或促进作用。分析区位内的自然条件和基础条件,有利于分析该区位内上市公司的发展前景。如果上市公司所从事的行业与当地的自然和基础条件不符,公司的发展可能会受到很大的制约。

2. 区位内政府的产业政策

为了进一步促进区位经济的发展,当地政府一般都会相应地制定经济发展的战略规划,提出相应的产业政策,确定区位优先发展和扶持的企业,并给予相应的财政、信贷和税收等诸多方面的优惠措施。这些措施有利于引导和推动相应产业的发展,相关产业内的公司将因此受益。如果区位内上市公司的主营业务符合当地政府的产业政策,一般会获得诸多政策支持,对上市公司的进一步发展有利。

3. 区位内的经济特色

所谓经济特色,是指区位内经济与区位外经济的联系和互补性、龙头作用及其发展活力与潜力的比较优势。它包括区位的经济发展环境、条件与水平、经济发展现状等有别于其他区位的特色。特色在某种意义上意味着优势,利用自身的优势发展本区位的经济,无疑在经济发展中找到了很好的切入点。比如,某区位在电脑软件或硬件方面已经形成了优势和特色,那么在同等条件下,该区位内的相关上市公司比其他地区主营业务相同的上市公司具有更大的竞争优势和发展空间。

四、公司产品分析

如前所述,公司的竞争能力主要依靠资金实力、规模经营优势、优异的产品质量、先进的技术水平、高效的经营管理等条件,衡量的是公司整体性的竞争力。这里旨在对公司的具体产品尤其是其主营业务产品进行分析,包括产品的竞争能力和产品的市场占有情况。

公司产品要在激烈的市场竞争中获胜必须要有自己的优势,具体可分为4种:

1. 成本优势

成本优势是指公司的产品依靠低成本获得高于同行业其他企业的盈利能力，是决定公司产品竞争地位的关键因素。如果公司能以较低的成本生产出与竞争对手价值相当的或相近的产品，那么它只要把价格控制在行业平均水平，就能获得优于平均水平的经营业绩。同时，在面临价格竞争时，它也处于主动地位，可以通过实施低价策略来抢占市场份额。

2. 技术优势

技术优势是指公司产品与同行业其他竞争对手相比拥有更高的技术含量，是公司技术水平和研发能力的直接体现。技术优势的建立和维持一般是通过产品的创新来实现的。而产品创新一般包括：

(1) 通过新的核心技术的研制，开发出一种全新的产品。

(2) 通过新工艺的研究，开发出一种新的生产方式，降低现有的生产成本。

(3) 根据细分市场进行产品细分，实行差异化生产。

(4) 通过产品生产要素的重新组合，对现有产品进行改进。

3. 质量优势

质量优势是指公司的产品以高于其他公司同类产品的质量赢得市场，是决定公司产品竞争地位的重要因素。在与竞争对手成本相当或成本相近时，具有质量优势的公司就会在该行业中占据领先地位。

4. 品牌优势

品牌是一种商品的名称和商标的总称，用以辨别某个销售者或某群销售者的产品，以便同竞争者的产品相区别。一个品牌不仅是一种产品的标志，而且是产品质量、性能、满足消费者效用的可靠程度的综合表现。品牌竞争是产品竞争的深化和延伸。当产业发展进入成熟阶段、产业竞争成分展开时，品牌就成为产品及企业竞争力的一个越来越重要的因素。品牌具有产品所不具有的包括创造、联合以及巩固市场等在内的开拓市场的多种功能。

产品的市场占有情况通常可从以下两个方面进行考察：

(1) 公司产品销售市场的地域分布情况。从这一角度可将公司的销售市场划分为地区型、全国型和世界范围型。市场地域的范围能大致地估计一个公司的经营能力和实力。

(2) 公司产品在同类产品市场上的占有率。市场占有率是指一个公司的产品销售量占该类产品整个市场销售总量的比例。市场占有率越高，表示公司的经营能力和竞争力越强，公司的销售和利润水平越好、越稳定。

五、公司管理水平分析

公司的经营管理能力和管理水平直接影响公司的盈利和长期发展，是投资者在选择投资对象时必须考虑的条件之一。公司经营管理水平可从以下几个方面加以评定：

1. 公司各级管理人员的素质及能力

目前上市公司的管理层主要包括决策层、管理层和执行层。决策层主要就公司经营方向、投资项目、融资方式等各项重大问题作出决定。决策层的素质及能力，包括是否积极进取、富有开拓精神，能否在复杂多变、竞争激烈的环境中运筹帷幄、决胜千里，能否知人善用等，对公司的发展前途起决定性作用。管理层负责贯彻决策层的意图，完成既定的目标和计划，协调各部门工作，进行日常的全局管理。管理层应具有的素质及能力包括拥有与该公司相关的技术知识、实际管理经验、组织指挥能力、沟通协调能力等。执行层则在管理层的指挥下,各司其职,保证公司日常工作顺利运行。执行层应具有的素质及能力包括了解本岗位工作范围、严格执行操作程序、能保质保量完成和超额完成生产经营指标、遵守公司规章制度等。

2. 公司经营效率

产品的销售、生产原材料的供给、利润的获得都靠精干的经济活动部门去实现。对公司经营活动效率的评价应着重包括以下几个方面:经营人员的整体观念、奉献精神;经营人员的开拓能力和应变能力;经营人员的业务精通程度和效益意识;经营人员的工作效率和工作业绩;经营人员的职业道德和进取精神等。

3. 公司内部调控机构效率

投资者可根据公司的具体经济目标,考察公司内部各项规章制度是否订立,是否切实可行,各员工是否遵守,各部门是否都有自己的办事程序,是否分工明确、职责清楚,权利是否享受,义务是否履行等内容。

第五节 证券投资的财务分析

投资者决定投资某公司股票之前,必须先研读该公司的财务资料,特别是财务报表。尽管对于股票估值问题来说,经济收入比会计收入更重要,但财务报表是决定股价定位的基础,其重要性是毋庸置疑的,另一方面财务会计数据较容易得到。当然,财务报表也不是万能的,它只能反映公司的经营成果和财务状况,甚至当投资者得到这些数据时,也可以说已事过境迁(财务报表公布存在滞后性)。因此,投资者应对该公司公开的一系列资料加以收集和分析。只有通过对上市公司的财务资料、业务资料、投资项目、市场状况等资料进行全面综合分析,才能估计该公司股票的内在价值,借以判断股票在市场上是否恰当定价。

一、公司财务信息来源

一个公司如果其股票上市交易,就必须真实、准确、完整、及时地向所有投资者公开披露信息。根据《上市公司信息披露管理办法》规定,上市公司信息披露文件主要包括招股说明书、上市公告书、定期报告和临时报告等。这些报告虽然包括许多非财务信息,但大部分信息具有财务性质或与财务有关。投资者或潜在投资者可从这四项公开披露的重要文件中获取重要财务信息。

1. 招股说明书

招股说明书是股票发行人向证监会申请公开发行材料的必备部分,是向公众发布的旨在公开募集股份的书面文件。招股说明书的有效期为自公告之日起6个月。招股说明书要求发行人披露公司管理层作出的与招股说明书财务会计资料的时间和范围口径大体一致的公司财务分析的简明结论性意见,包括发行公司的资产质量状况、资产负债结构、股权结构的合理性,现金流量、偿债能力的强弱;说明近3年业务的进展及盈利能力,描述收入和盈利能力等的连续性、稳定性;简要陈述未来业务目标及盈利前景;指出发行人的主要财务优势;

提示各种已知或不确定性因素已经或将要对发行人产生的重大困难。

2. 上市公告书

股票获准在证券交易所交易之后,上市公司应当公布上市公告书。上市公告除了包括招股说明书的主要内容外,还包括以下内容:股票获准在证券交易所交易的日期和批准文号;股票发行情况;公司创立大会或者股东大会同意公司股票在交易所交易的决议;董事、监事和高级管理人员简历及其持有本公司证券的情况;公司近3年或者成立以来的经营业绩、财务状况以及下一年盈利预测文件;证券交易所要求载明的其他事项。

3. 定期报告

上市公司应当披露的定期报告包括年度报告、中期报告和季度报告。年度报告的内容主要包括:

(1) 公司基本情况。

(2) 主要会计数据和财务指标。

(3) 公司股票、债券发行及变动情况,报告期末股票、债券总额、股东总数,公司前10大股东持股情况。

(4) 持股5%以上股东、控股股东及实际控制人情况。

(5) 董事、监事、高级管理人员的任职情况、持股变动情况、年度报酬情况。

(6) 董事会报告。

(7) 管理层讨论与分析。

(8) 报告期内重大事件及对公司的影响。

(9) 财务会计报告和审计报告全文。

(10) 中国证监会规定的其他事项。

中期报告的内容主要包括:

(1) 公司基本情况。

(2) 主要会计数据和财务指标。

(3) 公司股票、债券发行及变动情况、股东总数、公司前10大股东持股情况,控股股东及实际控制人发生变化的情况。

(4) 管理层讨论与分析。

(5) 报告期内重大诉讼、仲裁等重大事件及对公司的影响。

(6) 财务会计报告。

(7) 中国证监会规定的其他事项。

季度报告的内容主要包括:

(1) 公司基本情况。

(2) 主要会计数据和财务指标。

(3) 中国证监会规定的其他事项。

4. 临时公告

临时公告包括重大事件公告和公司收购公告。所谓"重大"事件,是指这些事件的发生对上市公司原有的财务状况和经营成果已经或将要产生较大影响,并影响到上市公司的股票市价。最常见的重大事件报告是"公司股份变动公告"和"配股说明书"。收购事件对收购公司和被收购公司的股票价格会产生重要影响,有时甚至涉及整个证券市场。

【资料链接】7－1　　上市公司重大事件公告和公司收购公告

1. 《上市公司信息披露管理办法》中将以下事件列为重大事件：
（1）公司的经营方针和经营范围的重大变化。
（2）公司的重大投资行为和重大的购置财产的决定。
（3）公司订立重要合同，可能对公司的资产、负债、权益和经营成果产生重要影响。
（4）公司发生重大债务和未能清偿到期重大债务的违约情况，或者发生大额赔偿责任。
（5）公司发生重大亏损或者重大损失。
（6）公司生产经营的外部条件发生的重大变化。
（7）公司的董事、1/3以上监事或者经理发生变动；董事长或者经理无法履行职责。
（8）持有公司5%以上股份的股东或者实际控制人，其持有股份或者控制公司的情况发生较大变化。
（9）公司减资、合并、分立、解散及申请破产的决定；或者依法进入破产程序、被责令关闭。
（10）涉及公司的重大诉讼、仲裁，股东大会、董事会决议被依法撤销或者宣告无效。
（11）公司涉嫌违法违规被有权机关调查，或者受到刑事处罚、重大行政处罚；公司董事、监事、高级管理人员涉嫌违法违纪被有权机关调查或者采取强制措施。
（12）新公布的法律、法规、规章、行业政策可能对公司产生重大影响。
（13）董事会就发行新股或者其他再融资方案、股权激励方案形成相关决议。
（14）法院裁决禁止控股股东转让其所持股份；任一股东所持公司5%以上股份被质押、冻结、司法拍卖、托管、设定信托或者被依法限制表决权。
（15）主要资产被查封、扣押、冻结或者被抵押、质押。
（16）主要或者全部业务陷入停顿。
（17）对外提供重大担保。
（18）获得大额政府补贴等可能对公司资产、负债、权益或者经营成果产生重大影响的额外收益。
（19）变更会计政策、会计估计。
（20）因前期已披露的信息存在差错、未按规定披露或者虚假记载，被有关机关责令改正或者经董事会决定进行更正。
（21）中国证监会规定的其他情形。

2. 收购公告的内容主要包括：
（1）收购人的名称、所在地、所有制性质及收购代理人。
（2）收购人的董事、监事、高级管理人员名单及简要情况，以及他们的持股数。
（3）持有收购人5%以上的股份的股东和最大的10名股东名单及简要情况。
（4）收购价格、支付方式、日程安排及说明。
（5）收购人欲收购股票数量；收购人前三年的资产负债、盈亏概况及股权结构。
（6）收购人在过去12个月中的其他情况。
（7）收购人对被收购人继续经营的计划。
（8）收购人对被收购人资产的重整计划。
（9）收购后新公司的发展规划和未来一个会计年度的盈利预测。

二、公司主要的财务报表

反映公司经营成果和财务状况的财务报表主要有资产负债表、利润及利润分配表和现金流量表。

(一)资产负债表

资产负债表是反映公司在某一时点上(往往是年末或季末)的财务状况的综合性报表,用来说明公司在某一时点上所持有的资产、负债和资本的存量情况。

资产负债表由资产和负债两部分组成,每部分下各项目的排列一般以流动性的高低为序。资产部分代表公司拥有或掌握的资源和债权,负债部分代表公司所欠的债务。资产与负债之差为公司的净资产,归公司所有者即股东所有,称为所有者权益或股东权益。资产与负债及股东权益之间的关系可用公式表示如下:

$$资产=负债+所有者权益$$

(二)利润及利润分配表

利润及利润分配表又称为损益表,是反映公司在一定时期内所形成的收入、所发生的费用及最终所形成的收益的流量情况。

不同于资产负债表只反映公司在某一特定时点上的财务状况,利润表反映了公司在两个不同时点上资产负债表之间的盈亏变化情况。换句话说,利润表反映的经营成果是企业一定会计期间的收入与费用相配比而形成的净收益,表明公司运用所拥有的资产进行获利的能力。可见,利润表对投资者了解、分析上市公司的实力和前景具有重要的意义。

利润表主要反映以下4个方面内容:

(1) 构成主营业务利润的各项要素。主营业务利润等于主营业务收入减去为取得主营业务收入而发生的相关费用(包括相关的流转税)以后的差额。

(2) 构成营业利润的各项要素。营业利润等于主营业务利润加上其他业务,再减去营业费用、管理费用、财务费用以后的差额。

(3) 构成利润总额(或亏损总额)的各项要素。利润总额(或亏损总额)等于营业利润加(减)投资收益、补贴收入以及营业外收支以后的净额。

(4) 构成净利润(或净亏损)的各项要素。净利润(或净亏损)等于利润总额(或亏损总额)减去本期计入损益的所得税以后的差额。

利润分配表是反映公司一定期间对实现的净利润的分配或亏损弥补的财务报表,是利润表的附表。

(三)现金流量表

现金流量表是反映公司一定期间现金及现金等价物流入和流出情况的财务报表,表明公司获得现金及现金等价物的能力。现金流量表主要分经营活动、投资活动和筹资活动产生的现金流量3个部分。资产负债表和损益表都是以权责发生制为基础来编制的,即使没有发生现金交易,收入和费用也在其发生当时就得到确认。而现金流量表以收付实现制为基础来编制,也就是说,现金流量表只承认产生了现金变化的交易。例如,公司销售了一批产品,60天后付款。损益表在销售发生时就将其确认为收入,资产负债表也立即增加一笔应收账款,而现金流量表只有等当货款收到时才确认这一交易。现金流量表与损益表之间的另一个重要差别是关于折旧的处理。现金流量表在设备购置的现金支出发生时就确认为现金流出,而损益表是将这一巨大支出平分在一个很长的时间段上以便真实地反映公司的盈利能力。因为一次性巨大支出会扭曲公司在支出时段的盈利水平。

由于现金流量表的关键数据都来源于资产负债表和损益表,反映的是公司在会计期内因现金及现金等价物的流出入而引起的资产、负债和权益变化的动态过程,因此,从某种程度上说,现金流量表还发挥着连接资产负债表和损益表所代表的存量和流量的桥梁作用,既为投资者预测公司未来的现金流量提供了数据基础,也使得财务报表体系在信息披露方面更为完善。

三、财务报表分析的目的与方法

了解主要财务报表中每个项目的含义仅仅是第一步,更为重要的是要领会财务报表分析的目的与方法,以期获得准确的信息,进而评价过去的经营业绩、衡量现在的财务状况、预测未来的发展趋势。

（一）主要目的

财务报表分析的目的是为有关各方提供可以用来作出决策的信息。具体说来,由于公司财务报表使用主体不同,其分析的目的也不完全相同。

1. 公司经营管理人员

管理者关心公司的经营效率和未来的发展,他们通过分析财务报表判断公司的现状、可能存在的问题,以便进一步改善经营管理,提高竞争能力。

2. 公司现有投资者及潜在投资者

投资者主要关心公司的财务状况、盈利前景,通过对财务报表数据进行分析、加工得出反映公司盈利能力及质量、发展趋势等方面的信息,判断公司股票的收益—风险特征及其变化趋势,决定自己的投资决策。

3. 公司债权人

债权人关心自己的债权能否收回,通过密切关注公司有关财务情况、分析财务报表,得出反映公司短期偿债能力和长期偿债能力等方面的信息,以决定是否需要追加抵押和担保、是否提前收回债权等。

此外,公司财务报表的使用主体还包括供应商、政府、雇员、中介机构等。其中,专业的财务分析人员（或机构）作为公司财务报表使用主体中的特殊群体,不同程度地承担了为各类报表使用人提供专业咨询服务的任务,也逐渐成为推动财务报表分析领域不断扩展的中坚力量。

（二）分析方法

对投资者来说,财务报表分析的主要方法是比较,具体又分为单个年度的财务比率分析、不同时期比较分析、与同行业其他公司之间的比较分析。

财务比率分析是指对本公司一个财务年度内的财务报表中两个相关的项目数据相除,

用系数(倍数)、百分数等形式来揭示项目之间存在的逻辑关系以及公司资本结构、偿债能力、资产管理效率、盈利能力等财务状况和经营成果。

对本公司不同时期的财务报表进行比较分析,就是计算增长比率,旨在从一个较长的时期来动态地分析公司持续经营能力、财务状况变动趋势、盈利能力等方面的状况。增长比率分析有两种计算方法:一是环比增长分析,也就是将报告年度的财务变动数据与前一期水平进行比较,旨在说明现象在相邻两个时期(逐期)增减变化的程度;二是定基增长分析,就是将报告年度的财务变动数据与某一固定时期的水平进行比较,旨在说明现象在一定时期内总的增减变化的程度。

与同行业其他公司之间的财务指标比较分析,可以了解公司各项指标的优劣。使用本办法时常选用行业平均水平或行业标准水平为比较基础,旨在判断公司在本行业中所处的地位,认识优势与不足,准确确定公司的价值。

四、公司财务比率分析

财务比率分析法是财务报表分析中最常用的方法,很多比率也已经标准化了。常用于反映公司财务状况和经营业绩的财务比率可以归纳为 5 大类:偿债能力分析、资本结构分析、经营效率分析、盈利能力分析和投资收益分析。

(一)偿债能力分析

偿债能力分析旨在说明公司的资金周转能力和偿付债务的能力。反映公司偿债能力大小的指标包括流动比率、速动比率、利息支付倍数、应收账款周转率和周转天数等。

1. 流动比率

流动比率是公司流动资产与流动负债的比值,其计算公式为

$$流动比率 = \frac{流动资产}{流动负债}$$

流动比率可以衡量公司流动资产在短期债务到期前可以变为现金、并用于偿还流动负债的能力。流动比率过低,说明公司的偿债能力较弱,流动资金不够充足,短期财务状况不佳;而过高的流动比率则表明公司的管理可能过于保守,将资金过多地使用于流动性较强的资产上而放弃了某些获利的机会。在实际中,由于各公司的经营能力和筹措短期资金的能力不同,对流动比率的要求也各不相同。一般认为,对于持续经营的公司,流动比率应维持在 2 才足以表明公司财务状况稳妥可靠。

2. 速动比率

速动比率又称为酸性比率,是公司速动资产与流动负债的比值。所谓速动资产是指几乎可以立即用来偿付流动性负债的资产,即流动资产减去存货。速动比率的计算公式为

$$速动比率 = \frac{流动资产 - 存货}{流动负债}$$

速动资产之所以没有将存货包括在内,是因为:① 存货的变现能力较差;② 由于某种原因,部分存货可能已损失报废,还没有作处理;③ 部分存货已抵押给债权人;④ 存货估价还存在着成本与当前市价相差悬殊的问题。可见,速动比率是一个比流动比率更为严格的用以衡量公司流动性状况的指标,它可以更确切地反映企业快速偿付短期债务的能力。

通常认为,速动比率为1较为理想,低于1的速动比率被认为存在随时面临无力清偿短期债务的风险;相反,速动比率过高,则表明低收益资产数量过多,将影响公司的盈利能力。

3. 利息支付倍数

从债权人的立场出发,他们向企业投资的风险衡量,除了计算流动比率、速动比率和资产负债率,审查企业借入资本占全部资本的比例外,还要计算营业利润是利息费用的倍数。利用这一比例,可以测试债权人投入资本的风险。

利息支付倍数是指企业支付利息和交纳所得税前的收益与本期应付利息费用的比率,用以衡量偿付借款利息的能力,也叫利息保障倍数。其计算公式为

$$利息支付倍数 = \frac{息税前利润}{利息费用}$$

这一指标反映企业经营收益为所需支付的债务利息的多少倍。只要已获利息倍数足够大,企业就有充足的能力偿付利息,否则相反。

如何合理确定公司的利息支付倍数,这不仅需要与其他公司,特别是本行业的平均水平进行比较,而且要从稳健性角度出发,分析、比较本公司该项指标连续几年的水平,并选择最低指标年度的数据作为标准,以保证最低的偿债能力。

与此同时,结合这一指标,公司还可以测算长期负债与营运资金(等于流动资产与流动负债之差)的比率,它是用长期债务与营运资金相除得到的。其计算公式为

$$长期债务与营运资金比率 = \frac{长期负债}{流动资产 - 流动负债}$$

一般情况下,长期债务不应超过营运资金。长期债务会随着时间的延续不断转化为流动负债,并需要运用流动资产来偿还。保持长期债务不超过营运资金,就不会因这种转化造成流动资产小于流动负债,从而使长期债权人和短期债权人感到贷款有安全保证。

4. 应收账款周转率和周转天数

应收账款和存货一样,在流动资产中有着举足轻重的地位。及时收回应收账款,不仅增强了企业的短期偿债能力,也反映出企业管理应收账款方面的效率。

反映应收账款周转速度的指标是应收账款周转率,也就是年度内应收账款转为现金的平均次数,它说明应收账款流动的速度。用时间表示的周转速度是应收账款周转天数,也叫应收账款回收期或平均收现期,它表示企业从取得应收账款的权利到收回款项,转换为现金所需要的时间。其计算公式为

$$应收账款周转率 = \frac{销售收入}{平均应收账款}$$

$$应收账款周转天数 = \frac{360}{应收账款周转率} = \frac{平均应收账款 \times 360}{销售收入}$$

上式中,销售收入是指扣除折扣和折让后的销售净额;平均应收账款等于年初应收账款与年末应收账款的简单算术平均数。

一般来说,应收账款周转率越高,平均收账期越短,说明应收账款的收回越快。否则,企业的营运资金会过多地停滞在应收账款上,影响正常的资金周转。

(二) 资本结构分析

资本结构分析主要分析公司资产与债务、股东权益之间的相互关系,旨在说明公司使用

财务杠杆的程度及财务杠杆的作用。反映公司资本结构的指标包括股东权益比率、资产负债比率、长期负债比率、股东权益与固定资产比率等。

1. 股东权益比率

股东权益比率是股东权益与资产总额的比率。其计算公式为

$$股东权益比率 = \frac{股东权益总额}{资产总额} \times 100\%$$

也可以表示为

$$股东权益比率 = \frac{股东权益总额}{负债总额 + 股东权益总额} \times 100\%$$

股东权益比率反映的是所有者提供的资本在总资产中的比重,说明公司基本财务结构是否稳定。一般来说,在全部资本利润率高于借款利息率时,财务杠杆将发挥积极有效的作用,股东权益比率越低越好;但在全部资本利润率低于借款利息率时,股东权益比率过低意味着利息负担过重,财务杠杆发挥的是消极负面作用。因此,股东权益比率高,是低风险、低报酬的财务结构;股东权益比率低,是高风险、高报酬的财务结构。

2. 资产负债率

资产负债率是负债总额除以资产总额的百分比,也就是负债总额与资产总额的比例关系。它反映在总资产中有多大比例是通过借债来筹资的,也可以衡量公司在清算时保护债权人利益的程度。其计算公式为

$$资产负债率 = \frac{负债总额}{资产总额} \times 100\%$$

式中,负债总额不仅包括长期负债,还包括短期负债,这是因为短期负债作为一个整体,企业总是长期性占用着,可以视同长期性资本来源的一部分;资产总额是扣除累计折旧后的净额。

资产负债率反映的是债权人所提供的资本占全部资本的比重,旨在反映公司负债经营程度,也被称为"举债经营比率"。它有以下几方面的含义:

(1) 对债权人而言,他们最关心的是能否按期收回本金和利息。较低的资产负债率意味着公司资金来源中股东投资的比率大,举债融资的比率小,从而他们的权益在较大的程度上受到保护。

(2) 对股东而言,由于公司通过举债筹措的资金与股东提供的资金在经营中发挥同样的作用,所以股东关心的是全部资本利润率是否超过借款利率。只要全部资本利润率高于借款利率,资产负债率越高越好,否则相反。

(3) 对经营者而言,如果公司不举债,或资产负债率过低,说明公司不敢负债经营,没有积极地利用财务杠杆的作用;如果公司举债规模很大,超出债权人心理承受程度,则被认为是不保险的,公司就借不到钱。因此,从财务管理的角度来看,公司必须充分估计举债经营所带来的利润与风险,在两者之间权衡利害得失,以期作出正确决策。

3. 长期负债比率

长期负债比率是公司长期负债与资产总额的比率。其计算公式为

$$长期负债比率 = \frac{长期负债}{资产总额} \times 100\%$$

长期负债比率是从总体上判断公司债务状况的一个指标。与流动负债相比,长期负债比较稳定,要在将来几个会计年度之后才偿还,短期内不会使公司面临很大的流动性不足风

险。所以,公司可以用长期负债筹集的资金投资固定资产,扩大经营规模。另一方面,与所有者权益相比,长期负债又是有固定偿还期、固定利息支出的资金来源,如果长期负债比率过高,则意味着公司资本结构风险较大,在经济衰退时期会给公司带来额外的风险。对于财务管理人员来说,长期负债比资产总额更有意义,因为它是公司资本结构决策的对象与结果。

4. 股东权益与固定资产比率

股东权益与固定资产比率也是衡量公司财务结构稳定性的一个指标。它是股东权益与固定资产总额的比率。其计算公式为

$$股东权益与固定资产比率 = \frac{股东权益总额}{固定资产总额} \times 100\%$$

股东权益与固定资产比率反映的是公司购买固定资产所需要的资金有多大比例来自所有者资本。由于所有者权益没有偿还期限,它最适宜于为公司提供长期资金来源,满足长期资金需求。因此,该比例越大,说明资本结构越稳定,即使长期负债到期也不必变卖固定资产等方式来偿还,保证了持续稳定经营的必要基础。当然长期负债也可以作为购置固定资产的资金来源,所以并不要求该比率一定大于1。但如果该比率过低,则说明公司资本结构不尽合理,财务风险较大。

(三) 经营效率分析

经营效率分析主要分析公司资产利用情况和周转速度,旨在揭示公司在配置各种经济资源过程中的效率状况。反映公司经营效率的指标包括存货周转率和存货周转天数、固定资产周转率、总资产周转率、股东权益周转率和主营业务收入增长率等。

1. 存货周转率和存货周转天数

在流动资产中,存货所占的比重较大。存货的流动性,将直接影响公司的流动比率。一般来说,存货的流动性可用存货的周转速度指标来反映,即存货周转率或存货周转天数。

存货周转率,或叫存货的周转次数,是衡量和评价公司购入存货、投入生产、销售收回等各环节管理状况的综合性指标。它是销售成本与平均存货的比率。用时间表示的存货周转率就是存货周转天数。其计算公式为

$$存货周转率 = \frac{销售成本}{平均存货}$$

$$存货周转天数 = \frac{360}{存货周转率}$$

$$= \frac{平均存货 \times 360}{销售成本}$$

上式中,平均存货等于年初存货与年末存货的简单算术平均数。

一般来讲,存货周转速度越快,说明公司流动资产的利用效率越高,公司经营效率也越好。相反,存货周转速度越慢,则说明公司变现能力差,公司经营效率不高。由于各行各业都有自己的生产周期和经营特点,存货周转速度也不好相提并论。

2. 固定资产周转率

固定资产周转率是销售收入与全部固定资产平均余额的比值。其计算公式为

$$固定资产周转率 = \frac{销售收入}{平均固定资产}$$

上式中,平均固定资产等于年初固定资产与年末固定资产的简单算术平均数。

固定资产周转率是衡量企业运用固定资产效率的指标,比率越高,表明固定资产运用效率高,利用固定资产效果好。由于受固定资产原值、存续时间、折旧等因素影响,不同公司的固定资产周转率有时会出现很大差异。所以,这一指标一般只用于本公司不同年度的纵向比较。

3. 总资产周转率

总资产周转率是销售收入与平均资产总额的比值。其计算公式为

$$总资产周转率 = \frac{销售收入}{平均资产总额}$$

上式中,平均资产总额等于年初资产总额与年末资产总额的简单算术平均数。

总资产周转率反映全部资产的周转速度。周转速度越快,说明公司资产利用程度越高,公司的利润率也越高。反之,则说明公司资产利用程度低,投资效益差。必须注意,总资产周转率在不同行业之间几乎没有可比性。

4. 股东权益周转率

股东权益周转率是销售收入与平均股东权益的比值。其计算公式为

$$股东权益周转率 = \frac{销售收入}{平均股东权益}$$

上式中,平均股东权益等于年初股东权益与年末股东权益的简单算术平均数。

股东权益周转率反映公司运用所有者资产的效率。该指标越高,表明所有者资产的运用效率越高。

5. 主营业务收入增长率

主营业务收入增长率是本期主营业务收入与上期主营业务收入之差与上期主营业务收入的比值。其计算公式为

$$主营业收入增长率 = \frac{本期主营业务收入 - 上期主营业务收入}{上期主营业务收入} \times 100\%$$

主营业务收入增长率可以用来衡量公司的产品生命周期,判断公司发展所处的阶段。一般来说,如果主营业务收入增长率超过10%,说明公司产品处于成长期,将继续保持较好的增长势头,尚未面临产品更新的风险,属于成长型公司。如果主营业务收入增长率在5%~10%之间,说明公司产品已进入稳定期,不久将进入衰退期,需要着手开发新产品。如果该比率低于5%,说明公司产品已进入衰退期,保持市场份额已经很困难,主营业务利润开始滑坡,如果没有已开发好的新产品,将步入衰落。

(四)盈利能力分析

公司盈利能力分析主要反映公司资产利用的结果,即公司利用资产实现利润的状况,以判断公司的投资价值。反映公司盈利能力的指标包括销售毛利率、销售净利率、资产收益率、股东权益收益率、主营业务利润率等。

1. 销售毛利率

销售毛利率,简称毛利率,是毛利占销售收入的百分比,其中,毛利是销售收入与销售成本的差额。其计算公式为

$$销售毛利率 = \frac{销售收入 - 销售成本}{销售收入} \times 100\%$$

销售毛利率,表示每一元销售收入扣除销售产品或商品成本后,有多少钱可以用于各项期

间费用和形成盈利。毛利率是企业销售净利率的最初基础,没有足够大的毛利率便不能盈利。

2. 销售净利率

销售净利率是指净利占销售收入的百分比。其计算公式为

$$销售净利率 = \frac{净利}{销售收入} \times 100\%$$

上式中,净利润是指税后利润,即公司在缴纳所得税后的剩余利润。

销售净利率反映每一元销售收入所带来的净利润的多少,表示销售收入的收益水平。通过分析销售净利率的升降变动,可以促使公司在扩大销售的同时,注意改进经营管理,提高盈利水平。

3. 资产收益率

资产收益率是公司净利润与平均资产总额的比值。其计算公式为

$$资产收益率 = \frac{净利润}{平均资产总额} \times 100\%$$

资产收益率表明公司运用的每元资产所能创造的净利润。该比率越大,说明公司的盈利能力越强。

4. 股东权益收益率

股东权益收益率是公司净利润与平均股东权益的比值。其计算公式为

$$股东权益收益比率 = \frac{净利润}{平均股东权益} \times 100\%$$

股东权益收益率反映公司所有股东,包括普通股股东和优先股股东所投入的资本的创利能力。该指标大小对公司的生存和发展十分重要。如果公司不能给股东提供足够的回报,公司就难以维持现有的资产基础,更不用说通过吸引潜在投资者来扩大资产规模了。因此,该比率自然是越高越好。公司通常以该比率的数值作为分配股息率的最高限额。

如果公司既发行普通股,又发行优先股,还可以计算普通股收益率,用以衡量普通股投资的创利能力。其计算公式为

$$普通股收益率 = \frac{净利润 - 优先股股息}{股东权益 - 优先股面额总和} \times 100\%$$

5. 主营业务利润率

主营业务利润率是主营业务利润与主营业务收入的比值。其计算公式为

$$主营业务利润率 = \frac{主营业务利润}{主营业务收入} \times 100\%$$

主营业务利润率反映公司的主营业务获利水平,只有当公司主营业务突出,即主营业务利润率较高的情况下,才能在竞争中占据优势地位。

(五)投资收益分析

投资收益分析是将公司财务报表中的有关指标与公司发行在外的股票数、股票市场价格等资料结合起来分析,以便帮助投资者评估和判断不同上市公司股票的优劣。反映投资收益的指标包括每股盈余、股息发放率、普通股获利率、本利比、市盈率、投资收益率、每股净资产、净资产倍率等。

1. 每股盈余

每股盈余是本年盈余与普通股流通股数的比值。其计算公式为

$$每股盈余 = \frac{净利润 - 优先股股息}{发行在外的普通股股数}$$

每股盈余反映的是普通股的获利水平,因为只有普通股才享有对公司盈余的无限追索权。计算该指标的关键在于确定普通股股数。如果本年度普通股股数未发生任何变化,则以年末股数计算;如果本年度普通股股数发生了增减变化,则应按月计算发行在外的加权平均普通股股数,具体计算公式为

$$发行在外的加权平均普通股股数 = \frac{\sum(发行在外的普通股股数) \times 发行在外月份数}{12}$$

每股盈余越高,表明每一股份所能分得的利润越多,股东的投资收益也越好。每股盈余可以进行不同时期的比较,以了解该公司盈利能力的变化趋势;还可以进行经营实绩和盈利预测的比较,以掌握该公司的管理能力。

2. 股息发放率

股息发放率,又称股息支付率或派息率,是普通股每股股利占每股盈余的百分比。其计算公式为

$$股息发放率 = \frac{每股股利}{每股盈余} \times 100\%$$

股息发放率反映普通股股东从每股的全部盈余中能分到手的比率。就单独的普通股投资人来讲,这一指标比每股盈余更直接体现投资者的当前利益。股息发放率的高低要依据各公司对资金需要量的具体状况而定,也取决于公司的股利支付方针,不能简单地认为股息发放率越高越好。因为有些公司目前少发放股息的目的在于将大量利润用于再投资,这意味着公司尚有增加股息派发能力,股票价值也有升值的机会;相反,有些公司内部缺乏再投资的条件,虽有较高的股息发放率却表明公司发展后劲不足。

3. 普通股获利率

普通股获利率,又称股息实得率,是每股股息与每股市价的比值。其计算公式为

$$普通股获利率 = \frac{每股股息}{每股市价} \times 100\%$$

普通股获利率旨在衡量普通股股东当期股息收益率。这一指标在用于分析股东投资收益时,分母应采用投资者当初购买股票时支付的价格;在用于对准备投资的股票进行分析时,则使用当时的市价。这样既可以揭示投资该股票可能获得的股息收益率,也表明出售或放弃投资这种股票的机会成本。

投资者可利用股价和获利率的关系以及市场调节机制预测股价的涨跌。当预期股息不变时,股票的获利率与股票市价呈反方向运动。当某股票的获利率偏低时,说明股票市价偏高,投资者必然出售股票,从而导致股价下跌,获利率提高;反之,若获利率偏高,说明股价偏低,投资者会竞相购买,又会导致股价上升。

4. 本利比

本利比是每股股价与每股股息的比值。其计算公式为

$$本利比 = \frac{每股股价}{每股股息}$$

本利比是获利率的倒数,表明目前每股股票的市场价格是每股股息的几倍,以此来判断相对于股息而言股票价格是否被高估,股票有没有投资价值。

5. 市盈率

市盈率,又称本益比,是每股市价与每股盈余的比值。其计算公式为

$$市盈率 = \frac{每股市价}{每股盈余}$$

市盈率反映投资者为获得每元盈余所付出的成本,或者说单靠普通股的收益需要多长时间才可收回购买股票的投资,可以用来估计公司股票的投资收益与风险。一般说来,该指标值越低,说明股票价格上涨潜力越大。

市盈率有静态与动态之分,其中,静态市盈率等于每股市价与年报实际每股盈余之比,而动态市盈率等于每股市价与根据季报或中报预测的全年每股盈余之比。

例如,一只股票2006年每股盈余0.5元,现价12元,则静态市盈率为24倍。2007该股票最新的半年报每股盈余0.35元,综合其他因素预测该股票2007年全年每股盈余可达到0.6元,则该股票的动态市盈率为20倍。

使用市盈率指标时应注意以下几点:

(1) 该指标不能用于不同行业公司的比较。一般说来,成长性好的新兴行业市盈率普遍较高,而传统行业的市盈率相对较低,这并不说明后者的股票没有投资价值。

(2) 在每股收益很小或亏损时,由于股票市价不至于降为零,公司的市盈率会很高,如此情形下的高市盈率不能说明任何问题。

(3) 市盈率的高低受市价影响,而影响市价变动的因素很多,包括投机炒作等,因此观察市盈率的长期趋势很重要。通常在不同的证券市场、不同时期会形成一个比较认可的平均市盈率。

6. 投资收益率

投资收益率是每股盈余与每股市价的比值。其计算公式为

$$投资收益率 = \frac{每股盈余}{每股市价} \times 100\%$$

投资收益率是市盈率的倒数,比率越大,说明股权资本的盈利率越高,对潜在投资者越有吸引力。

7. 每股净资产

每股净资产是净资产与发行在外的普通股股数的比值。其计算公式为

$$每股净资产 = \frac{净资产}{发行在外的普通股股数}$$

上式中,净资产是资产总额与负债之差,即所有者权益。如果公司的股本除了普通股外还有优先股,则要从所有者权益中减去优先股权益,即

$$每股净资产 = \frac{所有者权益 - 优先股面额总和}{发行在外的普通股股数}$$

每股净资产反映每股普通股所代表的公司净资产价值,是支撑股票市场价格的物质基础。该指标值越大,表明公司内部积累越雄厚,抵御外来因素影响和打击的能力越强。同时,该指标也是公司清理时的股票账面价值,通常被认为是股票价格下跌的最低价。

8. 净资产倍率

净资产倍率,又称市净率,是每股市价与每股净资产的比值。其计算公式为

$$净资产倍率 = \frac{每股市价}{每股净资产}$$

净资产倍率表明股票价格以每股净资产的若干倍在流通转让,以评价股价相对于净资产而言是否被高估。该指标值越小,说明股票的投资价值越高,股价的支撑越有保证。反之,则投资价值越低。当然在判断投资价值时还要考虑当时的市场环境以及公司经营情况、盈利能力等因素。

本 章 小 结

◆ 内容摘要

1. 证券投资基本分析又称基本面分析,主要是通过对决定股票投资价值及价格的基本要素的分析,评价股票的投资价值,判断股票的合理价位及其变动趋势,提出相应的投资建议的一种分析方法。证券投资的基本分析需要较强的理论基础,而其对于目前中国股市更加具有实用性。具体而言包括宏观因素分析、中观行业因素分析和微观公司因素分析。

2. 宏观因素分析主要包括经济周期、通货膨胀、财政政策、货币政策、收入政策等因素的分析。其理论根据是证券价格是由证券价值决定的,通过分析影响证券价格的基本条件和决定因素,判断和预测今后的发展趋势。

3. 中观行业因素分析主要涉及行业的基本特征即行业的经济结构、经济周期以及生命周期来分析行业对于上市公司的影响,同时介绍了影响行业兴衰的因素进而说明这些要素对于行业发展以及行业内上市公司的发展的影响,更加清晰地说明行业因素对于股价的影响。

4. 微观公司因素分析主要通过对决定公司发展的素质因素分析以及对于公司披露的财务信息分析来说明上市公司情况与股价之间的极为密切的内在联系。

◆ 关键词

基本面分析　货币政策财政政策　收入政策　资产负债表　损益表现金流量表　资本结构　资产负债率　流动比率　速动比率利息支付倍数净资产收益率　市盈率市净率

◆ 思考题

1. 基本分析的信息从何而来?在搜集有关信息过程中应注意什么?
2. 宏观因素分析包括哪些内容?宏观经济发展对证券投资有何影响?
3. 公司分析的主要内容有哪些?如何通过公司分析发现有投资价值的公司?
4. 如何把握行业分析与证券市场的关系?
5. 通过网络查询 2012 年和 2013 年我国的经济政策,并就其对证券市场造成何种影响进行讨论。
6. 2008 年的金融海啸给许多上市公司造成了不利影响,试对航空行业与房地产行业面临的状况进行分析讨论。

分析案例

格雷厄姆投资法则——"内在价值"和"安全边际"

也许所有人都知道巴菲特,但今天的确很少有人知道本·格雷厄姆。这些人知道格雷厄姆,往往也因为他是巴菲特的入门老师。但是,格雷厄姆远远不只是巴菲特的导师,正是格雷厄姆才给股票市场绘制了第一张可信的地图,为择股奠定了方法论的基础。而在此之前,它与赌博这门伪科学毫无差别。投资业若没有格雷厄姆,原则性将不复存在。

格雷厄姆于 1894 年在伦敦出生,在他刚满周岁时全家搬到纽约。从哥伦比亚大学毕业后,格雷厄姆来到华尔街,从最底层的工作起步,每周把股价写在黑板上,挣 2 美元。那个年代里没有什么证券分析师,只有"统计员",很快他便自封为一个投资者,工作之余开办了财

务方面的讲座,同时开始写作。1934年,《有价证券分析》一书问世,格雷厄姆在该书中提出了股票投资的"内在价值"和"安全边际"两个概念,从今天看这两个法则仍然具有不可替代的现实意义。

1. "内在价值"法则

格雷厄姆写作《有价证券分析》的时期,正是市场低潮期,1/3的美国工业都在以低于清算价值的价格出售,许多公司的股价比它们银行账户上的现金价值还低,几年前那些曾把华尔街当作一个有无数牛奶和蜂蜜的乐园的专家们现在又建议说"这样的股票压根不是投资"。当时有一位叫洛布的评论家写了本畅销书《投资生存大战》,他认为"没有人真的知道什么是真正的价值",真正要看重的不是企业的盈利情况,而是一种公众心理,他强调要"充分考虑人们的普遍情绪、希望和观点的重点性——以及它们对于证券价格的影响""股票投机主要就是A试图判断B、C、D会怎么想,而B、C、D反过来也做着同样的判断"。这些看似有理的观点实际上并不能帮投资者解决什么问题,甚至是给投资者又设下了一个心理陷阱。

《有价证券分析》给出了逃脱这个陷阱的方法。格雷厄姆极力主张,投资者的注意力不要放在行情机上,而要放在股权证明背后的企业身上。通过注意企业的盈利情况、资产情况、未来前景等诸如此类的因素,投资者可以对公司独立于市场价格的"内在价值"形成一个概念,并依据这个概念作出自己的投资判断。

格雷厄姆认为,市场并非一个能精确衡量价值的"称重计"。相反,它是一个"投票机",不计其数的人所作出的决定是一种理性和感情的混合物,很多时候,这些抉择和理性的价值评判相去甚远。投资的秘诀就在于当股票价格远远低于内在价值时投资,并且相信市场趋势会回升。

格雷厄姆像生物学家解剖青蛙那样分析着普通股股票、公司债券,总企图寻找那些便宜得几乎没有风险的公司,在当时的投机气氛中显得十分怪异,他提出的"内在价值"投资理论在当时也称得上完全是个创新。洛布的投机者把股票看作一张薄纸,他的目标只是对下一个接手的人的期望,然后再下一个人。而格雷厄姆和他的"同志们"则把股票看作企业的份额,它的价值始终应和企业的价值相呼应。格雷厄姆曾十分迷惑地说:"让人难以置信的是,华尔街从未问过这样的问题:'这个企业售价多高?'"

2. "安全边际"法则

在解决了投资的价值标准后,那么剩下没有解决的一个麻烦问题是,如果按照"内在价值"标准买进一种便宜的股票后,它变得更便宜了,该怎么办?格雷厄姆承认,如果有时市场价格定错了,它们得经过"很长一段困扰人心的时间"才能调整过来。那么,在购买股票时,还需要保持一个"安全边际"。只要有足够的"安全边际",投资者就应该是很安全的。

什么是"安全边际"呢?他解释说,投资者应该在他愿意付出的价格和他估计出的股票价值之间保持一个较大的差价。这同留些余地给驾驶汽车中可能出现的偏差是一个道理。如果余度留得足够大,即有足够的"安全边际",那么他就拥有基础的优势,不论形势有多么的严峻,只要有信心和耐心,必然会有可观的投资收获。

资料来源:根据网络相关资料整理。

试根据以上案例分析:

格雷厄姆投资法则,对于如今金融市场的投资操作有什么样的启发意义?如何正确评价该投资法则?

应用训练

训练1:分析金融板块。

下载A股市场金融板块近5年的周板块指数、市盈率水平,分析金融板块目前的投资价值。

训练2:分析个股公司投资价值。

根据你的选择,下载你感兴趣的上市公司的主要财务指标,从财务的角度,分析该上市公司的投资价值。

第八章 证券投资技术分析

- 理解技术分析的含义,掌握技术分析的三大假设。
- 掌握K线的画法,了解常见的K线形态和K线组合。
- 理解切线理论,掌握支撑和压力的含义及其关系。
- 了解形态理论,了解常见的反转形态和持续形态。
- 理解技术指标的含义,掌握MACD指标的计算方法和使用原理。

江恩盈利的秘诀——买卖规则重于预测

赫赫有名的江恩理论创始人,证券市场历史中的世界级大师江恩,凭其高超的操作技巧,在其一生的投机生涯中总共从市场赢得了3.5亿美元,他交易次数的成功率在85%以上。在当时与今天的证券市场投资人眼中,他确是一个近乎"神"的顶级人物,而他创立的"江恩理论"至今也仍享受着"神"一样艰深难明的地位,受人膜拜。

然而,当我们从整体上研读江恩理论时,便可发现,作为预测大师的江恩与市场高手的江恩,虽然是同一个人,但他却是清清楚楚、冷静异常地将自己的预测理论与实践操作分开了的:预测固然认真(江恩有段时期每年出版一部他对市场和经济形势的预测书),但在实际操作中,他却不是完全让预测率着自己,相反,他只遵守自己建立的买卖规则,他让预测服从买卖规则!预测正确、不违背其买卖规则,他照预测方向操作;预测不对时,他用买卖规则(例如止损单)或修正预测,或干脆认错退出。

买卖规则重于预测——这就是江恩获胜的真正秘诀。

至今还有许多股市投资人以为江恩是纯粹凭其神奇理论赢得了市场胜利,于是光顾着去研究江恩的理论体系,期望一旦握到了江恩的那把金钥匙,便可像江恩一样从此在股市中百战百胜了。而这,实在是一个认识上的偏误。

还有不少人在寻找探索其他的预测方法,也期望有一天会找到那种令他一劳永逸、百战百胜的秘密武器,从此让他轻轻松松叱咤股市,永操胜券。

可惜,这是人们对预测理论在认识上的一大误区。为什么说江恩的成功,其买卖规则重于其预测理论呢?让我们看一看创立了如此高深预测理论的大师,同时却又制定并坚定执行了的21条江恩买卖规则,你我就会明白这一点了。江恩像神一样地建立了高深难懂的预测理论体系,同时又像普通股民那样制定了他的操作守则并以其在市场取胜——这就是我们应解读的江恩大师!

江恩理论的支持者大多以江恩利用自己独创的理论在286次交易中(25个交易日里平均交易间隔20分钟)达到的胜率,资本增值了10倍为荣,但是,我却认为这不是江恩理论的关键。江恩曾经出版过一些股票书籍,但是却没有一本比《华尔街四十五年》更能真正透露江恩成功的秘密。另外在这本书中看到最多的字眼并非什么江恩角度线、时间周期或是轮中轮等,除了引用大量篇幅的行情数字波动记录便是"止损单"三个字。单单在第二章,"止损单"便已经出现了8次之多,每一次出现江恩都指出其重要性。正如与他同时代的另一位大师杰西·利弗莫尔所言:"永远不要和报价机争论,市场永远都是正确的……"

资料来源:根据外汇网相关资料整理。

第一节 技术分析概述

一、技术分析概念

所谓技术分析,就是利用市场交易资料及相关信息(市场过去与现在的交易行为),应用数学或逻辑的方法,通过绘制和分析证券价格变化的动态趋势图表,或计算、分析有关交易指标,探索价格运行规律,从技术上对整个市场或个别证券价格的未来变动方向与程度(变动趋势)作出预测和判断的分析方法。

二、技术分析的三大假设

(一)市场行为涵盖一切

该假设是技术分析的基础。这一前提是与有效市场假说一致的。根据有效市场假说,如果信息是高度对称的、透明的,那么任何信息都会迅速而充分地反映在市场价格当中。技术分析也认为,如果证券市场是有效的,那么影响证券价格的所有因素,都会立即反映在市场行为当中,并且在证券价格上得到体现。因此技术分析认为市场中不断变化的价格已经包含了所有信息,且投资者在决定交易时,已充分考虑了影响市场价格的各项因素。只要研究市场交易行为就能够了解目前的市场状况,而无须关心背后的影响因素。

(二)价格沿一定趋势运行

"趋势"概念是技术分析的核心,该假设是技术分析最根本、最核心的因素。技术分析认为,证券价格的变动是有一定规律的:证券价格有保持原来方向的惯性,而证券价格的运动方向则是由供求关系决定的。供求关系一旦确定,证券价格的变化趋势的运行将会继续,直到有反转的力量产生为止(这一行为也会由市场行为本身体现出来)。通过技术分析可以尽早确定目前的价格趋势并及时发现反转的信号。

(三)历史会重演

这一假设是从统计学和心理学两个方面来考虑的。技术分析认为,通过市场行为本身可以预测证券价格的变化趋势,而市场行为则是投资者投资行为的综合反映。既然是投资者的投资行为,就必然受到某些心理因素的制约,在心理因素的作用下,人们的交易行为将趋于一定的模式,而导致历史重演,因此股票价格的变动会在相似的市场状态下显示出相似的发展趋势与特征。

技术分析的三个假设条件有合理的一面,同时也有不合理的一面。例如,第一个假设存在的前提条件是证券市场是有效的市场,然而众多的实证分析指出,即使像美国这样发达的证券市场也仅是弱势有效市场,或至多是半强势有效市场,更何况信息损失是必然的,因此市场行为涵盖一切也只能是理想状态。又如一切基本因素确实通过供求关系影响证券价格和成交量,但是证券价格最终要受到它的内在价值制约。再如,历史也确实有相似之处,但绝不是简单的重复,差异总是存在的,绝不会出现完全相同的历史重演。正因为如此,技术分析显得说服力不够强、逻辑联系不够充分,并会引起不同的看法和争论。

三、技术分析的要素:价、量、时、空

(一)价格

价格,这是最为基本的技术分析要素,是指股票价格或者指数,可以细分为开盘价、最低价、最高价和收盘价。股价或指数变化是市场变化的方向,也是投资者最关注的因素。

(二)成交量

成交量,是指反映价格单位时间中计量的成交量,如日成交量、周成交量等。成交量反映了投资者对市场变化方向的认同程度,也反映了在这一状态下投资者的意愿和实际的参与程度。价格的形成总是与成交数量存在着密不可分的关系,因此技术分析通常总是把两者结合起来进行考察。

(三)时间

时间,指股票价格变动的时间因素和分析周期。主要说明股票价格在一定价格区间或一定趋势中停留、运行的长短。一个已经形成的趋势在短期内不会发生根本改变,中途出现的反方向波动对原来趋势不会产生大的影响。一个形成的趋势又不可能永远不变,经过一定时间又会有新的趋势出现。

(四)空间

空间,主要指股票价格波动的范围,或股票所处的区间价位。空间因素考虑的就是趋势运行的幅度有多大。过高或过低的股价或指数会引起市场变盘。

四、技术分析的应用原则

(一) 技术分析方法应于基本分析方法结合使用

技术分析和基本分析都是对证券价格的趋势进行分析,然而两者的着眼点却是完全不同的。

基本分析着眼于事前分析,即在基本因素变动对证券市场发生影响之前就已经开始分析、判断市场的可能走势,从而作出"顺势而为"的买卖决策;技术分析则着眼于事后分析,即以历史预知未来,惯用数据、图形、统计方法来说明问题、作出结论并指导投资。

基本分析很大程度上依赖于经验判断,其对证券市场的影响力难以数量化、程式化,受投资者主观能力的制约较大;技术分析则不依赖于人的主观判断,一切都依赖于已有的资料,但未来不会简单重复过去,所以仅依靠过去和现在的数据预测未来并不可靠。因此,为了提高技术分析的可靠性,必须将技术分析和基本分析结合起来进行,才能既保留技术分析的优点,又考虑基本因素的影响,提高分析预测的准确度。

(二) 多种技术分析方法联合使用、互相验证、同时研判

技术分析所要解决的问题是如何通过对股价走势的研究,发现供求关系逆转时在量、价及图表上出现的信号,并告诉投资者,未来的股价走势会如何变动。从这一角度看,技术分析指标常常在瞬间是滞后的。而作为实战时的参考因素,认识这一点,可以抢先一步在技术图表还没有改变形态的情况下买进或卖出筹码,这也是利用技术分析局限性获利的一种方法。

技术分析方法多种多样,但是没有任何一种方法能概括股价走势的全貌。其中的每一种方法都有其独特的功能和优势,也有其不足和缺陷。因此,投资者在进行技术分析时,需要全面考虑各种技术分析对未来的预测,应结合自身的个性和投资风格选择以一两种技术分析方法为主,并辅之以其他技术分析方法,综合这些方法的分析、研判结果,最终得出一个合理的多空双方力量对比的描述。如果每种方法的分析、研判结果都发出同一个信号,那么,就可以按照这个信号操作。

(三) 理论与实践相结合

技术分析的最大作用是帮助投资者提高研判未来价格趋势的准确性,但是技术分析并不能百分之百地告诉投资者未来价格变动的趋势。另外,对技术分析来意存在的理论基础的质疑,大大削弱了技术分析结果的可信度。当投资者根据技术指标发出的信号进行操作时,并不意味着未来的行情就一定会按照投资者的预期演化。换而言之,技术分析允许"出错",当行情的发展否定了当初的判断时,要勇于承认错误,作出相应的调整,选择概率大的方案,但是不排斥出现概率小的方案。

在技术分析中,只有注意理论与实践相结合,并根据实际情况不断修正每个结论,才能使技术分析方法更准确、更实用、更有效。

（四）明确运用技术分析的指导思想和决定因素

运用技术分析方法应该专注于市场的主要转折点，而不要尝试预测市场的每一个转折的，也不要试图预测每一波行情的时间和空间。当然，技术分析能够帮助投资者判断大势，避免明显的错误，但却不能避免全部的错误。在使用技术分析方法时，要充分认清技术分析不是万能的，不要超出技术分析的能力范围，不要对技术分析寄予过高的期望；要明确技术分析是一种工具，要靠人去使用，决定因素是人。技术分析的方法、技术指标参数的选择、切线中线条画法的选择、波浪理论中波浪的数法等，都是人为的。投资者个人的偏好和习惯影响着这些选择，因此也就直接影响技术分析的结论，这就是不同的投资者使用相同的技术分析方法却得到不同的分析结论，进而产生不同的投资结果的原因之一了。

当技术分析与基本分析完全对立时，当国内外政治经济形势发生根本变化时，技术分析结论应坚决服从基本分析结论。

第二节　道 氏 理 论

道氏理论是技术分析的鼻祖，创始人是美国人查尔斯·道（Charles Dow），该理论是由其追随者整理其著作，以及逐渐补充并发展起来的。道氏理论对当今技术分析方法的影响最大，许多技术分析方法的基本思想都来源于此。

一、基本观点

（一）市场平均指数包容消化一切

道氏理论认为，股票价格平均指数反映了所有可能影响股票供求关系的因素，包括经济、政治、社会及投资者心理等众多因素，因此投资者无需考虑这些因素而只需考虑股票平均价格指数就可以了，也就是说，股票价格平均指数反映了无数投资者的综合市场行为，股票价格平均指数在其每日的波动过程中包容消化了各种已知的可预见的事情，以及各种可能影响证券供给和需求关系的情况。

（二）市场价格运动具有3种趋势：长期趋势、次级趋势、短期趋势

道氏理论认为，股票市场在任何时候都存在着3种运动趋势，即长期趋势、中期趋势和短期趋势，这三种运动趋势互相影响形成复杂的运动方式。

1. 长期趋势

又称基本趋势、主要趋势。是指连续1年或者1年以上的股票价格变动趋势，它包括上升和下跌的股市两个部分，长期趋势理论是道氏理论的核心和精华。基本趋势持续上升就形成了多头市场，持续下跌就形成了空头市场。长期趋势大约持续1～4年，其中上升的股市成为牛市，平均约为25个月，最短也达13个月；下跌的股市称为熊市，平均约为17个月，

最短的约为 11 个月。

2. 中期趋势

又称次级趋势，发生在主要趋势的过程中，即在上涨的主要趋势中会出现中期回档下跌，在下跌的主要趋势中会出现中级反弹回升。中期趋势一般不改变长期趋势的发展方向，当中期趋势下跌，其谷底一波比一波高，表示长期趋势仍将上升；当中期趋势上升，其波峰一波比一波低，表示长期趋势仍将下跌。中期趋势是长期牛市或熊市的正常且必要的整理形态，它们是对股价暴涨暴跌技术上的修正，中期趋势的修正一般为基本趋势涨跌幅的 1/3~2/3 左右。通常一个长期趋势中会出现两三次中期趋势，一次中期趋势持续数个星期至数个月不等。

3. 短期趋势

又称日常波动，指股票价格的每日波动，短则数小时，长则数天，通常指 6 日内的股价变动趋势，3 个或 3 个以上的短期趋势可组成一个中期趋势。道氏理论认为短期趋势是由人为操作而成，与反映客观经济形态的中期趋势本质不同，既不重要又难以利用，可以不予理睬。

（三）两种价格平均数指数必须相互验证来判断趋势

道氏理论认为，股市的走势只有在相互验证的情况下，才能明显地显示出来。所谓相互验证，是指道琼斯铁路和工业股价平均数向同一方向变动时，表示一个股价平均数被另一个股价平均数确认，则主要趋势或次级趋势便会产生；如果两个股价平均数反向变动，就说明相互间不确认。互证现象可用两种方法表示：第一种是两种股价平均数同时出现新的高峰或新的谷底，可以用来判断主要趋势是牛市还是熊市；第二种是两种股价平均数在小幅的升降波动后，突然一同上升或下滑，主要用以判断次级趋势。

（四）根据成交量判断趋势的变化

道氏理论看重成交量，认为成交量是股价运动的动力，可以对基本趋势作出判断，尤其是价格的上升一定需要成交量的放大作为配合，否则这种上升将不能持续。通常，在多头市场，价位上升，成交量增加；价位下跌，成交量减少。在空头市场，当价格滑落时，成交量增加；在反弹时，成交量减少。但价格是决定因素，成产量仅在一些有疑问的情况下提供参考。

（五）盘整可以代替次级趋势

道氏理论认为盘整就是价格作横向运动，股价评价数在某一狭窄的范围内波动，波动幅度一般不超过 5%，这种形状显示买进和卖出两者的力量平衡。一般来说，盘局的时间愈久，价位愈窄，它最后的突破愈容易；盘局经常发展成重要的顶部和底部。

（六）把收盘价放在首位

道氏理论并不注重任何一个交易日收市前出现的最高价和最低价，而只考虑收市价，即一个交易日成交股票的最后一段时间售出价格的平均值，甚至认为只用收盘价。

二、道氏理论的缺陷

在实践中人们对道氏理论也提出了不少批评意见，并且涉及它的实用性和可靠性，主要有以下几点：

（1）道氏理论注重长期趋势，对中期趋势不能作出明确启示，更不能指明最佳的买卖时机。

（2）即使是对长期趋势的预测，道氏理论也无法预先精确地指明股价变动的高峰和低谷，而要等到股价变动数周甚至数月以后，在两个股价平均数明显突破上一次高峰或低谷后才能发出趋势改变的信号，因此它的预告有滞后性。

（3）股票市场的实际变动，特别是长期趋势和中期趋势，并不像道氏理论表述的那样泾渭分明，投资者很难将他们加以区分，加上这一理论多次发出错误的信号，使投资者遭到损失。

（4）道氏理论过于强调股价平均数，但是股价平均数不等于整个股票市场，并非所有的股票都与股票平均数同涨同跌，这一理论没有给投资者指出具体的投资对象。

（5）道氏理论将工业股价平均数与运输业股价平均数相关联有其历史背景，在道氏理论创建时，铁路运输业在美国经济中占有重要地位，但到今天已经时过境迁了，运输业的变动是否能代表整个经济的景气状况已经不能令人信服。

第三节　K　线　理　论

一、K线概述

K线理论分析是目前最常用的技术分析方法之一。也称蜡烛图、日本线、阴阳线。起源于日本，最初是商人用于反映米市交易情况的。

K线是一条柱状的线条，由矩形实体和影线组成。影线在实体的上方的部分称作上影线，影线在实体的下方的部分称作下影线。实体分为阴线和阳线。矩形反映的是一定时间内股票开盘与收盘的价格区间。上下影线的端点分别表示股价波动过程中的最高价和最低价。

图 8-1　阳线　　　　　　　图 8-2　阴线

图 8-1 中的 K 线，收盘价大于开盘价，称为阳线，一般用空心矩形或红色表示。

图 8-2 中的 K 线，收盘价小于开盘价，称为阴线，一般用绿色矩形或黑色来表示。

是否每根 K 线都一定包括矩形和上下影线 4 个部分？

K 线是进行图表分析的最基本的"构件"。K 线是全世界所有的股市最权威、最古老、最通用、最简单的技术分析工具。只要能看懂一根 K 线，第二分钟就能看懂连在一起的两根 K

线,第三分钟就能看懂简单的K线组合。

二、K线的基本形态与一般含义

(一)单根K线种类和含义

读懂单根K线的含义(见表8-1、表8-2、表8-3)是进行K线分析的基本功;用单根K线衡量多空双方的优势,主要依靠K线的阴阳、K线实体的长短和上下影线的长度。一般来说,上影线越短、下影线越长,下影线长于上影线或阳线实体越长,越有利于多方而不利于空方。

表8-1 阳线基本形态分析

基本形态	名 称	形 态 意 义
	大(全)阳线	开盘价与最低价相同,收盘价与最高价相同 没有下线影线 表示市场内多方占据着绝对的主力,涨势强烈,气势如虹
	大阳下影线	收盘价与最高价相同,小段下影线 股价稍作下探即被拉回,表示多方力量占优,下档买盘强劲 下影线的长度越长,表示多方力量越强
	大阳上影线	开盘价与最低价相同,小段上影线 股价试图创下高点,但上方卖出压力沉重,股价回落 此形态表示多方占优,但上方价位卖压很大,有反转的意味,应引起警觉 上影线越长,表示卖压越大,反转意味更大
	小阳线	上下影线长度基本相同 此形态表示多空双方争夺激烈,多方仍占据一定优势,但空方的力量不可小视
	上影阳线 (顶部:射击之星或流星形态) (底部:倒锤线形态)	上影线很长,至少是阳线实体长度的2~3倍 此形态表示多方仍处于优势,但已经处于强弩之末,是强烈的反转形态 此形态如出现在近期股价的顶部,反转意义更强
	下影阳线 (顶部:上吊线形态) (底部:锤子线形态)	下影线很长,至少是阳线实体长度的2~3倍 此形态表示多方处于优势,并且有多方买盘不断加入,推高股价 此形态如出现在近期股价底部,是强烈的反转信号,应引起注意

表 8-2 阴线基本形态分析

基本形态	名　称	形　态　意　义
（大阴线图）	大（全）阴线	开盘价与最高价相同，收盘价与最低价相同 没有下线影线 表示市场内空方占据着绝对的主力，股价持续走跌
（大阴下影线图）	大阴下影线	开盘价与最高价相同，小段下影线 股价试图创下低点，但下方买盘压力沉重，股价回升 此形态表示空方占优，但下方价位买压很大，有反转的意味，应引起警觉 下影线越长，表示买压越大，反转意味更大
（大阴上影线图）	大阴上影线	收盘价与最低价相同，小段上影线 股价稍作上扬即被拉回，表示空方力量占优，上档卖盘强劲 下影线的长度越长，表示空方力量越强
（小阴线图）	小阴线	上下影线长度基本相同 此形态表示多空双方争夺激烈，空方仍占据一定优势，但多方的力量不可小视
（上影阴线图）	上影阴线 （顶部：射击之星或流星形态） （底部：倒锤线形态）	上影线很长，至少是阴线实体长度的 2～3 倍 此形态表示空方处于优势，并且有空方买盘不断加入，推低股价 此形态如出现在近期股价顶部，是强烈的反转信号，应引起注意
（下影阴线图）	下影阴线 （顶部：上吊线形态） （底部：锤子线形态）	下影线很长，至少是阴线实体长度的 2～3 倍 此形态表示空方仍处于优势，但已经处于强弩之末，是强烈的反转形态 此形态如出现在近期股价的底部，反转意义更强

表 8-3　十字线基本形态分析

基本形态	名　称	形　态　意　义
┼	十字线	开盘、收盘价相同 多空势均力敌 若此形态出现在顶部或底部,是强烈的反转形态;出现在长期盘整时期,是强烈的突破信号
┼	十字线	开盘、收盘价相同 多方力量占优 应密切注意后期 K 线形态发展
┼	十字线	开盘、收盘价相同 空方力量占优 应密切注意后期 K 线形态发展
T	T 字线	开盘、收盘价相同 收盘价下方多方买盘积极,此价位多方有很强的支撑 底部出现此形态为强烈反转信号
⊥	倒 T 字线	开盘、收盘价相同 收盘价上方空方卖盘积极,此价位空方有很强的支撑 顶部出现此形态为强烈反转信号
—	一字线	开盘、收盘、最高、最低价相同 此形态极少出现,若出现就是暴涨或暴跌的前兆

（二）K 线实体及影线长度的分析

(1) K 线实体越长,说明上升(阳线)或下跌(阴线)力度越强,趋势延续的可能越大,反之,则情形相反。

(2) 影线长短反映阻力(上影线)或支撑(下影线)的强弱。

(3) 如果 K 线实体较短,则其对走势的预示意义也较小,此时影线的长短可能更值得关注。同理,影线很短也可忽略。

(4) K 线如果是由股价操纵者故意做成的,则会具有较大的欺骗性,而成交量则可较真实地反映实际交易情况,因此,在进行 K 线分析时,通常需要结合成交量水平来研判。

(5) K 线的趋势指示意义需结合前一阶段的股价走势综合判断。

三、K 线组合及其含义

（一）锤子线和上吊线

(1) 锤子线(图 8-3)和上吊线(图 8-4)形态概述:K 线的小实体在交易区域上部。下影线长度应该比实体长度长得多,一般为 2~3 倍。没有上影线,或者很短。

不同的是,锤子线出现在近期市价的底部,表示股价有可能回升;而上吊线出现在近期市价的顶部,表示股价有可能回落。

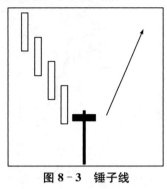
图8-3 锤子线

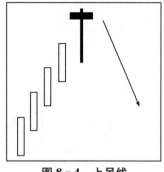
图8-4 上吊线

(2)实例:如图8-5所示,股价在底部时锤子线的出现有效实现了反转(圆圈内所示),而在顶部时则由两个上吊线引发了大幅下跌(方框内所示)。

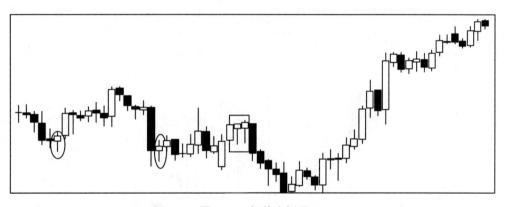

图8-5 相关实例图

(二)倒锤线和射击之星

(1)倒锤线(图8-6)和射击之星(图8-7)形态概述:小K线的实体部分在股价位置的底部。上影线的长度通常是实体长度的2~3倍。下影线没有,或者很短。

不同的是,倒锤线出现在近期市价的底部,表示股价有可能回升;而射击之星线出现在近期市价的顶部,表示股价有可能回落。

在严格意义上此两者形态反转强度不如上吊线和锤子线大,此反转形态的确立,必须结合第二天的K线及其他分析指标验证。

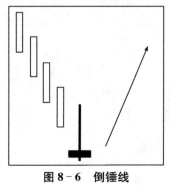
图8-6 倒锤线

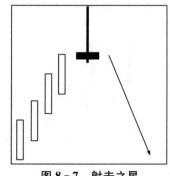
图8-7 射击之星

（2）实例：如图8-8所示，底部倒锤线的出现，预示着股价已到底，第二天大阳线的出现，验证了反转的成立（圆圈内所示）；而顶部射击之星的出现，虽有反转的意义，但第二、三天的阳线上则说明此反转形态不成立（方框内所示）。

图8-8　相关实例图

（三）看涨吞没和看跌吞没形态

（1）概述：在吞没形态之前，市场应有清晰的上升或下降走势。吞没形态由2支蜡烛线组成，第2支的实体必须覆盖第一支的实体，且两者颜色相反。

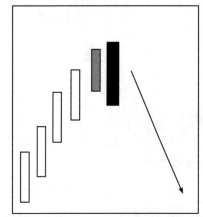

图8-9　看跌吞没形态

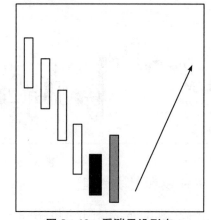

图8-10　看涨吞没形态

如图8-9、图8-10所示，圆圈内分别是处于市价顶部和底部时出现的吞没形态，它作为一种强烈的见底或见顶反转信号，在交易时应多加注意。

（2）实例：如图8-11方框内所示，这也是一个标准的看跌吞没形态，但根据位置比形态更重要的技术原则，看跌吞没形态应出现在市价的顶部，在此底部出现不具备看涨的条件，因此我们说此形态不成立。

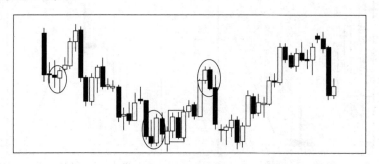

图8-11　相关实例图

(四)乌云盖顶形态和刺透(斩回线)形态

概述:在此形态之前,市场应有清晰的上升或下降走势。此形态由2根K线组成,第二支K线的实体线段穿过第一支K线实体的一半即50%,且颜色相反。穿入程度越深,反转意味越浓。如图8-12、图8-13所示。

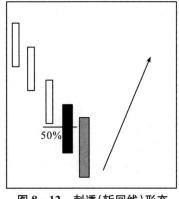

图8-12 刺透(斩回线)形态

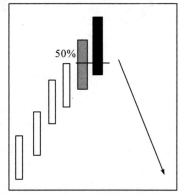

图8-13 乌云盖顶形态

(五)孕线形态

概述:在此形态之前,市场应有清晰的上升或下降趋势。孕线形态要求第一天的实体较长,第二天的实体较短,且颜色相反(图8-14)。孕线形态的反转程度不如看涨吞没、乌云盖顶等形态强烈。它并不属于主要的反转形态,但其中的十字孕线不同(图8-15),它是一种强烈的反转信号,在市场顶部时效力更大。如图8-16所示。

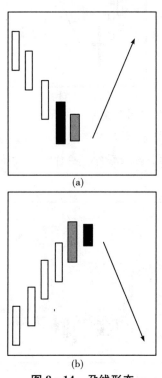

图8-14 孕线形态

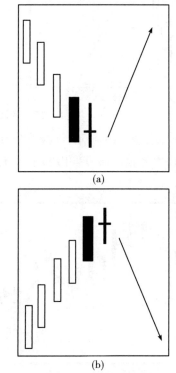

图8-15 十字孕线形态

图 8-16 相关实例图

（六）十字星形态

（1）概述：十字星是一种特殊的 K 线形态，它表示着这一时间段内股价开盘价与收盘价相同，形态上表示为一条直线。此形态的出现说明多空双方争夺激烈，互不相让。

上、下影线的长度对形态也具有非常重要的指导意义，通常影线越长，表示多空双方争夺越激烈；行情一旦确认，股价的趋势发展时间也会越长。

十字星通常有两种作用：确认行情和确认反转，两种情况下分别称之为"整固十字星"和"反转十字星"。反转十字星的规模比整固十字星大（即上、下影线较长），多出现在底部或顶部。整固十字星形态较小，上、下影线较短，多出现在趋势中部。如图 8-17(a)、图 8-18(b) 所示。

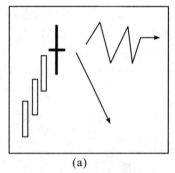
(a)

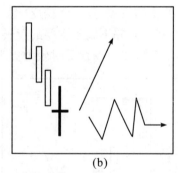
(b)

图 8-17 整固十字星和反转十字星

（2）实例：如图 8-18 所示，圆圈内所示的十字星大多上下影线较长，都出现在近期股价的顶部，是反转十字星。而方框内的十字星大多上、下影线较小，多出现在股价发展中部，是整固十字星。

图 8-18 相关实例图

（七）平头顶形态

在股价形成近期上涨或下跌的持续性行情中，底部出现两根最低价相同的 K 线或顶部出现两根最高价相同的 K 线，形成"平头"形态（图 8-19），这应该引起投资者的警觉，是反转的信号。

如果前一天的低（高）点在第二天得到验证，成功地经受了市场的试探，那么这个低（高）点就可能构成重要的支撑（阻挡）线，也可以理解为市场正在构筑近期的底（顶）部，这种形态下极容易引发反转行情。实例如图 8-20 所示。

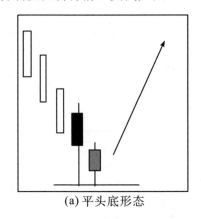
(a) 平头底形态

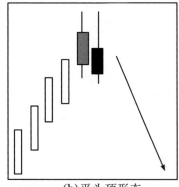
(b) 平头顶形态

图 8-19　平头顶形态

图 8-20　相关实例图

（八）早晨之星（启明星）

（1）概述：第一天必须是阴线，并且这根阴线处于下跌趋势中。第二天是星形是阳线是阴线并不重要，重要的是实体部分必须与前一个阴线实体之间有窗口跳空。第二天的实体部分很小，股价在一个小幅范围内波动，如图所示形成一根纺轴线（像纺织厂中的纺线轴）。第三天必须是阳线，阳线实体必须推入到第一天阴线实体内部。若实体与第二天的实体也存在窗口跳空，则反转意义更大。早晨之星的形态如图 8-21 所示。

（2）形态意义：股价被一根长阴线所加强的下降趋势已经被接连两天的止损回升所遏制，多数投资者认为市场底部正在构筑，做多者逐步增加，推动股价反转回升。

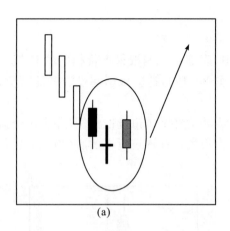 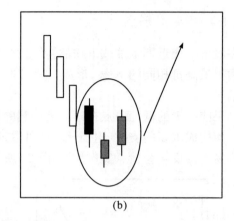

图 8-21 早晨之星(启明星)

(3) 实例:红线左端的窗口跳空是一个持续性窗口,支撑线和圆圈处的早晨之星形态相互印证,更加深了早晨之星的反转意义,如图 8-22 所示。

图 8-22 相关实例图

(九) 黄昏之星

(1) 概述:第一天必须是阳线,并且这根阳线处于上升趋势中。第二天是星形线(即实体和上、下影线都很小的 K 线),星形线本身是阴线还是阳线并不重要,重要的是实体与第一天的阳线实体之间存在窗口跳空。第二天的实体部分很小,股价当天在很小范围内波动。第 3 天必须是阴线,阴线实体必须推入到第二天星形线实体内部。若存在窗口跳空,则反转的意义更大。黄昏之星及实例图如图 8-23 所示。

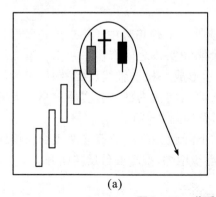 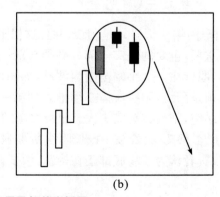

图 8-23 黄昏之星及相关实例图

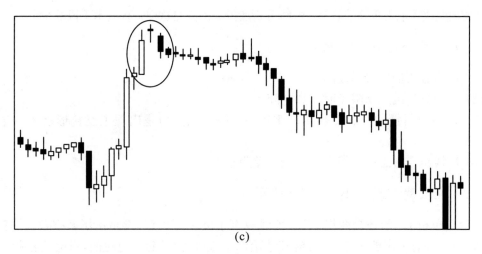

(c)

图 8-23 （续）

（2）形态意义：被一根长阳线所加强的上涨的趋势已经被接连两天的调整所遏制，第二天的纺轴线显示了趋势的不确定性。第三天的阴线，收盘更低，显著的趋势反转已经发生。

（十）岛型反转

概述：岛型反转是黄昏之星和早晨之星（启明星）形态的一种特殊形态，它符合黄昏之星和早晨之星（启明星）的一切条件。它比前两者所转意义更加强烈，此形态是所有K线组合形态中反转意义最"变态"的一种，此形态一旦出现，反转的概率为最大。形态基本表述为中间为十字星，前后两天的K线影线与十字星影线之间都形成了窗口跳空。从形态上看，它与前后的股价连续发展格格不入，仿佛一个孤岛一样，故此得名，如图 8-24 所示。

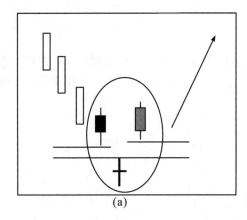
(a)

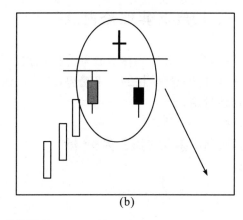
(b)

图 8-24　岛型反转

三、K线理论应用的要点

（一）K线理论只能作为战术手段

证券市场中的战术手段是指已经作出了战略决策之后，选择具体的行动时间和地点（价位）的手段；而战略手段则是指决定投资方向的手段。战略决策是实施战术决策的前提，正确的战术决策会使战略决策取得更好的效果。K线分析所扮演的就是这样一种战术手段的角色。

(二) K线分析应该注意的问题

(1) K线分析的错误率较高。

(2) K线分析结果受限于时间和空间。

(3) 价格或行情的反转点会出现K线的反转形态,但是出现了反转形态不一定是反转点。

(4) K线组合形态在实战中与理论上差距很大。

(三) 在实战中进行K线分析的要点

无论是单根K线,还是两根、三根K线以至于更多根K线,都是市场多空双方博弈的结果;K线组合都有一定的参考价值,但其结论都是相对的,不能是绝对的,只能用于投资决策参考。

重要原则是:不能机械地照搬K线组合形态;应尽量使用根数多的K线组合的结论,并将新的K线加进来重新分析判断。

第四节 切线理论

一、切线及其理论内涵

按一定方法和原则在由股票价格数据所绘制的图表中画出一些直线,然后根据这些直线的情况推测股票价格的未来趋势,这些直线称之为切线,根据切线进行的技术分析理论称之为切线理论。

二、证券运行趋势分析

(一) 证券运行趋势

一定时期的股价运行的基本方向包括上升方向、水平方向和下降方向三种趋势。操作时需要顺势而为。

(1) 上升趋势线:股价是按一个低点比一个低点高的运行方式运行,连接低点所画出来的趋势线是上升趋势线,属支撑线的一种,如图8-25所示。

(2) 下降趋势线:股价是按一个高点比一个高点低的运行方式运行,连接高点所画出来的趋势线为下降趋势线,属阻力线的一种,如图8-26所示。

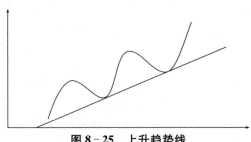
图 8-25 上升趋势线

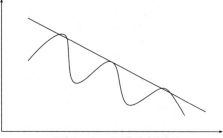
图 8-26 下降趋势线

（3）水平趋势线：股价的低点和高点横向延伸，没有明显的上升和下降趋势，所画出来的趋势线为水平趋势线。如图 8-27 所示。这种趋势往往称之为横盘整理或箱型整理。

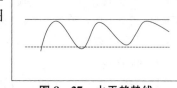
图 8-27 水平趋势线

（二）支撑线和压力线

1. 支撑线和压力线的作用

支撑线又称为抵抗线，当价格下跌到某个价位（区域）附近时，会出现买方增加、卖方减少的情况，从而使得价格停止下跌甚至回升。因为当价格下跌到投资者特别是机构投资者的持仓成本价位附近，或价格从较高的价位跌到一定的程度，或价格下跌到过去的最低位附近（区域）时，都会导致买盘的大量增加，从而对价格形成很强的支撑，如图 8-28(a)所示。

压力线又称阻力线，当价格上涨到某个价位（区域）附近时，会出现卖方增加、买方减少的情况，从而使得价格停止上涨甚至回落。因为当价格上升到某一历史成交密集区，或价格从较低的价位上涨一定的程度，或价格上升到过去的最高位附近（区域）时，都会导致大量解套盘和获利盘的涌现，从而对价格的进一步上升形成很大的压力，如图 8-28(b)所示。

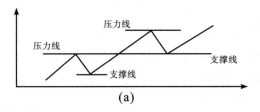
(a)

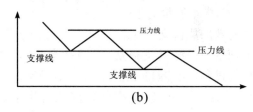
(b)

图 8-28 支撑线和压力线

2. 支撑线与压力线相互转化

一条支撑线如果被跌破，那么这个支撑线将成为压力线；同理，一条压力线被突破，这个压力线将成为支撑线，如图 8-28 所示。这说明支撑线和压力线的地位不是一成不变的，而是可以改变的，条件是它被有效的足够强大的股价变动突破。

3. 支撑线和压力线的确认和印证

一般来说，一条支撑线或压力线对当前影响的重要性有三个方面的考虑：一是股价在这个区域停留时间的长短；二是股价在这个区域伴随的成交量大小；三是这个支撑区域或压力区域发生的时间距离当前这个时期的远近。

三、趋势线与轨道线

(一)趋势线与轨道线的含义

1. 趋势线

趋势线是衡量价格波动的方向的,由趋势线的方向可以明确地看出股价的趋势。在上升趋势中,将两个低点连成一条直线,就得到上升趋势线。在下降趋势中,将两个高点连成一条直线,就得到下降趋势线。要得到一条真正起作用的趋势线,要经多方面的验证才能最终确认:首先,必须确实有趋势存在;其次,画出直线后,还应得到第三个点的验证才能确认这条趋势线是有效的。

2. 轨道线

轨道线又称通道线或管道线,是基于趋势线的一种方法。在已经得到了趋势线后,通过第一个峰和谷可以作出这条趋势线的平行线,这条平行线就是轨道线。两条平行线组成一个轨道,这就是常说的上升和下降轨道。轨道的作用是限制股价的变动范围。对上面的或下面的直线的突破将意味着有一个大的变化。与突破趋势线不同,对轨道线的突破并不是趋势反向的开始,而是趋势加速的开始。轨道线的另一个作用是提出趋势转向的警报。

(二)趋势线与轨道线的应用

1. 趋势线的应用

(1)反映股价的运行趋势

能有效反映趋势的切线,须具备以下特征:能够得到第三个以上连接点的支撑;切线被股价触及的次数越多,其对趋势的反映越准确。切线延伸的时间越长,其对趋势的确认越有效。

(2)指示股价的阻力与支撑

有效的股价支撑线表明股价运行处于某一趋势时,暂时的回落一旦触及支撑切线,通常会止跌,回到原来的趋势运行过程。有效的股价压力线则相反。切线可以直线延伸,假定趋势不变,能提前预测股价将来在什么位置回落或反弹。

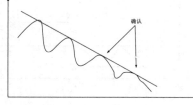

图 8-29 趋势的确认

2. 轨道线的应用

确定黄金走廊——运行通道(股价运行的空间和范围),市场的价格运行经常处于两条平行线之间,形成美妙的通道。趋势线与平行的通道线决定了在趋势不变时股价运行的空间范围。分为股价上升通道(图 8-30)和股价下降通道(图 8-31)。相关实例如图 8-32 和图 8-33 所示。

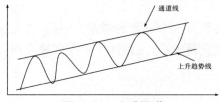

图 8-30 上升通道

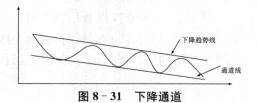

图 8-31 下降通道

图 8-32 上升通道实例

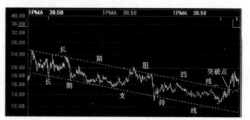
图 8-33 下降通道实例

四、切线的突破及其转换

（一）支撑线和压力线的突破

（1）作为支撑线或压力线的股价切线，有时会被穿透。股价稍稍出轨，但并未进一步延伸就又回到支撑和压力切线的约束范围内，或者股价虽然显著逾越了切线，但很快又被拉回到原来的通道内，如图 8-34 所示。

（2）股价大幅击穿原来的阻力线或支撑线，随后又进一步上升或下降，且不再回到原来的运行通道内。这种情况是所谓的突破，突破可以是原有趋势意义上的，也可以是反转意义上的，如图 8-35 所示。

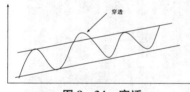
图 8-34 穿透

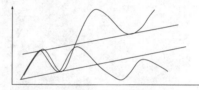
图 8-35 有效突破

（二）有效突破的两个基本特征

（1）明显挣脱了原来切线的束缚，相对原来的通道，已经产生了明显的距离。

（2）挣脱原通道后，虽然可能出现向原通道再度趋近的走势，但最终不会再返回原通道内，充其量触及到原切线便会返回，相关实例如图 8-36 所示。

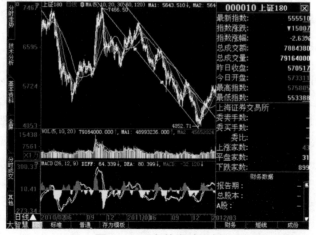
图 8-36 有效突破实例

(三)阻力线和支撑线的转换

切线一旦被突破,其指示意义也发生了反转,原来的阻力线将变成支撑线,原来的支撑线将变成阻力线,如图8-37所示,相关实例如图8-38所示。

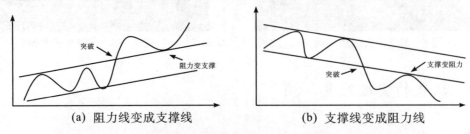

(a) 阻力线变成支撑线　　　　(b) 支撑线变成阻力线

图8-37　阻力线和支撑线的转换

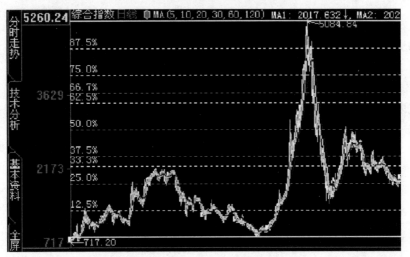

图8-38　支撑和阻力转换实例

五、黄金分割线与百分比线

黄金分割线与百分比线的原理是运用黄金分割和百分比率预先给出价格运行的支撑位或压力位,以便于在可能的目标位附近提前做好操作上的准备。

(一)百分比线

百分比线考虑问题的出发点是人们的心理因素和一些整数的分界点,是利用百分比率进行的切线画法。以近期走势中重要的高点和低点之间的涨跌幅作为计量的基数,将其按1/8、2/8、1/3、3/8、4/8、5/8、2/3、6/8、7/8的比率生成百分比线,形成重要的支撑线或压力线。

在各比率中,4/8最为重要,1/3、3/8及5/8、2/34条距离较近的比率也十分重要,往往起到重要的支撑与压力位作用。实际上,上述5条百分比线位置与黄金分割线位置基本相互重合或接近。

当阶段性低点在左、高点在右,计算得出的百分比线是回档的支撑位。相反,则是反弹的阻力位,如图 8-39 所示,相关实例可参考图 8-38。

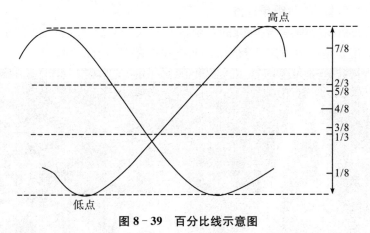

图 8-39 百分比线示意图

（二）黄金分割线

黄金分割线与百分比线原理相似,只是所引用的比率不同。但在对同一行情或个股进行分析时,所揭示的关键性点位的位置却基本一致,因此在实际的应用中,两者可相互替代。

黄金分割中最常用的比率为 0.382、0.618,该等比率所对应价位位置一般易产生较强的支撑或压力。

以最近一次趋势行情中的重要高点和低点之间的涨跌幅作为分析的区间范围,将原涨跌幅按 0.191、0.382、0.50、0.618、0.809 划分为 5 个黄金分割点,股价在行情反转后将可能在这些黄金分割点上遇到暂时的阻力或支撑,如图 8-40 所示,相关实例如图 8-41 所示。

当阶段性高点在左、低点在右,计算得出的黄金位是回档的支撑位。相反,计算出的黄金位则是重要的反弹阻力位。

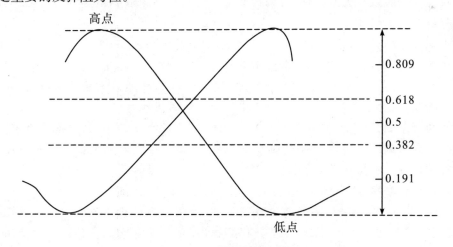

图 8-40 黄金分割示意图

黄金分割应遵循的原则:

(1) 通常情况下,0.382 以上的回档称作强势回档,一旦行情在该位附近获得足够支撑,还有继续创新高的能力,可考虑逢低吸纳;反之,0.382 以下的反弹被称作弱势反弹,可考虑逢高派发。

(2) 通常将 0.618 以下的回档称作弱势回档,一旦行情在该位不能坚守支撑,则其原来整体的上升趋势将会改变而形成下跌趋势,可考虑破位停损杀跌;反之,0.618以上的反弹称作强势反弹,可考虑破位后跟单追涨。

(3) 无论是回档或反弹,一般0.5的黄金位有较大的止跌和滞涨意义,但多空双方在该位附近的操作策略多是飘忽不定,需结合其他技术指标以综合研判。

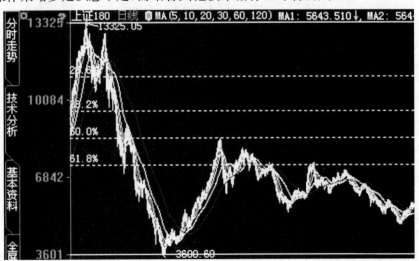

图8-41 黄金分割线实例

【资料链接】8-1　　　　　　　　切线理论实战运用

一、短期下降趋势线向上突破是短线买入时机

在中期下跌趋势中,股价主要以下跌为主,高点和低点都不断下移。但是,当股市下跌一段之后往往也会产生反弹,如果把握得当,这种反弹也会有可观的收益,而把握这种中期下跌趋势中的短线买入时机,我们就可以利用短期下降趋势线,即股价向上突破短期下降趋势线时便是短线的买入时机。

在中期上涨趋势中,股价主要以上涨为主,高点和低点都不断提高。但有时候,股价在急速上升一段之后,也会进入短期的下调整理,这时股价就会受到一条短期下降趋势线的压制,而当股价向上突破该条短期下降趋势线时,说明短期的调整结束,股价又将进入新的上升阶段,此时也成为中期上升趋势中的一个新的买入时机。

股价的中期趋势,除了中期上升和中期下跌趋势之外,还有一种中期横盘整理趋势,即股价在一定的价格范围内进行中期的箱体波动。此时,我们也可以运用短期趋势线来判断这种箱体波动中短线买入时机。

分析与操作要领:

(1) 短期趋势,我们将其界定为由数日至20个交易日的股价波动所形成的趋势。因此,短期趋势线也就由数日至20个交易日的股价波动的明显高点或低点所构成。一般来说,中期下跌趋势中的短期下跌趋势较长,反弹或短期上升趋势较短,而中期上升趋势中的短期上升趋势较长,调整时间短些。

(2) 在中期下跌趋势中做反弹,应以长空短多为主,即要快进快出,而且一旦确认反弹结束特别是股价再创出新低继续下跌时,无论盈利还是亏损,都应即时出局。因此,在中期下跌趋势中抢反弹,止损位的设立是非常重要的。

(3) 在中期上升趋势中,应以持股为主,即使卖出也应是部分的或暂时的,当调整结束特别是股价向上突破短期下降趋势线时应即时补回甚至要有追涨的勇气,因为上涨尚未结束,新的涨升又已开始。

(4) 对于中期向整理趋势中的操作,切忌盲目在箱顶追涨或在箱底杀跌。而且,在有效向上突破之前不宜重仓出击,有效向下破位一定要止损。

二、中期下降趋势线向上突破是中线最佳买入时机

股票投资或投机怎样才能获取尽可能大的收益?是短线、中线还是长线,不同的投资者可能会有不同的回答,但有一点相信多数投资者会赞同,即不管什么股票做波段行情或中级行情是大多数投资者所青睐的。中级行情既是较易判断又是能尽可能获取较多收益的操作方法;短线操作虽然非常具有诱惑力,但需要投资者具有可靠的消息来源、丰富的操盘经验和良好的市场感觉等,一般投资者较难做到;长线呢,选股非常重要且要具有十足的耐心,而一般离市场近的投资者要做到这一点也不易。因此,笔者向来以中线投资为主以寻求获得尽可能大的利润。那么,怎样才能有效和可靠地判断中级行情呢?中期趋势线无疑为我们提供了非常重要的帮助。

当一轮中期上升行情结束进入持续下跌,且跌幅较大和时间较长之后,股价放量向上突破由中期下降趋势中两个明显的高点连成的下降趋势线时,往往预示着该股票中期下跌趋势的结束,而将转为中期上涨趋势,自然成为中线的最佳买入时机,其后的上涨多久或从哪里跌下来的有可能又涨回哪里去。任何一只股票我们都可以运用中期下降趋势线寻找到其中期的最佳买入时机。

分析与操作要领:

(1) 在这里我们将中期趋势界定为20个交易日以上至120个交易日即半年之内的趋势。因此,在期下降趋势线或中期上升趋势线就是由20个交易日以上至120交易日之内的股价运行所形成的明显高点或低点连接而成的趋势线。

(2) 下降趋势中,下降趋势线的向上突破是中期下降趋势结束而转为中期上升趋势的信号,也是实际操作中非常重要的买入时机。

(3) 中期下降趋势线的向上突破应有成交量放大的配合,转势的可靠性才会更高,后市上升的空间才会更大。否则,中期下降趋势线即使突破后股价也可能仍然横向运行而不马上展开上升行情。因此,在同样突破中期下降趋势线的股票中,应选择成交量大而走势强劲的股票买入。

(4) 运用中期下降趋势线判断中线买入时机的最大麻烦是下降趋势线的斜率有时会改变,即前面的一条中期下降趋势线"突破"后仅仅是短暂的反弹,其后又继续下跌不止,这时原来的中期下降趋势线就需要修正,它将由新的中期下降趋势线所取代。这种情况的发生主要在于两个原因,即股价的下跌幅度和时间不够,与前成的上涨幅度和时间尚未形成对称性、股价向上突破下降趋势线时成交量未与配合。遇此情况,当股价再创新低时应止损出局观望,再等机会。

三、长期下降趋势线向上突破是中长线最佳买入时机

股市的运行有其自身的内在规律,既有波澜壮阔的牛市,也有寂寞难熬的漫漫熊市。当一轮牛市结束,就会进入下跌时间很长或下跌幅度很深的熊市之中,而且牛市涨得越高,熊市的跌幅就越大、时间也越长。在熊市的长期下跌过程中,也会产生数次中期的反弹或上涨行情而成一些明显的高点,如果将两个重要的中期高点连成一条直线,我们就会

看到每一次的中期反弹或上涨都受到该条长期下降趋势线的反压,可一旦股价放量突破长期下降趋势线就意味着长期下降趋势或熊市的结束和一轮大行情的开始,而成为中长期的最佳买入时机。

分析与操作要领:

(1) 长期趋势跨越的时间至少在半年以上,多者长达数年。而且,时间越长的趋势线被突破后其意义越大,其上升或下跌的空间也越大。

(2) 长期下降趋势线向上突破应有成交量放大的配合且最好伴以中长阳线,否则可靠性降低或后市上升的空间有限。

(3) 在长期下降趋势线之下,往往有数次中级反弹或上涨,由于这些中级行情高点的原因,常常改变长期下降趋势线的斜率即原来的长期下降趋势线也需要重新修正。不过,原来的下降趋势线突破后将由以前的阻力线变成培养来股价下跌的支撑线。遇到此情况,仍应止损离场,耐心等待遇机会,因为熊市是漫长的。

(4) 为了便于长期趋势的分析,最好运用周K线图。

四、第三条下降扇形线向上突破是中长线最佳买入时机

在前面几条时机中,大家已经注意到下降趋势线经常出现假突破后股价未涨多少又重归下跌之路,经常面临不得不止损出局的情况。这主要是因为下降趋势尚未结束的缘故,而原来的下降趋势线也需要重新修正甚至多次修正。面对这个问题,可以利用扇形线很好地解决。

所谓扇形线,就是利用一个重要的高点或低点作为原始点,将该点与其后的各个明显高点或低点互相连线,组成一个类似于扇子的形状而得名。由此可知,扇形线分为下降扇形线和上升扇形线两种,这里我们主要讨论下降扇形线。

在一轮较大的上升行情结束之后,将进入较长期的下跌之中,而在下跌过程中,一定会产生数次中级反弹。通常,我们将前面上升行情的最高点与第一次中级反弹的高点连成一条直线,它既是下降趋势线也是第一条扇形线。其后,股价再次创新低并大幅下跌而引发第二次中级反弹且向上突破了下降趋势线,此时我们就常犯错误,认为是下降趋势结束了,其实不然,股价突破下降趋势线后并未涨多少又下跌并创出新低。此时,我们就应将最高点与第二次中级反弹的高点再连成一条线,这既是修正后的下降趋势线又是第二条下降扇形线。股价再次下跌后产生中级反弹,又突破了第三条修正的下降趋势线,但股价上升幅度不大继续下挫,将最高点与第三次中级批弹的高点连成一条线,成为再次修正的下降趋势线同时也是第三条下降扇形线。俗话说"事不过三",当第三条下降扇形线被突破的时候,就意味着长期跌势的结束,股价将进入中长期的上升阶段。

分析与操作要领:

(1) 下降扇形线属于中长期的压力线,一般出现在大熊市里,而第三条下降扇形线的向上突破通常是熊市结束、牛市开始的强烈信号,因此是中长线最佳的买入时机。

(2) 第一、第二条下降扇形线被突破后,在后面的股价下跌过程中它们将由阻力线变成支撑线即对股价的下跌起到一定的支撑作用。

(3) 第三条下降扇形线向上突破时的成交量应较前两次突破时明显增加,前两次突破后升幅不大的原因,除了下跌不够深之外,重要的是没有足够大的成交量支持。如果第三条下降扇形线向上突破时成交量配合不理想,后市的升幅会有限甚至会先进入横盘甚至再跌一小段才展开上升行情。

五、股价向上突破下降通道是重要买入时机

下降通道,是指股价在两条向右下方倾斜的平行线之间有规律地下跌,它实际上是下降趋势线分析的延续和补充,在实际操作中比下降趋势线具有更强烈的实用性和可靠性。

实际上,任何一只股票的上涨或下跌,都在以或平缓或陡峭的大小不同的上升或下降通道中运行。在下降趋势中,股价的高点和低点都不断下移,首先将两个明显的高点连成一条下降趋势线,然后通过一个明显的低点作其平行线,便形成一条向右下方倾斜的下降通道。一般来说,当股价在下跌过程中,跌至下降通道的下轨便会产生支撑而反弹,当反弹至下跌通道上轨时又会遇阻回落。当最终股价放量向上突破下降通道上轨时,便宣告下降趋势的结束和上升趋势的开始,而成为重要的买入时机。

分析与操作要领:

(1) 股价向上突破下降通道时,应有成交量放大的配合,否则突破的可靠性降低或股价出通道后也难于上涨而横向运行。

(2) 下降通道有大小,大通道中往往套着小通道。大通道突破后的上升空间大,形成时间越长的通道突破后的升幅比形成时间短的通道突破后的升幅要大且力度更强。一般来说,下降通道有效向上突破后的量度升幅至少是下降通道的垂直高度或其倍数。

(3) 除了股价向上有效突破下降通道为重要买入时机之处,在下降通道内当股价下跌至下降通道下轨附近获得支撑时,也是短线买入时机。

(4) 股价突破下降通道后有时会形成缩量回抽确认,但股价不应再跌回通道内,否则就是假突破且需要修正先前的下降通道并应止损离场。

六、上升趋势中上升趋势线附近是买入时机

在上升趋势中,股价的低点和高点都不断上移,将其不断上移的两个明显低点连成一条向右上方倾斜的直线,便是上升趋势线,它将成为股价回档时的支撑。当股价第三次或更多次回档至该线止跌回升时,便是上升趋势中的又一次买入时机。

分析与操作要领:

(1) 上升趋势中的支撑线,一般来说应当经过第三次回落支撑的验证方为可靠,且验证次数越多、时间跨度越长的上升趋势线越是有效和可靠。

(2) 股价回落至支撑线时,成交量应出现非常明显的萎缩,否则支撑线将难以支撑。

(3) 在股价第三或第四次回落至支撑线附近买进后,万一股价不涨反跌,特别是放量长阴线跌破支撑线时,应止损离场观望。

(4) 随着上升行情的进行,上升趋势线的斜率可能改变,应适时修正上升趋势线,以便更好地指导实际操作。

七、上升通道向上突破是短线买入时机

在上升趋势中,有时候股价前期上涨沿着一定的上升通道有节奏地运行,即在上升通道的下轨形成明显的支撑,在上升通道的上轨股价又遇阻回落。但是,到了上升趋势的末期,庄家大幅拉抬,股价放量向上突破上升通道上轨的压力,出现加速上涨,短时间内升幅常常可观,把握得当短期内可获丰厚利润。因此,在上升趋势中,当股价放量突破上升通道上轨时是短线买入时机。

分析与操作要领:

(1) 股价向上突破上升通道上轨时必须要有大成交量的配合,否则假突破的可能性大

或者难以达到量度升幅。

(2) 股价向上突破上升通道上轨后的量度升幅是上升通道内的垂直高度或其数倍。

(3) 股价向上突破上升通道上轨是股价加速上涨和上升趋势末期的信号,持续时间一般不会太长,迟早还会跌回通道之内甚至更低。

(4) 股价向上突破上升通道上轨时买入,如很快又跌回上轨线之内应止损出局,虽然突破后偶有回抽,也不应收盘在上轨线之下。

资料来源:根据百度文库相关资料整理。

第五节 形态理论

一、形态理论概念与股价形态基本类型

1. 形态理论概念

形态理论是指根据股价曲线所显示的某些典型形态,对股价的未来走势进行研判、预测。

2. 股价形态的两种基本类型

持续整理形态是一种相对平衡的形态,其特征是股价在波澜不惊中维持着原有趋势,等时机成熟后再继续以往的走势,或在平行的箱体内保持着方向不明朗的窄幅波动。

突破形态是打破原有平衡的形态,其特征是造成股价原有运行趋势的改变。具体又分为两种:一是仍保持原来的运行方向,但运行的空间已经改变,即类似上(下)台阶的突破,这是一种量变型突破;二是改变原有运行方向的突破,由升转降或由降转升,即反转形态,它是一种质变型突破。

二、持续整理形态

(一)矩形整理(箱形整理)

(1) 形态特征:股价在两条平行、横向的直线之间上下波动,上行到上端直线位置就回落,下降到下端直线位置就回升。

(2) 形态说明:一般发生在某种趋势运行的进程之中,带有中途休整和蓄势的性质。如在上升过程中,利用这种箱形整理,多方即可以积蓄力量发动新的攻势,又可以逐步消化在前期上涨中积累的获利盘。因此,在矩形整理之后,股价一般会按原趋势方向进行突破,再度上升或下落。如图 8-42 所示,相关实例如图 8-43 所示。

(3) 形态应用:中长线投资者在上升趋势没有改变迹象而出现矩形整理时,一般可以放心持股;反之,对下降趋势中的矩形整理,可耐心等待更低的买点。短线投资者可以利用箱

体特征,低买高卖,反复快速进出。

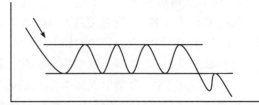

图 8-42 矩形整理的两种形态

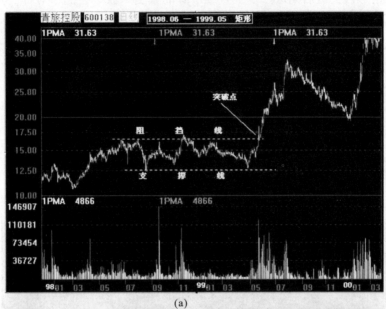

(a)

(b)

图 8-43 矩形整理实例

（二）三角形整理形态

三角形整理形态是最常见的持续整理形态,可分为对称三角形、上升三角形和下降三角形。

1. 对称三角形整理

保持原趋势不变,波动幅度逐渐缩小,波动高点依次下降,低点渐次上抬的整理形态,如图 8-44 所示,相关实例如图 8-45 所示。

（1）形态说明:通常不会改变原有趋势,反而是原有趋势的中途休整过程。

（2）形态要点:一般会出现 6 个左右的转折点,至少要包括 4 个转折点。整理通常在对称三角形的 1/2 或 2/3 位置结束。对称三角形整理的时间越短,保持原有运行趋势的能力越强。对称三角形被突破后期进一步上升或下降的幅度一般不会低于对称三角形的底边长度,即图 8-45 中 a 点到 b 点的距离。

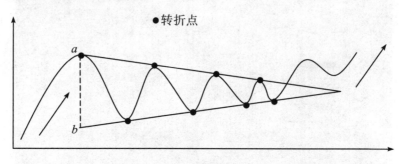

图 8-44 对称三角形整理

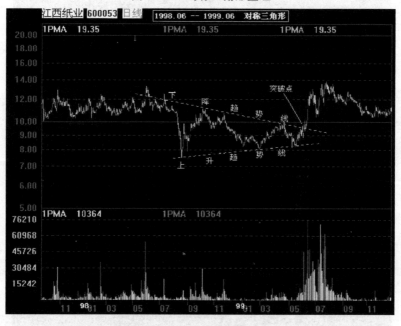

图 8-45 对称三角形整理实例

2. 上升三角形整理

上升三角形整理是一种以上升为趋势的整理形态。

上升三角形整理的图形是一个横置的直角三角形,其上端阻力线大致上是一条水平直线,而支撑线则是向右上倾斜的直线,即股价波动幅度越来越小。虽然高点位置相对固定,但底部逐渐抬高,即下跌空间越来越小,所以最终突破的方向一般是向上的,如图 8-46 所示,相关实例如图 8-48 所示。

3. 下降三角形整理

下降三角形整理在形态和意义上与上升三角形相反，是一种显示下降趋势的整理，如图 8-47 所示，相关实例如图 8-49 所示。

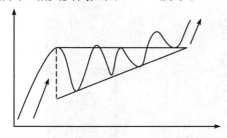

图 8-46 上升三角形整理

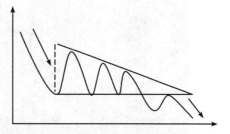

图 8-47 下降三角形整理

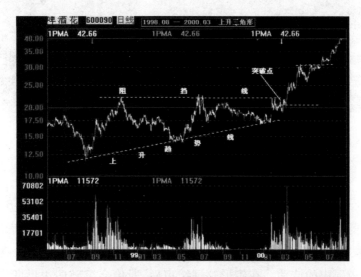

图 8-48 上升三角形实例

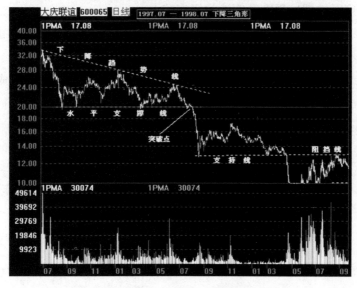

图 8-49 下降三角形实例

需要注意的是：三角形整理形态（尤其是对称三角形）的发展趋势最为关键的是确认突

破方向,并需要成交量的配合。因而在操作时,最好是等待突破后再行动! 如图 8-50 所示。

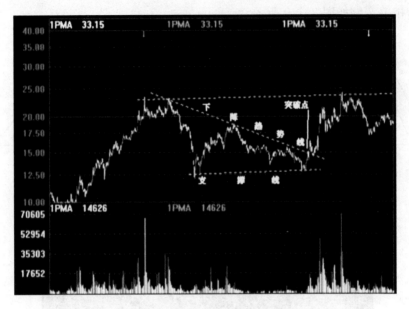

图 8-50 突破三角形整理形态实例

（三）旗形整理

图 8-51 的(a)和(b)是两个形态相反、意义相反的旗形整理形态。图 8-51 中所示,在旗形整理开始之前,都曾经有一个力度相当强的上升或下跌过程,表现为斜度陡峭、近乎竖直的直线,我们称之为旗杆(从 a 至 b 点部分)。而旗形整理则体现为股价在一个与旗杆方向相反的平行四边形中的波动。在旗形整理结束后,股价会突破四边形恢复原来的快速上升或下降趋势。旗形整理出现在第四浪的概率较大。

注意:旗形整理通常不能持续太长时间,同时其整理的反向位移量也不能过大,否则,其保持由旗杆方向所决定的大趋势的能力将会下降。

旗杆形成和旗形整理后的突破,必须要有成交量的配合:旗杆形成时成交量应迅速扩大;旗面整理时,成交量应逐渐减少,如果在突破时没有成交量的配合则意味着假突破;大量突破旗面时,应果断买入或卖出。

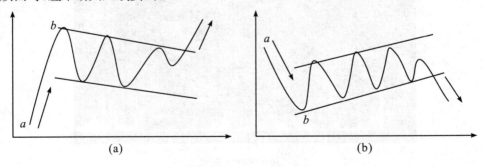

图 8-51 旗形整理

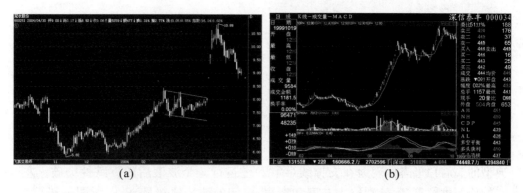

图 8-52　旗形整理实例

（四）楔形整理

楔形同旗形的形成过程差不多,也是先要有一波上升或下降的"旗杆"。楔形系股价介于两条收敛的直线中变动。与三角线不同处在于两条界线同时上倾或下斜。成交量变化和三角形一样向顶端递减。楔形又分为上升楔形和下降楔形。

楔形整理可看作是旗形整理或三角形整理形态的变形,从图8-53的(a)和(b)中可看出,只要把旗形整理中的平行四边形换成楔形,就变成了楔形整理(注意上升与下降的称谓不同)。楔形整理与旗形整理的趋势意义十分相近。下降楔形的形态,两条直线均向下倾斜。成交量逐渐萎缩,显示抛压减轻,往往出现在多头行情中。上升楔形则相反。

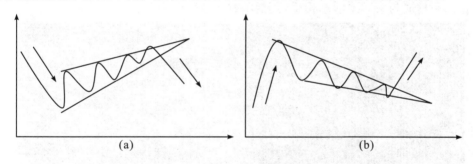

图 8-53　楔形整理

需注意的是,突破必须要有成交量的配合;如果楔形整理产生时一种趋势已经持续了相当长时间,涨跌幅度已很大的时候,即产生一种趋势的顶部或底部时,就可能会转变为反转形态。这时,前面拉出的走势实际上已是一次竭尽性的大幅度上升或下跌过程。

从实战的经验统计,下降楔形向上突破与向下突破的比例约为7:3;从时间上看如果下降楔形超过3～4个星期,那么向下突破的可能性就会增大一些。

三、反转突破形态

（一）头肩顶与头肩底

头肩顶与头肩底是最常见的股价反转形态,其形态如图8-54、图8-55所示。

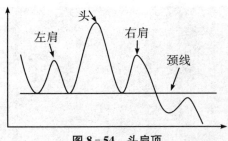
图 8-54 头肩顶

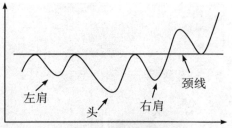
图 8-55 头肩底

典型的头肩顶形态体现为在支撑线（颈线）上运行 3 个波浪后的下跌性突破。左、右 2 个波峰的顶部大致等高，分别称为左肩和右肩，中间的波峰顶部最高，即所谓头部与双肩均在上方，而最终是向下突破，显然头肩顶是反转下跌形态。

股价运行在完成左肩和头部后再度上升，但上升的高度不能超过头部，大致在左肩的高度便反身下落，表明股价进一步上升乏力，走势仍然偏弱。

应注意：如果右肩形成后在颈线位置止跌，或者瞬间突破并迅速反弹向上，则并不形成真正的头肩形；只有右肩并未在颈线位置止跌且继续下滑，有效突破支撑后，才能认为头肩顶形成。

有效突破的标志：对颈线位的突破有相当幅度（如 3% 以上）；突破后相当一段时间（如 3 个交易日）不能再回到支撑线以上，快速下跌后的调整性反抽最多只能接近原来的支撑线；伴随成交量的放大。

当股价出现头肩顶形态时，股价下跌的幅度将至少达到原支撑线到头部的高度，短线应尽快卖出。头肩底与头肩顶形态相反，其指示意义也完全相反。

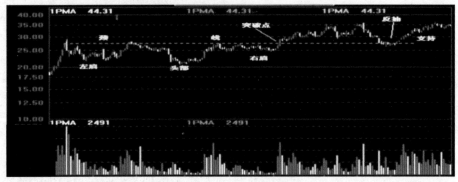
图 8-56 头肩底实例

（二）双重顶与双重底

双重顶与双重底即人们所熟知的 M 头和 W 底。双重顶（底）一共出现两个顶（底），也就是有两个相同高度的高点（低点）。双重顶作为反转形态，是因为股价上升过程中存在相当大的阻力，如图 8-57 所示，股价上升到第一个顶部，遇到阻力回落，在颈线位置获得支撑，再度上行，但运行到第二个顶部后，又遇到阻力下跌，并且在原来的颈线位置不能得到支撑，进而跌破颈线，继续下滑，理论下跌幅度至少等于顶部至颈线位的高度。

注意事项：如果第二次下跌在原来的颈线位置遇到支撑，则不能确认为双重顶形态，此时股价可能再度走出第三波上攻行情，从而形成箱型运动形态。换言之，双重顶的确立，必须具备原有支撑线的有效突破前提。

双重底在理解上与双重顶恰好相反。如图 8-58 所示。

双重顶、双重底之外,还可以延伸出所谓三重顶、三重底。

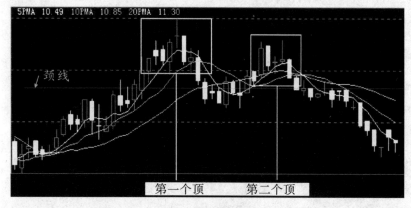

图 8-57 双重顶实例

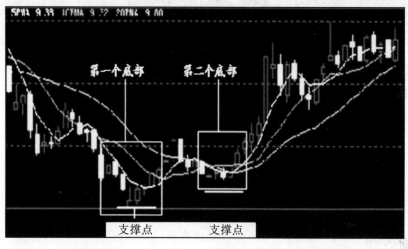

图 8-58 双重底实例

（三）圆弧顶与圆弧底

圆弧形又称碟形、圆形、碗形等,实际中出现的机会较少,但一旦出现,则反转的深度和高度将是深不可测。如图 8-59 所示,圆弧顶是股价在上升过程中持续小幅度波动,到高位后突然大幅下跌的形态。(图 8-中 60 所显示的圆弧底形态情形则相反)

圆弧顶出现在股价已处于相对高位时。这时,股价进一步上升已无动力,因而经过长时期的盘整后,只能选择下跌作为突破方向;又由于股价下跌前蓄势时间较为充分,故一旦突然摆脱盘整局面快速下跌,就会引起恐慌型抛售,从而导致下跌幅度很深。

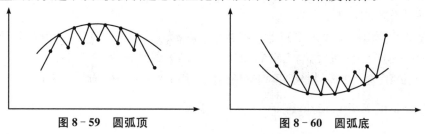

图 8-59 圆弧顶　　　　　　图 8-60 圆弧底

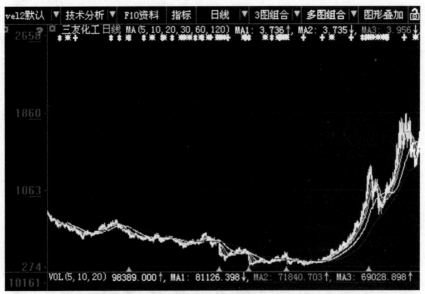

图 8-61 圆弧底实例

第六节 市场技术指标分析

市场技术指标是利用价格、成交量、股票涨跌指数等市场行为资料、经过特定公式计算出的数据。它是图形分析的辅助工具，具有结论客观、针对性强的特点。本节介绍6种主要市场技术指标。

一、指数平滑异同平均线（MACD）

指数平滑异同平均线是利用快速移动平均线与慢速移动平均线的聚合与分离的征兆，来研判买进与卖出的时机和讯号。一般而言，在一段上涨或下跌行情中，两线之间的差距拉大，而在涨势或跌势趋缓时两线又相互接近或交叉。

1. 计算方法

MACD是由正负差（DIF）和异同平均数（DEA）两部分组成，其中，DIF是核心，DEA是辅助。具体计算步骤如下：

（1）分别计算出收市价SHORT日指数平滑移动平均线与LONG日指数平滑移动平均线，分别记为EMA(SHORT)与EMA(LONG)。以常用的参数12和26为例。

短期的EMA是12日的，长期的EMA是26日的，计算公式为

$$今日的\ EMA(12) = \frac{2}{12+1} \times 今日收盘价 + \frac{11}{12+1} \times 昨日的\ EMA(12)$$

$$今日的\ EMA(26) = \frac{2}{26+1} \times 今日收盘价 + \frac{25}{26+1} \times 昨日的\ EMA(26)$$

(2) 计算这两条指数平滑移动平均线的差,即
$$DIF=EMA(12)-EMA(26)$$
(3) 再计算连续数日的 DIF 的移动平均数,记为 DEA。
(4) 最后用 DIF 减 DEA,得 MACD。MACD 通常绘制成围绕零轴线波动的柱形图。

2. 运用原则

第一,以 DIF 与 DEA 的取值以及这两者之间的相对取值预测行情。具体法则如下:

(1) DIF 与 DEA 均为正值时,属多头市场。DIF 向上突破 DEA 是买入信号;DIF 向下跌破 DEA 只能认为是回落,作获利了结。

(2) DIF 与 DEA 均为负值时,属空头市场。DIF 向下突破 DEA 是卖出信号;DIF 向上穿破 DEA 只能认为是反弹,作暂时补仓。

第二,如果 DIF 与 DEA 的走向与股价走向背离,则此时是采取行动的信号,具体来说:当股价走势出现二或三个近期低点,而 DIF(DEA)并不配合出现新低点,可买。当股价走势出现二或三个近期高点,而 DIF(DEA)并不配合出现新高点,可卖。

二、能量潮(OBV)

能量潮是将成交量值予以数量化,制成趋势线,配合股价趋势线,从价格的变动及成交量的增减关系,推测市场气氛。OBV 的理论基础是市场价格的变动必须有成交量配合,价格的升降而成交量不相应升降,则市场价格的变动难以继续。

1. 计算方法

逐日累计每日上市股票总成交量,当天收市价高于前一日时,总成交量为正值,反之,为负值,若平盘,则为零,即
$$当日\ OBV=前一日的\ OBV\pm今日成交量$$
然后将累计所得的成交量逐日定点连接成线,与股价曲线并列于一图表中,观其变化。

2. 运用原则

OBV 线的基本理论基于股价变动与成交量值间的相关系数极高,且成交量值为股价变动的先行指标,短期股价的波动与公司业绩兴衰并不完全吻合,而是受人气的影响,因此从成交量的变化可以预测股价的波动方向。

(1) 当股价上涨而 OBV 线下降时,表示能量不足,股价可能将回跌。

(2) 当股价下跌而 OBV 线上升时,表示买气旺盛,股价可能即将止跌回升。

(3) 当股价上涨(下降)而 OBV 线同步缓慢上升(下降)时,则可认可当前的上涨(下降)趋势。

(4) 当 OBV 线暴升,不论股价是否暴涨或回跌,表示能量即将耗尽,股价可能止涨反转。

三、相对强弱指数(RSI)

相对强弱指数是通过比较一段时期内的平均收盘涨数和平均收盘跌数来分析市场买卖盘的意向和实力,从而判断未来市场的走势。

1. 计算方法
$$RSI=\frac{上升平均数}{上升平均数+下跌平均数}\times 100$$

上式中,上升平均数是在某一段时间上升数的平均,而下跌平均数则是在同一段时间下跌数的平均。

RSI 的参数是天数 n,一般取 5 日、9 日、14 日等,RSI 的取值范围介于 0~100 之间。

2. 运用原则

(1) RSI 取值大于 50,表示市场强势;反之,RSI 取值小于 50,表示市场弱势。

(2) 可根据 RSI 取值落入的区域判断市场特征,并进行操作(见表 8-4)。

表 8-4 RSI 不同取值下的市场特征与买卖策略

RSI 值	市场特征	买卖策略
80~100	极强	卖出
50~80	强	买入
20~50	弱	卖出
0~20	极弱	买入

(3) 每种股票的超卖超买值是不同的。一般而言,蓝筹股的强弱指数若是 80,便属超买,若是 30 便属超卖。至于二三线股,强弱指数若是 85~90,便属超买,若是 20~25,便属超卖。但我们不能硬性地以上述数值,判定蓝筹股或二三线股是否属于超买或超卖。某些股票有自己特有的超买/卖水平。比较说来,股价反复的股票,通常超买的数值较高(90~95),超卖的数值亦较低(10~15);而股价表现较稳定的股票,超买的数值则较低(65~70),超卖的数值较高(35~40)。因此我们对一只股票采取买/卖行动前,一定要先找出该只股票的超买/超卖水平。至于衡量一只股票的超买/超卖水平,我们可以参考该股票过去 12 个月之强弱指标记录。

四、随机指数(KD)

随机指数,是期货和股票市场常用的技术分析工具。它在图表上是由%K 和%D 两条线所形成,因此也简称 KD 线。

1. 计算方法

随机指数可以选择任何一种日数作为计算基础,如 5 日 KD 线公式为

$$K \text{ 值} = \frac{C - L_5}{H_5 - L_5} \times 100$$

$$D \text{ 值} = \frac{H_3}{L_3} \times 100$$

上式中,C 为最后 1 日收市价;L_5 为最后 5 日内最低价;H_5 为最后 5 日内最高价;H_3 为最后 3 个($C - L_5$)数的总和;L_3 为最后 3 个($H_5 - L_5$)数的总和。

由公式可知,计算出来的 KD 是一个 0~100 中的数。将得到的数都画在图上,通常 K 线是用实线代表,而 D 线就用虚线代表。

以上为原始计算方法,亦有改良的公式。将旧的 K 线取消,D 线变为 K 线;3 日平均线代替 D 线。

2. 运用原则

随机指数是%K、%D 2 条曲线构成的图形关系来分析研判价格走势,旨在反映市场的超买超卖、走势背离现象以及%K 与%D 相互交叉突破等现象,从而预示中期或者短期走势

的到顶与见底过程。其具体应用法则如下：

（1）超买超卖区域的判断：%K值在80以上、%D值在70以上为超买的一般标准；%K值在20以下、%D值在30以下为超卖的一般标准。

（2）背离判断：当股价走势一峰比一峰高时，随机指数的曲线一峰比一峰低，或股价走势一底比一底低时，随机指数曲线一底比一底高，这种现象被称为背离。随机指数与股价走势产生背离时，一般为转势的讯号，表明中期或短期走势已到顶或见底，此时应选择正确的买卖时机。

（3）%K线与%D线交叉突破判断：当%K值大于%D值时，表明当前是一种向上突破的趋势。因此，当%K线从下向上突破%D线时，是买进的讯号。反之，当%D值大于%K值，表明当前的趋势向下跌落。因此，当%K线从上向下跌破%D线时，是卖出讯号。

%K线与%D线的交叉突破，在80以上或20以下较为准确。KD线与相对强弱指数不同之处在于，它不仅能够反映市场的超买或超卖程度，还能通过交叉突破获得买卖讯号。但当这种交叉突破在50左右发生，走势又陷入盘局时，买卖讯号应视为无效。

五、乖离率（BIAS）

乖离率是测算股价与移动平均线出现偏离的程度的指标，其基本原理为：如果股价偏离移动平均线太远，不管是在移动平均线之上或之下，都有可能趋向平均线。

1. 计算方法

$$BIAS = \frac{当日收盘价 - n日的运动平均数}{n日的运动平均数} \times 100\%$$

上式中，n日为设定的参数，一般分定为5日，10日，20日和60日。

2. 运用原则

乖离率分正乖离和负乖离。当股价在移动平均线之上时，其乖离率为正，当股价在移动平均线之下时，其乖离率为负，当股价与移动平均线一致时，乖离率为0。随着股价走势的强弱和升跌，乖离率周而复始地穿梭于0点的上方和下方，利用其取值的大小可以判断未来的走势。一般而言，正乖离率涨至某一百分比时，表示短期内多头获利回吐可能性越大，呈卖出讯号；负乖离率降到某一百分比时，表示空头回补的可能性越大，呈买入信号。

由于股价相对于不同日数的移动平均线有不同的乖离率，除去暴涨或暴跌会使乖离率瞬间达到高百分比外，短、中、长线的乖离率一般均有规律可循。表8-5给出了不同日数移动平均线达到买卖信号要求的参考数据。具体应用时需根据实际情况对它们进行适当的调整。

表8-5 乖离率不同取值下的买卖信号

n	买入信号	卖出信号
5日	−3%	3.5%
10日	−4%	5%
20日	−7%	8%
60日	−10%	10%

六、腾落指数（ADL）

腾落指数是以股票每天上涨或下跌之家数作为计算与观察的对象，通过简单算术加减来比较每日上涨股票和下跌股票家数的累积情况,形成升跌曲线,以了解股票市人气的盛衰,研判股市未来动向。

1. 计算方法

将每天收盘价上涨股票家数减去收盘价下跌的股票家数(无涨跌不计)后得累积值 t。

$$\text{ADL}(t) = \sum_{i=1}^{t}(上涨家数 - 下跌家数)$$

起始日期为 ADL(1),目前日期为 ADL(t)。

2. 运用原则

腾落指数的作用与股价指数类似,旨在反映大势的动向与趋势,不对个股的涨跌提供信号。但股价指数在一定情况下会受制于权值大的股票,即当权值大的股票发生暴涨与暴跌时,股价指数有可能反应过度,从而给投资者提供不实的信息,而腾落指数则可以弥补这一类缺陷。

由于腾落指数与股价指数的关系比较密切,观察图形时应将两者联系起来共同分析。一般情况下,股价指数上涨,腾落指数亦上升,或两者皆跌,则可以对升势或跌势进行确认。如若股价指数大动而腾落指数横行,或两者反方向波动,不可互相印证,说明大势不稳,宜作静观。

具体来说有以下 6 种情况:

(1) 股价指数持续上涨,腾落指数亦上升,股价可能仍将继续上升。

(2) 股价指数持续下跌,腾落指数亦下降,股价可能仍将继续下跌。

(3) 股价指数上涨,而腾落指数下降,股价可能回跌。

(4) 股价指数下跌,而腾落指数上升,股价可能回升。

(5) 股市处于多头市场时,腾落指数呈上升趋势,其间如果突然出现急速下跌现象,接着又立即扭头向上,创下新高点,则表示行情可能再创新高。

(6) 股市处于空头市场时,腾落指数呈现下降趋势,其间如果突然出现上升现象,接着又回头,下跌突破原先所创低点,则表示另一段新的下跌趋势产生。

总之,技术指标是对价格的波动进行量化后得出的较为抽象的价格走势分析工具,种类较多,各有侧重。应用技术指标时应注意以下几个问题:

(1) 指标的背离,即指标的走向与价格走向不一致。

(2) 指标的交叉,即指标中的两条线发生了相交现象,常说的金叉和死叉就属这类情况。

(3) 指标的位置,即指标处于高位和低位或进入超买区和超卖区。

(4) 指标的转折,即指标的曲线发生了调头,有时是一个趋势的结束和另一个趋势的开始。

(5) 指标的钝化,即在一些极端的市场情况下指标已失去了作用。

第七节 波浪理论

一、波浪理论概述

（一）波浪理论的形成过程

波浪理论的全称是艾略特波浪理论（Elliott Wave Theory）。艾略特（Ralph Nelson Elliott）是波浪理论的创始者，曾经是专业的会计师，专精于餐馆业与铁路业，由于在中年染上重病，于1927年退休，长期住在加利福尼亚州休养。就在他休养的康复时期，他发展出了自己的股价波浪理论。艾略特的波浪理论受到了道氏理论的影响，道氏理论主要对股市的发展趋势给出了较完美的定性解释，而艾略特则在定量分析上提出了独到的见解。

艾略特在1934年公开发表波浪理论，指出股市走势依据一定的模式发展，在涨落之间，各种波浪有节奏地重复出现。艾略特创立的波浪理论包括一整套精细的分析工具，主要有：波浪运行的形态；浪与浪之间的比率；时间周期。

艾略特在1946年出版的第二本著作索性就命名为《大自然的法则》（《Nature's Law》）。这一书名听来有些夸大，这是因为艾略特自认为他的股市理论属于大自然法则的一部分，股市就像潮汐一样有涨有落。

（二）波浪理论和斐波那契数列

波浪理论的重要课题是解决浪与浪之间的比率关系问题，而该比率实际上跟随神奇数字系列发展。艾略特在《大自然的法则》一书中谈到，其波浪理论的数字基础是一系列的数列，是斐波那契在13世纪时所发现的，因此，此数列一般被称为斐波那契数列。

斐波那契数列为：1，2，3，5，8，13，21，34，55，89，144，…

在波浪理论的范畴内，多头市况（牛市）阶段可以由1个上升浪代表，亦可以划分为5个小浪，或者进一步划分为21个次级浪，甚至还可以继续细分出89个细浪；对于空头市况（熊市）阶段，则可以由1个大的下浪代表，同样1个大的下跌浪可以划分为3个次级波段，或者可以进一步地再划分出13个低一级的波浪，甚至最后可看到55个细浪。

综上所述，我们可以不难得出这样的结论，一个完整的升跌大循环，可以划分为2、8、34或144个波浪。在此不难发现，上面出现的数字，包括1、1、2、3、5、8、13、21、34、55、89及144，全部属于神奇数字系列。

斐波那契数列的奇妙之处为：

（1）任何相邻两个数字之和等于后一个数字。

（2）除了最前面的四个数字（1、1、2、3），任何一个数与后一个数的比率都接近0.618，而且越往后，其比率就越接近0.618。

（3）除了最前面的四个数字（1、1、2、3），任何一个数与前一个数的比率都接近1.618，有趣的是 1.618 的倒数是 0.618。

二、波浪理论的基本原理

艾略特最初的波浪理论是以周期为基础的。每一个周期中可能存在一些小周期,而小的周期又可以再细分成更小的周期,每个周期无论时间长短,都是以一种模式进行的。

(一)波浪理论考虑的因素

波浪理论考虑的因素主要有三个方面:第一,股价走势所形成的形态;第二,股价走势图中各个高点和低点所处的相对位置;第三,完成某个形态所经历时间的长短。

(二)波浪理论的基本观点

(1)股价指数的上升和下跌将是交替进行的。推动浪和调整浪是价格波动的两种最基本的方式。

(2)推动浪由 5 个上升浪组成,即五浪上升模式。在市场中价格以一种特定的五浪形态上升,其中第一浪、第三浪、第五浪是上升浪,第二浪和第四浪则分别是对第一浪和第三浪的逆向调整。

(3)调整浪由 A、B、C 三浪组成,即三浪调整模式。五浪上升运行完毕后将有 A、B、C 三浪对五浪上升进行调整,其中 A 浪和 C 浪是下跌浪,B 浪是反弹浪。

(4)一个完整的循环由 5 个上升浪和 3 个调整浪组成,即所谓的八浪循环(见图 8-62)。

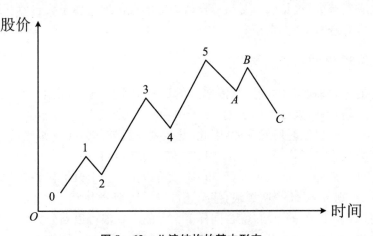

图 8-62 八浪结构的基本形态

(5)第一浪有两种表现形式,一种属于构筑底部,另一种则为上升形态;第二浪有时调整幅度较大,跌幅惊人;第三浪通常最具爆发力,是运行时间及幅度最长的一个浪;第四浪通常以较为复杂的形态出现,以三角形整理形态出现的情况居多。如第二浪是简单浪,则第四浪以复杂浪居多;如第二浪是复杂浪,则第四浪以简单浪居多。第四浪不应低于第一浪的顶。第五浪是上升中的最后一浪,力度大小不一。

(6)A 浪对五浪上升进行调整,下跌力度大小不一;B 浪是修复 A 浪下跌的反弹浪,升势较不稳定;C 浪下跌的时间长、幅度大,最具杀伤力。

（三）应用波浪理论应注意的问题

(1) 波浪理论最大的不足是应用上的困难，波浪理论从原理理论的角度看永远正确，但在具体应用中"浪中有浪"让人无所适从。

(2) 波浪理论的第二个不足是面对同一个形态，不同的人会产生不同的数浪法，而不同的数浪法产生的结果可能相差很大。每一个波浪大师，包括艾略特本人，很多时候都会受一个问题的困扰，就是一个浪是否已经完成而开始了另外一个浪。有时，甲看是第一浪，而乙看是第二浪。差之毫厘，谬以千里。看错的后果可能十分严重。一套不能确定的理论被用在风险奇高的股票市场，运作足以使人损失惨重。

第八节　量价关系理论

一、量、价是市场行为的最基本表现

市场行为最基本的表现就是成交价和成交量。技术分析就是利用过去和现在的成交量、成交价资料，以图形分析和指标分析工具来解释、预测未来的市场走势。再把时间因素考虑进去，技术分析就可简单的归结为对时间、价格、成交量三者关系的分析，在某一时点上的价和量反映的是买卖双方在这一时点上的市场行为，是双方的暂时均衡点，随着时间的推移，均势会不断发生变化，价格就有了空间上的变化，而实质就是量价关系的变化。

一般说来，买卖双方对价格的认同程度通过成交量的大小确认，认同程度大，成交量就大；认同程度小，成交量就小。双方的这种市场行为反映在价、量上往往呈现出这样一种规律：价升量增，价跌量减。

成交价、成交量的这种规律是技术分析的合理性所在，量、价是技术分析的基本要素，一切技术分析方法都是以量、价关系为研究对象的。

二、成交量与价格趋势的关系

技术分析方法认为，价格的涨、跌或平是股价变动的方向，成交量是对价格变动方向的认同，也可以被认为是价格变动的力量。

（一）成交量与股价趋势——葛兰碧九大法则

关于量价关系的研究最早见于美国股市分析家葛兰碧(Joe Granville)所著的《股票市场指标》。葛兰碧认为成交量是股市的元气与动力，成交量的变动直接表现为股市交易是否活跃、人气是否旺盛，而且体现了市场运作过程中供给与需求间的动态实况，没有成交量的发生，市场价格就不可能变动，也就无股价趋势可言，成交量的增加或萎缩都表现出一定的股价趋势。

（1）价格随着成交量的递增而上涨，为市场行情的正常特性，此种量增价升的关系表示股价将继续上升。

（2）在一个波段的涨势中，股价随着递增成交量而上涨，突破前一波的高峰，创下新高价，继续上扬。然而，此段股价上涨的整个成交量水准却低于前一个波段股价上涨的成交量水准。此时股价创出新高，但量却没有突破，则此段股价涨势令人怀疑，同时也是股价趋势的潜在反转信号。

（3）股价随着成交量的递减而回升，股价上涨，成交量却逐渐萎缩。成交量是股价上升的原动力，原动力不足显示出股价趋势潜在的反转信号。

（4）有时股价随着缓慢递增的成交量而逐渐上升，渐渐地，走势突然成为垂直上升的喷发行情，成交量急剧增加，股价跃升暴涨；紧随着此波走势，继之而来的是成交量大幅萎缩，同时股价急速下跌。这种现象表明涨势已到末期，上升乏力，显示出趋势有反转的迹象。反转所具有的意义将依前一波股价上涨幅度的大小及成交量增加的程度而不同。

（5）股价因成交量的递增而上升，是十分正常的现象，并无特别暗示趋势反转的信号。

（6）在一个波段，长期下跌形成谷底后，股价回升，成交量并没有随股价上升而递增，股价上涨欲振乏力，然后再度跌落至原先谷底附近，或高于谷底。第二谷底的成交量低于第一谷底，是股价将要上升的信号。

（7）股价往下跌落一段相当长的时间，市场出现恐慌性抛售，此时随着成交量的日益放大，股价大幅度下跌；继恐慌卖出之后，预期股价可能上涨，同时恐慌卖出所创的低价将不可能在极短的时间内被突破。因此，大量恐慌性抛售之后，往往是（但并不一定是）空头市场的结束。

（8）股价下跌，向下突破股价形态、趋势线或移动平均线，同时出现了大成交量，这是股价下跌的信号，明确表示出下跌的趋势。

（9）在市场行情持续上涨数月之后，出现急剧增加的成交量，而股价却上涨无力，在高位整理，无法再大幅上升，显示出股价在高位大幅振荡，抛压沉重，上涨遇到了强阻力，此为股价下跌的先兆，但股价并不一定必然下跌。股价连续下跌之后，在低位区域出现大成交量，而股价却没有进一步下跌，仅出现小幅波动，此即表示进货，通常是上涨的前兆。

关于量价分析，技术分析方法还认为：① 成交量的大小是相对的，主要是相对于最近而言，没有绝对的大小；② 成交量的变动在价格变动之前，所谓量在价先；③ 技术分析方法常用成交金额来代替成交量，这两者并没有太大的区别，但市场热点过分集中在高价股或低价股上时应适当调整；④ 成交价一般是采用收盘价。

（二）涨跌停板制度下量价关系分析

（1）涨停量小，股价将继续上扬；跌停量小，股价将继续下跌。

（2）涨停中途被打开次数越多、时间越久、成交量越大，股价反转下跌的可能性就越大；反之亦然。

（3）涨停关门时间越早，次日涨势继续的可能性就越大；反之亦然。

（4）封住涨停板的买盘数量的大小和后续继续上涨的概率正相关；反之亦然。

（三）量价关系补充——换手率和量比

1. 换手率

所谓换手率，是指单位时间内某一股票累计成交量与可交易量之间的比率。其数值的大小不仅说明交投的活跃程度，而且表明交易者之间换手的充分程度。

换手率对应的是统计的时间，换手率的高低要在相同的时间段内进行对比，时间可以是1天、1周、1个月、1个季度……统计的时间越长，要求的换手率就越高；而单日换手率高还要看放量的位置，以及后续是否持续放量。

换手率在市场中是很重要的买卖参考指标，应该说这远比技术指标和技术图形更加可靠。如果从造假成本的角度考虑，尽管交易印花税、交易佣金已大幅降低，但成交量越大所缴纳的费用就越高是不争的事实。

如果在K线图上的技术指标、图形、成交量3个要素当中选择，主力肯定是在最没有办法时才会用成交量来骗人。因此，研判成交量乃至换手率对于判断一只股票的未来发展是有很大帮助的。

一般来讲，换手率高的情况大致分为3种：① 在相对高位成交量突然放大：主力派发的意愿是很明显的。然而，在高位放出成交量也不是容易的事，一般伴随着一些利好政策出台时，才会放出成交量，主力才能顺利完成派发，这种例子是很多的。② 新股：这是一个特殊的群体，上市之初换手率高是很自然的事，一度也上演过新股不败的神话，然而，随着市场的变化，新股上市后高开低走已成为现实。显然已得不出换手率高一定能上涨的结论。③ 底部放量：价位不高的股票是我们应该关注的重点。换手率高，则其可信程度也较高，表明新资金介入的迹象较为明显，未来的上涨空间相对较大，越是底部换手充分，上行中的抛压就越轻。此外，当市场处在趋势不明、个股涨跌不一的情况下时，换手率高的个股有望成为强势股，强势股就代表了市场的热点，因而有必要对它们重点加以关注。

2. 量比

量比是衡量相对成交量的指标，是指股市开市后平均每分钟的成交量与过去5个交易日平均每分钟的成交量之比。其计算公式为

量比=（现成交总手数/现累计开市时间（分））/过去5日平均每分钟的成交量

量比在观察成交量方面是卓有成效的分析工具，它将某只股票在某个时点上的成交量与一段时间的成交量平均值进行比较，排除了因股本不同造成的不可比情况，是发现成交量异动的重要指标。由于"量"是"价"的先导，因此我们可以根据量比曲线的变化，来分析个股买卖力量对比，进而研判该股当日的运行趋势。

量比这个指标所反映出的是当前盘口的成交力度与最近5日的成交力度的差别，这个差别的值越大表明盘口成交越趋活跃，越能体现主力暗流涌动，准备随时展开攻击前蠢蠢欲动的盘口特征。因此量比资料可以说是盘口语言的翻译器，它是超级短线临盘实战洞察主力短时间动向的秘密武器之一。它更适用于短线操作。量比反映出的主力行为从计算公式中可以看出，量比的数值越大，表明该股当日流入的资金越多，市场活跃度越高；反之，量比值越小，表明资金的流入越少，市场活跃度越低。我们可以从量比曲线与数值上，看出主流资金的市场行为，如主力的突发性建仓，建完仓后的洗盘，洗盘结束后的拉升，这些行为可以让我们一目了然。

下面介绍量比及量比指标曲线的原理和使用方法。

（1）量比反映的是分时线上的即时量相对近段时期平均量的变化，一般都默认为当日场内平均每分钟的成交量与过去5日平均每分钟的成交量之比。显然，量比大于1表明目前场内交投活跃，成交量较过去几日增加。

（2）把当日每分钟不同的量比数值描绘在一个坐标中，就形成了量比指标。通过量比指标可以得知当日量比如何变化，同时也能得知当日盘口成交量的变化，进而知道当日的量能相对近段时期量能的变化。

（3）一般要注意，市场及人们的心理经过一夜的休整，在新的一个交易日开盘的时候，股价及开盘成交量的变化反差极大，反映在量比数值上就是在新的一个交易日开盘时显得很不稳定，因此我们应该静待量比指标有所稳定后再采取行动。

（4）在使用中，当量比指标在分时图上沿着一种大趋势单边运行时会突然出现量比急速翘头的迹象，我们认为不必急于采取行动，在进一步修正后，再依据量价的更进一步变化采取行动。

最后，在平时的使用中可多结合形态理论，往往会取得更好的研判效果。

本 章 小 结

◆ 内容摘要

1. 技术分析是仅从证券的市场行为来分析证券价格未来变化趋势的方法。它通过证券市场里商品的价格、成交量随着时间的变化，来分析证券未来的变化趋势。技术分析的要素主要有价、量、时、空四个方面。

2. 技术分析的基本观点是：所有股票的实际供需量及其背后起引导作用的种种因素，包括股票市场上每个人对未来的希望、担心、恐惧等，都集中反映在股价和交易量上。由此在"价与量"的基础上，依照一定算法计算出"技术指标"，从而在一定程度上反映股票的走势状况。人们在实践的基础上形成了许多理论，并提供了大量的技术分析指标，这些理论及指标对于指导投资具有重要的作用。

3. 技术分析理论主要有道氏理论、黄金分割理论、K线理论、形态理论、切线理论、技术指标理论。

4. 市场技术指标是利用价格、成交量、股票涨跌指数等市场行为资料、经过特定公式计算出的数据。它是图形分析的辅助工具，具有结论客观、针对性强的特点。主要指标有：指数平滑异同平均线（MACD）、能量潮（OBV）、相对强弱指数（RSI）、随机指数（KD）、乖离率（BIAS）、腾落指数（ADL）。

◆ 关键词

技术分析　技术指标　形态理论　切线理论

◆ 思考题

1. 道氏理论的主要内容是什么？它对技术分析有何贡献？
2. K线图的形状有哪些？如何判断？
3. 常用的技术指标有哪些？如何利用这些指标来指导投资？
4. 如何把握行业分析与证券市场的关系？
5. 有哪些典型的整理形态？如何确认趋势线的有效突破？

6. 实践题:选择一种股票,运用技术分析方法,预测后市走势,并把预测结果进行记录。一个月后,根据现实行情,回头总结自己的分析准确率。

分析案例

1. 应用所学 K 线理论对图 8-63 作出合理的解释和判断。

图 8-63　某股票 K 线图

2. 请应用所学切线理论和形态理论对图 8-64 作出合理的解释和判断。

图 8-64　某股票 K 线图

应用训练

训练一:通过新五丰 600975 短体操作来分析上述品种的关键点和周期长短。
训练二:新五丰 600975 个股业绩是否看好?垂杨柳 K 线形态如何?应注意哪些事项?

第九章 证券组合管理分析

- 了解证券组合的目标和基本类型,掌握证券组合管理的基本方法。
- 掌握证券的收益和风险的来源及衡量,了解收益和风险的关系;掌握证券组合的收益和风险度量、相关关系以及证券组合的风险规避问题。
- 了解证券组合理论的基本假设,掌握证券组合理论的可行集、有效集和最优投资组合。
- 掌握资本资产定价模型的基本内涵,掌握 CML 的推导、市场组合 M 的经济意义;掌握 SML 方程以及 β 的经济意义和运用。
- 了解套利和套利定价模型。
- 能够运用所学的知识简单地分析证券组合和资产定价中的各种现象。

投资有风险,入市需谨慎

"投资有风险,入市须谨慎。"每一个进入股市的人都知道这句话,然而,恐怕大多数人都没有对这句话进行过深刻的解读,这也造成了一有股市信息的风吹草动,就造成了巨大亏损的局面。

再好的剧作家,也无法写出中国股市的跌宕起伏。2015 年的中国股市经历多次暴涨暴跌,不少个股甚至从跌停板直接拉到涨停板,还一度出现千股停牌的奇观。2015 年上半年,上证指数涨幅 32.23%,总市值增长超过 21 万亿元。而被称为"神创板"的创业板,整体涨幅超过 100%,远高于上证指数。股市就像一个人人都能捡到钱的金库,吸引着大量不同行业、不同背景的投资者跑步入市。

然而,天有不测风云,月有阴晴圆缺。股市深浅莫测,2015 年上半年股市亢奋,然而,震荡却来得比以往任何时候都要多。进入 5 月后,股市震荡蔚为壮观,除去 5 月 5 日至 7 日和 5 月 28 日的 4 次大跌,A 股还在 6 月 2 日至 6 月 5 日连续走出 4 个"深 V"反转。在经历了 6 月中下旬的几次暴跌后,6 月 30 日,上半年的最后一个交易日,A 股更次上演荡气回肠的"大胜利日",上证指数振幅 10%以上,在最低逼近 3800 点时绝地大反击,最终上涨 5.35%至 4277.22 点,创业板振幅更高达 14.49%。

就在人们以为行情企稳回升时,A 股的表现却给了股民一个意外。2015 年 7 月 27 日,A 股高开低走,一天市值蒸发了 4.2 万亿元左右,人均亏损约 4.6 万元,7 月 28 日,继续下跌,蒸发7787.49亿元,人均亏损8467.8元。8月份同样不容乐观,从8月20日至8月26日,股市连续暴跌,其中8月26日最低降至2850.71点,最后收于2927.29点,创年内新低,而这一天,离6月8日的收盘指数5131.88点也只过去了两个多月。指数变化的背后,不知有多少心存侥幸的投资者,不知不觉中被打入了"十八层地狱下还有十八层地狱"的境地,投资的风险可见一斑。投资如同行路,有阳光灿烂,也有狂风暴雨,一不小心,就会被淋成"落汤鸡"。

现在,你是否看到并理解了风险呢？风险是指未来的不确定性。炒股可能给你带来远高于银行存款利息的收入,几倍甚至十几倍不止,可是,炒股也可能让你从百万富翁变得一贫如洗。因此,缺乏对风险的合理认识,往往会加大风险。在投资过程中,对风险的认知是投资成熟的重要标志。那么投资的风险应该如何表达？面对风险,能否在一定程度规避呢？

答案是肯定的。在投资丛林中,要想避免被淋成"落汤鸡",就必须带"雨伞",而其中的一把"雨伞"就是组合投资,只有这样,才能在大跌时适当减少损失。组合投资的优点在于,在牛市中,各种股票一般会轮流上涨,投资者可相继抛出持有的股票而获利;在熊市中,由于投资者持有的是多种股票,从而能够分散投资风险,减少投资者的损失。当然,要选出好的投资组合,既保证高的投资报酬率,又保证投资报酬的平稳性,并不是件容易的事。

资料来源: 根据2015年8月30日前A股行情进行整理。
思考:
(1) 风险如何表达？是否可以量化？
(2) 在投资过程中,如何真正将"投资有风险、入市需谨慎"落到实处？

第一节　证券组合管理概述

证券组合是指个人或机构投资者所持有的各种有价证券的总称,是投资者对各种证券资产的选择而形成的投资组合,通常包括各种类型的债券、股票及存单等。证券组合(Portfolio)管理的目的是:按照投资者的需求,选择各种各样的证券和其他资产组成投资组合,然后管理这些投资组合,以实现投资的目标。下面具体论述证券组合的目标。

一、证券组合的目标

证券组合的目标,就是充分体现和满足投资者的需求。从总体上看,投资者的需求往往是根据风险(Risk)来定义的,是在承担一定风险或尽可能低风险的条件下,实现投资收益(Return)最大化。但对于不同的投资者,其投资目标却又有所侧重,有所不同,因而证券组合的目标也因人而异。如有的投资者注重得到稳定的收益,而有的投资者却注重资金安全,也有的投资者希望两者兼顾,但又可能有所侧重,等等。这些不尽相同的投资目标,可以通过以下几个方面的要求表现出来。

1. 安全性

安全性是指证券投资组合不要承担过高风险,要保证投资的本金能够全部按期收回,并取得一定的预期投资收益。证券组合追求安全性是由投资的经济属性及其基本职能所决定的,也是投资者的最低要求,是实现其他投资目标的前提条件。安全性有两层含义:一是要求投资的本金不受损失;二是要求投资的本金不受通货膨胀的影响而贬值,即保值。债券的收益一般固定,到期可收回本金,能保障本金的数额不受损失,但它易受通货膨胀的影响;股票的股利和股价会因通货膨胀而发生变化,因而它可部分抵消通货膨胀的影响。

2. 收益性

在投资活动中,按时获得稳定的收益常常成为一些投资者的目标。收益性是指在符合安全性原则的前提下,尽可能地取得较高的投资收益率。追求投资盈利是投资的直接目的,证券组合只有符合收益的要求,才能使投资保值增值。投资收益率的高低取决于以下多种因素:① 使用资金的机会成本;② 投资可得到的税收优惠;③ 证券期限的长短;④ 货币的升值与贬值。收益又分为当前收益和长远收益,有些投资者不依靠投资的经常收入,因此他们在进行投资时,更加关注证券的未来收益,而不是当前收益,在证券组合中较多地考虑资本增值,而较少考虑当前的经常收入。以未来收益和资本增长为目标的投资者,必须对投资作长期安排,追逐短期利益通常对长期增长不利。这类投资者一般以增长型证券(如普通股)为主要投资对象,且多选择过去盈利大幅增长、近期股利发放较少、未来预期收益率较高的股票。当然,获得未来收益的目的不一定都能达到,有时反而可能遭受损失,投资者对此必须有充分的心理准备。

3. 流动性

流动性是指证券组合所形成的资产在不发生价值损失的前提下,可随时转变为现金,以满足投资者对现金支付的需要。如果是为了利用短期性的资金进行投资,那么在证券组合中,流动性就非常重要,这时就应该选择变现能力比较强的短期债券。

当然,除了以上目标外,还有若干具体目标,如证券组合中各种证券的分散性、税收优惠等。

二、证券组合的基本类型

以投资对象为标准,世界上美国的证券组合种类比较"齐全"。在美国,证券组合可以分为收入型、增长型、混合型(收入型和增长型进行混合)、货币市场型、国际型及指数化型、避税型等。比较重要的是前面3种。

收入型证券组合追求基本收益(即利息、股息收益)的最大化。能够带来基本收益的证券有:附息债券、优先股及一些避税债券。

增长型证券组合以资本升值(即未来价格上升带来的价差收益)为目标。增长型组合往往选择相对于市场而言属于低风险高收益,或收益与风险成正比的证券。符合增长型证券组合标准的证券一般具有以下特征:

(1) 收入和股息稳步增长。
(2) 收入增长率非常稳定。
(3) 低派息。
(4) 高预期收益。
(5) 总收益高,风险低。

此外,还需对企业做深入细致的分析,如产品需求、竞争对手的情况、经营特点、公司管理状况等。投资于此类证券组合的投资者往往愿意通过延迟获得基本收益来求得未来收益的增长。这类投资者会购买很少分红的普通股,投资风险较大。

收入和增长混合型证券组合试图在基本收入与资本增长之间达到某种均衡,因此也称为均衡组合。两者的均衡可以通过两种组合方式获得,一种是使组合中的收入型证券和增长型证券达到均衡,另一种是选择那些既能带来收益,又具有增长潜力的混合型证券。

货币市场型证券组合是由各种货币市场工具构成的,如国库券、高信用等级的商业票据等,流动性强,安全性极高。

国际型证券组合投资于海外不同国家,是组合管理的时代潮流,实证研究结果表明,这种证券组合的业绩总体上强于只在本土投资的组合。

指数化型证券组合模拟某种市场指数,信奉有效市场理论的机构投资者通常会倾向于这种组合,以求获得市场平均的收益水平。根据模拟指数的不同,指数化证券组合可以分为两类:一类是模拟内涵广大的市场指数,另一类是模拟某种专业化的指数,如道·琼斯公用事业指数。

避税型证券组合通常投资于市政债券,这种债券免联邦税,也常常免州税和地方税。

三、证券组合管理的基本方法

证券组合管理是把各种主要证券类型混合在一起,以便在风险最低的条件下,使投资获得最高的回报。投资组合管理者以投资目标为出发点,为提高回报率时常审时度势改变各主要资产类别的权重。例如,若一个投资者判断在未来年份内权益的总体状况要比债券的总体状况对投资者更加有利的话,则极可能要求把投资组合的权重由债券向权益转移,而且,在同一资产类型中选择那些回报率高于平均回报率的证券,投资者便能改善投资组合回报的前景。从具体的控制过程来说,证券组合管理包括以下四个基本方法:

1. 确定证券组合管理的目标

投资目标是指投资者在承担一定风险的前提下,期望获得的投资收益率。由于证券投资属于风险投资,而且风险和收益之间呈现出一种正相关关系,所以,证券组合管理者如果把只能赚钱不能赔钱定为证券投资的目标,是不合适和不客观的。客观和合适的投资目标应该是在盈利的同时也承认可能发生的亏损。因此,投资目标的确定应包括风险和收益两项内容。证券组合的目标前面已经详述,这里不再重点讲述。

2. 证券组合的选择

目标确定之后,就要选择若干证券,构成证券组合,以实现预定的目标。不同的目标,需要选择不同的投资对象,作出不同的投资安排。若目标着重于经常收入,就以收入型证券为投资对象;若目标是追求资本增长,则选择增长型证券;若目标是两者结合,则收入证券和增长证券同时包括,但比例可有所偏重。在选择证券时,需要经历如下过程:

(1) 了解各种证券的特点。为此,要对证券进行分类,主要包括按风险大小分类,按长期和短期分类,按收入型和增长型分类等。

(2) 确定证券组合的风险水平,即决定投资者想要承担的风险大小。大致有三种类型:① 高风险组合,即选择销路好、预期盈利超过市场平均收益的公司股票,如制药和高科技股;② 中等风险组合,即选择一些债券和一些公用事业或成熟工业的股票,如化工、钢铁、汽车类股票;③ 低风险组合,即选择政府债券和一些高质量的股票,收益不高但可靠。

(3) 按分散化原则选定具体的证券品种,以减少非系统风险。分散化的内容包括:① 证券种类的分散化,即债券与股票相搭配;② 行业或部门的分散化,即工业与金融、运输、旅游、公用事业相搭配,新兴行业与成熟行业相搭配;③ 公司的分散化,即在同一行业中选择不同企业的证券,以使价格大起大落的股票与价格较为稳定的股票相搭配;④ 到期日的分散化,即债券的到期日分散在不同年份,以分散利率风险;⑤ 季节的分散化,股票价格在股市的淡旺季差异很大,然而,股市的淡旺季从何时开始,淡旺的程度如何又很难预测,因此,要在不同的时间买卖股票,将投资或回收的时间间隔拉开,可减少股市震荡的影响,避免遭受重大损失。

3. 证券组合的监视和调整

一个证券组合建立后,必须经常监视其收益状况,并根据变化了的情况对原有的证券组合进行调整,以确保投资目标的实现。因为各种证券的预期收益和风险,受到各种内外因素变动的影响,经济的滞涨、行业的兴衰、公司的强弱、政策的调整、技术的革新、物价的涨跌,乃至国际国内政治风云的变幻、消费者消费心理的变化等,都会对市场上的证券价格及其投资风险产生影响。因此,投资者必须对组成证券组合的各种证券的价格、收益和风险进行不断的跟踪监视,审核其是否达到预定目标的要求,并与股市综合指数相比较。如果投资没有达到预定目标,或者证券组合的预期收益低于市场平均收益水平(一般用股指来衡量),或者某种证券有了异常情况,或者投资者改变了投资目标,这时就应及时对证券组合作出相应调整,更换证券品种或搭配比例,改变原有组合。

4. 证券组合的业绩评估

通过定期对证券组合进行业绩评估,来评价投资的表现。业绩评估不仅是证券组合管理过程的最后一个步骤,同时也可以看成是一个连续操作过程的组成部分。具体来说,可以看成证券组合管理过程中的一种反馈与控制机制。由于投资者在投资过程中获得收益的同时,还将承担相应的风险,获得较高收益可能是建立在承担较高风险的基础之上的,因此,在对证券投资组合业绩进行评估时,不能仅仅比较投资活动所获得的收益,而应该综合衡量投资收益和所承担的风险情况。

第二节　证券与证券组合的收益风险分析

在证券的投资活动中,收益和风险如影随形,收益以风险为代价,风险用收益来补偿。风险和收益共生共存,承担风险是获取收益的前提,而收益是风险的成本和报酬。投资者进行投资的目的是为了获得收益,同时,又不可避免地面临着风险。

一、单个证券的收益和风险

(一) 证券的收益来源及其衡量

投资者进行各种投资活动,根本目的是获得收益。证券投资的收益是指投资者在一定时期内进行证券投资活动后的所得与支出的差额,是证券投资的价值增值。在差额为正数的前提下,数值越大则收益越高,反之收益就越小。差额为负值,则说明该项投资活动为负收益或净亏损。换言之,证券投资收益实际上就是投资者在购买、持有和出售某种有价证券的过程中所获得的各种投资回报与投入本金之差额。

1. 收益的来源

从理论上讲,证券投资收益有三个来源:

(1) 证券持有收益。这是投资者通过持有某种证券而自动获得发行者分配性回报的收益。

(2) 证券交易收益。它是指投资者通过在证券市场上低价购买后又高价抛售某种证券所获得的价差收益。

(3) 派息再投资收益。它是指投资者用某种证券所派之息,在当时的证券市场上购买更多单位的同种证券,直至期终一同出售而获取的收益。

证券投资所获得的收益,可能包括上述全部三项收益,也可能仅包括其中某两项或某一项,这取决于投资者所采用的投资方式。

2. 收益的衡量

在资本市场上投资,其收益一般用收益率来衡量。

(1) 总收益率。在一定期间(比如说一年)进行一项投资的收益率,就是基于所有权而收到的现金支付加上市价的变化,再除以初始价格①。

对于普通股,可以把一期的收益定义为

$$R = \frac{D_t(P_t - P_{t-1})}{P_{t-1}} \tag{9-1}$$

式(9-1)中,R 是实际的(预期的)收益;t 指过去(未来)特定的时间段;D_t 是第 t 期期末的现金股利;P_t 是第 t 期的股价;P_{t-1} 是第 $t-1$ 期的股价。

例如,甲先生年初购买了 H 公司的股票,价格为每股 100 元。年末每股分得红利 5 元,分红后每股市价为 110 元,则不管甲先生年末是继续持有或是卖掉其股票,如果不计其他交易费用,其投资的总收益率为

$$R_H = \frac{110 - 100 + 5}{100} = 15\%$$

(2) 收益率的平均。Y 公司最近 5 年在二级市场上普通股的投资收益率的观测值如下:

年 份	2008	2009	2010	2011	2012
报酬率	-10%	15%	24%	18%	33%

则其平均年收益率的计算有两种方法:

如果采用算术平均法,则为

$$R_A = \frac{R_1 + R_2 + R_3 + R_4 + R_5}{5} = 16\%$$

如果采用几何平均法,则为

$$R_G = [(1+R_1)(1+R_2)(1+R_3)(1+R_4)(1+R_5)]^{\frac{1}{5}} - 1$$

---

① 这种持有期间收益率在投资期间为 1 年或少于 1 年时是有用的。对于更长的投资期间把投资报酬率(或内部收益率)作为收益率更佳。收益率的计算以现值为计算基础并考虑货币的时间价值。

$$=[0.9\times1.15\times1.24\times1.18\times1.33]^{\frac{1}{5}}$$
$$\approx 1.15-1=15\%$$

上式中,$R_1 \sim R_5$ 分别代表 2008 年至 2012 年的收益率。

(二)证券的风险来源及其衡量

一般而言,风险(Risk)是指损失发生的不确定性。在投资活动中可理解为实际取得的收益与预期收益偏离的可能性及其可能程度,即未来收益的不确定性[①]。我国有句古语"不入虎穴,焉得虎子",很好地说明了风险的实质。若入虎穴取虎子,其结果有三种可能:其一,入了虎穴得了虎子——获得收益;其二,入了虎穴被虎吃掉——造成损失;其三,入了虎穴未得虎子也未被虎吃掉——无收益也无损失。三种可能都与入穴时间、所持工具、穴内环境等风险转化条件有关。而要不要冒着生命危险进入虎穴取虎子,则与冒险者风险偏好、投入价值的预期收益等有关。国际风险标准化委员会在其发布的《风险管理原则与实施指南(2007)》中指出:风险是不确定性对目标的影响。在投资活动中,风险是客观存在的。

1. 风险的来源

在证券投资中,风险来源于系统性风险和非系统性风险。

(1) 系统性风险。指由于某种全局性的共同因素引起的投资收益的可能变动,这种因素以同样的方式对所有证券的收益产生影响。系统性风险来自社会、政治、经济等方面,是单个证券无法抗拒和回避的,所以又叫不可回避风险;同时由于这些共同因素对所有的企业都会产生不同程度的影响,不可能通过分散化原理分散,所以又叫不可分散风险。主要的系统性风险有市场风险、利率风险、通货膨胀风险等。

(2) 非系统性风险。指由于某种单一的、局部性的因素引起的投资收益的可能变动,这种因素只对相关的单一证券的收益产生影响。非系统性风险主要来自公司方面,是由于公司的特殊因素造成的,诸如信用、经营、财务等方面,通过分散投资就可以在很大程度上回避,所以又叫可回避风险、可分散风险。主要的非系统性风险有:信用风险、经营风险、公司的财务风险等。

2. 风险的衡量

(1) 收益的概率分布。在经济活动中,某一事件在相同的条件下可能发生,也可能不发生,这类事件称为随机事件。概率就是用来表示随机事件发生可能性大小的数值。通常把必然发生事件的概率定为 1,把不可能发生事件的概率定为 0,而一般随机事件的概率是介于 0 与 1 之间的一个数,一般用 P_i 来表示随机事件的概率,具有如下特点:

① 任何事件的概率不大于 1,不小于 0,即 $0 \leqslant P_i \leqslant 1$;

② 所有可能结果的概率之和等于 1,即 $\sum_{i=1}^{n} P_i = 1$;

③ 必然事件的概率等于 1,不可能事件的概率等于 0。

例如,某资产 A 在未来一年中可能出现的各种收益率,及出现的概率如表 9-1 所示。

[①] 不确定性属于人们心理上的一种认识,是指人们对某一事物持怀疑的态度,即人们对某种事件的发生难以预测。不确定性包括发生与否、发生时间以及发生状况及其后果的不确定性。

表9-1 资产A的未来收益状况分布表

经济状况	概率	资产A可能的收益率
Ⅰ	15%	-5%
Ⅱ	30%	5%
Ⅲ	40%	10%
Ⅳ	15%	15%

(2) 离散型分布和连续型分布。如果随机变量(如收益率)只取有限个值,并且对应于这些值有确定的概率,则称随机变量为离散分布,表9-1就属于离散型分布,它有4个值,这些值对应着确定的概率,可以用图9-1表示。

实际上,出现的经济状况远不止4种,有无数种可能的情况出现。如果对每种情况都赋予一个概率,并分别测定其收益率,则可用连续型分布加以描述,如图9-2所示。

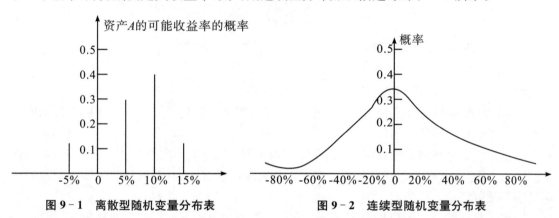

图9-1 离散型随机变量分布表　　图9-2 连续型随机变量分布表

图9-2给出的概率呈正态分布,实际上并非所有问题的概率都呈正态分布,但是按统计学的理论,不论总体分布是否呈正态分布,当样本很大时,其样本平均数都呈正态分布。一般来说,如果被研究的变量受彼此独立的大量偶然因素的影响,并且每个因素在总的影响中只占很小的部分,则这个总影响所引起的数量上的变化,就近似服从正态分布。所以,正态分布在统计上被广泛应用。

(3) 期望收益率$E(R)$。期望收益率是指各种可能的收益率按概率加权计算的平均收益率,又称为预期值或均值。它表示在一定的风险条件下,期望得到的平均收益率:

$$E(R) = \sum_{i=1}^{n} P_i R_i \quad (9-2)$$

式(9-2)中,$E(R)$为期望收益率;P_i为第i种结果出现的概率;n为所有可能结果的数量。

根据表9-1中的数据,可知资产A的预期收益率为7%。①

---

① 事实上,能够反映概率分布中值的还有中位数和众数。中位数是指超过一半的结果值并被另一半超过。中位数基于结果的顺序并只考虑结果值的顺序。在极端情况下,预期值与中位数会有较大差距。众数是最大概率时最可能的分布值或结果值。

【资料链接】9-1　　　　　期望理论

期望理论(Expectancy Theory)是行为金融学的重要理论基础。期望理论告诉我们：人们更加看重财富的变化量而不是绝对量，人们在评价事物时，总是要与一定的参考点相比较，参考点是一种主观评价标准；人们面对获利时，趋向于风险回避；但面对损失时，却趋向于风险寻求。

Kahneman和Tversky(1979)通过实验对比发现，大多数投资者的行为不总是理性的，认为投资者对收益的效用函数是凹函数，而对损失的效用函数是凸函数，表现为投资者在投资账面值损失时更加厌恶风险，而在投资账面值盈利时，随着收益的增加，其满足程度速度减缓。

资料来源：根据百度百科中的名词整理。

(4) 收益的方差$V(R)$与标准差$\sigma(R)$。方差是表示随机变量离散程度的指标。

$$V(R) = \sum_{i=1}^{n} P_i [R_i - E(R)]^2 \tag{9-3}$$

标准差也叫均方差，是方差的平方根。

$$\sigma(R) = \sqrt{V(R)}$$

根据表9-1的资料，可知资产A的标准差为6%。

(5) 置信概率与置信区间。以上讨论了离散(非连续)型概率分布。即随机变量的收益率在一个时间点只取特定的值。

对于连续型分布的变量，在计算其发生的概率时，程序要稍微复杂些。但是，对于普通股的收益率，把它假设为连续型概率分布更切合实际。这是因为，普通股的可能收益出现任何数字都是可能的。

假定收益率的概率分布是正态(连续)分布。正态分布的密度函数是对称的，并呈钟形。根据统计学的原理，在随机变量为标准正态分布的情况下，随机变量出现在期望收益率±1个标准差范围内的概率为68.26%，出现在期望收益率±2个标准差范围内的概率为95.44%，出现在期望收益率±3个标准差范围内的概率为99.72%，如图9-3所示。

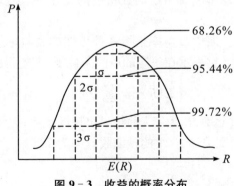

图9-3　收益的概率分布

统计学上把"期望值±X个标准差"称为置信区间，把相应的概率称为置信概率。通过计算随机变量(即实际收益率)偏离期望收益率几个标准差的方法，可以确定实际收益率大于或小于某一特定数值的概率。已知置信区间可求出其对应的置信概率，反之，已知置信概率亦可求出其对应的置信区间。这些问题在统计学中已经详细讲述过，这里不再赘述。

(6) 变异系数(方差系数)。为了评价随机变量的离散程度,可以把离散指标同预期值进行比较。标准差与期望之间的比值就是变异系数(CV)。

$$CV = \frac{\sigma(R)}{E(R)} \qquad (9-4)$$

变异系统反映了单位收益承担的风险度,一个资产是否存在较大的风险,这取决于其变异系数的值。

(7) 关于风险衡量的几点说明。

① 把风险表述为可能的收益对收益中值的偏离,把"好的"和"坏的"情况同等对待,而投资者更为担心的则是"坏的"情况。

马柯维茨(Markowitz)承认这种局限性,并且提出了用下半方差来衡量下方风险,即实现的收益率低于期望收益率的风险。但由于计算困难和资料有限,折中采用了方差。目前有许多人正在使用各种方式衡量下方风险[①]。风险衡量方式的不同选择影响计算但并不会导致投资组合理论失败。

② 计算中假定收益的概率分布为正态分布,此时期望收益率和标准差充分体现了分布的特点。但是如果收益并非正态分布呢? 实证研究的结果表明,应用方差是合理的,因为股票、债券的收益率是近似对称的。

③ 在此我们分析的是单一资产在单一期间的风险度,如果在若干个期间持有证券,风险在期间内会抵消吗?据观察,证券价格遵循随机行走[②],如果风险水平每年都保持不变,那么较长时期内证券的风险会随时期长度的增加而增加。

(三) 风险与收益的关系

总的来说,在证券市场上存在着四种风险与收益组合而成的投资机会:① 高风险与低收益;② 低风险与高收益;③ 高风险与高收益;④ 低风险与低收益。显然,所有理性的投资者都不会涉足第一类投资机会,第二类投资机会几乎不存在,因为若真有这种机会,投资者则必趋之若鹜,价格将迅速上升,收益便会降低,从而成为第四类机会。这样一来,在证券市场上只有两种投资机会供投资者选择,即高风险与高收益或低风险与低收益。

对于投资者来说,要获得高收益,就必须承受高风险,高收益必然伴随高风险。但反过来,高风险的投资机会却并不一定能确保高收益的实现,因为高风险的本身就意味着收益具有较大的不确定性,高风险的结果可能是高收益,也可能是低收益,甚至可能是高损失,可见,收益是以风险为代价的。因此,要使投资者心甘情愿地承担一份风险,就必须以一定的收益作为回报或补偿,风险越大,补偿应越高,也就是说,收益与风险的基本关系是:风险越大,要求的投资收益率越高。

在投资收益率相同的情况下,人们都会选择风险小的投资,竞争的结果使风险增加,收益下降,最终,高风险的投资必须有高收益,否则就没有人投资;低收益的投资必须风险很低,否则也没有人投资。风险和收益之间的这种关系,是市场竞争的结果,其关系可表示

---

① 能对好的、坏的结果的可能性进行分离的指标是三介矩。三介矩仍然建立在随机变量对其期望的偏离之上。如果三介矩为 M_3,则 $M_3 = \sum P_i [R_i - E(R)]^3$,三介矩加大了大偏差的程度,奇次幂仍能保持其各自的符号,因而三介矩的结果的符号可以告诉我们究竟是正偏差明显,还是负偏差明显,偏离主要是由正偏差产生的还是由负偏差产生的。

② 指未来价格变动的预期值与过去的价格水平变动无关。

如下：

$$E(R)=R_f+R_r$$

上式中，$E(R)$表示期望收益率；R_f表示无风险收益率；R_r表示风险报酬率。

期望收益率是投资者在投资中所要求得到的收益率，在证券投资中常作为贴现率的值。期望收益率因人而异，因为不同的投资者对风险和收益的态度不同，有的愿意承担较高风险而要求收益率高一些，有的宁可接受较低的收益率而不愿承担过高的风险。

无风险收益率是指不存在任何风险的证券的投资收益率。在证券市场上，中央政府发行的债券特别是短期国债（国库券），因其收益率完全确定而被视为无风险证券，因此，短期国债的收益率常被看作无风险报酬率。

投资者在投资于短期国债以外的任何证券时，都要将其与无风险的国库券相比较，在无风险国债收益率之上加上一定的风险报酬。证券投资的收益通常会受到各种不确定因素的影响，如投资者对投资的未来收益不能确定，那么他将要求对该不确定性进行补偿，即投资的风险补偿，也称为投资的风险报酬。

由于风险报酬率与风险程度成正比，所以，风险报酬率可以通过变异系数和风险报酬斜率来确定，即

$$R_r=bQ$$

上式中，R_r为风险报酬率；Q为变异系数；b为风险报酬斜率，也称风险报酬系数。

投资中没有免费的午餐，任何声称低风险而高收益的投资都是值得怀疑的。

二、证券组合的收益和风险

（一）证券组合的构成

证券组合，是指在一定市场条件下，由不同类型和种类，并以一定比例搭配的若干种证券所构成的资产组合。投资者可以按照各种比率（或者称为比重或权重）将其财富分散投资于各种证券上，假设投资者选择投在 n 种证券上的比重为 $X_1,X_2,\cdots,X_n$，则有如下限制条件：

$$X_1+X_2+\cdots+X_n=\sum_{i=1}^{n}X_i=1\ (X_i\geqslant 0, i=1,2,\cdots,n)$$

上式中，n 为证券组合所包括的资产种类的数量；i 为某种特定的证券；X_i 为分配在第 i 种证券的比重。

（二）证券组合的收益和风险衡量

1. 证券组合的收益

证券组合的收益率取决于两个因素：各种资产的类别和各种资产的投资比例。证券组合的期望收益率记作 $E(R_P)$，其大小等于证券组合中各种资产的平均收益率与各自的投资比重的乘积之和，即

$$E(R_P)=\sum_{i=1}^{n}X_iE(R_i) \quad\quad (9-5)$$

式（9-5）中，n 为证券组合所包括的资产种类的数量；$E(R_i)$ 为第 n 种证券的期望收益率；X_i

为分配给第 n 种证券的比重。

2. 证券组合的风险

按照方差的定义,证券组合的方差可以按照下面的方法算出:

$$\sigma_P^2 = \sum_{i=1}^{n} X_i(E(R_i) - E(R_p))^2$$

即

$$\sigma_P = \sqrt{\sum_{i=1}^{n} X_i(E(R_i) - E(R_p))^2} \tag{9-6}$$

(三)证券的相关关系和证券组合的风险规避

1. 证券的相关关系(Dependency Relationship)

(1) 协方差(Covariance)。设 R_A, R_B 分别为两种资产 A, B 的收益率,则称

$$\sigma_{R_A, R_B} = \text{cov}(R_A, R_B) = E[(R_A - E(R_A))(R_B - E(R_B))] \tag{9-7}$$

为 R_A 和 R_B 的协方差。

(2) 相关系数(Coefficient of Correlation)。协方差在理论上取值可以从负无穷到正无穷,我们可以把它除以相应的两种资产收益率的标准差,将它变为有界量,从而引进 R_A 和 R_B 的相关系数,记为 ρ_{R_A, R_B},即

$$\rho_{R_A, R_B} = \frac{\text{cov}(R_A, R_B)}{\sigma(R_A)\sigma(R_B)} \tag{9-8}$$

相关系数的值落在 -1 到 1 的范围内。显然

$$\text{Cov}(R_A, R_B) = \rho_{R_A, R_B} \sigma(R_A) \sigma(R_B)$$

并且 $|\rho_{R_A, R_B}| = 1$ 的充分必要条件是 R_A 与 R_B 存在线性关系 $R_A = a \times R_B + c$。

当 $\rho_{R_A, R_B} = 1$ 时,$a > 0$,称为 R_A 与 R_B 完全正相关,表示当受到相同因素变化的影响时,资产 A 与资产 B 的收益率发生相同方向、相应幅度的变化。

当 $\rho_{R_A, R_B} = -1$ 时,$a < 0$,称为 R_A 与 R_B 完全负相关,表示当受到相同因素变化的影响时,资产 A 与资产 B 的收益率发生方向相反、相应幅度的变化。

当 $\rho_{R_A, R_B} = 0$ 时,$a = 0$,称为 R_A 与 R_B 完全无关,或零相关,表示当受到相同因素变化的影响时,资产 A 与资产 B 的收益率的变化方向和变化幅度没有任何确定的关系。

(3) 用协方差形式表示的证券组合的风险。如果将证券 i 和证券 j 之间的协方差记为 σ_{ij},则证券组合的方差也可以表示为

$$\sigma_P^2 = \sum_{i=1}^{n} \sum_{j=1}^{n} X_i X_j \sigma_{ij}$$

进一步的证券组合的方差公式也可以写成

$$\sigma_P^2 = \sum_{i=1}^{n} X_i^2 \sigma_i^2 + 2\sum_{i=1}^{n}\sum_{j=1}^{n} X_i X_j \sigma_i \sigma_j \rho_{i,j} \tag{9-9}$$

(4) 用矩阵形式表示的证券组合的风险。设有 n 种证券,其收益率为 $R_i(i=1,2,\cdots,n)$,R_i 为随机变量,以向量的形式可表示为

$$R = (R_1, R_2, \cdots, R_n)' = \begin{bmatrix} R_1 \\ R_2 \\ \vdots \\ R_n \end{bmatrix}$$

其数学期望和方差(协方差矩阵)分别为

$$E(R)=\begin{bmatrix}E(R_1)\\E(R_2)\\\vdots\\E(R_n)\end{bmatrix}=\mu=\begin{bmatrix}\mu_1\\\mu_2\\\vdots\\\mu_n\end{bmatrix}$$

$$\mathrm{var}(R)=E(R-\mu)(R-\mu)'=\sigma_{ij}$$

设证券组合投资于第 i 种证券的比例为 $X_i(i=1,2,\cdots,n)$,用向量表示就是

$$X=(X_1,X_2,\cdots,X_n)'=\begin{bmatrix}X_1\\X_2\\\vdots\\X_n\end{bmatrix}$$

根据前面的假设,由于约束条件为 $\sum_{i=1}^{n}X_i=1$,因此上式也可以写成下述向量的形式:

$$1'X=1$$

某一证券组合的期望收益就是该组合中所有证券期望收益的加权平均。其数学表达式为

$$E(X'R)=X'E(R)=X'\mu$$

证券组合的方差为

$$\begin{aligned}\sigma^2(X'R)&=E(X'R-E(X'R))(X'R-E(X'R))'\\&=E(X'(R-E(R))(R-E(R))'X)\\&=X'E(R-E(R)R-E(R))'X\\&=X'\sum X\end{aligned} \tag{9-10}$$

2. 分散投资、资产相关性和风险的规避

我们已知证券组合的方差 $\sigma^2(P)$ 可以表示为

$$\sigma^2(P)=\sum_{i=1}^{n}\sum_{j=1}^{n}X_iX_j\sigma_{ij}$$

当投资者对每种证券进行等额投资时,也就是 $X_i=\dfrac{1}{n}$,将其代入上式,则有

$$\sigma^2(P)=\sum_{i=1}^{n}\sum_{j=1}^{n}\frac{1}{n^2}\sigma_{ij}=\frac{1}{n^2}\sum_{\substack{j=1\\i=j}}^{n}\sigma_{ij}+\frac{1}{n^2}\sum_{i=1}^{n}\sum_{\substack{j=1\\j\neq i}}^{n}\sigma_{ij} \tag{9-11}$$

如果将协方差的平均值记为

$$\bar{\sigma}=\frac{1}{n^2-n}\sum_{i=1}^{n}\sum_{\substack{j=1\\j\neq i}}^{n}\sigma_{ij}$$

那么,可以把式(9-11)进一步简化为

$$\sigma^2(P)=\frac{1}{n^2}\sum_{\substack{i=1\\i=j}}^{n}\sigma_{ij}+\frac{n^2-n}{n^2}\bar{\sigma}$$

即

$$\sigma^2(P)=\frac{1}{n^2}\sum_{i=1}^{n}\sigma_i^2+\frac{n-1}{n}\bar{\sigma} \tag{9-12}$$

当证券组合充分多元化时,也就是 $n \to +\infty$ 时,对式(9-12)求极限可得(当然假设各证券收益的方差有界)

$$\lim_{n \to +\infty} \sigma^2(P) = \lim_{n \to +\infty} \left(\frac{1}{n^2} \sum_{i=1}^{n} \sigma_i^2 + \frac{n-1}{n} \bar{\sigma} \right) = \bar{\sigma} \qquad (9-13)$$

当资本市场上的证券不是处于完全不相关状态时(这也是资本市场上的一般情况),$\sigma_{ij} = 0$ 不全成立,因而 $\bar{\sigma}_{ij} = 0$ 不一定成立。由此我们可以得出重要的结论:当证券组合中包含有很多风险资产时,对于整个组合的风险而言,个别资产的风险(σ_i^2)将不再起作用,而各证券之间的协方差虽然存在着正负相抵的可能,但并不能完全消除。

进一步,如果证券组合中的资产两两不相关,此时 $\bar{\sigma}_{ij} = 0$,证券组合的风险通过分散化投资可以完全消除。但是这种情况在现实生活中不可能出现,因为资本市场上的证券价格不可避免地会受到某个共同因素的影响,不可能表现为完全不相关的情况。

现在我们来考虑资本市场上的一般情况,即证券不是处于完全不相关时的情况。由式(9-13)我们知道充分的分散化能够消除证券组合的部分风险,但不能消除组合的全部风险。可以消除的那部分风险称为非系统性风险(Unsystematic risk),也就是式(9-12)中的第一项 $\frac{1}{n^2} \sum_{i=1}^{n} \sigma_i^2$;不能够完全消除的那部分风险称为系统性风险(Systematic Risk),也就是式(9-12)中的第二项 $\frac{n-1}{n} \bar{\sigma}$。

非系统性风险是某一证券所特有的风险,它是影响特定证券收益的风险因素。例如,对于某一发行证券的企业而言,该企业新产品开发的失败或者经营管理问题等都是只对该企业所发行证券有影响的非系统性风险,非系统性风险可以通过分散化投资降低或者消除。而系统性风险则对市场上所有的资产都产生影响,如银行利率的下降或者通货膨胀率的上升都不可避免地会影响整个市场,无法通过分散化投资消除。当证券组合充分多元化,即 $n \to +\infty$ 时,证券组合的风险趋向于 $\bar{\sigma}$,即为系统性风险。如图 9-4 所示。

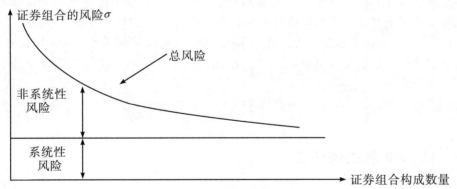

图 9-4 证券组合的风险

在图 9-4 中可以看出,证券组合的总风险由系统性风险和非系统性风险构成。系统性风险与证券组合的构成数量无关,不会因为证券组合构成数量的增加而降低,而非系统性风险会随着证券组合构成数量的增加而降低。

试想一下,若有一名投资者构建了一个包括市场上所有资产的证券组合,而且存在一个包括市场上所有证券的市场指数,那么投资者所要做的仅仅是让每种证券的投资比例等于计算市场指数时该证券的权重,就可以完全消除个别资产的非系统性风险。这名投资者所要承担的风险仅仅是指数的波动,也就是系统性风险。

第三节 证券组合理论

证券组合的构建就是选择纳入投资组合的证券并确定其适当的权重,即各证券所占该投资组合的比例。马柯维茨(Harry M. Markowitz)模型表明,构建投资组合的合理目标应是在给定的风险水平下形成一个具有最高收益率的投资组合。具有这种特征的投资组合叫作有效的投资组合,它已经被广泛地接受为最优投资组合构建的典范。由于马柯维茨模型提出了有效投资组合构建中的基本概念,也为证券组合分析的其他方面奠定了基础,本节主要介绍这一模型。

【资料链接】9-2　　　　　　　马柯维茨及其证券组合理论

马柯维茨,1927年8月24日生于美国伊利诺伊州。于1950年、1952年在芝加哥大学连续获得了经济学硕、博士学位。马柯维茨一生著作颇丰,有专著及合著7本,重要理论文章30余篇,研究范围涉及金融微观分析及数学、计算机在金融经济学方面的应用。他的理论也曾影响了他的同时代学者。由于其出色的开创性工作,马柯维茨获得了1990年诺贝尔经济学奖。

1952年,马柯维茨发表题为《资产组合选择——投资的有效分散化》一文,该文堪称现代金融理论史上的里程碑,标志着现代组合投资理论的开端。该文最早采用风险资产的期望收益率(均值)和用方差(或标准差)代表的风险来研究资产组合和选择问题。

尽管投资管理人和经济学家早就意识到了把收益和风险同时考虑的必要性,然而他们却忽略了投资多样化和预期收益最大化之间的矛盾。马柯维茨提出了"均值—方差"模型,通过均值方差分析来确定最有效的证券组合,在某些限定的约定条件下确定并求解投资决策过程中资金在投资对象中的最优分配比例问题。马柯维茨的理论被誉为"华尔街的第一次革命"!

资料来源:根据王文举《诺贝尔经济学获奖者学术思想举要(1968-2010)》整理。

一、证券组合理论的假设

马柯维茨的资产组合理论有很多假设,但是这些假设基本上可以归为两大类:一类是关于投资者的假设;另一类是关于资本市场的假设。

(一)关于投资者的假设

(1)投资者在投资决策中只关注投资收益这个随机变量的两个数字特征:投资的期望收益和方差。期望收益率反映了投资者对未来收益水平的衡量,而收益的方差则反映了投资者对风险的估计。

(2) 投资者是厌恶风险的,也是理性的。即在任一给定的风险程度下,投资者愿意选择期望收益高的有价证券,或者在期望收益一定时,投资者愿意选择风险程度较低的有价证券。

(3) 投资者的目标是使其期望效用 $E(U)=f(E(R),\sigma^2)$ 最大化,其中 $E(R)$ 和 σ^2 分别为投资的期望收益和方差。对于一个风险厌恶的投资者来说,其期望效用函数 $E(U)$ 是单调凸函数。

需要注意的是,马柯维茨独创性地用期望效用(Expected Utility)最大化准则代替了期望收益最大化准则。在现代资产组合理论诞生之前,人们在研究不确定条件下的投资时,关于投资者的目标是假定他追求期望收益的最大化,这种假设却存在这样的问题:如果资本市场上仅存在一种具有最高收益的资产,投资者只需要将全部资金投资于该种资产即可实现期望收益最大化;如果同时有几种资产具有相同的最大收益,那么对于投资者而言,在这些资产中进行组合投资与只投资于一种资产将毫无区别。因此,在资本市场上存在大量的资产时,期望收益最大化准则无法解释为什么要进行多元化的投资,也无法解释组合投资的效应。

针对这一问题,马柯维茨假定投资者是追求期望效用最大化的。也就是说,理性的投资者不光追求高的期望收益,同时还要考虑风险问题,要在风险和收益之间作出权衡,选择能带来最大效用的风险和收益组合。

(二) 关于资本市场的假设

(1) 资本市场是有效的。证券的价格反映了其内在价值,证券的任何信息都能够迅速地被市场上每个投资者所了解,不存在税收和交易成本。

(2) 资本市场上的证券是有风险的,也就是说收益具有不确定性,证券的收益都服从正态分布,不同证券的收益之间有一定的相关关系。

(3) 资本市场上的每种证券都是无限可分的,这就意味着只要投资者愿意,他可以购买少于一股的股票。

(4) 资本市场的供给具有无限弹性,也就是说资产组合中任何证券的购买和销售都不会影响到市场的价格。

(5) 市场允许卖空(市场不允许卖空的情况在此不做讨论)。

为了了解所有证券组合风险和收益的大致情况,我们引入反映组合整体面貌的两个重要概念:可行集和有效集。

二、证券组合的可行集

可行集(Feasible Set)又称机会集合(Opportunity Set),指由多种证券所构建的全部证券组合的集合。由于任何一个确定的组合都可以求出其预期收益率和标准差,可以在以标准差为横坐标、期望收益率为纵坐标的坐标系中表示,因而证券组合的可行集,就可以用由所有组合的期望收益率和标准差构成的集合来表示。

(一) 两种证券的可行集

两种证券可构成无限多种组合。在无限多种组合中,投资者应该选择哪种组合?两种证券组合的可行集通常是什么形状?我们首先举一个例子来获得一些感性认识。

假设某投资组合由 A、B 两种证券构成，A 证券的期望报酬率为 18%，标准差为 0.2；B 证券的期望报酬率为 10%，标准差为 0.12。投资比例各占 50%。两种证券的相关系数为 0.2。则该投资组合的期望报酬率为

$$E(R_P) = \sum_{j=1}^{m} E(R_j)W_j = 18\% \times 50\% + 10\% \times 50\% = 14\%$$

该投资组合的标准差为

$$\sigma_P = \sqrt{\sum_{j=1}^{m}\sum_{k=1}^{m} W_j W_k \sigma_{jk}}$$
$$= (0.5 \times 0.5 \times 1.00 \times 0.2^2 + 2 \times 0.5 \times 0.5 \times 0.20 \times 0.2 \times 0.12 + 0.5 \times 0.5 \times 1.00 \times 0.12^2)^{\frac{1}{2}}$$
$$= (0.01 + 0.0024 + 0.0036)^{\frac{1}{2}} = 0.1265$$

从这个计算过程可以看出：只要两种证券之间的相关系数小于 1，证券组合报酬中的标准差就小于各证券报酬率标准差的加权平均数。

在上例中，两种证券的投资比例是相等的。如投资比例变化了，投资组合的期望报酬率和标准差也会发生变化。对于这两种证券其他投资比例的组合，计算结果如表 9-2 所示。

表 9-2　不同投资比例的组合

组合	A 的投资比例	B 的投资比例	组合的期望报酬率	组合的标准差
1	0	1	10.00%	0.1200
2	0.2	0.8	11.60%	0.1111
3	0.4	0.6	13.20%	0.1178
4	0.6	0.4	14.80%	0.1379
5	0.8	0.2	16.40%	0.1665
6	1	0	18.00%	0.2000

图 9-5 描绘出随着对两种证券投资比例的改变，期望报酬率与风险之间的关系。图中 1、2 和 3 三个点与表 9-2 中的组合 1、2 和 6 三个点一一对应，连接这些点所形成的曲线称为可行集或机会集合，它反映出风险与报酬率之间的权衡关系。

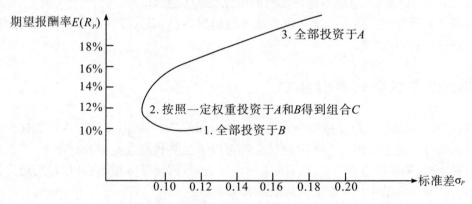

图 9-5　投资于两种证券组合的可行集

实际上，投资组合的可行集是双曲线的一支（右支），适合相关系数 $-1 < \sigma_{AB} < 1$ 的任意两种证券，只是与相关系数等于 ± 1 时的两种证券有较大的差异。接下来，我们看看相关系

数等于±1时,投资组合可行集的基本形状。

当两种证券收益率变动完全正相关(即 $\rho_{AB}=1$)时,证券组合的期望收益率与风险为
$$E(R_P)=X_A E(R_A)+(1-X_A)E(R_B) \tag{9-14}$$
$$\sigma_P^2=X_A^2\sigma_A^2+(1-X_A)^2\sigma_B^2+2X_A(1-X_A)\sigma_A\sigma_B$$
$$\sigma_P=X_A\sigma_A+(1-X_A)\sigma_B \tag{9-15}$$

因为 $E(R_P)$ 与 X_A 是线性关系,而 σ_P 与 X_A 是线性关系,所以 $E(R_P)$ 与 σ_P 之间也是线性关系,即此时的可行集是直线。

为得到该直线,令 $X_A=1$,则 $X_B=0$,$E(R_P)=E(R_A)$,$\sigma_P=\sigma_A$,得到直线上的一点 A;令 $X_B=1$,则 $X_A=0$,$E(R_P)=E(R_B)$,$\sigma_P=\sigma_B$,得到直线上的一点 B。连接这两点得到一条直线,如图9-6所示。这条直线就是两证券收益率变动完全正相关时构成的证券组合的可行集。

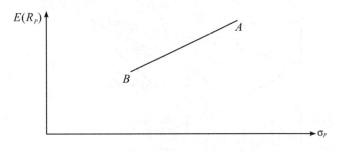

图 9-6 $\rho_{AB}=1$ 时两种证券组合的可行集

当两种证券收益率变动完全负相关(即 $\rho_{AB}=-1$)时,证券组合的期望收益率与风险为
$$E(R_P)=X_A E(R_A)+(1-X_A)E(R_B)$$
$$\sigma_P^2=X_A^2\sigma_A^2+(1-X_A)^2\sigma_B^2-2X_A(1-X_A)\sigma_A\sigma_B$$
$$\sigma_P=|X_A\sigma_A-(1-X_A)\sigma_B|=\begin{cases}X_A\sigma_A-(1-X_A)\sigma_B, & X_A\geqslant\dfrac{\sigma_B}{\sigma_A+\sigma_B}\\ (1-X_A)\sigma_B-X_A\sigma_A, & X_A<\dfrac{\sigma_B}{\sigma_A+\sigma_B}\end{cases} \tag{9-16}$$

这时 $E(R_P)$ 与 σ_P 是分段线性关系,其可行集如图9-7所示。

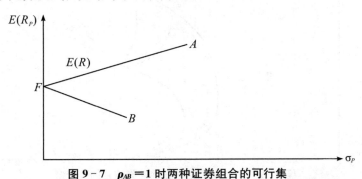

图 9-7 $\rho_{AB}=1$ 时两种证券组合的可行集

从图9-7可以看出,完全负相关时按适当比例买入证券 A、证券 B 可以形成一个无风险组合,得到稳定的收益。这个适当比例可通过令 $\sigma_P=|X_A\sigma_A-(1-X_A)\sigma_B|=0$ 得到
$$X_A=\frac{\sigma_B}{\sigma_A+\sigma_B} \quad X_B=\frac{\sigma_A}{\sigma_A+\sigma_B} \tag{9-17}$$

此时对应的无风险收益率为

$$E(R_P)=\frac{\sigma_B E(R_A)+\sigma_A E(R_B)}{\sigma_A+\sigma_B} \qquad (9-18)$$

现在,我们可以总结可行集的一般情形了:

(1)两个证券构成的组合的可行集是一条曲线,随着相关系数的不断变小,这条曲线的弯曲程度越来越高。

(2)当相关系数达到最小值-1时,这条曲线弯曲程度达到极限,是一条折线,从函数角度来看,是一个有交点的分段函数。

(3)当相关系数逐渐变大时,这条曲线的弯曲程度越来越小,直至当相关系数等于+1时,曲线没有任何弯曲,即已经变成直线。可以用图9-8表示。

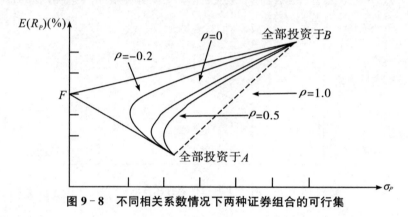

图9-8 不同相关系数情况下两种证券组合的可行集

(二)多种证券的可行集

设有3种证券A、B、C,在不允许卖空的情况下,3种证券所能得到的所有组合将落在并填满坐标系中两种证券组合可行集曲线AB、BC、AC围成的区域(见图9-9),该区域称为不允许卖空时证券A、B、C的证券组合可行集。

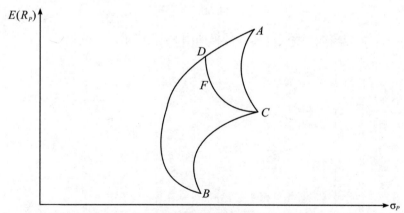

图9-9 不允许卖空时三种证券组合的可行域

之所以在图9-9中的区域都是可行集,原因在于区域内任意一点都可以通过3种证券组合而得到,如区域内的F点可以通过证券C与证券A、B的某个组合D的再组合得到。

如果允许卖空,3种证券组合的可行集是包含上述区域的一个无限区域。

3种以上证券组合的可行集非常类似3种证券组合的可行集,其可行集如图9-10所示。

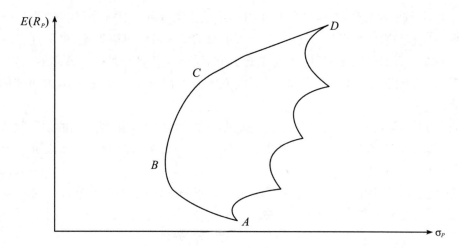

图9-10　多种证券组合的可行集的一般形状

可行域的形状依赖于可供选择的单个证券的特征 $E(R_i)$ 和 σ_i 以及证券收益率之间的相互关系 ρ,还依赖于投资组合中权数的约束。

可行域满足一个共同的特点:左边界必然向外凸或呈线性,即不会出现凹陷,如图9-10所示,多种证券组合的可行集的左边界为 ABCD 线。

三、证券组合的有效集

证券组合的可行集表示了所有可能的证券组合,为投资者提供了一切可行的投资机会,投资者现在需要做的是,在可行集中选择满意的证券组合即有效率的证券组合进行投资,这就是证券组合的有效集问题。

投资者普遍喜好期望收益率而厌恶风险,因而人们在投资决策时希望期望收益率越大越好,风险越小越好。这种态度反映在证券组合的选择上可由下述规则来描述:

(1) 如果两种证券组合具有相同的方差和不同的期望收益率,即 $\sigma_A^2 = \sigma_B^2$,而 $E(r_A) \neq E(r_B)$,且 $E(r_A) > E(r_B)$,那么投资者选择期望收益率高的组合,即 A。

(2) 如果两种证券组合具有相同的期望收益率和不同的收益率方差,即 $E(r_A) = E(r_B)$,而 $\sigma_A^2 \neq \sigma_B^2$,且 $\sigma_A^2 < \sigma_B^2$,那么他选择方差较小的组合,即 A。这种选择原则,我们称为投资者的共同偏好规则。

根据投资者的共同偏好规则,我们得到有效集的含义。证券组合的有效集(Efficient Set),又称为有效边界(Efficient Frontier),是指在期望收益率一定时其风险(即标准差)最低的证券组合,或者指在风险一定时其期望收益率最高的证券组合。根据定义可知,有效集是可行集的一个子集。

从两种证券组合的可行集中,可以很容易找到证券组合的有效集:

(1) 当两种证券收益率相关系数在 -1 到 $+1$ 之间时,两种证券组合的有效集是其可行集的上半部分,即从最小方差沿着曲线向上延伸(见图9-5)。

(2) 当两种证券收益率变动完全正相关时,有效集就是可行集,即由直线 AB 构成(见图 9-6)。

(3) 当两种证券收益率变动完全负相关时,有效集是可行集中的 AF 射线(见图 9-7)。

从多种证券组合的可行集即图 9-10 中的 $ABCD$ 区域内可以发现,多种证券组合的有效集是区域左边界的一段即 BCD(又称上边界)曲线。这里 B 点是一个特殊的位置,它是上边界和下边界的交汇点,这一点所代表的组合在所有可行组合中方差最小,因而被称为最小方差组合。

【例 9-1】 两个收益率变动完全负相关的证券 A、证券 B,如果它们的预期收益率分别为 10% 和 20%,标准差分别为 10% 和 20%,那么,它们所构造的最小方差投资组合的预期收益率是多少?

解答:由于证券 A、证券 B 收益率变动完全负相关,所以它们能够构造一个风险为 0 的投资组合,也就是最小方差投资组合。令

$$\sigma_P = |X_A \sigma_A - (1-X_A)\sigma_B| = 0$$

并将有关数据代入,可得

$$X_A = \frac{2}{3}, \quad X_B = \frac{1}{3}$$

因此,最小方差投资组合的预期收益率为

$$E(R_P) = X_A E(R_A) + X_B E(R_B) = \frac{2}{3} \times 10\% + \frac{1}{3} \times 20\% = 13.33\%$$

可行集中存在最小方差投资组合适合相关系数 $-1 < \rho_{AB} < 1$ 的任意两种证券。根据 $\sigma_P^2 = X_A^2 \sigma_A^2 + (1-X_A)^2 \sigma_B^2 + 2X_A(1-X_A)\rho_{AB}\sigma_A\sigma_B$,令 $\dfrac{d\sigma_P^2}{dX_A}=0$,可以求得证券组合最小方差时各证券的比例:

$$X_A = \frac{\sigma_B^2 - \rho_{AB}\sigma_A\sigma_B}{\sigma_A^2 + \sigma_B^2 - 2\rho_{AB}\sigma_A\sigma_B}, \quad X_B = \frac{\sigma_A^2 - \rho_{AB}\sigma_A\sigma_B}{\sigma_A^2 + \sigma_B^2 - 2\rho_{AB}\sigma_A\sigma_B}$$

四、最优证券组合

(一) 投资者的偏好与无差异曲线

根据投资者对证券的收益和风险的偏好不同,可以将投资者划分为三类:风险规避(Risk-awesome)者、风险偏好(Risk-loving)者和风险中立(Risk-neutral)者。

在证券组合理论中,我们假定投资者是风险规避者,因此,其无差异曲线(Indifference Curve)如图 9-11 所示。

定义:若投资者是风险厌恶的,则对于证券 A 和证券 B,当且仅当 $E(R_A) > E(R_B)$ 且 $\sigma_A^2 \leqslant \sigma_B^2$ 时成立,$A > B$。

沿着无差异曲线移动,投资者或者承担较多的风险并获得较高的收益,或者承担较少的风险同时获得较低的收益,这也正体现了风险规避者的特点。

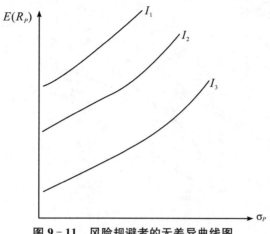

图 9-11 风险规避者的无差异曲线图

无差异曲线的基本特征是：

(1) 位于无差异曲线上的所有组合$(E(R),\sigma)$都向投资者提供了相同的期望效用。

(2) 当无差异曲线向左上移动时，投资者的期望效用增加。

(3) 无差异曲线代表单个投资者对期望收益和风险的均衡点的个人评估，也就是说，无差异趋势是主观确定的，曲线的形状因投资者的不同而不同。一个越是厌恶风险的投资者有着越陡的无差异曲线。图 9-12 给出了不同风险厌恶程度的无差异曲线。

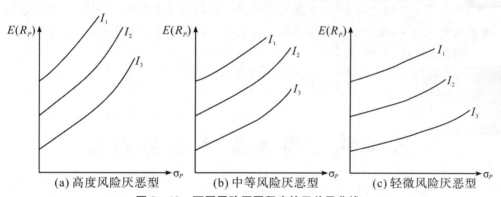

图 9-12 不同风险厌恶程度的无差异曲线

(4) 每个投资者的无差异曲线形成密布整个平面又互不相交的曲线簇。

（二）最优证券组合的选择

根据投资者的共同偏好规则，我们已经得到了有效集。对于特定的投资者，可以根据自己的偏好来选择自己最满意的组合，投资者的偏好通过他的无差异曲线来反映。无差异曲线位置越靠上，其满意程度越高，因而投资者需要在有效边界上找到一个具有下述特征的有效组合。相对于其他有效组合，该组合所在的无差异曲线的位置最高。这样的有效组合便是使他最满意的有效组合，它恰恰是无差异曲线簇与有效边界的切点所表示的组合。

如图 9-13 所示，投资者按照他的无差异曲线簇将选择最优证券组合。图中三条无差异曲线代表他不同的满意程度，很明显，选择有效边界上的 O 点所代表的证券组合是他的最佳组合，因为 O 点使其在所有有效组合中获得的满意程度最大，其他有效边界上的点都落在 O 下方的无差异曲线上。当然，不同投资者偏好不同，无差异曲线簇也不同，所以各自的最优证券组合也不同。

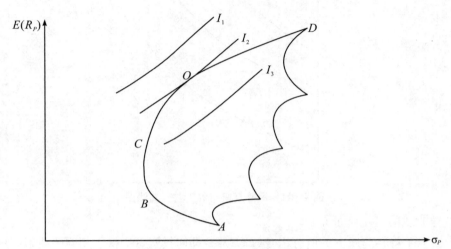

图 9-13 最优证券组合的选择

不要把鸡蛋放在一个篮子里

"不要把所有的鸡蛋放在一个篮子里",如果将这句古老的谚语应用在投资决策中,就是说不要将所有的钱投资于同一证券上,通过分散投资可以降低投资风险,这是一个非常浅显易懂的道理。学完证券组合理论以后,你认为:

(1) 应该将"鸡蛋"放在多少个"篮子"里最好呢?
(2) 将"鸡蛋"放在什么样的不同篮子里最好呢?

第四节 资本资产定价模型

资本资产定价模型在金融学上是一个重要的里程碑。它第一次使人们可以量化市场的风险程度,并且能够对风险进行具体定价。

一、资本资产定价模型的基本内涵和假设

(一) 问题的提出

马柯维茨证券组合理论分析问题的出发点是投资者应该怎样选择适合自己偏好的最优证券组合。这在实践中是一个繁琐、令人生厌的高难度工作,几乎没有投资者能够选出理想的最优投资组合。

以夏普、林特和莫森为代表的一些经济学家们从实证的角度出发,探索马柯维茨的理论在现实中的应用能否得到简化。如果投资者都采用马柯维茨证券组合理论选择最优资产组

合,那么资产的均衡价格将如何在收益和风险的权衡中形成(即在失常均衡状态下,证券或证券组合的价格是如何依风险而确定的)?

（二）资本资产定价模型的基本内涵

资本资产定价模型阐述了在投资者都采用马柯维茨的理论进行投资管理的条件下市场均衡状态的形式,把资产的预期收益与预期风险之间的理论关系用一个简单的线性关系表达出来,即认为一个资产的预期收益率与衡量该资产风险的一个尺度 β 值之间存在正相关关系。

作为一种阐述风险资产均衡价格决定的理论,不仅大大简化了投资组合选择的运算过程,使马柯维茨的投资组合选择理论朝现实世界的应用迈进了一大步,而且也使得证券理论从以往的定性分析转入定量分析,从规范性转入实证性。

（三）资本资产定价模型的假设

资本资产定价模型是建立在若干的假设条件之下的。这些假设条件可以概括为:

(1) 投资者都依据期望收益率评价证券组合的收益水平,依据方差(或标准差)评价证券组合的风险水平,并采用上一节介绍的方法选择最优证券组合。

(2) 投资者具有相同的投资期限。

(3) 投资者以相同的方法对信息进行分析和处理,对证券的收益、风险和证券之间的相关性具有相同的预期。

(4) 投资者都具有风险厌恶的特征。

(5) 投资者永不满足。

(6) 资本市场是充分的,没有"摩擦"。所谓"摩擦",是指市场对资本和信息自由流动的阻碍。因此,该假设意味着在分析问题的过程中,不考虑交易成本和对红利、股息及资本利得的征税,信息充分、免费并且立即可得,能在市场中自由流动,任何证券的交易单位都是无限可分的,市场存在一个无风险利率,投资者都能以这一利率水平不受限制地贷出(即投资)或借入资金。

(7) 市场是完全竞争的。

在上述假设中,第(1)项到第(4)项假设是对投资者的规范,第(5)项和第(6)项假设是对现实资本市场的简化。

二、资本市场线(CML)

（一）无风险证券对可行集和有效集的影响

前面的分析都是以风险证券为分析对象的,如果引入无风险证券,结果会怎么样呢？假设投资者面对的市场存在无风险证券,按照马柯维茨证券组合理论构建最优证券组合。

设由 n 种风险证券 $S_1, S_2, \cdots, S_n$ 构成组合的有效集是曲线 ERN(见图 9-14), T 为风险证券有效集 ERN 上的某一风险证券的组合(其可以看成一只风险证券)。现将无风险证券 F 与风险证券组合 T 进行再组合,所形成的组合为 R_P。很明显,组合 R_P 的可行集为一条射线(如图 9-14 中的 $CAL(T)$)。这条射线始于无风险证券 F,所取的 T 点位置不同,射线

CAL(T)的斜率就不同。由无风险证券F出发并与原有风险证券组合可行集的上下边界相切的两条射线所夹角形成的无限区域,便是在现有假设条件下所有证券组合形成的可行集。

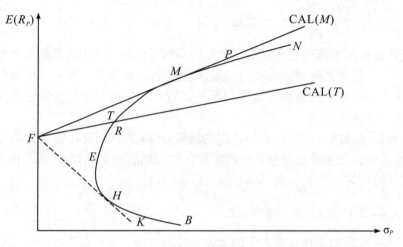

图9-14 一种无风险证券与多种风险证券组合的有效集

在所有的射线CAL中,由无风险证券F和风险证券组合M进行再组合所形成的射线CAL(M)的斜率最大。这一条射线被称为最优资本分配线,相应的投资组合M被称为切点组合。切点M是通过无风险证券所对应的点F作n种风险证券有效集的切线而得到的。射线FM即CAL(M)就是引入无风险证券后所有证券形成的可行集的有效边界,即有效集。

现有证券组合可行集较之原有风险证券组合可行域之所以扩大并具有直线边界,主要基于如下两个方面的原因:

(1) 因为投资者通过将无风险证券F与每个可行的风险证券组合再组合的方式增加了证券组合的种类,从而使得原有的风险证券组合的可行集得以扩大。新的可行集既含有无风险证券,又含有原有风险证券组合,同时也含因无风险证券F与原有风险证券组合再组合而产生的新型证券组合。

(2) 因为无风险证券F与任意风险证券或组合P进行组合时,其组合线恰好是一条由无风险证券F出发并经过风险证券或组合T的射线FT(见图9-14),从而无风险证券F与切点证券组合M进行组合的组合线便是射线FM,并成为新可行集的上部边界——有效集。

(二)切点M的经济意义

有效边界FM上的切点证券组合M具有三个重要的特征(见图9-14):① M是有效组合中唯一一个不含无风险证券而仅由风险证券构成的组合;② 有效边界FM上的任意证券组合,即有效组合,均可视为无风险证券F与M的再组合;③ 切点证券组合M完全由市场确定,与投资者的偏好无关。正是这三个重要特征决定了切点证券组合M在资本资产定价模型中占有核心地位。为此,下面将重点分析切点证券组合M的经济意义。

(1) 所有投资者拥有完全相同的有效集。在引入一项可以无限制卖空的无风险资产的条件下,所有投资者都必将选择同一个风险资产组合M。因为只有T可以使无风险资产和风险资产的再组合有效率。这时,人们对最优风险资产组合的选择是与人们对风险的态度无关的。也就是说,所有投资者拥有同一个证券组合可行集和有效集(见图9-14)。

(2) 投资者依据自己的风险偏好选择最优投资组合 P,风险证券部分均可视为对 M 的投资。即每个投资者按照各自的偏好购买各种证券,其最终结果是每个投资者手中持有的全部风险证券所形成的风险证券组合在结构上恰好与切点证券组合 M 相同。所不同的仅是不同偏好投资者的风险投资额(即对切点证券组合 M 的投资资金规模)占全部投资金额的比例不同。也就是说,不同投资者可在资本市场线上找到由各种无风险资产和风险资产组成的组合,并运用无差异曲线来确定最优投资组合。如图 9-15 所示,如果所选择的最优组合位于 F 与 M 之间,表明他同时买入无风险证券 F 和切点证券组合 M,如图 9-15 中的 A 点;极端的情况是,如果选择的最优组合在 F 点,表明他选择将自有资金全部购买无风险证券,即投资与市场组合;如果选择的最优组合正好在 M 点,表明他将自有资金全部用于购买风险证券,即投资于证券组合 M 上;如果所选择的最优组合位于 M 的右侧,如图 9-15 中的 C 点,表明他将卖空无风险证券 F(或者以无风险利率借入资金),并将获得的资金与原有资金一起全部投资于风险证券组合 M 上。

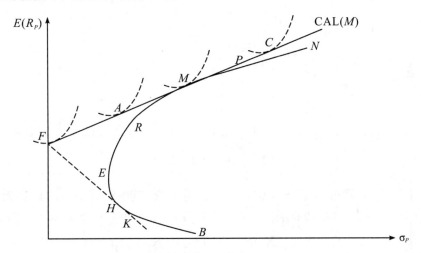

图 9-15 投资者依据风险偏好选择投资组合 P

以上论述的投资者风险偏好与最优风险投资组合的确定相分离,投资者只需要调整分配于无风险资产与最优风险资产组合的资金比例,就可以形成符合自身偏好的具有一定收益和风险水平的最优投资组合,故被称为分离定理(Separation Theorem)。

(3) 当市场处于均衡状态时,最优风险证券组合 M 就等于市场组合。所谓市场组合(Market Portfolio),是指由风险证券构成,且其成员证券的投资比例与整个市场上风险证券的相对市值比例一致的证券组合。市场组合 M 是对整个市场的定量描述,代表整个市场。这就意味着,全体投资者作为一个整体,其所持有的风险证券的总和所形成的整体组合在规模和结构上恰好等于市场组合 M。

市场组合是一个非常重要的概念,在资本资产定价模型中扮演着重要的角色。尽管它是一个抽象概念,在实践中也很难进行操作,但是在现实的市场上确实存在着体现其变化的某些重要替代品,比如上证综合指数、沪深 300 指数等。

(三) 资本市场线方程

通过上面的讨论,我们知道:在资本资产定价模型假设下,当市场达到均衡时,市场组合 M 成为一个有效组合;所有有效组合都可视为无风险证券 F 与市场组合 M 的再组合。

在均值标准差平面上,所有有效组合刚好构成连接无风险资产 F 与市场组合 M 的射线 FM,这条射线被称为资本市场线。

如市场组合的期望收益率为 $E(R_M)$,风险为 σ_M,在平面 $(E(R_M), \sigma_P)$ 内为 M 点,无风险证券 F 的收益率 R_f(常数)在平面 $(E(R_M), \sigma_P)$ 内为 F 点,那么连接 F 和 M 的射线通常被称为资本市场线(Capital Market Line,简称为 CML)(见图 9-16),它反映投资者从资本市场上所能获得的所有有效证券组合的点集。

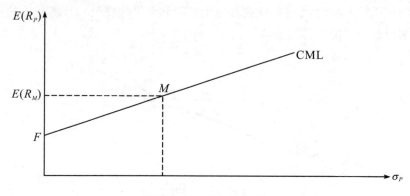

图 9-16 资本市场线

以无风险证券 F 和市场组合 M 构建一个证券组合,其中市场组合的权重为 X,无风险证券的权重为 $1-X$,则证券组合 $R_P = (1-X)R_f + XR_M$ 的期望收益率和方差分别为

$$E(R_P) = (1-X)R_f + XE(R_M) = R_f + [E(R_M) - R_f]X$$

$$\sigma_P^2 = (1-X)^2 \sigma_F^2 + X^2 \sigma_M^2 + 2(1-X)X\sigma_{FM} = X^2 \sigma_M^2$$

即

$$\sigma_P = X\sigma_M \quad \text{或} \quad X = \frac{\sigma_P}{\sigma_M}$$

将 $X = \frac{\sigma_P}{\sigma_M}$ 代入 $E(R_P)$ 中,可以得到

$$E(R_P) = R_f + \frac{E(R_M) - R_f}{\sigma_M} \sigma_P \tag{9-19}$$

这就是 CML 资本市场线方程。由此可以看出,证券组合 R_P 的期望收益率包含两部分,一部分是无风险收益率 R_f,另一部分是风险溢价,与投资风险 σ_P 的大小成正比。这从理论上再一次说明了高收益与高风险相匹配。

在资本市场线上,选择在线段 FM 上进行投资的投资者,其投资组合的一部分是无风险资产或以无风险利率借出资金,另外一部分是市场组合;选择在 M 点以上进行投资的投资者,是以无风险利率借入资金,以超过其所有财富的资金投资于市场组合 M。这一点前面已经论述过了。

三、证券市场线(SML)

资本资产定价模型所要回答的问题是在市场均衡状态下,单个风险证券的收益和风险之间的关系,也就是如何给风险资产进行定价。因此,我们前面做的只是一个铺垫工作,接下来我们将导出证券市场线,并由证券市场线来解释如何给风险资产定价。

(一)证券市场线方程

资本市场线反映的是有效组合的预期收益率和标准差之间的关系,任何单个风险证券由于均不是有效组合而一定位于该直线的下方。因此资本市场线并不能告诉我们单个证券的预期收益与标准差(即总风险)之间应存在怎样的关系。为此,我们有必要作进一步的分析。

市场组合 M 是一个有效组合,其风险由构成该组合的各成员证券的风险共同构成,我们将其作为分析对象,考察方差 σ_M^2,得到

$$\sigma_M^2 = \sum_{i=1}^{n} \sum_{j=1}^{n} X_i X_j \sigma_{ij}$$

上式中,X_i 和 X_j 分别表示证券 i 和 j 在市场组合中的比例。

上式可以展开为

$$\sigma_M^2 = X_1 \sum_{j=1}^{n} X_j \sigma_{1j} + X_2 \sum_{j=1}^{n} X_j \sigma_{2j} + X_3 \sum_{j=1}^{n} X_j \sigma_{3j} + \cdots + X_n \sum_{j=1}^{n} X_j \sigma_{nj}$$

根据协方差的性质可知,证券 i 与市场组合的协方差 σ_{iM} 等于证券 i 与市场组合中每种证券协方差的加权平均数,即

$$\sigma_{iM} = \sum_{j=1}^{n} X_j \sigma_{ij}$$

如果我们把协方差的这个性质运用到市场组合中的每一个风险证券,并代入,可得

$$\sigma_M^2 = X_1 \sigma_{1M} + X_2 \sigma_{2M} + \cdots + X_n \sigma_{nM} \tag{9-20}$$

式(9-20)中,X_i 为第 i 种成员证券在市场组合 M 中的投资比例;σ_{iM} 为第 i 种成员证券与市场组合 M 之间的协方差。

由此可见,在考虑市场组合风险时,重要的不是各种证券自身的整体风险,而是其与市场组合的协方差。这就是说,自身风险较高的证券,并不意味着其预期收益率也应较高;同样,自身风险较低的证券,也并不意味着其预期收益率就较低。单个证券的预期收益率水平应取决于其与市场组合的协方差。

对式(9-20)两边除以 σ_M^2,可得

$$1 = X_1 \frac{\sigma_{1M}}{\sigma_M^2} + X_2 \frac{\sigma_{2M}}{\sigma_M^2} + \cdots + X_n \frac{\sigma_{nM}}{\sigma_M^2} \tag{9-21}$$

从式(9-21)中,我们能清晰地分析出单个成员证券对市场组合风险的贡献大小。式中,$X_i \sigma_{iM}$ 就是投资比重为 X_i 的第 i 种成员证券对市场组合 M 的风险贡献大小的绝对度量,而 $\frac{\sigma_{iM}}{\sigma_M^2}$ 就是投资比重为 X_i 的第 i 种成员证券对市场组合 M 的风险贡献大小的相对度量。我们将 $\frac{\sigma_{iM}}{\sigma_M^2}$ 称为贝塔系数(Beta Coefficient),通常用 β 表示,用于衡量单个证券对市场风险的相

对影响。

在式(9-19)中，$[E(R_M)-R_f]$可以视为市场对市场组合 M 的风险补偿，即对方差 σ_M^2 的补偿，因此，如果投资者持有充分分散化的证券组合，在市场均衡的条件下，结合式(9-21)，投资比重为 X_i 的第 i 种成员证券的风险补偿按照其对 σ_M^2 作出的相对贡献应为

$$\frac{\sigma_{iM}}{\sigma_M^2}[E(R_M)-R_f]$$

很显然，投资比重为 X_i 的第 i 种成员证券的风险补偿又等于 $E(R_i)-R_f$，其中 $E(r_i)$ 表示证券 i 的期望收益率。因此

$$E(R_i)-R_f=\frac{\sigma_{iM}}{\sigma_M^2}[E(R_M)-R_f]=\beta_i[E(R_M)-R_f]$$

即

$$E(R_i)=R_f+\beta_i[E(R_M)-R_f] \qquad (9-22)$$

式(9-22)中，$\beta_i=\frac{\sigma_{iM}}{\sigma_M^2}$，用于衡量单个证券 i 的风险。

式(9-22)就是著名的资本资产定价模型 CAPM(Capital Asset Pricing Model)。资本资产定价模型认为，当市场处于均衡状态时，某种资产的期望收益率是其贝塔值(β_i)的线性函数，即单个证券的期望收益率由无风险收益率和市场风险溢价两部分组成。

同样，很容易地，对任何一个证券组合 P，设其投资于各种证券的比例分别为 $X_1,X_2,\cdots,X_n$，则有

$$E(R_P)=R_f+\beta_P[E(R_M)-R_f] \qquad (9-23)$$

式(9-23)中，$\beta_P=X_1\beta_1+X_2\beta_2+\cdots+X_n\beta_n$，称为证券组合 P 的 β 系数。

可见，无论是单一证券，还是证券组合，其期望收益率与由 β 系数测定的系统风险之间都存在线性关系。这个关系在以 $E(r_P)$ 为纵坐标、β_P 为横坐标的坐标系中代表一条直线，这条直线被称为证券市场线(SML)，如图9-17所示。

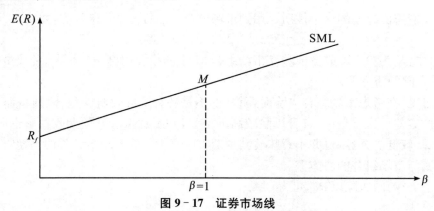

图 9-17 证券市场线

当 P 为市场组合 M 时，$\beta_P=1$，因此，证券市场线经过点$[1,E(r_M)]$；当 P 为无风险证券时，β 系数为0，期望收益率为无风险利率 R_f，因此证券市场线亦经过点$[0,E(R_f)]$。

(二) 证券市场线的经济意义

证券市场线方程式(9-22)和式(9-23)对任意证券或证券组合的期望收益率和风险之间的关系提供了十分完整的阐述。任意证券或证券组合的期望收益率由两部分构成：一部

分是无风险利率 R_f,属于资金的时间价值,是对放弃即期消费的补偿;另一部分 $\beta[E(R_M)-R_f]$ 则是对承担风险的补偿,通常称为"风险溢价"。它与承担的风险大小成正比。其中的 $[E(R_M)-R_f]$ 代表了对单位风险的补偿,通常称之为风险的价格。

此外,资产定价的合理性在证券市场线上也非常直观。CAPM 认为,每一种证券以及证券组合必然位于证券市场线上,证券市场线上的证券和证券组合的风险和收益均处于均衡状态。因此,合理定价的证券会落在证券市场线上,被低估的证券会落在证券市场线上方,被高估的证券会落在证券市场线下方。

(三) β 的含义及其应用

1. β 系数的含义

(1) $\beta_i = \dfrac{\sigma_{iM}}{\sigma_M^2}$,反映了证券或证券组合对市场组合风险(或方差)的贡献率。

(2) β 系数反映了证券或组合的收益水平对市场平均收益水平变化的敏感性,是证券或证券组合承担的系统性风险的指标,β 系数越大,表示证券或证券组合承担的系统性风险越大,其收益率随着市场组合波动的幅度越大。

2. β 系数的应用

β 系数广泛应用于证券投资选择、风险控制、投资绩效评价,具体体现为:

(1) 证券投资选择。我们可以根据证券 β 的大小,进而采取相应的证券投资策略:

① 当 β 大于 1 时,意味着该证券收益率的波动比整个市场收益率的波动要更大,这种属性的证券显然比较适合在"牛市"中投资,因为"牛市"中整个市场呈现不断上升的趋势,投资该证券将获得更高的收益率。

② 当 β 小于 1 时,意味着该证券收益率的波动比整个市场收益率的波动要更小,这种属性的证券显然比较适合在"熊市"中投资,因为"熊市"中市场价格呈现不断下降的趋势,该证券价格下跌的幅度将小于市场整体水平,投资该证券的收益率相对市场收益率水平来说要更好一些。

这符合投资专家经常说的"牛市重势,熊市重质"的操作策略,即在牛市中应该买入价格上升势头良好的股票,而在熊市中要更加注重股票本身的质地。

(2) 风险控制。由于 β 系数是证券或证券组合系统风险的量度,因此,风险控制部门或投资者通常会利用 β 系数对证券投资进行风险控制,控制 β 系数过高的证券投资比例。另外,针对衍生证券的对冲交易,通常会利用 β 系数控制对冲的衍生证券头寸。

(3) 投资组合绩效评价。评价组合业绩是基于风险调整后的收益进行考量,即既要考虑组合收益的高低,也要考虑组合所承担风险的大小。如詹森指数、特雷诺指数等都是基于 β 系数进行计算的。

假定你对风险非常地厌恶,但是你仍投资于普通股股票,则该股票的 β 是大于 1 还是小于 1?为什么?

(四) 资本市场线(CML)和证券市场线(SML)的比较

CML 揭示了有效组合的收益和风险之间的均衡关系,对有效组合的期望收益率和风险之间的关系提供了十分完整的阐述。而 SML 是从 CML 推导而来的,给出了任意证券的收益率和风险之间的关系,之后推广到任意证券组合。在一定的程度上,它们具有一定的对应关系,联系紧密,然而它们也有着非常明显的区别,具体体现为:

(1) 适用范围不同。CML 只适合于描述无风险资产与有效风险资产组合再组合后的有效风险资产组合的收益和风险关系。SML 描述的是任何一种资产或资产组合的收益和风险之间的关系。

(2) 选择的风险变量不同。CML 以总风险 σ 为横坐标,SML 以市场风险 β 为横坐标。

(3) 发挥的作用不同。CML 最主要的作用是确定合适的投资组合比例,而 SML 则主要为了确定某一证券或证券组合的期望收益率,并区分无风险收益率和风险报酬。

四、CAPM 的应用

资本资产定价模型主要应用于资产估值、资源配置以及权益资金成本的计算等方面。权益资本成本的计算属于公司金融学的范畴,所以这里只介绍资产估值和资源配置。

(一) 资产估值

根据证券市场线,某一证券的期望收益率应为

$$E(R_i) = R_f + \beta_i [E(R_M) - R_f]$$

而根据市场对证券未来产生的收入流(股息加期末价格)有一个预期值,这个预期值与期初市场价格和预期收益率 $E(R_i)$ 的关系为

$$E(R_i) = \frac{预期的股息 + 期末价格}{期初价格} - 1$$

在均衡状态下,上述两者的值应该相等。如果两者不相等,说明期初定价有误,可以通过买入或卖出证券来获取收益。

(二) 资源配置

CAPM 的思想在消极的和积极的组合管理中都可以应用。

在消极的资产组合管理中,投资者可以按自己的风险偏好,选择一种或几种无风险资产和一个风险资产的市场组合进行资源配置。

积极的组合管理者将在预测市场走势和计算 β 值上下功夫。根据市场走势,调整资产组合的结构。例如,当预测到市场价格呈上升趋势时,他们将在保持无风险资产和风险资产比例的情况下,增加高 β 值资产的持有量;反之,将增加低 β 值资产的持有量。

第五节 套利定价模型

CAPM 模型问世后取得了巨大的成功,但是由于该模型建立在一系列严格假设之上,并且许多假设与现实经济生活差距太大,在现实检验中也存在偏差,因此该模型也受到了不少

批评和质疑。1976年,Stephen Ross发表《收益、风险和套利》一文,系统地提出了套利定价理论(Arbitrage Pricing Theory,APT),从而将资本资产定价理论的研究推向了一个新阶段。

一、套利定价模型(APT)的分析思路

套利定价模型与资本资产定价模型相同的假设有:
(1) 投资者的目标是实现期望收益最大化,同时是厌恶风险的。
(2) 投资者对于证券的收益分布具有一致的预期。
(3) 资本市场是完全竞争和有效的,不存在交易成本。
但是与资本资产定价模型不同的是:
(1) 套利定价模型并不要求投资者能以无风险的利率借入和贷出资金,也不要求投资者以资产组合的收益和方差为基础进行投资决策。
(2) 投资者能够发现市场上是否存在套利机会,并利用该机会进行套利,这是关于投资者处理能力的基本要求。
(3) 套利定价模型假设风险资产的收益受到市场上几种不同风险因子的影响,而到底是哪几种风险,这些风险具体是什么则无关紧要。这也是APT最重要的假设。

设市场上风险资产的收益一共受到 k 个风险因素的影响,可表示如下:

$$R_i = E(R_i) + b_{i1}F_1 + b_{i2}F_2 + \cdots + b_{ik}F_k + \varepsilon_i \tag{9-24}$$

式(9-24)中,R_i 是任意一种风险资产的收益;$E(R_i)$ 是该风险资产的预期收益;$F_j(j=1,2,\cdots,k)$ 是影响风险资产收益的公共风险因子;$b_j(j=1,2,\cdots,k)$ 是风险资产对不同公共风险因子的敏感度;ε_i 是残差项。

式(9-24)还同时满足下列两个条件:

$$\begin{cases} E(\varepsilon_i) = 0 & (i=1,2,\cdots,n) \\ \text{cov}(\varepsilon_i, \varepsilon_j) = 0 & (i,j=1,2,\cdots,n \text{ 且 } i \neq j) \end{cases}$$

这两个条件一方面是为了符合统计学中多元线性回归模型的要求而设定的,另一方面在APT模型中也有着特殊的解释意义。$E(\varepsilon_i)=0$ 表示残差项的期望为零,从而表明残差项只对资产的风险有贡献,它考虑了公共风险因子未包括进去的风险,但是它对资产的收益没有贡献。$\text{cov}(\varepsilon_i, \varepsilon_j)=0$ 表示除了公共风险因子以外,模型中不再存在同时影响两种或两种以上资产收益的共同因素。也就是说,模型已经分离了所有影响资产收益的公共风险因子。

式(9-24)用矩阵形式表示就是

$$R = E(R) + BF + \varepsilon \tag{9-25}$$

式(9-25)中,R 是资产收益向量;$E(R)$ 是期望收益向量;B 是因子敏感度矩阵;F 是公共风险因子向量;ε 是残差向量。

式(9-24)所表示的模型表明资产的期望收益率受一组公共风险因子影响,市场组合可能只是其中的一个风险因子,其他风险因子(诸如利率、通货膨胀率、GDP增长率等)也可能包括在内。简单地说,市场组合在套利定价理论中并没有特殊作用,它只是可能影响资产收益的因素之一。

二、套利和套利组合

套利是指利用一个或多个市场存在的各种价格差异,在不承担损失风险且不增加额外投资的情况下获得额外收益的行为。例如,你在伦敦外汇市场发现 1 欧元＝1.4 美元,而在纽约外汇市场发现 1 欧元＝1.3 美元,那么,你将会在伦敦卖出欧元、买入美元,在纽约买入欧元、卖出美元,假设不存在交易成本,那么通过这种资金转移可以获取一定的收益。这种利用伦敦和纽约汇市上价格的差异套取利润的行为就属于套利。套利的基本特征是:

(1) 不增加自有资金投入,所需资金通过借款或卖空获得。
(2) 一般来说,套利是无风险的。
(3) 套利的预期收益大于零。

根据套利定价理论,在出现套利机会时,投资者将构造套利组合来增加已有投资组合的预期收益率,套利组合应满足 3 个条件:

(1) 构造套利组合应不增加投资者的投资。
(2) 套利组合是无风险的,即产生风险的因子对套利组合的影响程度为零。
(3) 套利组合的预期收益率应大于零。

如果用 $X=(X_1,X_2,\cdots,X_n)$ 表示套利组合,则上述 3 个条件可以表示为:

(1) 设 X_i 为投资组合中资产 i 的投资权重,则构造套利组合不增加投资者的投资也不减少投资(自融资)的特点,即

$$\sum_{i=1}^{n}X_i = 0 \tag{9-26}$$

(2) 套利组合是无风险的,产生风险的因子对套利组合的影响程度为零,意味着它对任何一个公共风险因子都没有敏感性,也就是,公共风险因子的加权平均应该为零,即

$$\sum_{i=1}^{n}X_i b_{il} = 0 \quad (l=1,2,\cdots,k) \tag{9-27}$$

(3) 套利组合具有正的预期收益率,意味着构建套利组合会产生正的预期收益,即

$$E(R_X) = \sum_{i=1}^{n}X_i E(R_i) > 0 \tag{9-28}$$

由于所有投资者对资产的收益分布有着相同的预期,这就意味着套利机会一旦出现就会被市场上所有的投资者知晓。对于理性的投资者而言,他们一旦发现套利机会就会充分予以利用,通过构造套利组合买入收益率被低估的证券而卖出收益率被高估的证券,从而使低估证券的需求增加,价格上升,其收益率上升;使高估证券的供给增加,价格下降,其收益率下降,直到各证券价格和收益率重新回归均衡,套利活动也将终止。

由此可见,在有效的市场上,是不存在套利机会的。也就是说,零投资、零风险套利组合的期望收益也将为零,这可用数学公式表示为

$$\sum_{i=1}^{n}X_i E(R_i) = 0 \tag{9-29}$$

三、套利定价模型

根据式(9-26)、式(9-27)、式(9-28)可知,套利组合的投资比例向量分别与元素全为

1 的向量,公共风险因子敏感度向量以及期望收益向量正交。由线性代数的知识可知,若某一向量正交于 $M-1$ 个向量,并能由此推得它与第 M 个向量正交,那么第 M 个向量可以表示为这 $M-1$ 个向量的线性组合。也就是说,资产的期望收益向量可以表示为元素全为 1 的向量以及公共风险因子敏感度向量的线性组合。因此,存在常数 λ_0 以及 $\lambda=(\lambda_1,\lambda_2,\cdots,\lambda_k)$,使得

$$E(R)=\lambda_0 1+\lambda B \tag{9-30}$$

对于任意的风险证券 i 而言,有

$$E(R_i)=\lambda_0+\lambda_1 b_{i1}+\lambda_2 b_{i2}+\cdots+\lambda_k b_{ik} \tag{9-31}$$

式(9-30)和式(9-31)就是套利定价模型的标准表达式。其中,λ_0 表示对所有公共风险因子敏感度为零的资产组合的收益率(当存在无风险资产时,就是无风险资产的收益率 R_f);$\lambda_j(j=1,2,\cdots,n)$ 为第 j 个风险因子的风险溢价。

若存在无风险资产,令 σ_j 表示某一资产对其他所有风险因子的敏感度均为零,而对第 j 个风险因子的敏感度为 1 时的期望收益率,则

$$\lambda_i=\sigma_j-R_0$$

将 $\lambda_i=\sigma_j-R_0$ 代入式(9-31),得到

$$E(R_i)=R_f+(\sigma_1-R_0)b_{i1}+(\sigma_2-R_0)b_{i2}+\cdots+(\sigma_k-R_0)b_{ik} \tag{9-32}$$

在资产的收益率服从联合正态分布和公共风险因子不相关的情况下,根据多元线性回归方程,式(9-32)中的 b_{ij} 可以解释为

$$b_{ij}=\frac{\text{cov}(R_i,\sigma_j)}{\text{var}(\sigma_j)} \tag{9-33}$$

由此可见,b_{ij} 的形式与资本资产定价模型中 β_i 的定义形式完全相同。

四、APT 和 CAPM 的比较

APT 模型一般假设资产的期望收益率受到 k 个风险因子的影响。当只存在一个表示市场风险的风险因子时,式(9-32)可简化为

$$E(R_i)=R_f+(\sigma_1-R_f)b_{i1}$$

上式中,$\sigma_1=R_M$;b_{i1} 等同于 β_{Mi}。因此,上式实际上就是 CAPM 模型的标准形式。也就是说,CAPM 模型实际上是 APT 模型的一个特例。

APT 模型与 CAPM 模型最大的区别就在于:前者采用的是无套利的分析方法,而后者采用的是风险—收益分析方法。APT 模型的出发点是排除市场的套利机会,只要市场存在套利机会,投资者的套利行为就会使套利机会趋于消失,市场重新实现均衡。风险—收益分析方法则假设投资者在风险和收益之间进行综合衡量以使自己的效用最大化,在投资者都有同质预期的假设下,投资者都会拥有同样的资产组合,这一资产组合就称为市场组合,而风险资产的价格主要受市场组合的影响。

与 CAPM 模型相比,APT 模型是在更弱的假设条件下推导出的更为一般的资本市场定价模型。在 CAPM 模型中,风险资产的价格是通过市场的内在因素确定的,即某种资产的价格是由资本市场上现有的所有资产共同确定的;对于 APT 模型而言,资产的合理价格是通过外在的因素确定的,即资本市场上某种资产的价格可以由资本市场以外的其他因素确定。正因为如此,市场组合在 APT 模型中没有特殊的作用,只是影响资产价格的一个可

能的风险因子。

APT模型的局限性主要表现在两个方面：

(1) APT模型没有说明决定资产定价的风险因子的数目和类型，也没有说明各个因子风险溢价的符号和大小，这就使得模型在实际应用中有一定的困难。

(2) 由于APT模型中包含了残差风险，而残差风险只有在组合中存在大量的分散化资产时才能被忽略，因此APT模型实际上是一种极限意义上的资产定价理论，对于实际生活中资产数目有限的资产组合而言，其指导意义受到一定的限制。

本 章 小 结

◆内容摘要

1. 证券组合是为了实现安全性、收益性和资本增长等方面的目标，根据投资对象，可以分为收入型、增长型、投资型等。证券组合管理包括确定证券组合管理目标，选择证券组合，监视和调整证券组合以及证券组合绩效评价等方法。

2. 单一证券的收益采用总收益率和平均收益率计算；单一证券的风险采用方差（标准差）来衡量，风险和收益是相伴而生的。

3. 证券组合的收益采用期望收益来衡量，证券组合的风险可以采用方差、协方差、矩阵等衡量，当证券数量较多时，协方差比方差更加重要。

4. 证券组合的可行集（Feasible Set）是指由多种证券所构建的全部证券组合的集合。由任何一个确定的组合都可以求出其预期收益率和标准差。证券组合的有效集（Efficient Set）是指在期望收益率一定时其风险（即标准差）最低的证券组合，或者指在风险一定时其期望收益率最高的证券组合。根据投资者的偏好和有效集可以求出最优证券组合。

5. 资本市场线是指在均值标准差平面上，所有连接无风险资产与市场组合的射线构成的有效组合。所以，投资者风险偏好与最优风险投资组合的确定相分离，投资者只需要调整分配于无风险资产与最优风险资产组合的资金比例。

6. 证券市场线的方程是 $E(R_i) = R_f + \beta_i [E(R_M) - R_f]$，是经典的资本资产定价模型，对任意证券或证券组合的期望收益率和风险之间的关系提供了十分完整的阐述。

7. 套利定价模型采用无套利定价分析方法，套利使得市场实现均衡，资产的收益率受多种因素的影响。

◆关键词

证券组合　期望收益　方差　相关系数　协方差　可行集　有效集　最优证券组合　资本市场线　市场组合　证券市场线　β系数　套利

◆思考题

1. 举例说明如何进行证券组合管理。

2. 如何利用证券的相关关系进行风险规避？

3. 如何确定证券组合的可行集和有效集？

4. 如何运用CAPM模型对风险资产进行定价？

5. β系数的经济意义是什么？如何运用？

6. 证券组合理论、资本资产定价模型和套利定价模型有什么内在的联系和区别？

万利公司是一个经济实力非常强大的大型家电生产企业。多年来,其产品一直占领国内外销售市场。由于市场竞争不断激烈,企业的生产经营面临着一些实际困难,经济效益开始出现下滑迹象。为使企业走出困境,把有限资金用好,2013年年初公司领导召开会议,集中通过了"以销定产的计划,并利用手中多余资金1500万元对外投资,以获得投资效益"的决定。并专门组织安排10名调查人员进行市场调研。

经分析,整理调研资料,拟定可供公司选择的投资对象如下:

(1) 国家发行7年期国债,每年付息一次,且实行浮动利率。第一年利率为2.63%,以后每年按当年银行存款利率加利率差0.32%计算利息。

(2) 汽车集团发行5年期重点企业债券,票面利率为10%,每半年付息一次。

(3) 春兰股份,代码600854,中期预测每股收益0.45元,股票市场价格为22.50元/股。总股本为30631万股,流通股为7979万股。公司主营设计制造空调制冷产品,财务状况十分稳健,公司业绩良好;但成长性不佳。春兰股份的星级评定为"★"。

(4) 格力电器,代码000651,中期预测每股收益0.41元,股票市场价格为17.00元每股。总股本为29617万股。公司主营家用空调、电风扇、清洁卫生器具。公司空调产销量居国内第一,有行业领先优势,尤其是出口增长迅速,比去年出口增长70.7%,经营业绩稳定增长。格力电器的星级评定为"★"。

(5) 华工科技,代码000988,中期预测每股收益0.10元,股票市场价格为68元每股。总股本为11500万股。流通股为3000万股。公司主营激光器、激光加工设备及成套设备、激光医疗设备等。该股科技含量高,成长性好,公积金也高。华工科技的星级评定为"★★"。

请根据以上案例分析:

(1) 根据案情资料,如果企业为了扩大经营规模实现规模效应,面对上述可供选择的投资方案应如何进行投资组合,且分散或避免投资风险?

(2) 根据案情资料,如果企业仅为获得投资收益,面对上述可供选择的投资方案应如何进行投资组合,且分散或避免投资风险?

训练一:投资组合的相关计算。

根据你的选择,下载个股、针对中国市场的投资组合10年的月度收益率数据。估计出均值、标准差、相关系数以及不同风险资产间的协方差,并绘制投资组合的标准差—期望收益曲线。

训练二:CAPM应用。

根据你的选择,下载个股、针对中国市场的投资组合10年的月度收益率数据。根据沪深300指数为市场组合,估计各项风险资产下一个月的期望收益率。

第十章 投资者行为分析

- 熟悉有效市场假说及其成立的前提条件,理解有效市场假说的现实约束。
- 了解行为金融理论的产生与发展,掌握行为金融的定义。
- 理解行为金融理论与传统标准金融理论的区别。
- 熟悉投资者决策过程中的认知与行为偏差。
- 熟悉行为金融理论指导下的投资策略。

郁金香泡沫

16世纪中期,郁金香从土耳其被引入西欧,不久,人们开始对这种植物产生了狂热。到17世纪初期,一些珍品卖到了不同寻常的高价,而富人们也竞相在他们的花园中展示最新和最稀有的品种。到17世纪30年代初期,这一时尚导致了一场经典的投机狂热。人们购买郁金香已经不再是为了其内在的价值或作观赏之用,而是期望其价格能无限上涨并因此获利。当郁金香开始在荷兰流传后,一些机敏的投机商就开始大量囤积郁金香球茎以待价格上涨。不久,在舆论的鼓吹之下,人们对郁金香表现出一种病态的倾慕与热忱,并开始竞相抢购郁金香球茎。1634年,炒买郁金香的热潮蔓延为荷兰的全民运动。当时1000元一朵的郁金香花根,不到一个月后就升值为2万元了。1636年,一株稀有品种的郁金香竟然达到了与一辆马车、几匹马等值的地步。面对如此暴利,所有的人都被冲昏了头脑。他们变卖家产,只是为了购买一株郁金香。1637年,郁金香的价格已经涨到了骇人听闻的水平。与上一年相比,郁金香总涨幅高达5900%!就当人们沉浸在郁金香狂热中时,一场大崩溃已经近在眼前。由于卖方突然大量抛售,公众开始陷入恐慌,导致郁金香市场在1637年2月4日突然崩溃。一夜之间,郁金香球茎的价格一泻千里。一个星期后,郁金香的价格已平均下跌了90%,而那些普通的品种甚至不如一颗洋葱的售价。绝望之中,人们纷纷涌向法院,希望能够借助法律的力量挽回损失。但在1637年4月,荷兰政府决定终止所有合同,禁止投机式的郁金香交易,从而彻底击破了这次历史上空前的经济泡沫。

资料来源:周爱民,孟庆斌,等.大鱼如何吃小鱼:股市价格泡沫的度量与理性扩容速度的行为金融学分析[M].厦门:厦门大学出版社,2009.

第一节 行为金融理论概述

一、传统标准金融理论

(一)有效市场假说(EMH)

传统标准金融理论是建立在有效市场假说基础上的,有效市场假说认为市场价格包含了所有的公开信息,它是资产真实价值的最优估计。有效市场假说是有关价格对各种影响价格的信息的反应能力、程度及速度的解释,它以证券价格与信息的关系为切入点,以"所有价格反映所有有关信息"为核心,以价格变动的随机性和零超额额收益为判断标准。

有效市场假说由4个弱化的假说组成:当投资者是理性时,投资者理性评估资产价值,市场是有效的;即使有些投资者不是理性的,但由于交易随机产生,也不会形成系统的价格偏差;即使投资者的非理性行为不是随机的,他们也将遇到理性的套期保值者,从而保证资产价格回归基本价值;最后,即使非理性交易者在以非基本价值的价格交易时,他的财富也将逐渐减少,以致不能在市场上生存。可以说,投资者的理性是有效市场假说成立的必要条件,离开了投资者的理性,有效市场假说将失去存在的基础。

(二)有效市场假说成立的前提

1. 有效市场假说成立的前提条件

(1)被披露的信息是完全有效的,即所有关于证券的全部信息都能够充分、及时、真实地在市场上得以公开,同时被披露的信息能够充分、及时、准确地被关注该证券的投资者所获得。

(2)投资者对所获得的信息作出的判断是有效的,即每一个关注该证券的投资者都能够根据所得到的信息作出一致的、合理的价值判断。

(3)投资者依据其判断作出有效的投资,即每一个关注该证券的投资者能根据其判断作出准确、及时的行动。

只有市场具备了上述条件,投资者对市场中的证券价值的认识都一致,市场价格是买卖双方都认可的价格,市场上也就不可能有套利机会,投资者不论投资何种证券,获得的投资回报率也就都是一样的。

2. 前提条件的现实约束

(1)信息披露的有效性。在现实中,发行人的主观行为在一定程度上可能会降低信息披露的有效性。作为发行人,为利于推销自己的证券,会本能地极力宣传或夸大企业及其证券的优点而有意回避或掩饰不足,对于涉及可能对竞争对手有利的信息也不会公开或完全披露,而且从节约成本的角度考虑,发行人完全、及时地披露信息的动力也不足。由于信息披露程序、传播方式、技术手段等一系列客观条件的影响,可能导致已被披露的信息不能及时、充分、准确地被投资者所接受，一定程度上会降低信息从披露到被接受的有效性。

（2）投资者对所获得的信息的判断的有效性。由于投资者的生活环境及专业背景的不同会使投资者形成不同的价值标准和判断能力。因此，不同的投资者对相同的信息完全可能作出不同的判断，从而影响了投资者对活动信息所作出判断的有效性。

（3）投资者实施投资决策的有效性。受交易地点、实施交易的操作方法和操作条件、完成交易的技术手段及实施和完成投资决策的难度等各种因素的影响，投资者实施投资决策的有效性都会受到限制。

由于传统标准金融理论的现实约束，越来越多的与有效市场假说不相符合的市场"异常"现象发生，新古典宏观经济学派以及现代证券投资理论的维护者在"理性经济人"假设的前提下对这些现象进行检验和解释，但没有得到合适的结论，导致现代证券投资理论的研究范式陷入尴尬的境地，随后学者们放松了有效市场假说的假设条件，认为投资者是有限理性或非理性的，他们广泛地从心理学、社会学等理论的角度对金融市场上的交易活动进行研究，同时对市场中的异常现象进行重新解释和检验，由此导致行为金融理论的诞生。2002年度的诺贝尔经济学奖授予了美国普林斯顿大学的行为金融学家卡那曼教授和乔治梅森大学史密斯教授，这是经济学、金融发展史上的一个重要里程碑，它标志着行为金融理论正式步入主流经济学的殿堂。

传统标准金融理论认为，市场是有效的，金融产品的价格中已经包含了所有的信息，因此，在任何时候，都可将价格视为真实的投资价值。即任何可用于预测股票表现的信息已经在股价中反映出来了，股价只对新的信息作出上涨或下跌的反应，而新信息必然是不可预测的，这样，随信息变动的股价变动应是随机且不可预测的，这就是股价"随机游走"论点的本质。然而现实中出现了大量传统标准金融理论无法解释的异象，如市盈率效应、规模效应、日历效应、账面市值比效应等，由此就产生了关注于投资者行为的研究学派——行为金融学。

二、行为金融理论

（一）行为金融定义

行为金融理论是一个相对较新的金融学领域，它试图去解释投资者在决策过程中，情绪和认知错误是如何对其投资行为产生作用的。目前，行为金融理论还没有形成标准化的定义。Weber将行为金融定义为：将个人行为与市场现象紧密结合，并融合运用心理学领域和金融理论的知识。Thaler(1992)认为，只要是考虑经济行为人不是在完全理性的情况下进行经济抉择的研究均属于行为金融理论的研究范畴，同时他还将行为金融理论称为是"思路开放的金融研究范式"。Fuller(2000)对行为金融所下的定义：① 行为金融理论是传统经济学、传统金融理论、心理学研究以及决策科学的综合体；② 行为金融理论试图解释实证研究发现的与传统金融理论不一致的异常之处；③ 行为金融理论研究投资者在作出判断时是怎样出错的，或者说是研究"心理过火"是怎样产生的。

Shiller(1999)对以上学者对行为金融理论的定义进行了总结，并从以下几个层次各给出了自己对行为金融理论的定义：① 行为金融学是决策理论、心理学与经济金融理论相融合的学科体系，同时该理论体系还吸收了社会学和人类学的研究成果；② 行为金融理论是试图解释证券市场中出现的与传统证券投资理论相违背的经济现象的理论体系；③ 行为金融学主要研究投资者如何在决策中出现的各种偏差或失误。

Statman(1999)也对行为金融学进行了定义,他认为行为金融学与现代主流的证券投资理论并没有很大的差别,他们主要的目的就是在一个统一的框架下,试图解决金融市场上存在的一些问题,但两者的差别在于行为金融学对主流证券投资理论体系中的假设条件进行了修正,并纳入了认知心理学和社会心理学对各种金融现象进行解释和论证。Hsee(2000)认为,行为金融理论是将心理学、认知科学和行为科学的研究成果应用到金融市场中产生的理论体系,它的主要研究方法是基于心理学的实证结果,根据投资者决策时的心理特征来研究投资者的实际投资决策行为。

根据以上学者的论述,本书把行为金融理论定义为:行为金融理论是将决策理论和心理学的研究成果应用在金融领域的理论体系,它研究人们的认知局限性以及非理性行为如何影响自己的投资决策,从而分析人们的这些投资决策行为如何影响金融市场。

(二)行为金融理论的产生与发展

在18世纪,人们就开始了从"人的行为"来研究经济决策问题,从而奠定了以"行为"来研究投资决策的基础。古典经济学的创始人亚当·斯密于1759年出版的《道德心态理论》中详细分析了人们的交往行为,并分析了人们的情感和道德在经济交往中的作用,同时他还认为,人们的心理、道德、情感等因素对其经济行为的影响有可能会超过法律或逻辑上的束缚。1776年,斯密在其发表的《国富论》一书中,提出了著名的"看不见的手"理论,在该理论的研究中,斯密正式将心理学纳入到了经济理论的研究范畴,他认为经济行为中的人们都是"理性的",人们具有无限的、没有约束的、不被控制的追求个人利益最大化的动力,即所谓的"理性经济人"假设。同时,另外一位重要的经济学家Bentham也从心理学的角度分析了人们的经济决策,他认为人们在任何时候都是追求个人效用最大化的。凯恩斯也认为,人们的心理预期作用会对股票市场的波动产生影响,并认为股票市场中存在"乐队效应"和"选美效应"。

20世纪70年代末期,经济学家Tversky和Kaneman(1979)认为由于不确定性、环境的复杂性、信息的不完全性以及人们能力有限性的存在,人们对现实社会的理性认识受到心理和生理上各方面能力的限制,因此人们不是完全理性的,而是"有限理性"的,人们在经济决策时追求的标准是"令人满意"的而非传统经济学家们所说的"最优决策",同时人们在短期利益和长期利益的权衡中也无法作出传统经济学家们所说的"最优决策"。

20世纪80年代以前,在现代证券投资理论迅速发展、理论体系逐渐形成的时候,行为金融理论还处于萌芽阶段,其发展还很不成熟,理论体系还有很大的局限性,并且大量的实证研究结果也没有受到重视。但20世纪80年代以后,随着金融计量理论的发展,有越来越多的与有效市场假说不相符合的市场"异常"现象发生,新古典宏观经济学派以及现代证券投资理论的维护者在"理性经济人"假设的前提下对这些异常现象进行检验和解释,但没有得到合适的结论。随后学者们放松了有效市场假说理论的假设条件,认为投资者是"非理性的",他们广泛地从心理学、社会学等角度对金融市场上的交易活动进行研究,同时对市场中的异常现象重新解释和检验,由此促进了行为金融理论的飞速发展。

1982年Tversky、Slovic和Kahgleleman三人合著的《不确定性下的判断:启发式与偏差》一书的问世为金融理论的兴起奠定了坚实的基础。之后,许多学者纷纷发表有关行为金融的研究成果。

Shefrin和Statman(1985)研究了投资者的"处置效应",认为股票市场中的投资者如果发生亏损,往往存在较强的惜售心理,也就是说他们往往会持有亏损的股票,不愿意实现损失,期望在股票价格再次上涨时弥补损失,而持有盈利股票的投资者往往趋向于回避风险,他们经常较早地卖出股票实现利润。Thaler(1987)研究了股票投资收益率的时间序列以及投资者的心理账户等问题,同时也研究了股票市场中的异常波动,他发表的《股票市场过度反应了吗》一文引起了西方金融学界的强烈关注。Shiller(1989)从证券市场的易变性角度出发,揭示出了投资者在市场交易中的非理性行为,同时他在投机价格以及羊群效应等方面也做了大量的研究。Shefrin 和 Statman(1994)提出了基于行为金融理论的资本资产定价模型,并在 2000 年提出了行为资产组合理论,这两个理论的提出弥补了现代证券投资理论中的局限性,并很好地解释了市场中的异常现象,同时这两个理论也更贴近现实。Shefrin(2000)出版了专著《超越恐惧和贪婪:行为金融学与投资心理诠释》,这本书主要是探讨心理因素如何对投资者自己以及整个金融市场的波动产生影响,在这部著作中,Shefrin 教授也提到了资产价格泡沫的破灭,他认为投资者往往对正面影响采取极度乐观的态度,由此导致股票市场上的过度繁荣。2002 年诺贝尔经济学奖获得者 Daniel Kahneman 和 Vernon Smith 正是因在行为金融理论方面的突出贡献才获得此奖,他们的研究主要集中在不确定的情况下,人们的决策经常系统地偏离标准金融学的预测这一现象。

由于标准的金融理论研究范式无法很好地解释市场中的"异常现象",学者们开始从心理学、社会学的角度来研究这些"异常现象",这导致行为金融理论日益成为学术界的焦点,并得到了迅速发展。

三、行为金融理论与传统标准金融理论的区别

(一)理性经济人和非理性经济人的假设

传统的主流金融理论采用的是"理性经济人"的理论假设。理性经济人的假设认为投资者在进行投资决策时往往受到以下 3 个原则的影响,即完全利己性、完全信息和完全理性。完全利己性投资者采用可获得的完全信息,在市场中作出完全理性的投资决策,从而实现自己的预期效用最大化。进行这样假设,既可以使经济分析变得简单和方便,又方便进行定量分析。由于传统主流金融理论研究范式只是局限在"完全理性"的分析框架中,忽视了对微观个体心理行为的研究,越来越多的学者对此提出了质疑。

1. 完全利己性

在现实生活中,许多人并非是完全利己性的,否则各种慈善事业就不会存在了,同时友善互助、大公无私的精神也不会存在。因此,完全利己性的原则在现实生活中是很难存活的。

2. 完全信息

在市场分析中,某些投资者会获得完全的或者接近于完全的信息数量。然而,并不是每一个投资者在进行证券投资分析时都有可能获得完全的信息。投资者在进行投资决策时,会对大量的信息进行处理、分析和决策,即使最成功的投资者也有可能在某个时候遭受损失,这也意味着这个投资者也不可能都获得完全的信息。另外,有些经济决策也是在投资者信息不完全的情况下制定的,比如货币政策调整的出台,中央银行在出台货币政策时,市场上的投资者大部分都不会有所预期。因此,完全信息的原则在现实生活中也是很难立足的。

3. 完全理性

传统的证券投资理论认为市场上的投资者是完全理性的,也就是说他们具有推理和正确作出经济决策的能力。然而,在现实生活中,许多投资者的行为都是非理性的,因为理性只是属于投资者的情感力量,人们在进行投资决策时,往往还会受到各种主观因素的影响,比如恐惧、憎恨、快乐以及痛苦等,人们在避免了这些感情上的束缚后才能作出理性决策,因此可以说市场中投资者的理性并不是绝对的,人们的表现通常是完全理性和非完全理性的结合,所以完全理性的原则在现实生活中也是无法存在的,市场中的投资者往往表现为有限理性。

因此,行为金融理论突破了传统的主流证券投资理论注重理性决策假设的研究范式,以"有限理性或非理性"为出发点研究投资者心理规律变化对其市场决策的影响,从而更透彻、更确切地分析了金融市场中的各种投资行为。

(二) 有效市场和非有效市场

在行为金融理论诞生之前,有效市场假说受到了众多经济学家的吹捧。Fama(1970)在自己的博士论文中正式提到了有效市场假说理论,他认为在一个完备的市场中,由于信息可以充分地获得和流动,以及证券投资者的理性行为,证券的价格能够充分地反映市场上的信息。在有效市场的前提下,证券的价格服从"随机游走假说",任何旨在获得"超额收益"的证券分析方法,比如基本分析法和技术分析法都是无效的。

在有效市场假说提出以后,大量的关于该理论体系的实证研究浮出水面。早期的研究结果还是能够符合有效市场假说的,但随着经济金融的发展,证券市场的波动越来越剧烈,一些研究结果开始有悖于有效市场假说,比如股票市场过度波动、季度效应、一月效应、周末效应、规模效应、市盈率效应以及股权溢价之谜效应等,这些结果都不符合有效市场假说,因此开始有学者认为金融市场并非是"有效的",投资者的心理因素会导致市场的"异常"波动,所以有效市场和非有效市场也是传统证券投资理论和行为金融理论的区别之一。

四、行为金融理论的研究范畴

(一) 投资者的非理性行为

行为金融理论的诞生就是为了批判传统主流证券投资理论中的"理性经济人"假设,同时该理论体系认为市场中的投资者不仅包括"完全理性"的,还包括"非理性"的或者"有限理性"的,并且"非完全理性"也是该理论体系的一个假设条件,因此针对"非理性行为"的研究也是行为金融理论的研究范畴。

(二) 套利的局限性

传统证券投资理论中有一个隐含的假设,就是市场在任何时间任何地点都可以无风险地进行资产套利,因此最终资产的价格会回归均衡。但行为金融理论认为由于"非理性"投资者的存在,市场中可能会有很多限制套利的因素出现,这会导致各种有限套利行为的发生,因此对套利局限性的研究也属于行为金融理论的研究范畴。

(三) 证券市场上的各种"异常现象"

20世纪80年代以来,证券市场中资产价格的波动越来越显现出传统证券投资理论无法解释的"异常现象",如股票价格对基础价值长期偏离、日历效应、规模效应、账面市值比效应等,因此,许多学者开始从心理学、社会学以及人类学的角度对这些"异常现象"进行解释,由此导致了行为金融理论的诞生。因此证券市场中的各种"异常现象"也就属于行为金融理论的研究范畴。

（四）基于心理学的资产定价理论和投资组合理论

在行为金融理论诞生以后,许多学者将行为金融理论的基本理论方法纳入传统主流的证券投资理论中,试图在传统的主流证券投资理论与行为金融理论之间搭建一个桥梁,这导致基于心理学的资产定价理论和投资组合理论的产生,因此,关于这些理论的研究也属于行为金融理论的研究范畴。

【资料链接】10-1　　　　　　　A股市场的"春节效应"

> 统计发现,A股市场存在明显的"春节效应"。2002年以来的近15年的春节前一周,沪深300指数和上证指数仅一次出现下跌,上涨比率达93.33%,上涨期间平均涨幅达3.16%。
>
> A股春节前的"红包"行情普遍存在,并不明显受市场所处牛熊阶段影响。例如,市场在2008年的大熊环境中,沪深300指数在春节前一周仍然出现7.74%的上涨。2010年与2013年A股都经历持续下跌,股指春节前一周均有上涨。2015年市场巨幅振荡,股指春节前一周同样上涨。2016年一季度A股在熔断与人民币贬值压力下出现急挫,但春节前一周股指仍然上涨。统计春节前一周涨幅与全年涨幅的相关性,基本无明显线性相关。
>
> 资料来源：王旺.A股市场春节效应明显[N].期货日报,2017-1-26.

第二节　投资者决策过程中的认知与行为偏差

一、过度自信

（一）过度自信理论的心理表现

心理学家通过实验观察和实证研究发现,人们往往过于相信自己的判断能力,高估自己成功的机会,把成功归功于自己的能力,而低估运气和机会在其中的作用,这种认知偏差称为"过度自信"(overconfidence)。Friedman和Savage(1948)发现,尽管赢得彩票的概率只有数百万分之一,但还是有很多人去买彩票,这种购买彩票的行为就表现为风险寻求。风险寻求的原因很可能是过度自信。

心理学家们的研究发现一些职业领域往往与过度自信相联系,如外科医生和护士、心理学家、投资银行家、工程师、律师、投资者和经理在判断和决策中会存在过度自信特征。Grifin和Tversky(1992)发现人们在回答中遇到极度困难的问题时,倾向于过度自信;在回答容易问题时,倾向于不自信;当从事的是可预测性较强,有快速、清晰反馈的重复性的任务时,倾向于仔细推算。如专业桥牌运动员、赌马者和气象学者在决策时都倾向于仔细推算。

Frank(1935)发现人们过度估计了其完成任务的能力,并且这种过度估计随着个人在任务中的重要性而增强,人们对未来事件有不切实际的乐观主义。Kunda(1987)发现人们期望好事情发生在自己身上的概率高于发生在别人身上的概率,甚至对于纯粹的随机事件有不切实际的乐观。人们会有不切实际的积极的自我评价,往往认为自己的能力、前途等会比其他人更好。过度自信的人往往有事后聪明的特点,夸大自己预测的准确性,尤其在他们期望一种结果,而这种结果确实发生时,往往会过度估计自己在产生这种合意结果中的作用。Daniel,Hirshleifer 和 Subrahmanyam(1998)认为成功者会将自己的成功归因于自己知识的准确性和个人能力,这种自我归因偏差会使成功者过度自信。

过度自信的人在做决策时,会过度估计突出并能引人注意的信息,尤其会过度估计与其已经存在的信念一致的信息,并倾向于搜集那些支持其信念的信息,而忽略那些不支持其信念的信息。当某些观点得到活灵活现的信息、重要的案例和明显的场景支持的时候,人们会更自信,并对这些信息反应过度。而当某些观点得不到相关性强的、简洁的、统计性的和基本概率信息支持的时候,人们通常会低估这些信息,并对这些信息反应不足。

(二)过度自信理论与事后聪明偏差

过度自信是导致"事后聪明偏差"的心理因素。事后聪明偏差是指,把已经发生的事情视为相对必然和明显的——而没有意识到对结果的回顾会影响人们的判断,它使人们认为世界实际上很容易预测,但人们无法说出结果是如何受到信息影响的。例如,如果他们知道了心理实验的结果,他们倾向于认为这些结果已经完全被预测到了,至少比起知道这些结果之前要更具有可预测性。1987 年 10 月 19 日美国出现"黑色星期一"之后 Shiller 做过一个问卷调查,第一个问题是"你当天知道会在什么时候发生反弹吗?"在没有参与交易的人中,有 29.2% 的个人和 28% 的机构的答案是肯定的,在参加交易的个人和机构中也有近一半人认为知道何时反弹。这个回答让人吃惊,与当天出现的极度恐慌的事实迥异。而且,股指能在其后迅速反弹,至少对大多数人而言简直是奇迹。值得注意的是,Shiller 接下来的一个问题:"如果回答是的话,你是如何知道什么时候会发生反弹的呢?"多数人的答案是"直觉""内心想法""历史证据和常识"或者是"股市心理学",即使机构投资者也不例外。很少提到具体的事实或明确的理论,比如美联储的干预可能。因此,这种典型的事后聪明会使投资者不重视对自己行为的反省,忽视对市场趋势的预测,增加了投资行为的不确定性。

(三)过度自信对金融市场的影响

投资者的过度自信对金融市场会造成一定影响。Odean(1998)将市场参与者分为价格接受者、内部人和做市商,分析过度自信对金融市场的影响。在中国,价格接受者相当于中小散户投资者;机构投资者由于其较强的获得信息的能力,相当于内部人;中国不存在做市商,但是庄家的某些行为类似于做市商,可以作为做市商来分析其对金融市场的影响。这 3 类投资者在获取信息和价格决定上具有不同的机制。

1. 过度自信对交易量的影响

当投资者过度自信时,市场中的交易量会增大。在无噪音的完全理性预期的市场中,如果不考虑流动性需求,交易量应该是零。如果理性是共识的,当一个投资者买进股票时,另外的投资者卖出股票,买进者会考虑是否存在卖出者知道而买进者不知道的信息,这时就不会有交易产生。而现实中金融市场的交易量是非常大的。Dow 和 Gorton(1997)发现,全球外汇的日交易量大约是年度世界贸易总额和投资流动总额之和的四分之一。1998 年纽约证券交易所的周转率超过 75%。中国的情况更是惊人,1996 年上海证券交易所的换手率是 591%,深圳证券交易所的换手率是 902%。由于没有模型来说明在理性市场中交易量应该是多少,所以很难证明什么样的交易量是过多的。Odean(1998a)分析了投资者的买卖行为,发现在考虑了流动性需求、风险管理和税收影响后,投资者买进的股票表现差于卖出的股票,这些投资者交易过多,由于交易成本的原因,过多的交易损害了其收益,其解释是投资者是过度自信的,过度评价了其私人信息的准确性并错误地解释了这些信号,才导致了差的决策。Odean 观察了 166 个投资俱乐部 6 年的交易,发现平均每年的周转量是 65%,年净收益是 14.1%,而作为基准的标准·普尔 500 指数收益是 18%。

2. 过度自信对市场效率的影响

在理性市场中,只有当新的信息出来时,价格才会有变动。但是当投资者过度自信时,会对市场波动性产生影响。过度自信对市场效率的影响取决于信息在市场中是如何散布的。如果少量信息被大量投资者获得,或者公开披露的信息被许多投资者做了不同的解释,过度自信会使这些信息被过度估计,导致价格偏离资产真实价值,这时过度自信损害了市场效率。如果信息仅为内部人所拥有,过度自信的内部人会过度估计其获得的私人信号,通过其过多的交易显示其私人信息,那么做市商、其他的投资者会迅速使得资产价格向其真实价值靠拢。如果内部人的信息对时间敏感,在其交易后会迅速成为公共信息,那么这种效率收益是短暂的,这时过度自信提高了市场效率。

3. 过度自信对波动性的影响

过度自信的价格接受者会过度估计他们的个人信息,这会导致总的信号被过度估计,使得价格偏离其真实价格。由于过度自信使投资者扭曲了价格的影响,使市场波动增加。过度自信的做市商会促使内部人揭示更多的私人信息,从而将价格设定得更接近其真实价格,这时过度自信使市场波动增加,同时当作市商过度自信时,其风险规避程度会小于其不具有过度自信特征的程度,会认为持有存货的风险不大,这增加了其存货量,存货量的增加降低了市场波动。过度自信对价格的影响取决于不同特征交易者的数量、财富、风险承受能力和信息。如果市场中价格接受者和内部人的数量和财富都较大,而做市商的数量较少、力量较小,则价格的波动性会更大。

4. 过度自信对投资者期望效用的影响

当投资者过度自信时,其资产组合并没有完全分散化,集中的资产组合会降低其期望效用。如果信息是有成本的,过度自信的投资者会花费更大的成本去成为知情者,同时进行更频繁的交易,由于交易费用的原因,过多的交易会降低其净收益。Lakonishok 等(1992)发现在 1983 年至 1989 年间,积极的基金经理的业绩差于标准·普尔 500 指数的表现,扣除管理费,积极的管理减少了基金价值。这可能是由于过度自信使基金经理在获取信息上花费太大,或者是对其选股能力过度自信所导致的。但是 Delong, Shleifer, Summers 和 Waldmann(1990)证明了过度自信的交易者能够在市场中存活下来。Wang(1997)用双寡头模型证明了过度自信的基金经理不仅能够获得比他的理性竞争对手更高的期望收益和效用,而且也比他理性时的收益和效用更高,所以过度自信严格占优于理性。

二、过度反应

过度反应理论是指人们由于一系列的情绪与认知等心理因素,会在投资过程中表现出加强的投资心理,从而导致市场的过度反应。个人投资者过于重视新的信息而忽略老的信息,即使后者更具有广泛性。他们在市场上升时变得过于乐观而在市场下降时变得过于悲观。因此,价格在坏信息下下跌过度而在好信息下上升过度。一般来说,在所有的时间内过于紧密地跟踪经济或市场的变动对于大多数人来说通常是达不到预期目标的。每天追踪行情将使投资者可能因为恐慌而卖掉股票受到损失,或买进已经过热的股票或基金。行为金融学家认为应该间隔长一些时间才检查自己的投资。互联网提供了 24 小时进入市场的通道,由于太专注地跟随这些行情的变动,很多投资者发现他们过度交易并过度反应了,长期业绩自然受到损害。

耶鲁大学的 Robert Shiller 教授在 2000 年 3 月出版的《非理性繁荣》一书中,将当时一路涨升的股票市场称作"一场非理性的、自我驱动的、自我膨胀的泡沫"。一个月后,代表所谓美国新经济的纳斯达克股票指数由最高峰的 5000 多点跌至 3000 点,又经过近两年的下跌,最低跌至 1100 多点。互联网泡沫类似于荷兰郁金香、南海公司泡沫,在投资领域中屡见不鲜。为什么人们总会重复犯同样的错误呢? Robert Shiller 认为,人类的非理性因素在其中起着主要作用,而历史教训并不足以让人们变得理性起来,非理性是人类根深蒂固的局限性。Shiller 教授曾在一个研究中发现,当日本股市见顶时,只有 14% 的人认为股市会暴跌,但当股市暴跌以后,有 32% 的投资者认为股市还会暴跌。投资者通常对最近的经验考虑过多,并从中推导出最近的趋势,而很少考虑其与长期平均数的偏离程度。换句话说,市场总是会出现过度反应。

Richard Thaler 和 Werner De Bondt 在 1985 年的一个研究中发现,投资者对于受损失的股票会变得越来越悲观,而对于获利的股票会变得越来越乐观,他们对于利好消息和利空消息都会表现出过度反应。当牛市来临时,股价会不断上涨,涨到让人不敢相信,远远超出上市公司的投资价值;而当熊市来临时,股价会不断下跌,也会跌到大家无法接受的程度。除了从众心理在其中起作用外,还有人类非理性的情绪状态,以及由此产生的认知偏差。当市场持续上涨时,投资者倾向于越来越乐观。因为实际操作产生了盈利,这种成功的投资行为会增强其乐观的情绪状态,在信息加工上将造成选择性认知偏差,即投资者会对利好消息过于敏感,而对利空消息麻木。这种情绪和认知状态又会加强其行为上的买入操作,形成一种相互加强效应;当市场持续下跌时,情况刚好相反,投资者会越来越悲观。因为实际操作产生了亏损,这种失败的投资操作会加强其悲观情绪,同样也造成了选择性认知偏差,即投资者会对利空消息过于敏感,而对利好消息麻木。因而,市场也就形成了所谓的过度反应现象。

三、锚定效应

所谓锚定效应是指当人们需要对某个事件做定量估测时,会将某些特定数值作为起始值,起始值像锚一样制约着估测值。在做决策的时候,会不自觉地给予最初获得的信息过多的重视。

锚定是指人们倾向于把对将来的估计和已采用过的估计联系起来,同时易受他人建议的影响。当人们对某件事的好坏做估测的时候,其实并不存在绝对意义上的好与坏,一切都是相对的,关键看你如何定位基点。基点定位就像一只锚一样,它定了,评价体系也就定了,好坏也就评定出来了。

1973年,Kahneman和Tversky指出,人们在进行判断时常常过分看重那些显著的、难忘的证据,甚至从中产生歪曲的认识。例如,医生在估计病人因极度失望而导致自杀可能性时,常常容易想起病人自杀的偶然性事件。这时,如果进行代表性的经济判断,则可能夸大极度失望病人自杀的概率,这就是人们在判断中存在的锚定效应。

1974年,Kahneman和Tversky通过实验来进一步证明锚定效应。实验要求实验者对非洲国家在联合国所占席位的百分比进行估计。因为分母为100,所以实际上要求实验者对分子数值进行估计。首先,实验者被要求旋转摆放在其前面的罗盘随机地选择一个在0到100之间的数字;接着,实验者被暗示他所选择的数字比实际值是大还是小;然后,要求实验者对随机选择的数字向下或向上调整来估计分子值。通过这个实验,Kahneman和Tversk发现,当不同的小组随机确定的数字不同时,这些随机确定的数字对后面的估计有显著的影响。例如,两个分别随机选定10和65作为开始点的小组,他们对分子值的平均估计分别为25和45。由此可见,尽管实验者对随机确定的数字有所调整,但他们还是将分子值的估计锚定在这一数字的一定范围内。

许多金融和经济现象都受锚定效应的影响。比如,股票当前价格的确定就会受到过去价格的影响,呈现锚定效应。证券市场股票的价值是不明确的,人们很难知道它们的真实价值。在没有更多的信息时,过去的价格(或其他可比价格)就可能是现在价格的重要决定因素,通过锚定过去的价格来确定当前的价格。锚定效应同时发生在商品定价的其他经济现象中,它类似于宏观经济学中的"黏性价格",只要把过去的价格作为新价格的一种参考(建议),那么新价格就会趋于接近过去的价格。如果商品的价值越模糊,参考就可能越重要,锚定就可能是更重要的价格决定因素。

四、心理账户

所谓心理账户就是人们无意识地把财富划归不同的账户进行管理,不同的心理账户有不同的记账方式和心理运算规则。而这种心理记账的方式和运算规则恰恰与经济学和数学运算方式都不相同,因此,经常会以非预期的方式影响着决策,使个体的决策违背最简单的理性经济法则。

心理账户是芝加哥大学行为科学教授查德·塞勒(Richard Thaler)提出的概念。他认为,除了荷包这种实际账户外,在人的头脑里还存在着另一种心理账户。人们会把现实中客观等价的支出或收益在心理上划分到不同的账户中。比如,我们会把工资划归到辛苦劳动日积月累下来的"勤劳致富"账户中;把年终奖视为一种额外的恩赐,放到"奖励"账户中;而把买彩票赢来的钱,放到"天上掉下的馅饼"账户中。对于"勤劳致富"账户里的钱,我们会精打细算,谨慎支出。而对"奖励"账户里的钱,我们就会抱着更轻松的态度花费掉。"天上掉下的馅饼"账户里的钱则更随意地花费。

实际上,绝大多数的人都会受到心理账户的影响,因此总是以不同的态度对待等值的钱财,并作出不同的决策行为。从经济学的角度来看,一万元的工资、一万元的年终奖和一万元的中奖彩票并没有区别,但普通人却对三者作出了不同的消费决策。

所以,知晓心理账户的存在,是精明投资的第一步,精明的理财者会换一个角度来考虑自己的决策。

五、证实偏差与代表性偏差

(一)证实偏差

人们既有观念或期望会影响他的社会知觉和行为。他们总是有选择地去解释并记忆某些能够证实自己既存的信念或图式的信息,此为认知证实偏差。例如当我们认为某个人是外向型的,以后对该人所表现出的与外向有关的品质(如热情、好交际等)注意得更多,并容易回忆起来。而该人所表现的与外向无关的品质(如谨慎、敏锐等)则不怎么注意。同样,人们根据社会刻板印象去评价个体也是要证实个体与其头脑中既存的图式是相吻合的。证实偏差导致个体过分相信自己判断的准确性,评价一旦形成便不轻易改变。这种偏差在错觉相关效应中最明显。如果两种因素相互联系,人们就更容易注意并记住它们相互联系的信息,这种期望歪曲了人的知觉和记忆。

证实偏差是导致恶性加仓的重要心理因素。在瞬息万变的交易过程中,当面临平仓结束当前交易,或继续加仓扩大风险的抉择时,我们需要更多的信息来帮助我们作出判断。然而,证实偏差的心理特征会阻碍对自己不利信息的采纳接受,使得我们对未来的趋势过于乐观以致耽误平仓时机甚至恶性加仓。

(二)代表性偏差

代表性偏差是指这样一种认知倾向:人们喜欢把事物分为典型的几个类别,然后,在对事件进行概率估计时,过分强调这种典型类别的重要性,而不顾其他潜在可能性的证据。选择性偏差的后果势必使人们倾向于在实际上是随机的数据序列中洞察到这种模式,从而造成系统性的预测偏差。大多数投资人坚信好公司就是好股票,这就是一种代表性偏差。这种认识性偏差的产生是由于投资者将好公司的股票认同为好股票。其实好公司的股票价格过高时就成了坏股票,坏公司的股票价格过低时也就成了好股票。

六、后悔厌恶

假设有一个人作出了错误的决定并为此而自责不已,这种认为没有作出正确决定的情绪就是后悔。后悔厌恶是指当人们作出错误的决策时,对自己的行为感到痛苦。为了避免后悔,人们常常作出一些非理性行为。如投资者趋向于等待一定的信息到来后,才作出决策,即便是这些信息对决策来讲并不重要,没有它们也能作出决策。

后悔厌恶理论可以被应用在股票市场中投资者心理学领域。无论投资者是否打算购买上涨或下跌的股票或基金,实际上购买自己倾向的证券就将产生情绪上的反应。投资者可能回避卖掉价格后下跌的股票,这是为了回避曾经作出的错误决策的遗憾和报告损失带来的尴尬。当所作的选择未能达到预期结果或结果劣于其他选择时,作出错误决策的遗憾心理伴随而生。因此即使决策结果相同,如果某种决策方式可以减少遗憾,对于投资者来说,这种决策方式依然优于其他决策方式。

投资者在投资过程中常出现后悔的心理状态。在大牛市背景下，没有及时介入自己看好的股票会后悔，过早卖出获利的股票也会后悔；在熊市背景下，没能及时止损出局会后悔，获点小利没能兑现，然后又被套牢也会后悔；在平衡市场中，自己持有的股票不涨不跌，别人推荐的股票上涨，自己会因为没有听从别人的劝告而及时换股后悔；当下定决心，卖出手中不涨的股票，而买入专家推荐的股票，又发现自己原来持有的股票不断上涨，而专家推荐的股票不涨反跌时，更加后悔。

Santa Clara 大学的 Meir Statman 教授是研究"害怕后悔"行为的专家，由于人们在投资判断和决策上经常容易出现错误，而当出现这种失误操作时，通常会感到非常难过和悲哀。所以，投资者在投资过程中，为了避免后悔心态的出现，经常会表现出一种优柔寡断的性格特点。投资者在决定是否卖出一只股票时，往往受到买入时的成本比现价高或是低的情绪影响，由于害怕后悔而想方设法尽量避免后悔的发生。

有研究者认为，投资者不愿卖出已下跌的股票，是为了避免做了一次失败投资的痛苦和后悔心情，向其他人报告投资亏损的难堪也使其不愿去卖出已亏损的股票。另一些研究者认为，投资者的从众行为和追随常识，是为了避免由于作出了一个错误的投资决定而后悔。许多投资者认为，买一只大家都看好的股票比较容易，因为大家都看好它并且买了它，即使股价下跌也没什么。大家都错了，所以我错了也没什么！而如果自作主张买了一只市场形象不佳的股票，如果买入之后它就下跌，自己就很难合理地解释当时买它的理由。此外，基金经理人和股评家喜欢名气大的上市公司股票，主要原因也是因为如果这些股票下跌，他们因为操作不好而被解雇的可能性较小。

Hersh Shefrin 和 Meir Statman 在一个研究中发现，投资者在投资过程中除了避免后悔以外，还有一种追求自豪的动机在起作用。害怕后悔与追求自豪造成了投资者持有获利股票的时间太短，而持有亏损股票的时间太长。他们称这种现象为卖出效应。他们发现，当投资者持有两只股票，股票 A 获利 20%，而股票 B 亏损 20%，此时又有一个新的投资机会。而投资者由于没有别的钱，必须先卖掉一只股票时，多数投资者往往卖掉股票 A，而不是股票 B。因为卖出股票 B 会对从前的买入决策后悔，而卖出股票 A 会让投资者有一种作出正确投资的自豪感。

七、损失厌恶

损失厌恶是指人们面对同样数量的收益和损失时，认为损失更加令他们难以忍受。同样数量的损失带来的负效用为同样数量收益的正效用的 2.5 倍。损失厌恶反映了人们的风险偏好并不是一致的，当涉及的是收益时，人们表现为风险厌恶；当涉及的是损失时，人们则表现为风险寻求。

还有一种情况是短视损失厌恶。在证券投资中，长期收益可能会周期性地被短视损失所打断，短视的投资者把股票市场视同赌场，过分强调潜在的短期损失。投资者不愿意承受这种短期损失的现象被 Benartzi 和 Thaler(1995)称之为"短视的损失厌恶"。这些投资者可能没有意识到，通货膨胀的长期影响可能会远远超过短期内股票的涨跌。由于短视的损失厌恶，人们在其长期的资产配置中，可能过于保守。

八、羊群行为

羊群行为是指投资者在信息环境不确定的情况下，行为受到其他投资者的影响，模仿他人决策，或者过度依赖于舆论，而不考虑自己已知信息的行为，又称从众心理或羊群效应。

人们在处于模糊不定的状态时，由于个人的情报缺少可信度，外部的信息往往会对其判断产生较大的影响，人们往往放弃自己私人的信息，接受外部信息进行判断，以致产生"羊群效应"。由于外部信息可能比私人信息更有价值，接受外部信息并不完全是非理性的行为。如果个人有能力通过对外部信息的判断，推断出外部信息是更准确的信息，就可以通过羊群效应使自己的决策最优化。但是，外部信息可能不包含有价值的情报，也可能是虚假的信息，如果接受了无价值的甚至虚假的外部信息，不但不能使个人的决策得到优化，反而会使之处于不利的境地，甚至会带来损失。由于羊群效应属于投资者群体的一致行动，往往导致过度反应，同样也给聪明的投资者提供了一个获取超额利润的机会。

在股市投资时，及时发现和跟踪热门股往往能获得高于平均水平的回报。因为市场永远是对的，市场均价反映了一切信息，而这也许正是投资者不知或不完全了解的，因此，及时根据新信息作出正确的行动才能跑赢大市。市场的羊群行为往往会造成热门股的过度反应，对市场的稳定性效率有很大的影响，也和金融危机有密切的关系。

课堂讨论

Klahr 需要一个心理医生

从 20 世纪 50 年代开始，在佛罗里达州工作的数学教师 Melvin Klahr 就对斯特德曼基金公司的互助基金进行了投资，但投资收益率十分不理想。到 1974 年年底，他的基金头寸是 1000 美元，而到 1997 年 6 月，他的头寸价值却缩水成了 434 美元，不足 1974 年的一半。如果在 1974 年，他把 1000 美元投资在平均资本增值的基金上，那么他现在持有的头寸价值就可以增长到原来的 29 倍，达到 29000 美元。然而，在过去的 20 多年中，他为什么没有卖出斯特德曼互助基金而购买其他的基金或股票等投资品呢？Klahr 先生说："因为我很愚蠢……每次我想卖掉时，噢，我想可能会上涨一点。"事实上，该基金也确实有过上涨，1997 年 1 月，斯特德曼工业基金和联合基金分别上涨了 13.6% 和 14.7%，但上涨的时候他更加期待基金能够上涨更多一些，他渴望在关闭头寸前将其亏损扳平。因此，他始终没有卖掉互助基金的头寸。当 Klahr 意识到不愿意卖出持有的斯特德曼的头寸是不理智的时候，他说："可能我并不需要一个金融策划者，而是需要一个心理医生。"

资料来源：崔巍. 行为金融学[M]. 北京：中国发展出版社，2008.

试讨论：
(1) Klahr 为什么舍不得卖出其所持有的互助基金？这种症状产生的原因是什么？
(2) 这种心理特征如何影响人的投资决策？

第三节 投资者认知偏差行为策略

证券市场上的各种异象以及非理性繁荣或恐慌,既反映了市场的非有效性,也为投资者提供了战胜市场的投资策略。行为金融实践家巴菲特、索罗斯、泰勒等利用市场运行的特点和投资者普遍的心理特征,各自有着独特的投资理念和投资策略,因此拥有了战胜市场的秘密武器。

一、反向投资策略

反向投资策略就是根据过去一段时间的股票收益率情况排序,买入过去表现较差的股票而卖出过去表现较好的股票,据此构成的零投资组合在未来一段时间内将获得较高收益的投资策略。

De Bondt 和 Thaler(1985)认为市场会过度反应。也就是表现好的股票股价会被过度高估,而表现差的股票股价则会被过度低估,所以在一段时间以后,表现好的股票股价会向下修正,而表现差的股票股价会向上修正;因此反向投资策略可以获得超额报酬。

Chang,Meleavey 和 Rhee(1995)对 1975 年至 1991 年期间的日本证券市场资料进行分析,发现反向投资短期内存在获利机会。

Conrad 和 Kaul(1998)以八种不同的形成期,交叉探讨反向投资策略和动量投资策略在不同持有期间的获利性。发现反向投资可以在极短期(1 个月或者 1 个星期)和极长期(3 到 5 年或者更长)可以获利。Blume,Easley 和 O'Hara(1994)将交易量作为技术分析的依据,发现将交易量加入投资策略中有显著的收益。

反向投资策略是行为金融理论发展至今最为成熟的投资策略,主要源于人们对信息过度反应的结果,是基于投资者心理的锚定和过度自信特征。这种策略最初的提出是基于 Debondt 和 Thaler 对股市过度反应的实证研究。此后一系列的研究也对股市的过度反应以及长期的股价反转的看法提供了支持。对此,行为金融理论认为,这是由于投资者在实际投资决策中,往往过分注重上市公司近期表现的结果,通过简单外推的方法,根据公司的近期表现对未来进行决策,从而导致对公司近期业绩情况作出持续过度反应,形成对绩差公司股价的过分低估和对绩优公司股价的过分高估现象。这就为投资者利用反向投资策略提供了套利的机会。

反向投资策略实质上是通过使投资者对基于过度自信等引起的噪声交易者反应偏差的修正而获利。这种修正是证券市场运行的一个自然过程。投资者应当密切关注证券市场上各种股票的价格走势,并将其价格与基本价值进行比较,寻找价格远远偏离价值的股票,构建投资组合,等价格回归价值时获得收益。在实际的证券交易中,投资者可以选择低市盈率的股票、低市净率的股票、历史收益率低的股票、鲜有人问津的股票,这些股票由于长期不被投资者看好,价格的负泡沫现象比较严重,其未来的走势就可能是价值回归。特别是当股市走熊时,市场往往对具有较大潜力的中小盘成长股关注不够,投资者应该努力挖掘这类成长型股票并提前介入,等待市场走好价值回归时就可以出售获利。

二、小盘股投资策略

(一)策略概述

小盘股投资策略选择流通股本数量较小的价值型股票进行投资。小盘股的数量界定,不同的市场有不同的判断标准。如美国证券市场上的所谓小盘股,可能比新兴的中国证券市场上大盘股的盘子还要大。另外,不同的时期,对小盘股的数量定义可能也有变化。因此,在选用小盘股时要结合投资时的实际情况进行投资。

Banz(1981)根据上市公司规模大小,将纽约股票交易所(NYSE)的全部股票分为5组,发现规模最小一组股票的平均收益率,比规模最大一组股票的平均收益率高1918%。这种股票收益率与上市公司规模大小负相关的现象,被称为规模效应。Siegel(1998)研究发现,平均而言,小盘股比大盘股的年收益率高出417%,而且,这种小公司效应大部分集中在元月,这种现象被称为小公司元月效应。

小盘股投资策略就是利用这种小公司效应,对小盘股进行投资的一种策略。在使用该策略时,投资者找到具有投资价值的小盘股,当预期小盘股的实际价值与将来股票价格的变动有较大的差距时,可以考虑选择该种股票;先前被低估的小盘价值股一旦有利好消息传出时,市场上可能导致投资者对新信息反应过度,从而使股票价格大幅上涨。另外,由于小盘股流通盘较小,市场上投资者所犯系统性错误对其股价波动的影响更大,从而为掌握该种投资策略的投资者带来超额投资收益。

小盘股的特性主要是流通市值较小,炒作资金较之大盘股要少得多,较易吸引主力介入,因而股价的涨跌幅度较大,所以经常成为熊市独立行情的代表品种。应对此类股票的招式主要有:耐心等待股价走出缩量的上升通道,且上市公司行业景气度转好时买进,卖出时机可根据市场及上市公司的环境因素和业绩情况,注意在历史的高价区域附近获利了结。一般来讲,小盘股在1~2年内,大多存在数次涨跌循环机会,只要能够有效把握节奏且方法得当,套利小盘股获利大都较为可观,是国际资本市场上流行的投资策略。

(二)小盘股投资策略的原理

实证和事实证明,在某种条件下,投资者在处理信息的过程中会犯系统性的精神和心理错误。这些精神和心理错误是投资者犯代表性偏差和框定依赖偏差等认知偏差的根源。由于代表性偏差或框定依赖偏差的存在,投资者对当前的负面信息会存在过度反应。利用投资者的过度反应,投资者要找到那些在长期内业绩被低估的小公司股票,这些公司股票价值将被恢复的信息由于投资者的行为偏差而被忽视。但随着时间的延长,这种公司的投资价值会逐渐显现,当大家都认识到这种公司的价值时,行为投资经理则可以抽身离开。以这种策略可以获得较好的投资收益。

首先,选中易受一系列的令人失望的消息影响的公司,这些消息能导致一个股价长期下降的模式。对于这些公司,要求投资者对被选中的公司管理失去信心,并将业绩不好的表现类推到未来,预期公司将带来更多的坏消息,从而忽略了公司得到改善的信号。

其次,决定一个公司是否有价值改善的信号发生,这些信号如内部股票购买或公司股份回购等。

再次,分析公司价值改进信号的力量和质量,管理层乐观预期的合理理由,导致结果改善的潜在催化剂是什么。

最后,当股票有下列情形时卖出:
(1) 当前股票价格已经反映公司价值的改进基础。
(2) 相对于同类或历史范围卖出已经有溢价收入。
(3) 来自管理层导向表明不再有好的市场预期。
(4) 有来自管理层的负面信息。
(5) 公司发行股票。
(6) 内部抛售股票。
(7) 潜在的催发剂因素对公司无影响。
(8) 管理层对公司预期前景是错误的。
(9) 经营基础没有得到改善。

【资料链接】10-2　　富勒—泰勒资产管理公司的投资策略

行为金融学大师富勒(Fuller)和泰勒(Thaler)于1993年在加州圣马提欧共同创办的一家资产管理公司,称为富勒—泰勒资产管理公司(Fuller & Thaler Asset Management)。该公司管理着28亿美元资产,其投资方法是利用投资者对信息的错误加工导致的市场非有效性来获取投资回报,采用自下而上的投资策略。他们认为投资人所犯的许多错误似乎源于启发式认知过程,人们往往以狭隘的观念来判断投资,投资人的认知偏差使股票价格不能正确反映公司的价值,导致市场定价的偏差。他们的公司就是针对市场的非有效性进行投资策划而获利的。

该资产管理公司的大部分投资集中在小盘股上,包括微型小盘股、小盘股和中小盘股,只有一小部分投资在大盘股。可见小盘股投资策略是该基金的核心投资策略。该公司实施小盘股策略时,选择公司的思路是:由于受到一些负面信息的影响,导致股价长期处于低迷状态,且投资者对公司的管理失去信心,将公司业绩不好的表现推断到未来,预期公司将有更多的坏消息,但由于投资者对公司经营情况作出过于悲观的估计,忽略了公司得到改善的积极信号。富勒—泰勒资产管理公司通过研究以下几个方面来决定是否买入该种股票:公司价值改进信息的可靠性和质量、管理层乐观预期的合理理由、导致结果改善的潜在的外在因素,如宏观经济形势等。

该基金旗下拥有 UBRLX(Undiscovered Mgrs Behavioral Growth Inst)和 UBVLX(Undiscovered Mgrs Behavioral Value Inst)两个行为金融基金。

UBRLX基金成立于1997年12月29日,是美国第一只运用行为金融理念进行投资的基金。该基金65%以上的资产投资于国内成长性较好的中小盘股,属于中小盘成长型基金。基金管理者主要利用市场对持续的正面消息的反应不足,投资于那些由于市场参与者对公司现状的错误锚定而价值被低估的公司。其投资组合中共有30~50只股票,主要投资的行业包括电子仪器、医疗、计算机软件、消费服务、消费品等。该基金所构建的股票组合与市场指数之间的相关性较低。

UBVLX 基金成立于 1998 年 12 月 28 日,主要投资于小盘价值股,即资本市场上市值 5000 万美元至 20 亿美元的股票,属于小资产混合型基金。基金管理者认为,由于投资者的认知偏差使市场对公司过去的负面信息反应过度,而对公司新的正面信息反应不足,从而导致部分股票的市场价值被低估。为了充分利用这些认知偏差,管理者努力寻找那些 P/E 值低于行业平均水平或价值被低估的公司。其投资组合中共持有 40~50 只股票,主要投资的行业包括金融、医疗、计算机软件、工业原料、消费服务、商务服务等。与 UBRLX 基金相似,该基金的股票组合与市场指数的相关性也比较低。

资料来源:饶育蕾. 行为金融学[M]. 上海:复旦大学出版社,2010.

三、动量交易策略

(一)动量交易策略概述

动量交易策略,即预先对股票收益和交易量设定过滤准则,当股票收益或股票收益和交易量同时满足过滤准则就买入或卖出股票的投资策略。动量投资策略的主要论据是反应不足和保守心理。

Jegadeesh 与 Titman(1993)在对资产股票组合的中期收益进行研究时发现,与 De Bond 和 Thaler(1985)的价格长期回归趋势相比较,Jegadeesh(1990)与 Lehmann(1990)的以周为间隔的短期价格回归趋势的实证结果不同,以 3~12 个月为间隔所构造的股票组合的中期收益呈现出延续性,即中期价格具有向某一方向连续变动的动量效应。

Rouvenhorst(1998)在其他 12 个国家发现了类似的中期价格动量效应,表明这种效应并非来自数据采样偏差。事实上,动量交易策略,也称相对强度交易策略,在实践中早在这些研究之前就已有了广泛的应用,如美国的价值线排名的利用等。

(二)动量交易策略的原理

研究认为动量交易策略能够获利,存在着许多解释。一种解释是"收益动量",即当股票收益的增长超过预期,或者当投资者一致预测股票未来收益的增长时,股票的收益会趋于升高。因此,动量交易策略所获得的利润是由于股票基本价值的变动带来的。另一种解释是,基于价格动量和收益动量的策略因为利用了市场对不同信息的反应不足而获利。收益动量策略是利用了对公司短期前景的反应不足——最终体现在短期收益中;价格动量策略利用了对公司价值有关信息反应迟缓和在短期收益中未被近期收益和历史收益增长充分反映的公司长期前景。

动量策略的理论假设是市场并不总是有效的,通过模型开发、大势研判和个股选择可以获得超常收益,而且对于优秀的投资者来说,这种超常收益在一定程度上是持续的。从技术层面上看,一方面随着这种零成本的套利策略的普及,动量/反向现象将消失;另一方面动量/反向策略必然结果是频繁的交易,大量的交易成本抵消动量/反向策略的盈利。

四、集中投资策略

(一)集中投资策略概述

集中投资策略指选择少数几种可以在长期拉锯战中产生高于平均收益的股票,将大部分资本集中在这些股票上,不管股市短期跌升,坚持持股,稳中求胜。简言之,集中持股,长期持有。投资集中于价值被低估的投资策略,有助于减少投资者的认知偏差,同时能够运用价值投资的理念而获利。股神巴菲特是典型的集中投资策略的代表。

(二)集中投资策略的原理

利用其他投资者的认识偏差或锚定效应等心理特点来实施成本集中策略。一般的投资者受传统均值方差投资理念的影响,注重投资选择的多样化和时间的间隔化来分散风险,从而不会在机会到来时集中资金进行投资,导致收益随着风险的分散也同时分散。投资者可在捕捉到市场价格被错误定价的股票后,率先集中资金进行集中投资,赢取更大的收益。对被错误定价股票的选择主要是通过尽力获取相对于市场来说要超前的优势信息,尤其是未公开的信息,通过对行业、产业以及政策、法规、相关事件等多种因素的分析、权衡与判断,综合各种信息形成自己的独特信息优势,同时利用较其他投资者更加有效的模型来处理信息,这些模型也并非是越复杂就越好,关键是实用和有效。

集中投资策略的关键在于:① 对公司的深入分析,而这一分析需要大量的精力和时间。② 需要克服导致投资决策偏差的心理作用,保持清醒的头脑,利用部分投资者的心理、行为偏差获利。③ 为避免可获得性偏误,一旦经过分析作出投资决策,不要仓促改变决定。要时刻谨防一些生动的、新异的新闻、消息和故事,影响自己的投资决策,更不要成为情绪的俘虏。

【资料链接】10-3　　　　伯克希尔·哈撒韦公司的投资策略

伯克希尔·哈撒韦公司(Berkshire Hathaway Inc.)是投资大师巴菲特属下的公司,它是一个拥有许多下属公司、经营多种商业活动的控股公司。自巴菲特接手公司以来,该公司净资产从1964年的2288.7万美元,增长到2009年年底的487.99亿美元。到现在已发展成为集银行、基金、保险、新闻传媒为一体的大型控股集团。此外公司还通过证券投资参股可口可乐、美国运通、吉列、迪斯尼、时代华纳、所罗门等公司,跻身《财富》全球500强的知名企业行列,在《财富》2012年500强中,伯克希尔·哈撒韦公司排名24。

2012年,伯克希尔·哈撒韦公司的净值增加了241亿美元,每股账面价值增长14.4%。过去48年即目前管理层接管公司以来,公司股票的每股账面价值已经从19美元增长至114214美元,年度复合增长率达到19.7%。只有9年公司每股净资产增长比标准普尔500指数的投资回报低。

观察该公司所持有的股票,几乎每一种股票都是家喻户晓的全球著名企业,其中可口可乐为全球最大的饮料公司,比亚迪有限公司是全球电池最大生产商之一,强生公司则是最大的化工产品生产商……这些公司生产的产品不会随着人类消费习惯的改变而失去竞争力,伯克希尔·哈撒韦公司在买入这些股票之前,都会与公司经理层进行密切接触,从而更进一步对公司进行了解;更重要的是,巴菲特只有在股票几乎被低估时才会大举买入公司股票,并谋取相应董事会职位。比如 2009 年购买的比亚迪有限公司的股票,首先由于能源的紧张,看好该公司的新能源开发的前景,同时与公司创始人王传福进行长期有效地沟通,了解经理人的经营理念,最后,在 2008 年金融危机重创资本市场而导致比亚迪股份被低估时,大举买入该公司股票,占有其 9.9% 的股份,并在其董事会中占有一个席位。

巴菲特是有史以来最伟大的投资家之一。观其投资策略,平实而又简单:坚持价值分析、集中投资、长期持有。他一再强调:"投资人绝对应该好好守住几种看好的股票,而不应朝秦暮楚,在一群质地欠佳的股票里抢进抢出。"1987 年,伯克希尔的持股总值首次超过 20 亿美元。令人吃惊的是,巴菲特把 20 多亿美元的投资全部集中在三只股票上,即价值 10 亿美元的美国广播公司、7.5 亿美元的 GEICO、3.23 亿美元的华盛顿邮报公司三家公司的股票。事实上,巴菲特的集中投资策略取得了巨大的成功。投资华盛顿邮报公司的时候,巴菲特做了详细地了解和分析,当自己真正熟悉了该行业和该公司后才决然进行投资。1973 年,巴菲特向华盛顿邮报公司投资 1000 万美元,到 1977 年他的投资又增加到 3 倍,到 1993 年,巴菲特在该公司的投资已达 4.4 亿美元。而华盛顿邮报公司给巴菲特的回报更高,在他持股的 30 年内,股票价值增长 128 倍,当然从中获利颇丰。

"不熟不做,不懂不买"是巴菲特重要的投资原则。巴菲特把自己投资的目标限定在自己能够理解并熟悉的范围内,购买那些业务简单、有长期经营历史而且自己熟悉的企业,依靠企业的优异成长来获利。对于业务不熟悉的企业,他的投资十分谨慎,在科技网络股热潮时,巴菲特坚持自己的投资原则,承认自己无法了解这一产业,缺乏涉足这个领域的能力,认为谁也没把握判定哪几家公司最后会脱颖而出,在这种情况下,与其涉入高风险的投资,不如稳扎稳打地投资自己所熟悉的领域。网络科技泡沫破灭后,很多投资者损失惨重,巴菲特管理的公司却仍然保持稳健的收益。

巴菲特强调投资而一贯反对投机,对证券分析师更是不屑一顾。巴菲特在 2003 年的年报中的一段话直接反映了该公司的投资理念与战略:"当我购买股票的时候,我把自己当作企业分析家,而不是市场分析家、证券分析家或者宏观经济学家……"他完全不会接受投资风险,只有确认风险很小的前提下才会出手。他在给股东的年度报告中明确说:"我不会拿你们所拥有和所需要的资金,冒险去追求你们所没有和不需要的金钱。"

资料来源:根据网络相关资料整理而成。

五、成本平均策略与时间分散化策略

(一)成本平均策略

成本平均策略是针对投资者的损失厌恶心理,建议投资者在投资股票时,按照预定计划根据不同的价格分批进行,以备不测时摊薄成本,从而规避一次性投入可能带来较大风险的策略。

成本平均策略假定投资者的财富只有一种形式,并且想把资产转化为另一种形式。成本平均策略的投资者通常会把现金分成不同的部分,然后每次以同样数量的现金按照事先确定的方案投资,这样可以避免一次性投资带来的风险。成本平均策略使得投资者在股票价格较高时投资的股数少,而股票价格低时投资的股数多,即可以减少投资成本。成本平均策略的投资者其实是次优的而非最优的投资策略。1994年,Warther的实证研究发现,基金公司的现金流入和流出存在着强烈的联系,采用成本平均策略的投资者在经过股价下跌一段时间以后更有可能买进股票。

(二)时间分散化策略

时间分散化策略是针对投资者的后悔厌恶心理,以及人们对股票投资的风险承受能力可能会随着年龄的增长而降低的特点,建议投资者在年轻时将资产组合中的较大比例投入股市中,而随着年龄的增长则不断地减少股票在资产组合中比例。

时间分散化策略得到了经验研究的支持,如 Siegel(1994)在《长期股票》一书中,通过实证分析 1902~1992 年的滚动 20 年期的股票、债券、国库券的收益表现,发现股票在 91.28% 的时间里优于债券,而在 94.19% 的时间里优于国库券。

六、量化投资策略

量化投资是指以先进的数学模型替代人为的主观判断,利用计算机技术从庞大的历史数据中海选能带来超额收益的多种"大概率"事件以制定策略,极大地减少了投资者情绪波动的影响,避免在市场极度狂热或悲观的情况下作出非理性的投资决策。

量化投资和传统的定性投资本质上来说是相同的,两者都是基于市场非有效或弱有效的理论基础。两者的区别在于定量投资管理是"定性思想的量化应用",更加强调数据。量化交易具有以下几个方面的特点:

(1)纪律性。根据模型的运行结果进行决策,而不是凭感觉。纪律性既可以克制人性中贪婪、恐惧和侥幸心理等弱点,也可以克服认知偏差,且可跟踪。

(2)系统性。具体表现为"三多":一是多层次,包括在大类资产配置、行业选择、精选具体资产三个层次上都有模型;二是多角度,定量投资的核心思想包括宏观周期、市场结构、估值、成长、盈利质量、分析师盈利预测、市场情绪等多个角度;三是多数据,即对海量数据的处理。

(3)套利思想。定量投资通过全面、系统性的扫描捕捉错误定价、错误估值带来的机会,从而发现估值洼地,并通过买入低估资产、卖出高估资产而获利。

(4)概率取胜。一是定量投资不断从历史数据中挖掘有望重复的规律并加以利用;二是依靠组合资产取胜,而不是单个资产取胜。

量化投资技术包括多种具体方法,在投资品种选择、投资时机选择、股指期货套利、商品期货套利、统计套利和算法交易等领域得到广泛应用。

本 章 小 结

◆ **内容摘要**

1. 传统标准金融理论是建立在有效市场假说基础上的,投资者的理性是有效市场假说成立的必要条件,离开了投资者的理性,有效市场假说将失去存在的基础。

2. 行为金融理论试图去解释投资者在决策过程中,情绪和认知错误是如何对其投资行为产生作用的,是试图解释证券市场中出现的与传统证券投资理论相违背的经济现象的理论体系。

3. 投资者在市场中的认知与行为偏差有哪些?

4. 基于投资者认知与行为偏差下的投资策略有哪些?它们分别是基于什么样的行为或认知偏差下作出的决策?

◆ **关键词**

有效市场假说　过度自信　过度反应　前景理论　后悔理论　羊群行为　锚定效应心理账户　证实偏差　代表偏差　小盘股投资策略　动量交易策略　反应投资策略　集中交易策略　成本均摊策略　与时间分散化策略

◆ **思考题**

1. 有效市场假说成立的前提条件及其现实约束是什么?
2. 什么是行为金融?行为金融理论与传统标准金融理论的区别是什么?
3. 行为金融理论的理论基础有哪些?
4. 投资者在市场中的行为偏差有哪些?
5. 行为金融理论指导下的投资策略有哪些?

分析案例

疯狂的普洱茶

一百多年前,云南运输以马帮为主的时代,茶商把一些劣质的或隔年报废的茶叶及茶碎末渥堆发酵后压成饼,低价卖给贫困的马锅头使用。因为便宜而且紧密好带,很适合随身携带饮用。通过马锅头的传播,又把普洱茶带到部分藏民地区,因为便宜,当地人用它来配酥油茶。后来人们渐渐发现它一些不错的特点,如颜色、味道等,普洱茶的市场逐渐扩大,但是从来都没有形成过可以登堂入室的程度。到了近代,随着马帮的消失,多数云南人已经不喝普洱茶了,甚至普洱人也不懂普洱茶,它主要的市场是销往部分藏区、广东、中国香港及遍布粤籍华侨的东南亚,在国产茶市场毫无地位。

2005年3月,普洱市茶叶节策划了被誉为有关普洱茶的最大的行为艺术的"马帮茶道·瑞贡京城"活动。云南的一些茶商披蓑戴笠、牵马驼垛,扮演成马锅头的样子,沿着旧时的马帮进京的路线一路北上,声势浩大地率领120匹骡马驮着6吨优质普洱茶,于10月18日抵达北京。媒体对此争相报道,在全国引起极大轰动。在这种炒作行为的带动下,普洱茶价格一步步走高,并一发而不可收。

2006年9月,在昆明首届中国普洱茶国际博览交易会上,澜沧古茶有限公司的双绿牌宫廷散茶100克茶叶以22万元被成功拍卖。

2007年3月,普洱茶价格开始增大飙升的力度,与2006年相比,猛涨3～5倍。老牌"大益7542"从2006年的4000多元一件涨至8000多元,很快升至12000元、18000元、22000元,甚至上演了一天之内三次提价的加速度。收藏普洱茶的人越来越多,甚至有卖掉宝马车收购普洱茶的现象,一块七子茶饼拍出160万元的天价。中国茶叶流通协会顾问、华南农业大学教授丁俊之说:"在芳村茶叶市场卖茶叶的,3年前几乎全部骑自行车,现在一辆辆宝马车停在档口。""普洱茶成了神话,普洱茶成了钞票印刷机!"云南省茶业协会会长邹家驹在博客里面的这句话,道出当时茶叶市场排山倒海的"普洱热"。

2005年到2007年期间,一个游客如果去云南,毫无例外地会从各色人等、各种信息渠道听到千篇一律的令人耳热心动的财富说教:陈年普洱茶"比黄金还贵",是"能喝的古董";一块存放了50年的普洱茶饼,身价已经和一辆本田轿车差不多;在中国香港的一些茶行里,不经意拿出的一片茶砖就能换来一辆奔驰牌轿车。

这期间,许多茶厂玩起了对倒游戏。以每公斤100元的价格,将普洱茶卖给经销商,经销商却并不主动推销这些产品,而是等待茶厂"回收",回收的价格可能是200元、300元甚至500元。这样,在普通散户看来,普洱茶的价格似乎节节攀升,其实交易只在庄家内部对倒而已,一些按捺不住的散户就会高价抢入。在普洱茶价格疯狂蹿升的日子里,一些大茶行的员工们需要做的事就是一天去昆明茶市看一次价格,彼此谁也不敢出手卖货,剩下的时间就是整天沉浸在发大财的美梦中不能自拔……在当时全国数千万的"普迷"心目中,普洱茶已经具备了和法国勃艮第葡萄酒之类的高档奢侈品一样的全球性名贵地位和身份特征,甚至有人产生了拜物教徒的幻觉。

面对疯涨的普洱茶,茶商们的"抢新"行动异常疯狂。4月份是收春茶的季节,全国各地的茶商蜂拥到云南抢货,而云南本地各大茶厂也派人到茶山争抢原料"茶菁"。一大早,五六个采茶人同时爬上一棵茶树采摘,收茶人在树下或坐或站,焦急地等待春芽被摘下来。普洱茶市场疯狂的程度可以从买茶的方式略见一斑,那就是,茶叶还没有发芽的时候就已经付钱了!很多茶商冬天就跑到茶农家里收购茶叶,而这时的茶叶甚至还看不到一点新芽的踪影,收茶的人用麻袋装着现金,睡在茶农家里,等待着树上的春芽。

2007年下半年,大崩盘开始了,普洱茶价格持续下滑,2008年普洱茶毛茶价格仅为去年上半年的1/6,普洱茶毛茶价格从2007年4月的每吨6万多元跌到2008年的每吨1万多元。有业内人士估算,此轮价格的"雪崩"至少使国内的普洱茶市场凭空蒸发了150亿元左右。"今年的普洱茶太恐怖。"一位茶商说,"跳水快得让人来不及反应,就3天时间,前天还是22000元一件,第二天上午就跌到15000元,第二天下午就12000元,第三天刚睡醒就是9500元了。"

时至2009年,在昆明、西双版纳、普洱、宁洱等地,往日的过度喧嚣都已经终止。尽管外地游客每天还要被导游强制性地引导到大大小小的茶行购物,宣讲普洱茶的种种诱人之处,但那些人为附着在一种普通植物饮料身上的不着边际的大话、神话已经无人认同,它的基本消费品功能重回正位,投资品功能逐渐被世人淡忘。

资料来源:根据网络资料整理而成。

试根据以上案例分析：

1. 哪些力量共同推动了普洱茶泡沫的形成？
2. 在普洱茶泡沫中，人们存在怎样的非理性行为？

 应用训练

训练：搜集实际投资中不能用传统投资理论解释的投资行为，尝试用本章所学相关理论进行解释。

第十一章 证券市场监管

- 掌握证券市场监管的重要性。
- 掌握证券市场监管原则及体制。
- 了解我国证券市场监管内容。
- 熟悉常见证券市场违规违法行为。

安 然 事 件

安然公司曾是一家位于美国的得克萨斯州休斯敦市的能源类公司。在2001年宣告破产之前,安然拥有约21000名雇员,是世界上最大的电力、天然气以及电讯公司之一,2000年披露的营业额达1010亿美元之巨。公司连续6年被《财富》杂志评选为"美国最具创新精神公司",然而真正使安然公司在全世界声名大噪的,却是使这个拥有上千亿美元资产的公司2002年在几周内破产的,持续多年精心策划、乃至制度化系统化的财务造假丑闻。

安然公司通过一种经常性、重复性的操纵手段——Ponzi计划,进行欺诈性的行为或者经营活动。该计划中主要有两种操纵手段,一是安然通过建立大量非法的并且完全由其控制的合伙企业或者特殊实体(SPE),包括JEDI、Chewco和LJM2等,进行虚假或者违法的关联交易;二是与部分金融机构被告进行名为先付款衍生品买卖合同实为贷款的虚假交易。在季末或者年末等关键时期,安然公司在部分被告的参与下通过以上两种手段,制造大量的虚假利润,并利用虚假财务报表掩饰本该公布的巨额债务,同时借助部分金融机构被告的分析员故意作出的有关安然公司财务状况的假报告,维持并抬高其证券价格。

与此同时,为了保证该计划的继续实施,安然公司不断地通过公开发行本公司以及其关联企业的证券进行融资。在该过程中,部分原告作为承销商在登记说明书中作出了虚假陈述。

资料来源:根据百度文库相关资料整理。

第一节　证券市场监管概述

证券市场监管是指证券管理机关运用法律的、经济的以及必要的行政手段,对证券的募集、发行、交易等行为以及证券投资中介机构的行为进行监督与管理。市场存在大量导致资源配置低效率的市场失灵问题,使得市场的功能得不到有效发挥。与其他市场相比,证券市场在市场失灵等诸多方面表现得更加敏感,影响范围和程度相对更大。为了控制和降低证券市场风险、促进证券市场健康发展,各国都致力于构建有效的市场监管体系和法律法规。证券市场监管是对市场机制校正,是国家凭借政治权力对经济个体自有决策所实施的强制性限制,监管与市场相伴而生,是实现经济发展的必然要求。

一、证券市场监管的理论依据

一般来说,证券市场监管最根本的目的在于创造一个良好的市场环境,保护筹资者、投资者和其他金融机构在内的各主体的利益,惩治各种损害市场参与者利益的行为,减少系统风险,促进证券市场健康发展。但在现实经济中,市场机制不可能达到经济资源最佳配置的理想状态,人为操纵价格、内幕交易、地下信用交易、欺诈客户、虚假陈述等行为屡屡不断。从理论上来说,证券市场监管的产生有以下原因:

(一)不完全竞争

众所周知,金融市场功能的发挥有赖于一个完善而有效的市场环境,但现实经济中,市场机制这只"看不见的手"会遭遇各种阻力。完全竞争只是一种理论和理想的状态。市场竞争的积累和集中,促使垄断形成并妨碍市场效率的提高,不能实现资源的合理有效配置。证券市场在这方面显得更为明显,由于证券市场不同于其他商品市场,表现出竞争更容易产生高度的集中性,形成垄断势力。这不仅在效率和消费者福利方面会有损失,而且也将产生其他经济和政治上的不利影响,进而危及整个金融体系乃至经济体系的稳定。

(二)外部效应

外部效应是指在实际经济活动中,生产者或者消费者的活动对其他生产者或消费者带来的非市场性影响。由于证券行业的高风险性,其外部效应会更加直接、迅速。首先,证券经济机构的破产倒闭将可能影响整个交易环节的正常运行,其连锁反应可能引起整个证券市场及金融市场的危机,并将通过货币信贷紧缩破坏经济增长的基础;其次,证券市场是虚拟经济,极易出现虚假繁荣,出现"泡沫"。而"泡沫"一旦崩溃,证券市场价格就会出现暴跌,甚至诱发整个金融体系的危机。

理论上,科斯定理从交易成本的角度说明,外部性无法通过市场机制的自有交换得以消除。因此,需要监管这只"看得见的手"介入进来,限制证券体系外部性的负影响。纠正外部效应是政府的主要经济职责之一。

(三)信息不对称

信息不对称是指在社会政治、经济等活动中,一些成员拥有其他成员无法拥有的信息,由此造成信息的不对称。信息不对称能产生交易关系和契约安排的不公平或者市场效率降低等问题。其主要表现形式为逆选择和道德风险。证券市场中的信息不对称以及不对称现象尤为突出。由于搜集和处理信息的高昂成本使得市场主体失去积极性,从而导致证券市场信息供给不足。信息在证券市场中具有极高的价值。根据效率市场理论,证券市场分为弱势有效市场、半强势有效市场和强势有效市场,前两者符合证券市场的现实情况,即在现实中各种证券的价格不能充分反映所有可能获得的信息,信息灵通的投资者和信息不灵通的投资者,他们的收益将存在明显不同。市场中的大股东、券商、大型中介机构在对信息的掌握上具有优势,因此,为了保护中小投资者以及维护证券市场健康运行,政府及监管机构必须承担起克服证券市场信息不对称和信息不完全的重任,制定并执行强制性的信息披露制度,为证券市场的参与者创造一个可获取真实、及时、充分的各类信息的市场氛围。

(四)经济监管理论

经济监管理论认为,在某些情况下,监管可以使生产者和消费者双方得益。重要的贡献是解释了监管会向生产者倾斜的问题,并得出了三点结论:

(1)即使监管有利于生产者,但由于受消费者集团的影响,政策也不会设定在使产业利润达到最大化的水平,而是被置于达到利润最大化的水平之下。

(2)监管最有可能发生在相对垄断的产业部门,因为正是在这些产业部门中,监管才会产生最大的影响。

(3)市场失灵的存在使得监管更有可能,因为市场失灵领域的监管会增加社会福利,一些利益集团获得的收益相对而言比其他利益集团蒙受的损失要大。

二、证券市场监管的重要性

证券市场与传统的其他市场比起来,在市场失灵等诸多方面的问题更加敏感,影响范围更大,证券市场因其高收益和高风险的特征,自诞生之日就备受广大投资者青睐。因此,世界上实行市场经济的许多国家和地区越来越多地采用凯恩斯主义的干涉模式来管理证券市场。证券市场监管的意义主要体现在以下几方面。

(一)保护证券投资者权益

投资者是证券市场的支撑者,证券投资具有高收益性,同时也具有高风险性,尤其是企业债券和股票的投资风险更大。这些风险很容易给投资者带来经济上的损失,尤其是那些中小投资者。中小投资者普遍资金较少,信息不灵通,缺乏专业知识,对筹资者经营状况和证券市场行情不够了解,充当价格接受者的角色,实际上是处于弱势和被动的地位,所以承受风险较大。

风险产生的因素有客观性的也有非客观性的。其中人为性因素最为普遍,如在证券发行和交易过程中存在着欺诈舞弊行为;有些公司伪造各种文件欺骗公众,粉饰报表数据;以有名无实的公司招牌向公众发行债券,骗取公众的资金;有的证券从业人员与相关部门相勾结,搞内幕交易,操纵市场,从而达到操纵价格、从中获利的目的,而真正的受害者是广大的投资者。只有加强证券市场的监管,才便于投资者充分了解金融产品发行人的资信、价值和风险状况,才能防止和减少一些不正常的人为因素所造成的损失,制止欺诈舞弊行为的发生。

(二)促进证券市场健康发展,保证经济稳定运行

证券市场是证券发行买卖的场所,其实质是资金的供给方和资金的需求方通过竞争决定证券价格的场所,是为解决资本供求矛盾和流动而产生的市场。证券市场功能主要有筹资投资功能、定价功能、优化资源配置、分散风险以及国民经济晴雨表的功能。但证券市场的有效运行需要一个健全、安定、有序的环境。

(1)加强证券市场的监管,可以保护正当交易,维护证券市场正常秩序。在证券市场中,由于供求规律的作用,市场价格经常会发生波动,可能存在少数投资者采取不正当的手段哄抬价格、买空卖空、牟取暴利,有些券商或机构相互勾结、信息披露不完全与不及时、操纵股价等弊端。为此,必须对证券市场活动进行监督,对非法证券市场交易活动进行严厉查处,以保护正当交易,维护证券市场的正常秩序,促进证券市场健康发展。

(2)加强证券市场的监管,可以促进证券市场功能发挥。证券市场的根本作用在于实现资源的合理、有效配置,其发挥融资媒介的功能,是向实体经济输送资金的主要场所。由于证券市场存在不正当交易,阻碍其基本功能的发挥。通过对证券市场体系的监管、完善和健全,促进其功能的发挥,有利于稳定证券市场,增强社会投资信息,促进资本合理流动,从而增加社会福利。

(3)加强证券市场的监管,一定程度上可控制金融风险。证券市场的高风险性既有其本身无法消除的系统风险,又有非系统风险。其中证券投机行为所带来的风险最为恶劣,如果不进行有效的监管,将会对经济的发展产生不利的影响。

(4)加强证券市场的监管,保持良好的社会秩序,促进和谐社会的发展。众所周知,证券市场每时每刻都在变动,每一次波动都会影响千万投资者的利益,甚至影响整个经济的稳定。如果市场上的欺诈舞弊行为盛行,投机活动成风,少数人利用预先获得的信息进行内幕交易或操纵市场,最终使得广大的中小投资者的利益受到损害,后果是非常严重的。有些投资者,倾家荡产,最后走向犯罪或自尽的道路;有些企业因投资失利,最终负债累累,甚至破产倒闭,导致工人失业,生活失去保障。若由于缺乏监管,使证券市场的健康正面的形象被扭曲为上市企业圈钱的场所,造成人们对该市场失去信心,则证券市场所有的功能可能都无法实现。证券市场是否健康稳定,关系到经济、信用以及整个社会的和谐和安定,因此,各国政府都十分重视对证券市场的监督和管理,设立了专门的监督管理机构,还制定了许多监督管理的法规。

三、证券市场监管原则

为保障证券市场的高效、稳定、有序、顺利地运行,围绕证券监管的各项目标,证券市场的有效监管必须确立下列原则。"三公"原则,即指公平、公正、公开,这是证券监管最基本的原则。

(一)依法管理原则

依法管理是指监管机构应明确、客观阐明监管机构的职责,行使职权时应该独立、负责;监管机构应采取明确、一致的监管步骤;监管人员应遵守包括适当保密准则在内的最高职业准则。依法管理有两层含义:一是要求证券法律、法规、制度的完善与具体;二是要求执法的严格和有力。一个无法可依、执法不严或以人治代替法治的证券市场必然会出现动荡甚至危机。

(二)保护投资者利益原则

从资金来源看,证券市场发展的关键在于投资者对市场的信心。要确保投资者信心,必须切实保护投资者的利益。由于普通投资者一般处于信息和资金劣势,为消除市场竞争中的不对称性,要求监管者尽力消除证券市场上的欺诈、操纵、信息偏在等问题,保证投资者利益免受侵害。

(三)"三公"原则

1. 公平

要求证券市场上的参与者拥有均等的市场机会、均等的交易机会和均等的竞争机会,不存在任何歧视或特殊待遇。市场经济条件下的市场公平,在本质上反映了商品交换的等价有偿性。证券市场上,公平就是统一的市场规则,均等的市场机会,平等的主体地位与待遇,以价值规律为基础的证券交易形式。公平原则的首要原则是信息的完全性和对称性,即所有投资者拥有同质的及时信息。公平原则的内容也涉及地位公平、税负公平、权利公平、利益公平;公平的对象主要是社会公众,也包括其他市场参与主体。机会均等和平等竞争是证券市场正常运行的前提。

2. 公正

要求证券监管者公正无私地进行市场管理和对待市场参与者。公正原则的内容包括立法公正、执法公正、仲裁公正。公正原则是有效监管的生命,是监管者以法律框架实现市场所有参与者之间的平衡与有序的关键,并构成对管理者、立法者、司法者权利的赋予与制约。

3. 公开

要求证券市场上的各种信息向市场参与者公开披露,任何市场参与者不得利用内幕信息从事市场活动。这里的信息包含各种财务信息、交易信息、行为信息、政策信息乃至监管信息等与市场参与者利益相关的所有信息。公开原则是实现市场公平和公正的必要条件,也是证券法律的精髓所在,而且公开性与信息的透明度是证券市场监管与证券市场效率之间的微观结合点。信息的公开程度直接关系到市场效率的高低。

可以说,"三公"原则是市场经济的三大原则,是证券监管活动必须奉行的基本原则,也是各国证券市场管理的核心和灵魂所在。

(四)监管与自律相结合原则

政府证券监管机构必须注重政府监管与自律管理的有机结合,由此建立完整的证券市场监督管理体系。即使在自律管理具有悠久传统且发挥重大作用的英国等西方国家,政府监管也正成为整个证券监管框架中不可或缺的主旋律。对于新兴证券市场,更应强调政府的集中、统一的监管地位,在此基础上构建自律组织的权责和职能。

四、证券市场监管手段

(一)法律手段

即国家通过立法和执法,以法律规范形式将证券市场运行中的各种行为纳入法制轨道,按法律要求规范证券发行与交易过程中的各参与主体间的行为。运用法律手段管理证券市场,主要是通过立法和执法抑制和消除欺诈、垄断、操纵、内幕交易和恶性投机现象等,维护证券市场的良好运行秩序。涉及证券市场管理的法律、法规范围很广,大致可分为两类。一类是证券监管的直接法规,除证券管理法、证券交易法等基本法律外,还包括各国在上市审查、会计准则、证券投资信托、证券金融事业、证券保管和代理买卖、证券清算与交割、证券贴现、证券交易所管理、证券税收、证券管理机构、证券自律组织、外国人投资证券等方面的专门法规,几乎遍及证券市场的所有领域。另一类是涉及证券管理,与证券市场密切相关的其他法律,如公司法、银行法、票据法、破产法、财政法、反托拉斯法等。这样,就形成一个以证券基本法为核心,专门证券管理法规或规则相补充,其他相关法律相配套的证券法律体系。

(二)经济手段

指政府以管理和调控证券市场(而不是其他经济目标)为主要目的,采用间接调控方式影响证券市场运行和参与主体的行为。在证券监管实践中,常见的有以下两种经济调控手段:

1. 金融信贷

运用金融货币政策对证券市场的影响颇为显著。在股市低迷之际放松银根、降低贴现率和存款准备金率,可增加市场货币供应量,从而刺激股市回升;反之则可抑制股市暴涨。运用"平准基金"开展证券市场上的公开操作可直接调节证券供求与价格。金融货币手段可以有效地平抑股市的非理性波动和过度投机,有助于实现稳定证券市场的预期管理目标。

2. 税收政策

由于以证券所得税和证券交易税(即印花税)为主的证券市场税收直接计入交易成本,税率和税收结构的调整直接造成交易成本的增减,从而可以产生抑制或刺激市场的效应并为监管者所利用。

(三)行政手段

指政府监管部门采用计划、政策、制度、办法等对证券市场进行直接的行政干预和管理。与经济手段相比较,运用行政手段对证券市场的监管具有强制性和直接性的特点。例如,在证券发行方面采取上市审批制度,行政控制上市种类和市场规模;对证券交易所、证券经营机构、证券咨询机构、证券清算和存管机构等实行严格的市场准入和许可证制度;交易过程中的紧急闭市等。

(四)自律管理

一般证券市场监管均采取政府管理与自我管理相结合的形式。自我管理(或称自律管理)之所以在证券市场管理中占据重要一席,相当程度上是证券市场发展的历史结果。在市场出现到政府全面介入前的历史演变中,自我管理成为市场管理的主要形式。此外,证券交易的高专业化程度和证券业者之间的利益相关性与证券市场运作本身的庞杂性决定了对自律管理的客观需要。应该看到,政府监管与自律管理之间存在主从关系,自律管理是政府监管的有效补充,自律管理机构本身也是政府监管框架中的一个监管对象。近年来,集中化证券监管和强化政府监管地位正成为各国证券市场管理的发展趋势。

第二节 证券监管体制

证券监管体制是证券监管的职责划分和权力划分的方式和组织制度,是国家和国情的产物。证券监管体制的有效性和规范性是决定证券市场有序和稳定的重要基础。一国证券监管体制的形成是由该国政治、经济、文化传统及证券市场的发育程度等多种因素决定的。按照监管主体分类,传统的证券监管研究习惯把各国证券监管体制模式分为集中立法管理模式、自然管理模式、分级管理模式。

【资料链接】11-1　　　　　　我国证券监管体制历程

我国证券监督体制的演变与我国经济体制的发展是同步进行的。中国证券管理体制经历了从无到有、从简单到复杂、从幼稚到成熟的发展过程。

1. 财政部独立管理阶段(1981年~1985年)

这一阶段,证券的形式主要是国库券。其发行主要由财政部来组织和管理,而且由于受计划体制的影响,国人普遍缺乏投资观念与投资热情,国库券的发行必须通过行政摊派的办法来实现。

2. 主要由中国人民银行主管阶段(1986年~1992年10月)

这一阶段,形成了以中国人民银行为主的证券监管体制。中国人民银行监管我国证券市场的阶段是我国证券市场初步形成规模的阶段。

3. 国务院证券委员会主管阶段(1992年10月~1998年8月)

4. 中国证监会主管阶段(1998年至今)

1998年是中国证券市场发展史上十分重要的一年。根据1997年11月中央金融工作会议决定,国务院对我国证券监管体制进行了重大改革:① 撤销了国务院证券委,其原有职责由中国证监会行使;② 中国证监会对全国证券监管机构实行垂直领导,即省级人民政府原有的证券监管办公室或者证监会不再作为省级人民政府的一个职能部门,而是人、财、物全部收归中国证监会统一领导,原有部分省会城市的证管办或证监会并入省证管办一并实行垂直领导。

资料来源:根据豆丁网相关资料整理。

一、集中立法管理模式

集中立法管理模式(即集中管理模式)是指政府通过制定专门的证券市场管理法规,并设立全国性证券管理监督机构来实现对全国证券市场的管理。集中管理模式的代表国家是美国,此外加拿大、日本、菲律宾、韩国、巴西、巴基斯坦、印度尼西亚、墨西哥、以色列、尼日利亚、埃及、土耳其等国也实行集中管理模式。

1. 集中管理模式的特点

(1) 有一整套全国性的证券市场管理法规。以美国为例,除有《公司法》对组建公司的行为进行规范外,还有证券管理的专门立法等。

此外,各州都有一些与证券管理有关的法律,这些法律大体可分为3类:州的《公司法》,用于规范公司的组建和经营;州的《证券法》,总称《蓝天法》,大多是重复联邦法律中的禁止条款;关于证券转让的法律,主要是联邦法律《统一商法典》第8篇的重复。

(2) 设有全国性的管理机构负责管理、监督证券市场。这种管理机构有的是专职管理机构,有的是政府的一个职能部门,因此按管理者划分,集中管理模式又可分为3类:

第一,以独立监管机构为主体。这一类型的典型代表是美国。美国设立了专门管理机构——证券交易委员会(SEC),它由总统任命、参议院批准的5名委员组成,拥有对全国的证券发行、证券交易所、证券商、投资公司等机构实施全面管理监督的权力。SEC下设全国市场咨询委员会、联邦证券交易所、全国证券商协会。SEC的超脱地位和广泛的权力成为多国证券管理机构的楷模,大多数拉美国家都实行这种管理体制。这种管理体制的优点是证券市场的监督者可以站在较超然的地位监督证券市场,避免部门本位主义,并可协调各部门的立场和目标,但它要求监督者有足够的权力,否则难以解决各部门的扯皮现象。

第二,以中央银行为主体。这种类型国家的证券监督机构就是该国中央银行体系的一部分,其代表国家是巴西。巴西证券市场的监督机构是证券委员会,它根据巴西国家货币委员会(巴西中央银行的最高决策机构)的决定,行使对证券市场的监管权力。

第三,以财政部为主体。这类管理体制是指由财政部为监管主体或由财政部直接建立监管机关,其代表国家有日本、韩国、印度尼西亚等。日本的证券管理机构是大藏省的证券局。日本的《证券交易法》规定,证券发行人在发行有价证券前必须向大藏省登记,证券交易的争端由大藏大臣调解。

在实行这种体制的国家中,通常财政部部长在该国的地位较高,该体制有利于国家宏观经济政策的协调,但不适合财政部和中央银行独立性较强的国家。

2. 集中管理模式的优点

(1) 具有超脱于证券市场参与者之外的统一管理机构,能较公平、公正、客观、有效、严格地发挥其监督作用,并能起到协调全国各证券市场的作用,防止出现群龙无首、过度竞争的混乱局面。

(2) 具有专门的证券法规,使证券市场的行为有法可依,提高证券市场监管的权威性。

(3) 由于管理者的超脱地位,较为注重保护投资者的利益。

(4) 自律性作用得以发挥。

3. 集中管理模式的缺陷

集中管理模式也存在一些缺陷。由于证券市场的管理是一项艰巨而复杂的任务,涉及面广,因此单靠全国性的证券管理机构而没有证券交易所和证券商协会的配合很难完成,难以既实现有效管理又不过多行政干预的目标。

为了克服单纯集中管理模式的缺陷,实行集中管理模式的国家通常也会注意充分发挥证券交易所和证券商协会自律管理的作用。

二、自律管理模式

自律管理模式是指政府除了某些必要的国家立法外较少干预证券市场,对证券市场的管理主要由证券交易所及证券商协会等组织进行自律管理。自律组织通过其章程、规则来引导和制约其成员的行为,自律组织有权拒绝接受某个证券商为会员,并对会员的违章行为实行制裁,直到开除其会籍。自律管理模式的典型代表是英国,此外,荷兰、爱尔兰、芬兰、挪威、瑞典等欧洲国家或地区也实行自律管理。

1. 自律管理模式的特点

(1) 通常不制定单行的证券市场管理法规,而是通过一些间接的法规来制约证券市场的活动。英国是典型的代表。

(2) 没有设立全国性的证券管理机构,而是靠证券市场及其参与者进行自我管理。例如,英国的证券市场没有单行法律,多以"君子协定"和道义劝告等方式进行管理。

2. 自律管理模式的优点

(1) 它既可提供较充分的投资保护,又能充分发挥市场的创新和竞争意识,从而有利于市场的活跃。

(2) 它允许证券商参与制定证券市场管理条例,而且鼓励它们模范地遵守这些条例,从而使市场管理更切合实际。

(3) 由市场参与者制定和修订证券管理条例比由议会制定证券法律具有更大的灵活性,效率更高。

(4) 自律组织对现场发生的违法行为能作出迅速而有效的反应。

3. 自律管理模式的缺陷

(1) 自律管理模式通常把重点放在市场的有效运转和保护证券交易所会员的利益上,对投资者提供的保障往往不充分。鉴于此,实行自律管理模式的国家通常都公布了投资保护法规以弥补不足,如英国1958年颁布的《防止欺诈(投资)法》、1973年颁布的《公正交易法》、1976年颁布的《限制性交易实践法》等。

(2) 管理者的非超脱性难以保证管理的公正。

(3) 由于没有立法作后盾,管理手段较软弱。

(4) 由于没有专门的管理机构,难以协调全国证券市场的发展,容易造成混乱状态。

由于自律管理模式具有诸多缺陷,因此实行自律管理模式的国家也纷纷仿效集中管理模式的某些做法,朝着政府管制与市场自律相结合的方向发展。

三、分级管理模式

分级管理模式包括二级管理模式和三级管理模式。二级管理模式指政府和自律机构相结合的管理;三级管理模式指中央和地方两级政府加上自律机构的管理。

分级管理一般有两种方式：一是政府与自律机构分别对证券进行管理，形成官方与民间的权力分配和制衡；二是中央与地方分别对证券进行管理，形成政府间、政府与民间的权力分配与制衡。

目前，世界上多数国家和地区都开始采取分级管理模式，如美国、法国、意大利等国也逐步向二级、三级管理模式靠拢。其主要原因是以行业公会为主的自律性管理，容易形成行业垄断和利益集团，招致社会投资者的反对。

第三节　证券市场监管对象与内容

一、证券市场发行的监管

世界各国对证券发行市场的调控都是通过审核制度完成的。证券发行审核的方式主要有两种：注册制和核准制。

（一）证券发行的注册制

证券发行注册制又叫"申报制"或"形式审查制"，是指政府对发行人发行证券，事先不作实质性审查，仅对申请文件进行形式审查，发行者在申报申请文件以后的一定时期以内，若没有被政府否定，即可以发行证券。在证券发行注册制下，证券机关对证券发行不作实质条件的限制。凡是拟发行证券的发行人，必须将依法应当公开的、与所发行证券有关的一切信息和资料，合理制成法律文件并公之于众，其应对公布资料的真实性、全面性、准确性负责，公布的内容不得含有虚假陈述、重大遗漏或信息误导。证券主管机关不对证券发行行为及证券本身作出价值判断，其对公开资料的审查只涉及形式，不涉及任何发行实质条件。发行人只要依规定将有关资料完全公开，主管机关就不得以发行人的财务状况未达到一定标准而拒绝其发行。在一段时间内，在未对申报书提出任何异议的情况下，注册生效等待期满后，证券发行注册生效，发行人即可发行证券。实施注册制的代表国家是美国。

注册制作为一种法律制度，它所表现出来的价值观念反映了市场经济的自由性、主体活动的自主性和政府管理经济的规范性和效率性。在这一制度下，任何个体的行为都是自由的，发行者只要符合法律公开原则，即使无价值的证券也可进入市场，在自由抉择下的盈利或损失，都由投资者自己承担。在这种制度下，证券管理机构只对申请文件作形式审查，不涉及发行申请者及发行证券的实质条件，不对证券及其发行行为作任何价值判断，因而降低了审核工作量。申报文件提交后，经过法定期间，申请即可生效，从而免除了繁琐的授权程序。

（二）证券发行的核准制

证券发行核准制又称为"准则制"或"实质审查制"，是指发行人发行证券，不仅要公开全部的、可以供投资人判断的材料，还要符合证券发行的实质性条件，证券主管机关有权依照公司法、证券交易法的规定，对发行人提出的申请以及有关材料，进行实质性审查，发行人得到批准以后,才可以发行证券。新西兰、瑞典和瑞士的证券监管体制中,带有相当程度的核准制特点。

核准制的优点是:如果投资者不太成熟,核准制有可能帮助避免证券市场中信息不对称的问题,从而使投资者利益获得保障。

核准制的不足之处在于:① 与效率原则相悖;② 由于事先核准机制的存在,极易使投资者在判断证券品质等方面产生依赖的心理,一旦审核有误或发行人以欺诈手段获取核准,投资者极易受损;③ 使得投资者将风险转嫁于政府,甚至诱发非经济行为的发生。

【资料链接】11-2　　　　　我国证券发行的审核制度

1988年以来,我国在证券发行审核方面,是各地方法规分别规定证券发行审核办法。

1992年,中国证监会成立,开始实行全国范围的证券发行规模控制与实质审查制度。

1996年以前,由国家下达发行规模,并将发行指标分配给地方政府以及中央企业的主管部门,地方政府或者中央主管部门在自己的管辖区内,或者行业内,对申请上市的企业进行筛选,经过实质审查合格后,报中国证监会批准。在执行中,地方政府或者中央主管部门尽量将有限的股票发行规模,分配给更多的企业,造成了发行公司规模小,公司质量差的情况。于是,1996年以后,开始实行"总量控制,集中掌握,限报数家"的办法。就是地方政府或者中央主管部门根据中国证监会事先下达的发行指标,审定申请上市的企业,向中国证监会推荐。中国证监会对上报的企业的预选资料审核,合格以后,由地方政府或者中央主管部门根据分配的发行指标,下达发行额度。审查不合格的,不能下达发行额度。企业得到发行额度以后,将正式材料上报中国证监会,由中国证监会最后审定是否批准企业发行证券。

1998年12月29日,第九届全国人民代表大会常务委员会第六次会议通过《中华人民共和国证券法》(以下简称《证券法》),自1999年7月1日起施行。

我国《证券法》第十条规定:"公开发行证券,必须符合法律、行政法规规定的条件,并依法报经国务院证券监督管理机构或国务院授权的部门核准或审批,未经依法核准或审批,任何单位和个人不得向社会公开发行证券。"

《证券法》第十一条第一款规定:"公开发行股票,必须依照《公司法》规定的条件,报经国务院证券监督管理机构核准,发行人必须向国务院证券监督管理机构提交《公司法》规定的申请文件和国务院证券监督管理机构规定的有关文件。"

《证券法》第十一条第二款还规定:"发行公司债券,必须依照《公司法》规定的条件,报经国务院授权的部门审批。发行人必须向国务院授权的部门提交《公司法》规定的申请文件和国务院授权的部门规定的有关文件。"

总之,我国证券发行审核制度视证券的种类不同而不同:

(1) 对股票发行采取核准制。

(2) 对债券发行采取审批制。

目前,我国的证券发行工作,从额度制和严格审批制向国际上普遍实行的核准制过渡。1999年9月16日颁布的《中国证券监督管理委员会股票发行审核委员会条例》与

2000年3月17日颁布的《中国证券监督管理委员会股票发行核准程序》先后实施,我国股票发行审核制度市场化程度加快。在此基础之上,股票发行价格也采取了市场定价方法,中国证监会不再对股票发行市盈率进行限制。

资料来源:根据百度文库相关资料整理。

二、证券市场交易的监管

对证券交易的监管分为上市管理和证券买卖监管。我国以《中华人民共和国证券法》《股票发行与交易管理办法条例》《证券交易所管理办法》等国家有关法律、法规、规章为依据进行监管。

(一)证券上市管理

证券上市是指经国务院证券监督管理机构核准公开发行的股票、公司债券等证券,按照公司法、证券法规定的条件,经该证券的发行人提出申请并报经国务院证券监督管理机构核准,国务院证券监督管理机构可以授权证券交易所依法定条件和法定程序核准股票上市申请,同时由证券交易所依规定在证券交易所挂牌交易。

证券上市按照上市程序不同,分为授权上市和认可上市两种。授权上市是指由证券发行公司申请并由证券交易所按照规定程序批准的证券上市,其上市条件和程序非常严格,证券交易所有权对上市证券进行审核、终止。认可上市是指直接成为证券交易所认可即可上市,且交易所也无权拒绝或终止此种证券的上市,常见的有政府证券和国库券。

本书讨论的证券上市主要是指证券的授权上市。证券上市管理包括上市标准、上市程序和上市终止。

1. 上市标准

各国证券交易所确定的上市标准不完全相同,上市标准一般包括资本额、盈利能力、资本结构、偿债能力、股权分散程度、上市公司开业时间等规定。

股权分散状况表现为持有公司证券的人数和社会公众持有公司证券的总额。股权分散达到一定的比例或数值,对于保证证券流动性、避免直接影响或操纵证券价格有着十分重要的作用。如我国证券交易所上市规则规定上市申请公司至少应具备下列基本条件,其股票方可被考虑列为第二类上市股票:

(1)营业记录。上市申请公司的实足营业记录应在1年以上,并有稳定的业务基础和良好的发展前景。

(2)资本数额。上市申请公司实发股本额应在2000万元以上。

(3)股票市价。上市申请公司的股票,最近6个月的平均收市价,应高于其票面价格的10%。

(4)资本结构。上市申请公司最近1年度纳税后的资产净值与资产总额的比率应达25%,且无累积亏损。

(5)获利能力。上市申请公司的盈利记录应符合下列标准之一:① 最近2年度股本利润率均达到10%以上;② 最近2年度税前利润均达到400万元以上,股本利润率均不低于

5%;③税前利润最近2年度之各年度符合前两项标准之一。

(6) 股权分散。上市申请公司上市申请如获得交易所批准,其股权分布应符合下列条件:

① 记名股东人数在1000人以上,其中持有股份面额1000元至10万元的股东人数不少于750人,且其中所持股份面额之和占实发股本总额的20%以上或达到500万元以上;② 持有股份量占总股份2%以下的股东,其持有的股份之和应占公司实发股本总额的25%以上。

(7) 股份流通。上市申请公司的股票,最近6个月的合计交易票面金额应在50万元以上或平均每日交易票面金额与上市股份面额的比率不低于万分之零点五。

2. 上市程序

(1) 上市申请。根据《证券法》第五十二条规定,申请股票上市交易,应当向证券交易所报送下列文件:上市报告书;申请股票上市的股东大会决议;公司章程;公司营业执照;依法经会计师事务所审计的公司最近3年的财务会计报告;法律意见书和上市保荐书;最近一次的招股说明书;证券交易所上市规则规定的其他文件。同时,各证券交易所均有自己的股票上市规则,申请股票上市尚需根据所选择的证券交易所的上市规则的要求,报送相关申请文件。

(2) 上市审核。除政府债券由证券交易所根据国务院授权的部门决定安排上市交易外,证券上市的审核机构为证券交易所。证券交易所在审核股票上市申请时,通常应考虑以下因素:① 上市条件因素。股票上市申请必须符合《证券法》等法律法规规定的上市条件以及本证券交易所制定的上市条件;② 产业政策因素。根据《证券法》第四十五条规定,国家鼓励符合产业政策同时又符合上市条件的公司股票上市交易。产业政策一般包括产业结构政策、产业组织政策、产业技术政策和产业布局政策以及其他对产业发展有重大影响的政策和法规。在一国的不同时期、不同地区,产业政策各有不同,同时产业政策具有很强的变动性。因此在实践中,上市申请能否被核准往往具有很强的不确定性。或许正因为如此,证券交易所的上市规则中均明确规定,申请上市具备法律法规及证券交易所规定的必备条件时,证券交易所并不保证其上市申请一定能够获得同意。

(3) 上市协议。证券交易所审核同意上市申请后,公司与证券交易所签订上市协议。上市协议明确了证券交易所和上市公司的权利义务,是调整双方之间法律关系的基础性文件,也为证券交易所对上市公司进行监管提供了重要法律依据。上市协议在各国一般均为格式合同。我国上市协议应当包括如下内容:上市费用的项目和数额;双方的权利与义务;公司证券事务负责人;上市公司定期报告、临时报告的报告程序;股票停牌事宜;协议双方违反上市协议的处理;仲裁条款;证券交易所认为需要在上市协议中规定的其他内容。须特别注意的是,上市协议中均要求上市公司董事、监事、高级管理人员作出承诺,保证遵守证券交易所现有的和将来作出的有关规定,督促上市公司遵守证券交易所的上市规则。

(4) 上市公告。上市公告,是证券发行人向社会公众告知所发行证券获准上市交易的一系列行为的总和,也是证券上市交易的重要程序。根据《证券法》第五十三条规定,股票上市交易申请经证券交易所审核同意后,签订上市协议的公司应当在规定的期限内公告股票上市的有关文件,并将该文件置备于指定场所供公众查阅。另依《证券法》第五十四条规定,签订上市协议的公司还应当公告下列事项:股票获准在证券交易所交易的日期;持有公司股份最多的前十名股东的名单和持股数额;公司的实际控制人;董事、监事、高级管理人员的姓名及其持有本公司股票和债券的情况。

3. 上市暂停、恢复和终止

《证券法》关于暂停上市、恢复上市和终止上市的规定,是对《公司法》的延续、补充和完善。

首先,《公司法》仅就暂停上市和终止上市作出规定,未规定恢复上市,这在一定程度上会使暂停上市永久化。《证券法》专门就恢复上市作出规定,解决了恢复上市的法律地位。

其次,根据《公司法》规定,股票暂停上市和终止上市,均由国务院证券管理部门以决定方式作出。依照《证券法》,暂停上市、恢复上市和终止上市由证券交易所依法办理,这是《证券法》对《公司法》的重大改进,显示出立法者试图放宽政府监控,加强证券交易所对证券市场的监管力度。

如果上市公司证券已经期满或违反交易所的禁令,证券交易所有权对上市公司的证券上市予以暂停或终止。《上海证券交易所股票上市规则》第十章对证券上市暂停、恢复以及终止都做了相关规定。

(1) 暂停上市。根据《公司法》第一百五十七条的规定,本节所称的暂停上市包括以下4种情形:① 上市公司股本总额、股权分布等发生变化不再具备上市条件;② 上市公司不按规定公开其财务状况,或者对财务会计报告作虚假记载;③ 上市公司有重大违法行为;④ 上市公司最近3年连续亏损。

(2) 终止上市。出现下列情形之一的,本所决定终止其股票上市:① 公司未能在法定披露期限内披露其经审计的暂停上市后第一个半年度报告或者恢复上市后的第一个年度报告的;② 在法定披露期限内披露暂停上市后第一个半年度报告,但公司未能在披露后五个交易日内提出恢复上市申请的;③ 股票恢复上市申请未被本所受理的;④ 股票恢复上市申请被受理后未被本所核准的;⑤ 在法定披露期限内披露了恢复上市后的第一个年度报告,但公司出现亏损的;⑥ 在股票暂停上市期间,公司股东大会作出终止上市决议的。

(二)证券买卖管理

证券买卖管理主要根据价格优先和时间优先的原则,对投资者委托、券商的委托、清算公司的清算与交割等环节加以管理。我国《证券法》对证券买卖作出了一般性的规定。

此外,各证券交易所还对证券的交易规则作出更细致的规定。如对证券价格波动进行监测,并采取有关制度如涨停板制度等,避免证券市场价格过于频繁的大幅波动。

三、对上市公司的监管

上市公司监管是证券监管的重要组成部分。国外成熟市场中对上市公司监管主要是监管上市公司的信息披露,包括首次发行的信息披露(证券发行的注册制的本质和核心即是信息的充分披露)和发行后的持续信息披露。

（一）信息披露制度

也称公示制度、公开披露制度，是上市公司为保障投资者利益、接受社会公众的监督而依照法律规定必须将其自身的财务变化、经营状况等信息和资料向证券管理部门和证券交易所报告，并向社会公开或公告，以便使投资者充分了解情况的制度。它既包括发行前的披露，也包括上市后的持续信息公开，它主要由招股说明书制度、定期报告制度和临时报告制度组成。

【资料链接】11-3　　　　　信息披露制度的起源

上市公司信息披露制度是证券市场发展到一定阶段，相互联系、相互作用的证券市场特性与上市公司特性在证券法律制度上的反映。世界各国证券立法莫不将上市公司的各种信息披露作为法律法规的重要内容，信息披露制度源于英国和美国。

英国的"南海泡沫事件"(South Sea Bubble)导致了1720年《诈欺防止法案》(Bubble Act of 1720)的出台，而后1844年《英国合股公司法》(The Joint Stock Companies Act 1844)中关于"招股说明书"(Prospectus)的规定，首次确立了强制性信息披露原则(The Principle of Compulsory Disclosure)。

但是，当今世界信息披露制度最完善、最成熟的立法在美国。它关于信息披露的要求最初源于1911年堪萨斯州的《蓝天法》(Blue Sky Law)。1929年华尔街证券市场的大阵痛，以及阵痛前的非法投机、欺诈与操纵行为，促使了美国联邦政府1933年的《证券法》和1934年的《证券交易法》的颁布。在1933年的《证券法》中，美国首次规定实行财务公开制度，这被认为是世界上最早的信息披露制度。

资料来源： 根据百度百科相关资料整理。

（二）信息披露制度的基本原则

信息披露的基本原则主要包括以下几个方面：

1. 真实、完整和准确原则

真实、完整和准确主要指的是信息披露的内容。真实性是信息披露的首要原则，真实性要求发行人披露的信息必须是客观真实的，而且披露的信息必须与客观发生的事实相一致，发行人要确保所披露的重要事件和财务会计资料有充分的依据。

完整性原则又称充分性原则，要求所披露的信息在数量上和性质上能够保证投资者形成足够的投资判断意识。

准确性原则要求发行人披露信息必须准确表达其含义，所引用的财务报告、盈利预测报告应由具有证券期货相关业务资格的会计师事务所审计或审核，引用的数据应当提供资料来源，事实应充分、客观、公正，信息披露文件不得刊载任何有祝贺性、广告性和恭维性的词句。

2. 及时原则

及时原则又称时效性原则，包括两个方面：一是定期报告的法定期限不能超越；二是重要事实的及时报告制度，当原有信息发生实质性变化时，信息披露责任主体应及时更改和补充，使投资者获得当前真实有效的信息。任何信息都存在时效性问题，不同的信息披露应遵循不同的时间规则。

3. 风险揭示原则

发行人在公开招股说明书、债券募集办法、上市公告书、持续信息披露过程中,对有关部门简要披露发行人及其所属行业、市场竞争和盈利等方面的现状及前景,并向投资者简述相关的风险。

4. 保护商业秘密原则

商业秘密是指不为公众所知悉、能为权利人带来经济利益、具有实用性并经权利人采取保密措施的技术信息和经验信息。由于商业秘密等特殊原因致使某些信息确实不便披露的,发行人可向中国证监会申请豁免。内幕信息在公开披露前也属于商业秘密,也应受到保护,发行人信息公开前,任何当事人不得违反规定泄露有关的信息,或利用这些信息谋取不正当利益。商业秘密不受信息披露真实性、准确性、完整性和及时性原则的约束。

(三)信息披露制度的内容

在此期间最主要的就是招股说明书和上市公告书。在采取注册制的发行审核制度下,发行和上市是两个独立的过程,即公开发行的股票不一定会在证券交易所上市。从证券市场的实际操作程序来看,如果发行人希望公开发行的股票上市,各交易所一般都要求发行公司在公布招股说明书之前必须取得证交所的同意。该招股说明书由于完备的内容与信息披露,成为公司发行上市过程中的核心。而上市公告书在许多发达的证券市场中并非是必然的程序之一。许多市场中的招股说明书实际上就是上市公告书。

网络证券招股说明书除了遵守信息披露的一般原则和必须采用网络为披露媒介外还必须发出电子招股说明书,它与传统的招股说明书内容大致相同,包括重要资料(即招股说明书的摘要)、释义和序言、风险因素与对策、募集资金的运用、发行人状况介绍、股本、发行人最新财务状况、发行人是否有参加待决诉讼、已签订的合同等。需要注意的是,传统的招股说明书公司的全体发起人或董事及主承销商应当在其上签字,保证招股说明书没有虚假、严重误导性陈述或重大遗漏,并保证对其承担连带责任。为了使其应用于网络发行上,规定发行人必须在其他媒体披露招股书时也同时在网上公告招股书即可。

(四)网络证券交易的信息披露制度

网络证券交易的信息披露也称持续阶段的信息披露,是指网络证券发行上市后的发行人所要承担的信息披露义务。主要是公告中期报告、年度报告、临时报告。网络证券信息必须在发行人或发行中介人的网站、证券交易所、证监会指定的专门网站上发布信息。当然,网上发布的网络证券信息也可以同时在其他媒介上同步发布。

1. 中期报告

上市公司向国务院证券监管机构和证券交易所提交的反映公司基本经营情况及与证券交易有关的重大信息的法律文件,包括半年度报告和季度报告。内容包括:公司财务会计报告和经营情况,涉及公司的重大诉讼事项,已发行的股票、债券变动情况,提交股东大会审议的重要事项,国务院证券监管机构规定的其他事项。

2. 年度报告

上市公司在每会计年度结束时,向国务院证券监管机构和证券交易所提交的反映公司基本经营情况及与证券交易有关的重大信息的法律文件。包括：公司概况，公司财务会计报告和经营情况，董事、监事、经理及高级管理人员简介及其持股情况，已发行的股票、债券变动情况包括持有公司股份最多的前10名股东名单和持股数额，国务院证券监管机构规定的其他事项。

3. 临时报告

临时报告是指上市公司在发生重大事件后，立即将该信息向社会公众披露，说明事件的实质，并报告证券监管机构和证券交易所的法定信息披露文件。临时报告包括以下3种：

(1) 重大事件报告。何谓重大事件？其标准如何确立？我们假定所有的投资者都是理性的经济人，越多的信息披露对其越为有利；而发行人处于负担披露义务的地位，其所需披露的信息越多，其负担的义务就越重，投资者总是要求尽量多的信息，而发行人总是力图披露尽量少的信息；当遭遇这两者之间的矛盾时，"重大性"标准便起到了平衡两者间利益关系的作用。合理的"重大性"标准，应该既使投资者获得了必要的信息，又使发行人只承担合理的披露义务，不至于因披露义务的过于沉重而影响其发展，这样才既有利于投资者，又有利于发行人，更有利于证券市场，起到"三赢"的效果。

【资料链接】11-4　　　　　　　　中、美信息披露

在美国，重大性标准是通过3个典型案例得到发展与修正的。在"SEC. vs Texas Gulf Sulphur"(1968)案中法院认为在某一特定情况下，重大性标准取决于以下两个因素间的平衡：时间发生的可能性和该事件对公司行为整体影响的程度。同时还确立了如果一项不实陈述可能导致合理投资者的信赖并且出于这种信赖而买卖证券，这种不实陈述便是重大事件。随后美国最高法院在"TSC Industries vs Northway(1976)"案中修正了关于重大性标准的书面陈述，认为："如果一个理性的投资者很可能在决定如何投票的时候认为该事实是重要的，那么该遗漏的事实便是重大的。"在"Basic Inc. vs Levinson(1988)"案中，最高法院采用了一个标准，即重大性取决于事件发生的可能性与该事件的发生对公司整体活动预测影响程度之间的平衡(Probability Magnitude Test)。最后，美国最高法院再次重申，事件的重大性完全取决于理性投资者会如何看待未公开或者不实公开的信息。

在我国，当争论某项信息是否重大时，法官依据的是法律与规章，因而，无论所谓的投资者决策标准还是证券价格标准，都是在立法者眼中的投资者决策或证券价格。按照投资者标准，法律要求发行人一律从理性投资者的角度出发来考虑何谓重大，当立法者与发行人对"理性投资者"的理解不一致时，如果法律没有明确规定一项信息是应该披露而只规定了披露的原则的话，那么，只要发行人可以按照理性人对该原则的理解说明其认为无须披露的理由，即使其理解不符合证监会本意，发行人也不应受到责难。由此可见，投资者决策标准是一个飘忽不定的、使人迷惑的标准。相比之下，证券价格的变动却具有客观性，可以作为一个有力的客观参照物来衡量信息是否重大，以证券价格为标准是一个更客观的选择。但事实上，市场价格波动只是信息的反映，而不是信息本身，所以这客观标准亦不易估计。综上，我国在选择"重大性"标准的时候，不妨采取二元性的标准：以投资者决策标准——比证券价格标准更符合投资者这一证券市场基石的利益的标准，来考虑各种可能出现的重大事项并将其详细列举，而当需要考虑某件未经规定的事项是否重大时，给发行人一个客观的标准——让发行人按证券价格标准来衡量其是否重大。即在法律、法规中列举应披露的重大信息时,依据投资者决策标准选择应披露的信息逐一列举;发行人衡量未经列举的信息是否重大时,让其依据证券价格标准为一般原则进行筛选。因此,证监会所应做的,是将按投资者决策标准应披露的信息尽量细化、量化,使投资者有章可循,而不能采取将标准模糊而依赖法官具体分析的方法;对于游离于细化规定之外的信息,应让发行人按证券价格标准决定是否对其进行披露。这样,才能起到重大性标准所应有的作用:在使证券市场和投资者得到投资判断所需要的信息的同时,尽量减轻发行人的披露的负担,从而在客观上避免因证券市场充斥过多的噪音而使投资者陷于众多细小琐碎却无关紧要的信息之中。

资料来源:根据MBA智库相关资料整理。

(2)收购报告书。收购报告书是投资者公开要约收购、协议收购或者在证券交易所集中竞价收购上市公司的过程中,依法披露有关收购信息的文件。在上市公司收购过程中,由于收购人为控制上市公司的股权必然通过证券集中市场大规模收购股权,由此势必会对上市公司的股票交易及其价格产生重大的影响,为了使广大中小投资者能够及时了解这种大规模股权收购的信息,防止虚假陈述、操纵市场等违法行为,必须确立在上市公司收购过程中的信息披露制度。披露的文件主要包括:上市公司收购报告书、要约收购报告书、被收购公司董事会报告书。

(3)公司合并公告。根据《公司法》第一百八十四条,公司合并,应由合并各方签订合并协议,并编制资产负债表及财产清单。合并报告必须披露。

四、证券交易所的监管

对证券交易所的监管包括两方面的内容:一是对证券交易所设立的监管;二是对证券交易所运营的监管。

(一)对证券交易所设立的监管

证券交易所的设立必须经主管机关的审批,主管机关通过对证券交易所的规模情况、设施条件、组织形式、规章制度等方面进行考察后,决定是否同意设立证券交易所。证券交易所的审批分为注册制和特许制。

(二)对证券交易所运营的监管

(1)证券交易所不得以任何方式转让其依照证券交易所管理办法规取得的设立及业务许可。

(2)证券交易所的总经理、副总经理未经批准,不得在任何营利性组织、团体和机构中兼职。证券交易所的非会员理事、非会员监事及其他工作人员不得以任何形式在证券交易所会员公司兼职。

(3)证券交易所的理事、监事、高级管理人员及其他工作人员不得以任何方式泄露或者利用内幕信息,不得以任何方式违规从证券交易所的会员、证券上市交易公司获取利益。

(4)证券交易所的理事、监事、高级管理人员及其他工作人员在履行职责时,遇到与本人或者其亲属等有利害关系情形的,应当回避。具体回避事项由其章程、业务规则规定。

（5）证券交易所应当建立健全财务管理制度，收取的各种资金和费用应当严格按照规定用途使用，不得挪作他用。证券交易所的收支结余不得分配给会员。

（6）证券交易所应当履行下列报告义务：① 证券交易所经具有证券从业资格的会计师事务所审计的年度财务报告，该报告应于每一财政年度终了后3个月内向中国证监会提交；② 关于业务情况的季度和年度工作报告，应当分别于每一季度结束后15日内和每一年度结束后30日内向中国证监会报告；③ 法律、行政法规、部门规章及本办法其他条款中规定的报告事项；④ 中国证监会要求报告的其他事项。

（7）遇有以下事项之一的，证券交易所应当随时向中国证监会报告，同时抄报交易所所在地人民政府，并采取适当方式告知交易所会员和投资者：① 发生影响证券交易所安全运转的情况；② 证券交易所因不可抗力导致停市，或者为维护证券交易正常秩序采取技术性停牌、临时停市等处理措施。

（8）中国证监会有权要求证券交易所提供证券市场信息、业务文件以及其他有关的数据、资料。

（9）中国证监会有权要求证券交易所对其章程和业务规则进行修改。

（10）中国证监会有权对证券交易所业务规则制定与执行情况、自律管理职责的履行情况、信息技术系统建设维护情况以及财务和风险管理等制度的建立及执行情况进行评估和检查。

（11）证券交易所涉及诉讼或者证券交易所理事、监事、高级管理人员因履行职责涉及诉讼或者依照法律、行政法规、部门规章应当受到解除职务的处分时，证券交易所应当及时向中国证监会报告。

五、证券经营机构的监管

证券经营机构是指依法设立并具有法人资格的证券公司和信托投资公司，是证券发行者和证券投资者的中介，也是重要的机构投资者。对证券经营机构的监管主要包括对证券经营机构设立资格要求、设立监管和其行为的监管。

（一）证券经营机构设立注册制

证券经营机构注册制以美国为代表。根据美国1934年《证券交易法》的有关规定，证券商必须注册。申请注册时，应说明财务状况，注册者应有经营能力，应符合法定培训、经验、能力等其他条件，要求证券商最低资本金及成员的资历限制合乎规定的，才可自由从事证券业务。

中国香港也采取注册登记制，中国香港《证券条例》第四十八条规定，任何人（不论是个人或法人团体，或进合伙经营的成员或法人团体的董事）只有根据该法的规定注册为证券商，才能在中国香港从事证券交易业务，或自称从事该业务。法人团体在中国香港从事证券交易能力，或自称从事该等业务，须法人团体的董事至少有一人，或如法人团体仅有董事一人，则该董事应当积极参与或直接负责监督法人团体的证券交易业务，并注册为证券商。

注册制下的证券商设立条件具有以下特点：证券商设立采取自由开放政策，凡符合条件且注册者，皆可从业，但其注册条件有日趋严格之势；注册制既是证券商设立的条件与程序，又是从业管理方式；注册制强调证券商的个人责任；以保证金缴付作为注册的必要条件，从而担保证券商从业中对他人损害的赔偿责任。

(二)证券经营机构设立特许制

特许制以日本为代表,实行特许制的国家主要有日本以及东亚、东南亚和欧洲大陆国家。日本《证券交易法》规定,证券公司未经大藏大臣特许,不得经营证券业务,并从证券业务角度划分,将特许分为自营、经纪、承销以及募集和销售代理4种,每种特许应分别获得,或允许取得一项以上的业务特许。

证券商申请特许,必须具备一定的条件,如拥有足够的资本,具有相当的经营证券业务的知识和经验,信誉良好等。欧洲大陆国家中的德国、意大利、丹麦等国家由证券主管部门许可者,方可从业;从业种类为特许方式;设立制度与证券商经营制度分别立法;设立保证金缴付制度,但是不以保证金缴付为取得从业许可的条件。

目前,大多数国家(包括我国)采取特许制,这也是多数国家对金融机构设立采取的一般政策。我国《证券法》规定:设立证券公司,必须经国务院证券监督管理机构审查批准。未经国务院证券监督管理机构批准,不得经营证券业务。国家对证券公司实行分类管理,分为综合类证券公司和经纪类证券公司,并由国务院证券监督管理机构按照期分类颁发业务许可证。

(三)证券经营机构行为的监管

结合我国对证券经营机构的行为监管,可以概括为以下几点:

(1)定期报告制度。目的是通过证券主管机构对所提供的文件的审查、监管活动,全面掌握证券经营机构经营及财务状况,以确保证券经营机构安全营业,忠实履行业务。我国《证券公司管理办法》规定:证券公司应当按照中国证监会的要求报送财务报表、业务报表和年度报告。

(2)财务保证制度。目的是以财务的合法性和资产保证来维护证券经营机构的信誉,防止发生证券事故、损害投资者的利益,并使受害的投资者得到损失赔偿。主要有:

① 最低资本额限制,如我国《证券法》规定,经纪类证券公司注册资本最低限额为人民币5000万元,综合类证券公司注册资本最低限额为人民币5亿元。

② 负债比率限制,如《证券法》第一百三十条规定,国务院证券监督管理机构应当对证券公司的净资本,净资本与负债的比例,净资本与净资产的比例,净资本与自营、承销、资产管理等业务规模的比例,负债与净资产的比例以及流动资产与流动负债的比例等风险控制指标作出规定。

③ 客户保护原则,如《证券法》第一百三十九条规定,证券公司客户的交易结算资金应当存放在商业银行,以每个客户的名义单独立户管理。具体办法和实施步骤由国务院规定。

证券公司不得将客户的交易结算资金和证券归入其自有财产。禁止任何单位或者个人以任何形式挪用客户的交易结算资金和证券。证券公司破产或者清算时,客户的交易结算资金和证券不属于其破产财产或者清算财产。非因客户本身的债务或者法律规定的其他情形,不得查封、冻结、扣划或者强制执行客户的交易结算资金和证券。

(3)行为规范和行为禁止制度。即券商在执行其业务时对客户应遵循诚信原则,不得有操纵市场的行为。我国《证券法》和《证券公司管理办法》对证券公司的业务范围予以明确规定,并禁止证券经营机构从事以下行为:将自营业务与代理业务混合操作;证券经营机构内部人员持有、买卖股票;未按照规定的时间、程序、方式承销股票;将客户的股票借予他人或作为担保物;以客户的名义为本机构买卖股票,挪用客户保证金;操纵市场的行为,欺诈客户的行为;虚假陈述的行为和内幕交易的行为。

(四)证券经营机构的自律制度

基于自律管理的自律制度越来越成为政府监管的有效补充的现实,证券经营机构自律可界定为证券经营机构自觉遵守与其有关的各项法律法规。这样的界定涵盖了严格意义上的自律,即自主独立的、基于内在动因的自我控制和自我限制。

为促进证券经营机构自律,不能一味地强调加大处罚力度,而应同时采取措施改变证券经营机构自身对于违规收益和自律收益的看法。

企业文化作为一种非正式制度,对证券经营机构的自律管理起着促进和保障作用,这种作用表现为:① 赋予证券经营机构"诚信";② 有助于提高证券经营机构抵御短期利益诱惑的能力;③ 通过在员工当中形成一种合力与整体趋向,激发出员工的主观能动性,并将自觉遵守公司的规章制度视为最起码的标准,从而大大降低证券经营机构的自律成本。

证券经营机构的自律管理有证券经营机构协会的自律管理和证券交易所的自律管理。

中国证券业协会自 1991 年成立以来,认真贯彻执行"法制、监管、自律、规范"的八字方针和《中国证券业协会章程》,在中国证监会的监督指导下,团结和依靠全体会员,切实履行"自律、服务、传导"三大职能,在推进行业自律管理、反映行业意见建议、改善行业发展环境等方面做了一些工作,发挥了行业自律组织的应有作用。协会行使下列职责:教育和组织会员遵守证券法律、行政法规;依法维护会员的合法权益,向中国证监会反映会员的建议和要求;收集整理证券信息,为会员提供服务;制定会员应遵守的规则,组织会员单位的从业人员的业务培训,开展会员间的业务交流;对会员之间、会员与客户之间发生的证券业务纠纷进行调解;组织会员就证券业的发展、运作及有关内容进行研究;监督、检查会员行为,对违反法律、行政法规或者协会章程的,按照规定给予纪律处分。

《证券交易所管理办法》规定,证券交易所对证券经营机构监管的具体职责包括:制定取得会员资格的条件和程序;席位管理办法;与证券交易和清算业务有关的会员内部监督、风险控制、电脑系统的标准及维护等方面的要求;会员的业务报告制度;会员所派出市代表在交易场所内的行为规范;会员及其出市代表违法、违规行为的处罚;其他需要在会员管理规则中规定的事项。

六、证券从业人员的监管

证券从业人员必须按照有关规定,在中国证监会取得证券从业人员资格证书后方可在各项证券专业岗位上工作;证券中介机构的正副总经理等高级管理人员中至少应有三分之二以上获得证券从业资格证书;未取得证券业从业资格的,除符合豁免规定的人员外,任何人不得在各类证券专业岗位上工作。对证券从业人员的监管主要由证券从业人员资格考试与注册制度来完成。

证券从业人员禁止行为有:

(1) 不得以获取投机利益为目的,利用职务之便从事证券买卖活动。证券业从业人员利用职务之便为获取投机利益从事证券买卖活动,不仅违背了有关法律规定,而且会侵害投资者的合法权益,助长证券市场投机风气,可能会引发证券行情不正常的波动。

(2) 不得向客户提供证券价格上涨或下跌的肯定性意见。证券行情变幻莫测,证券业从业人员向客户提供有关价格变化的肯定性意见,一旦因预测失误给客户带来损失,很可能引起法律纠纷,在影响客户利益的同时,也影响从业人员和证券行业的声誉。

(3) 不得与发行公司或相关人员之间有获取不当利益的约定。这种约定不仅违反"三公"原则,也违反国家法律。由这种约定而获取的收益为不法收益,将会受到行政处罚甚至法律制裁。

(4) 不得劝诱客户参与证券交易。证券投资是一种风险投资,未来的投资收益是不确定的,投资者应对可能出现的各种后果具备一定的经济承受能力和心理承受能力,并独立承担法律责任。是否参与证券交易,应由客户独立作出抉择。证券业从业人员劝诱客户参与证券交易但又不能为其承担相应的责任,是一种对客户很不负责的行为,这实际上是为了证券公司的小团体利益而损害客户利益,这不仅败坏证券业的信誉,甚至可能导致不必要的纠纷。

(5) 不得接受分享利益的委托。接受客户委托,应按规定的标准收取各项费用,若在接受客户委托的同时分享收益,性质上属于参与客户投资,这不仅是一种侵权行为,而且也违背了从业人员不得从事证券买卖的有关规定。

(6) 不得向客户保证收益。证券投资的风险就是证券投资收益的不确定性,任何人都难以保证证券投资的预期收益水平。向客户作出这类保证,会影响客户的投资决策,并可能导致实际收益水平与预期收益相背离。显然,向客户作出这类保证,有违证券业从业人员的道德规范。

(7) 不得为达到排除竞争的目的,不正当地运用自己在交易中的优越地位限制某一客户的业务活动。为在竞争中保持领先地位而在交易中利用特殊或优越条件限制某客户的业务活动,这种做法有违"三公"原则。证券业从业人员应对所有客户一视同仁,不论是大客户还是小客户,也不论是合作伙伴还是竞争对手。

(8) 不得接受客户对买卖证券的种类、数量、价格及买进或卖出的全权委托。根据有关法律规定,参与证券投资的客户必须是完全行为能力人,能独立承担投资活动的法律责任,对其账户或以其名义进行的证券买卖负全部责任。证券业从业人员接受全权委托,性质上属于代客户投资决策,违背了上述规定。

七、证券投资者的监管

对投资者的监管包括对投资者资格的审查和交易行为的监管。

(一) 对投资者资格的审查

投资者分为个人投资者和机构投资者。对于个人,以下人员不得直接或间接为自己买卖证券:现役军人;国家部级以上干部;证券管理机构中管理证券事务的有关人员;证券交易所内部人员;证券经营机构的从业人员;与发行者有直接行政隶属或管理关系的工作人员;其他与股票发行或交易有关的知情人以及无身份证的未成年人。

对于机构投资者,我国规定:各级党组织和国家机关、非独立核算的单位、外国组织(除合格的境外机构投资者允许的外国机构),不得买卖境内上市交易的股票。

(二)交易行为的监管

对组织或个人以获取利益或减少损失为目的,利用其资金、信息等优势,或滥用职权制造证券市场假象,诱导或者致使投资者在不了解事实真相时作出的投资决定,扰乱证券市场秩序等操纵市场行为的监管。

目前,我国证券市场管理体制正处于改革过程中,今后的管理体制和具体监管内容都会发生相应的新变化。

八、对证券违法行为的监管

证券市场常见的违法行为主要有内幕交易,操纵市场,欺诈客户。

(一)内幕交易

内幕交易行为是指知悉证券交易内幕信息的人员利用所知悉的内幕信息,自己进行证券交易或者泄露该信息或者建议他人进行证券交易的行为。

常见的具体方式有:内幕信息的知情人利用内幕信息买卖证券或者根据内幕信息建议他人买卖证券;内幕信息的知情人向他人透露内幕信息,使他人利用该信息进行内幕交易;非法获取内幕信息的人利用内幕信息买卖证券或者建议他人买卖证券。

内幕人员是指由于持有发行人的证券,或者在发行人、与发行人有密切联系的公司中担任董事、监事、高级管理人员,或者由于其会员地位、管理地位、监管地位和职业地位,或者作为发行人雇员、专业顾问履行职务,能够接触或者获得内幕信息的人员。它包括:发行人的董事、监事、高级管理人员、秘书、打字员以及其他可以通过履行职务接触或者获得内幕信息的人员;发行人聘请的律师、会计师、资产评估人员、投资顾问等专业人员;根据法律、法规的规定对发行人可以行使一定管理权或者监管权的人员,包括证券监管部门和证券交易所的工作人员,发行人的主管部门和审批机关的工作人员以及工商、税务等有关经济管理机关的工作人员等;由于本人的职业地位、与发行人的合同关系或者工作联系,有可能接触或者获得内幕信息的人员,包括新闻记者、编辑、电台主持人以及编排印刷人员等。

内幕信息是指为内幕人员所知悉、尚未公开的可能影响证券市场价格的重大信息。信息未公开指公司未将信息载体交付或寄送大众传播媒介或法定公开媒介发布或发表。如果信息载体交付或寄送传播媒介超过法定时限,即使未公开发布或发表,也视为公开。

内幕信息包括:证券发行人订立重要合同,该合同可能对公司的资产、负责、权益和经营成果中的一项或者多项产生显著影响;证券发行的经营政策或者经营范围发生重大变化;证券发行人发生重大的投资行为或者购置金额较大的长期资产的行为;证券发行人发生重大债务;证券发行人未能归还到期债务的违约情况;证券发行人发生重大经营性或非经营性亏损;证券发行人资产遭受到重大损失;证券发行人的生产经营环境发生重大变化;可能对证券市场价格有显著影响的国家政策变化;证券发行的董事长、1/3 以上的董事或者总经理发生变化;持有证券发行人 5% 以上的发行在外的普通股的股东,其持有该种股票的增减变化每达到该种股票发行在外总额的 2% 以上的事实;证券发行人的分红派息,拉资扩股计划;涉及发行人的重大诉讼事项;证券发行人进入破产、清算状态;证券发行人章程、注册资本和注册地址的变更;证券发行人无支付能力而发生相当于被退票人流动资金的5％以上的大额银行退票;证券发行人更换为其审计的会计师事务所;证券发行人债务担保的重大变更;股票的二次发行;证券发行人营业用主要资产的抵押、出售或者报废一次超过该资产的30％;证券发行人董事、监事或者高级管理人员的行为可能依法负有重大损害赔偿责任;证券发行人的股东大会、董事会或者监事会的决定被依法撤销;证券监管部门作出禁止证券发行人有控股权的大股东转让其股份的决定;证券发行人的收购或者兼并;证券发行人的合并或者分立等。

中国《证券法》第六十七条明确规定,禁止证券交易内幕信息的知情人员利用内幕信息进行证券交易活动。内幕交易罪,是指评判或者通晓股票、证券交易内幕信息的知情人员或者非法获取股票、证券交易内幕信息的人员或者单位,在涉及股票、证券的发行、交易或者其他只股票、证券的价格有重大影响的信息尚未公开前,买入或者卖出该股票、证券,或者泄露该信息,情节严重的行为。

(二) 操纵市场

操纵市场是指以获取利益或减少损失为目的,利用资金、信息等优势或滥用职权,影响证券市场价格,制造证券市场假象,诱导投资者在不了解事实真相的情况下作出证券投资决定,扰乱证券市场秩序的行为。

操纵市场行为是人为地扭曲了证券市场的正常价格,使价格与价值严重背离,扰乱了证券市场正常秩序。它是证券市场中竞争机制的天敌,是造成虚假供求关系、误导资金流向的罪魁,引发社会动荡的重要隐患。操纵市场的方式有以下几种:

1. 洗售

根据我国《证券法》第七十一条第三项,洗售(Wash Sale)是指以自己为交易对象,进行不转移所有权的自买自卖,影响证券交易价格或者证券交易量。据对我国实践的考察,1996年以来中国证监会立案调查并公布处罚决定的所有操纵股票价格的案例中,除极少数外,违法行为人都涉及开立多个账户进行自买自卖的情节,说明此种行为是我国证券市场上最主要的操纵市场的违法形态,应当作为法律首要规制的对象。

以自己为交易对象连续进行自买自卖,以致影响证券交易价格,明显具有不当控制该种证券交易价格的意图,应当认定为操纵市场。问题是该种行为虽然在"人工撮合""有纸化交易"的背景下可能导致相关证券的所有权"不发生转移",但在我国交易所市场上"电脑撮合,集中竞价""无纸化交易"的背景中,则根本无法辨认相关证券的所有权是否发生变化。因此,立法修改时宜删除有关"不转移所有权"的表述,而将本项内容改写为"以自己控制的不同账户在相同或相近的时间内连续进行价格和数量相近、方向相反的交易,影响证券交易价格或者证券交易量"。构成本项下的操纵市场,不需要证明行为人主观上具有操纵意图,但客观上应有影响市场交易行情的结果。

2. 相对委托

按照我国《证券法》第七十一条第二项的规定,相对委托(Matched Order)是指与他人串通,以事先约定的时间、价格和方式相互进行证券交易或者相互买卖并不持有的证券,影响证券交易价格或者证券交易量。相对委托在操作技术上与前述洗售行为类似,都是利用虚伪交易方式,创造某种证券交易活跃的假象,以诱使其他投资者跟进买卖。与洗售不同之处在于相对委托中参加交易的账户为合谋的数人所有,而洗售则归属于同一人。应当注意的是,相对委托的行为人事先约定的价格未必是相互等同的委托价格,而可能是交替上升(或下降)的"买—卖"或"卖—买"价格,以实现行为人控制某种证券价格或价格走势的目的。在我国证券市场实践中,中国证监会也曾处罚过类似相对委托的违法案例。

笔者认为,现行立法中所谓"相互买卖并不持有的证券"的行为,在证券现货交易的背景下,实践中不易出现,因此,相关文字可以删除,本项应相应修改为"与他人同谋,以事先约定的时间、价格和方式相互进行证券交易,影响证券交易价格或者证券交易量"。构成本项下的操纵市场,同样不需要证明行为人主观上具有操纵意图,但客观上也应具有影响市场交易行情的结果。

3. 不法炒作

按照我国《证券法》第七十一条第一项规定,不法炒作是指通过单独或者合谋,集中资金优势、持股优势或者利用信息优势联合或者连续买卖,操纵证券交易价格。不法炒作的违法行为与证券市场上以博取短线差价为目的的投机行为界限不甚清晰,特别在股票交易换手率高企、投机气氛浓厚的我国证券市场上,立法不宜对活跃交易的短线操作持过分打压的态度。为避免立法上违法乃至犯罪行为的构成要件欠严谨,法律执行中的管制面积过大,笔者建议在立法修订时,可以为违法行为构成增列"以诱使他人购买或出售该种证券为目的"的主观要件。实践中为防止举证过分困难,可以考虑将主观标准客观化,即衡量行为人的买卖交易事实及当时的市场客观情况,只要满足一定标准,即可推断行为人具有上述的主观意图,而行为人则可以自己举证推翻此一推断。鉴于市场交易情况复杂多变,立法不便直接对上述客观化的标准直接进行列举,可以授权中国证监会以行政规章的形式制订并公布有关标准。因此本项可相应修改为"以诱使他人购买或出售该种证券为目的,单独或者合谋,集中资金优势、持股优势联合或者连续买卖,影响证券交易价格或者证券交易量"。同时,增加规定"国务院证券监督管理机构依据以上规定以行政规章方式列举的行为,推定为具有诱使他人购买或出售该种证券的目的"。

需要注意的是,实践中的操纵市场行为常常伴随着信息披露中的实质性虚假记载、误导性陈述或重大遗漏,即行为人以虚假陈述为相关证券的价格走势推波助澜,并由此不正当地控制价格并从证券交易中牟利,所以现行《证券法》第七十一条第一项也同时禁止"利用信息优势"进行操纵。但"信息优势"本身不是法律用语,其内涵与外延不易界定;尤其行为人在作出虚假陈述后无须"联合或者连续买卖",即可能形成操纵相关证券的交易价格,因此现行立法需要作出修改。由于以虚假陈述方式不正当控制股价是操纵市场行为的重要形态,建议为该种行为单列一项,表述为"以诱使他人购买或出售该种证券为目的,散布流言或者不实资料,影响证券交易价格或者证券交易量"。

4. 其他操纵行为

其他操纵行为是一个概括性规定(《证券法》第七十一条第四项),主要用于弥补其他各项规定中可能存在的不足。如在"赵哲操纵兴业房产和莲花味精股票案"中,被告人赵哲为了抬高股票价格,以便其本人及朋友能在抛售股票时获利,利用计算机侵入三亚中亚信托投资公司上海新闸路证券交易营业部的计算机信息系统,对该部待发送的委托数据进行了修改。由于证券交易形态的复杂性,洗售、相对委托及不法炒作等形态尚不足以涵盖所有的操纵市场行为,所以必须以概括性的规定补充列举式条文。但同时,文字简略、缺乏主客观要件的规定可能使得法律适用缺乏必要的确定性,尤其本款及本项中的表述为《刑法》第一百八十二条所沿用,规定违法行为中"情节严重"者即可构成"操纵市场罪"。如果构成要件模糊不清,可能会与刑法上的"罪刑法定"原则相抵触。为此,需要在本项中加入对"主观意图"和"行为的客观结果"的要求,建议修改如下:"以诱使他人购买或出售该种证券为目的,通过其他方法操纵证券交易价格,影响证券交易价格或者证券交易量。"主观意图客观化的标准,同样可以授权中国证监会制订。

我国《证券法》第二百零三条规定,操纵证券市场的,责令依法处理非法持有的证券,没收违法所得,并处以违法所得1倍以上5倍以下的罚款;没收违法所得,或者违法所得不足30万元的,处以30万元以上300万元以下的罚款。单位操纵证券市场的,还应当对直接负责的主管人员和其他直接责任人员给予警告,并处以10万元以上60万元以下的罚款。

(三)欺诈客户

所谓欺诈客户是指证券经营机构或其工作人员在履行职责义务时实施的故意诱骗投资者买卖证券的行为。例如,证券公司挪用客户的保证金,或者证券公司不在规定时间内向客户提供交易的书面确认文件,这都属于欺诈客户。

拥有客户,才可能欺诈客户。在证券市场中,承销商、经销商、兼营经纪和自营的证券商、投资咨询公司及其这些机构的工作人员在证券发行、流通中充当着不同的角色,于是就形成了与投资者的不同利益关系:它们可以是证券经营机构在承销证券业务与潜在的投资者发生的买卖关系;也可以是证券经营机构作为经济人,接受投资者的委托买卖证券时所发生的特殊代理关系等。而欺诈客户的动机恰恰暗含在这些利益关系中。

与其他证券市场违法行为略有不同,欺诈客户多发生于证券公司与其客户之间,因此多为侵权行为和违约行为的结合。我国目前立法对欺诈客户的民事责任之规定仍过于笼统,有待于在今后的立法中进一步细化之。

根据《证券法》的规定,证券公司及其从业人员欺诈客户的行为包括:① 违背客户的委托为其买卖证券;② 不在规定时间内向客户提供交易的书面确认文件;③ 挪用客户所委托买卖的证券或者客户账户上的资金;④ 私自买卖客户账户上的证券,或者假借客户名义买卖证券;⑤ 为牟取佣金收入,诱使客户进行不必要的证券买卖;⑥ 其他违背客户真实意思,损害客户利益的行为。

1993年9月2日发布的《禁止证券欺诈行为暂行办法》规定:禁止任何单位或个人在证券发行、交易及相关活动中的内幕交易、操纵市场、欺诈客户、虚假陈述等行为。我国《刑法》第一百八十一条规定,编造并且传播影响证券、期货交易的虚假信息,扰乱证券、期货交易市场,造成严重后果的,处5年以下有期徒刑或者拘役,并处或者单处1万元以上10万元以下罚金。证券交易所、期货交易所、证券公司、期货经纪公司的从业人员,证券业协会、期货业协会或者证券期货监督管理部门的工作人员,故意提供虚假信息或者伪造、变造、销毁交易记录,诱骗投资者买卖证券、期货合约,造成严重后果的,处5年以下有期徒刑或者拘役,并处或者单处1万元以上10万元以下罚金;情节特别恶劣的,处5年以上10年以下有期徒刑,并处2万元以上20万元以下罚金。单位犯前两款罪的,对单位判处罚金,并对其直接负责的主管人员和其他直接责任人员,处五年以下有期徒刑或者拘役。

本 章 小 结

◆内容摘要

1. 证券市场监管的理论依据包括：不完全竞争，外部效应，信息不对称，经济监管理论。证券市场监管的重要性体现在两个方面，一是保护证券投资者权益，二是促进证券市场健康发展，保证经济稳定运行。证券市场的监管要遵循四大原则，即依法管理原则，保护投资者利益原则，"三公"原则以及监管与自律相结合原则。证券市场监管手段主要有法律手段，经济手段，行政手段以及自律管理。

2. 证券监管体制模式分为集中型监管、自律型监管、中间型监管三类。

3. 证券市场监管对象与内容主要有八个方面：对证券市场发行的监管，对证券市场交易的监管，对上市公司的监管，对证券市场交易所的监管，对证券经营机构的监管，对证券从业人员的监管，对证券投资者的监管，对证券违法行为的监管。

◆关键词

证券监管　信息不对称　注册制　审核制　"三公"原则　集中型监管　自律型监管　中间型监管　自律管理　内幕交易　欺诈客户　操纵市场

◆思考题

1. 为什么要对证券市场进行监管？
2. 证券监管遵循的原则有哪些？
3. 证券监管体制有哪几种模式？各模式有何优缺点？
4. 证券市场信息披露存在哪些问题？
5. 什么是内幕交易？主要方式有哪些？

分析案例

牛市内幕交易第一案——杭萧钢构

2008年2月4日，浙江省丽水市中级人民法院对被称为"牛市内幕交易第一案"的杭萧钢构案进行了一审宣判。公诉机关指控，2006年11月，杭萧钢构与中国国际基金有限公司开始接触洽谈安哥拉公房项目由混凝土结构改成钢结构事宜。2007年2月17日，经过多轮谈判，双方签订了相关合同，该项目整体涉及总金额300多亿元。2007年1月月底至2月，时任杭萧钢构证券办副主任、证券事务代表的罗高峰在工作中，获悉公司正在洽谈"安哥拉项目"的有关信息。2007年2月份，罗高峰违反《证券法》有关规定，向原杭萧钢构证券办主任陈玉兴透露了自己知悉的相关信息。陈玉兴指使合作炒股票的王向东分多次买入杭萧钢构股票共计6961896股，并在3月15日全部卖出，非法获利4037万余元。

丽水市中级人民法院对此案公开审理后认为，被告人罗高峰身为内幕信息知情人员，在涉及证券的发行、交易，对证券的价格有重大影响的信息尚未公开前，故意泄露内幕信息给知情人员以外的人，造成他人利用内幕信息进行内幕交易，情节严重，其行为已构成泄露内幕信息罪，被判处有期徒刑一年六个月；被告人陈玉兴、王兴东非法获取内幕信息并利用内幕信息进行股票交易，情节严重，其行为已构成内幕交易罪，分别被判处有期徒刑二年六个

月和有期徒刑一年六个月,缓刑两年,并各处罚金人民币4037万元;陈玉兴、王向东的违法所得人民币4037万元予以追缴,由丽水市人民检察院上缴国库。

资料来源:根据百度文库相关资料整理。

试根据以上案例分析:

1. 如何看待"牛市内幕交易第一案"的判决结果?
2. 造成这一案件的直接原因与间接原因分别是什么?

一、实训目标。

1. 通过实训,进一步体会和理解证券市场监管的重要性。
2. 通过实训,熟悉常见证券市场违规行为和形式。

二、实训内容。

近些年来,部分网站出现了几家大盘股公司将在证券市场巨额再融资的市场传闻文章,引起股价暴跌,有关公司只得一再出面公开否定再融资计划。无独有偶,从2006年下半年以来,某些人利用网络进行了一系列网络非法证券活动,炒股博客大量兴起,网络论坛、QQ等网络传播平台广泛运用,其文章/笔帖中都有自称的"小道消息""内幕信息"或"精确的市场预测""强力的个股推介"等,并进而吸收会员、收取费用,严重侵犯投资者合法权益。

训练一:分组讨论此种行为是否违反相关证券市场法律法规。

训练二:收集相关案例,并总结和分析常见证券市场违规行为和形式。

附录一　证券从业考试《金融市场基础知识》考试大纲(2018版)

第一章　金融市场体系

第一节　金融市场概述

掌握金融市场的概念;熟悉金融市场的分类;了解金融市场的重要性;掌握金融市场的功能。

掌握直接融资与间接融资的概念、特点和分类;熟悉直接融资与间接融资的区别;熟悉直接融资对金融市场的影响。

第二节　全球金融市场

了解全球金融市场的形成及发展趋势;了解国际资金流动方式;熟悉全球金融体系的主要参与者。

了解英国、美国、中国香港为代表的主要国家和地区金融市场结构和金融监管特征。

第二章　中国的金融体系与多层次资本市场

第一节　中国的金融体系

了解新中国成立以来我国金融市场的发展历史;熟悉我国金融市场的发展现状;了解影响我国金融市场运行的主要因素。

了解金融中介机构体系的构成;掌握商业银行、证券公司、保险公司等主要金融中介机构的业务;了解我国银行业、证券业、保险业、信托业的行业基本情况;熟悉我国金融市场的监管架构;了解"一委一行两会"的职责;了解金融服务实体经济的要求。

了解中央银行的业务(资产负债表)和主要职能;熟悉存款准备金制度与货币乘数的概念;掌握货币政策的概念、措施及目标;掌握货币政策工具的概念及作用原理;熟悉货币政策的传导机制。

第二节　中国的多层次资本市场

掌握资本市场的分层特性及其内在逻辑;掌握中国多层次资本市场的主要内容、结构与意义。

熟悉场内市场的定义、特征和功能;熟悉场外市场的定义、特征和功能;熟悉主板、中小板、创业板的概念与特点;熟悉全国中小企业股份转让系统的概念与特点;熟悉私募基金市场、区域股权市场、券商柜台市场、机构间私募产品报价与服务系统的概念与特点。

第三章　证券市场主体

第一节　证券发行人

掌握证券市场融资活动的概念、方式及特征。

掌握证券发行人的概念和分类;熟悉政府和政府机构直接融资的方式及特征;熟悉企业(公司)直接融资的方式及特征;熟悉我国上市公司首次融资与再融资的途径;掌握金融机构直接融资的特点。

第二节　证券投资者

掌握证券市场投资者的概念、特点及分类;了解我国证券市场投资者结构及演化。

掌握机构投资者的概念、特点及分类;熟悉机构投资者在金融市场中的作用;熟悉政府机构类投资者的概念、特点及分类;掌握金融机构类投资者的概念、特点及分类;熟悉合格境外机构投资者、合格境内机构投资者的概念与特点;掌握企业和事业法人类机构投资者的概念与特点;掌握基金类投资者的概念、特点及分类。

掌握个人投资者的概念;熟悉个人投资者的风险特征与投资者适当性。

第三节　证券中介机构

掌握证券公司的定义;了解我国证券公司的发展历程;掌握我国证券公司的监管制度及具体要求;掌握证券公司主要业务的种类及内容;了解证券公司业务国际化。

熟悉证券服务机构的类别;熟悉对律师事务所从事证券法律业务的管理;熟悉对注册会计师、会计师事务所从事证券、期货相关业务的管理;熟悉对证券、期货投资咨询机构的管理;熟悉对资信评级机构从事证券业务的管理;熟悉对资产评估机构从事证券、期货业务的管理;掌握我国证券金融公司的定位及业务;掌握对证券金融公司从事转融通业务的管理;熟悉证券服务机构的法律责任和市场准入。

第四节　自律性组织

掌握证券交易所的定义、特征及主要职能;熟悉证券交易所的组织形式;了解我国证券交易所的发展历程。

熟悉证券业协会的性质和宗旨;了解证券业协会的历史沿革;熟悉证券业协会的职责和自律管理职能。

熟悉证券登记结算公司的设立条件与主要职能;熟悉证券登记结算公司的登记结算制度。

掌握证券投资者保护基金的来源、使用、监督管理;熟悉中国证券投资者保护基金公司设立的意义和职责。

第五节　证券监管机构

熟悉证券市场监管的意义和原则、市场监管的目标和手段;掌握我国的证券市场的监管体系;掌握国务院证券监督管理机构及其组成;熟悉《证券法》赋予证券监督管理机构的职责、权限。

第四章 股 票

第一节 股票概述

掌握股票的定义、性质和特征;熟悉普通股票与特别股票、记名股票与不记名股票、有面额股票与无面额股票的区别和特征;掌握股利政策、股份变动等与股票相关的资本管理概念。

掌握普通股股东的权利和义务;掌握公司利润分配顺序、股利分配条件、原则和剩余资产分配条件、顺序;熟悉股东重大决策参与权、资产收益权、剩余资产分配权、优先认股权等概念。

熟悉优先股的定义、特征;了解发行或投资优先股的意义;了解优先股与普通股、债券及其他股债混合产品的比较;了解优先股票的分类及各种优先股票的含义。

了解我国各种股份的概念;了解我国股票按投资主体性质的分类及概念;了解我国股票按流通受限与否的分类及概念;熟悉A股、B股、H股、N股、S股、L股、红筹股等概念。

第二节 股票发行

熟悉股票发行制度的概念;了解我国股票发行制度的演变;掌握审批制、核准制、注册制的概念与特征;掌握保荐制度、承销制度的概念;了解股票的无纸化发行和初始登记制度。

掌握新股公开发行和非公开发行的基本条件、一般规定、配股的特别规定、增发的特别规定;熟悉增发的发行方式、配股的发行方式;了解新股网上网下申购的要求。

熟悉股票退市制度。

第三节 股票交易

掌握证券交易原则和交易规则;熟悉做市商交易的基本概念与特征;熟悉融资融券交易的基本概念与操作。

掌握证券账户的种类;掌握开立证券账户的基本原则和要求;了解证券托管和证券存管的概念;了解我国证券托管制度的内容;了解证券委托的形式;掌握委托指令的基本类别;熟悉委托指令的内容;熟悉委托受理的手续和过程;了解委托指令撤销的条件和程序;掌握证券交易的竞价原则和竞价方式;了解涨跌幅限制等市场稳定机制;了解证券买卖中交易费用的种类;了解股票交易的清算与交收程序;了解股票的非交易过户。

熟悉股票价格指数的概念和功能;了解股票价格指数的编制步骤和方法;熟悉我国主要的股票价格指数;了解海外国家主要股票市场的股票价格指数。

熟悉沪港通和深港通的概念及组成部分;了解沪港通和深港通股票范围及投资额度的相关规定。

第四节 股票估值

掌握股票票面价值、账面价值、清算价值、内在价值的概念与联系;熟悉股票的理论价格与市场价格的概念及引起股票价格变动的直接原因;了解影响股票价格变动的相关因素;了解基本分析、技术分析、量化分析的概念。

熟悉货币的时间价值、复利、现值、贴现的概念;熟悉影响股票投资价值的因素;了解股票的绝对估值方法和相对估值方法。

第五章 债券

第一节 债券概述

掌握债券的定义、票面要素、特征、分类；熟悉债券与股票的异同点。

掌握政府债券的定义、性质和特征；掌握中央政府债券的分类；了解我国国债的品种、特点和区别；掌握地方政府债券的概念；熟悉地方政府债券的发行主体、分类方法；了解我国国债与地方政府债券的发行情况。

掌握金融债券、公司债券和企业债券的定义和分类；了解我国金融债券的品种和管理规定；熟悉各种公司债券的含义；了解我国企业债的品种和管理规定；了解我国公司债券的管理规定；熟悉我国公司债券和企业债券的区别。

掌握国际债券的定义、特征和分类；掌握外国债券和欧洲债券的概念、特点；了解我国国际债券的发行概况。

掌握资产证券化的定义与分类；熟悉资产证券化各方参与者；熟悉资产证券化的具体操作要求；熟悉资产支持证券概念及分类；熟悉资产证券化的主要产品；了解资产证券化兴起的经济动因；了解美国次级贷款及相关证券化产品危机；我国资产证券化的发展历史。

第二节 债券发行

掌握我国国债的发行方式；熟悉记账式国债和凭证式国债的承销程序；熟悉国债销售的价格和影响国债销售价格的因素。

了解财政部代理发行地方政府债券和地方政府自行发债的异同。

熟悉我国金融债券的发行条件、申报文件、操作要求、登记、托管与兑付的有关规定；了解次级债务的概念、募集方式；了解混合资本债券的概念、募集方式。

熟悉我国企业债券和公司债券发行的基本条件、募集资金投向和不得再次发行的情形；了解企业债券和公司债券发行的条款设计要求。

熟悉企业短期融资融券和中期票据的注册规则、承销的组织；熟悉中小非金融企业集合票据的特点、发行规模要求、偿债保障措施、评级要求、投资者保护机制。

熟悉证券公司债券的发行条件与条款设计；了解证券公司次级债券的发行条件；了解证券公司债券发行的申报程序、申请文件的内容；熟悉证券公司债券的上市与交易的制度安排。

了解国际开发机构人民币债券的发行与承销的有关规定。

第三节 债券交易

掌握债券现券交易、回购交易、远期交易和期货交易的基本概念；熟悉债券现券交易、回购交易、远期交易和期货交易的流程和区别；掌握债券报价的主要方式；熟悉债券的开户、交易、清算、交收的概念及有关规定；熟悉债券登记、托管、兑付及付息的有关规定。

掌握债券评级的定义与内涵；了解债券评级的程序；熟悉债券评级的等级标准及主要内容。

了解银行间债券市场的发展情况；了解交易所债券市场的发展情况；熟悉银行间债券市场与交易所债券市场的交易方式、托管方式及结算方式；熟悉债券市场转托管的定义及条件。

第四节 债券估值

熟悉债券估值的基本原理；熟悉影响债券价值的基本因素；了解债券报价与实付价格；了解

零息债券、附息债券、累息债券的估值定价;了解债券当期收益率、到期收益率、即期利率、持有期收益率、赎回收益率的概念;了解利率的风险结构和期限结构的概念。

第六章 证券投资基金

第一节 证券投资基金概述
掌握证券投资基金的概念和特点;掌握基金与股票、债券的区别;掌握契约型基金与公司型基金、封闭式基金与开放式基金的概念与区别;熟悉股票基金、债券基金、混合型基金、货币市场基金的概念;熟悉公募基金与私募基金的区别;掌握交易所交易基金与上市开放式基金的概念、特点;熟悉保本基金、QDII基金、分级基金、基金中基金以及伞形基金的概念;了解证券投资基金的起源与全球证券投资基金业发展概况;熟悉我国证券投资基金的发展概况。

第二节 证券投资基金的运作与市场参与主体
熟悉我国证券投资基金的运作关系;熟悉基金投资管理过程;熟悉基金投资面临的外部风险与内部风险;熟悉基金市场参与主体。

第三节 基金的募集、申购赎回与交易
熟悉拟募集基金应具备的条件;熟悉基金的募集步骤;熟悉开放式基金的认购步骤、认购方式、认购费率和收费模式;熟悉开放式基金申购、赎回的概念;熟悉认购与申购的区别;熟悉申购、赎回的原则;了解申购、赎回费用及销售服务费的概念;熟悉开放式基金份额的转换、非交易过户、转托管与冻结的概念;熟悉封闭式基金的交易规则与交易费用。

第四节 基金的估值、费用与利润分配
熟悉基金资产估值的概念;了解基金资产估值的重要性;熟悉基金资产估值需考虑的因素;熟悉我国基金资产估值的原则;熟悉基金费用的种类;熟悉各种费用的计提标准及计提方式。

熟悉基金收入的来源、利润分配方式;掌握不同类型基金利润分配的原则;熟悉基金自身投资活动产生的税收;熟悉基金投资者(包括个人和机构)投资基金的税收。

第五节 证券投资基金的监管与信息披露
熟悉基金监管的含义与作用;熟悉我国基金监管机构和自律组织;熟悉对基金机构的监管内容;掌握对公募基金销售活动的监管内容;掌握对公募基金投资与交易行为的监管的内容;熟悉基金信息披露的含义与作用;掌握基金信息披露的禁止性规定;熟悉基金募集信息披露、运作信息披露和临时信息披露的内容。

第六节 非公开募集证券投资基金
掌握对非公开募集证券投资基金的基本规范;熟悉私募基金的募集程序;熟悉私募基金的信息披露。

第七章 金融衍生工具

第一节 金融衍生工具概述

掌握衍生工具的概念、基本特征;掌握衍生工具的分类;掌握股权类、货币类、利率类以及信用类衍生工具的概念及其分类。

了解金融衍生工具的发展动因、发展现状和发展趋势;掌握金融衍生工具市场的特点与功能;了解我国衍生工具市场的发展状况。

第二节 金融远期、期货与互换

掌握远期、期货、期权和互换的定义、基本特征和区别;掌握金融期货、金融期货合约的定义;了解金融期货合约的主要种类;掌握金融期货的集中交易制度、保证金制度、无负债结算制度、限仓制度、大户报告制度、每日价格波动限制、强行平仓、强制减仓制度等主要交易制度;掌握金融期货的种类与基本功能。

了解人民币利率互换的业务内容;了解信用违约互换的含义和主要风险;了解收益互换的应用。

第三节 金融期权与期权类金融衍生产品

掌握金融期权的定义和特征;熟悉金融期货与金融期权的区别;熟悉金融期权的主要功能;了解金融期权的主要种类;了解金融期权的主要风险指标;了解权证的定义和分类;了解期权品种及其应用。

掌握可转换公司债券、可交换公司债券的概念、特征、发行基本条件;熟悉可交换债券与可转换债券的不同。

第四节 其他衍生工具简介

熟悉存托凭证与结构化金融衍生产品的定义和分类。

第八章 金融风险管理

第一节 风险概述

了解风险的常见定义;掌握中国国家标准对风险的定义;掌握风险的构成要素;掌握金融风险的分类;熟悉系统风险与非系统风险的概念;熟悉流动性风险、市场风险、信用风险、操作风险、声誉风险的概念与特点。

第二节 风险管理

掌握风险管理的概念;熟悉风险管理的方法;熟悉风险预防、风险分散、风险对冲、风险转移、风险规避、风险补偿的概念及特点;熟悉风险管理的过程;熟悉风险管理VAR分析法的原理与应用;了解风险管理的发展趋势。

附录二　证券从业考试《证券基本法律法规》考试大纲(2018版)

第一章　证券市场基本法律法规

第一节　证券市场的法律法规体系

了解法的概念与特征；了解法律关系的概念、特征、种类与基本构成；熟悉证券市场法律法规体系的主要层级；了解证券市场各层级的主要法规。

第二节　公司法

掌握公司的种类；熟悉公司法人财产权的概念；熟悉关于公司经营原则的规定；熟悉分公司和子公司的法律地位；了解公司的设立方式及设立登记的要求；了解公司章程的内容；熟悉公司对外投资和担保的规定；熟悉关于禁止公司股东滥用权利的规定。

了解有限责任公司的设立和组织机构；熟悉有限责任公司注册资本制度；熟悉有限责任公司股东会、董事会、监事会的职权；掌握有限责任公司股权转让的相关规定。

掌握股份有限公司的设立方式与程序；熟悉股份有限公司的组织机构；熟悉股份有限公司的股份发行；熟悉股份有限公司股份转让的相关规定及对上市公司组织机构的特别规定。

了解董事、监事和高级管理人员的义务和责任；掌握公司财务会计制度的基本要求和内容；了解公司合并、分立的种类及程序；熟悉高级管理人员、控股股东、实际控制人、关联关系的概念。

熟悉关于虚报注册资本、欺诈取得公司登记、虚假出资、抽逃出资、另立账簿、财务会计报告虚假记载等的法律责任。

第三节　合伙企业法

掌握合伙企业的概念；了解合伙企业与公司的区别；掌握合伙企业的种类；掌握普通合伙人的主体适格性的限制性要求；掌握合伙协议的订立形式与基本原则。

掌握设立合伙企业的条件；熟悉合伙企业财产分割、转让以及处分的相关规定；掌握合伙企业经营中应当经全体合伙人一致同意的重要事项；了解合伙企业利润分配、亏损分担的原则；了解新合伙人入伙的条件；掌握合伙人退伙、除名的情形或条件；掌握特殊普通合伙企业的内容。

掌握有限合伙企业的合伙人、有限合伙企业的名称；了解有限合伙企业协议的内容；掌握有限合伙企业的出资；掌握有限合伙企业事务的执行；掌握有限合伙企业的特殊性；掌握有限合伙和普通合伙的转化。

了解合伙企业的解散事由；了解合伙企业的清算规则；了解合伙企业注销后的债务承担；掌握违反合伙企业法及合伙协议应当承担的主要法律责任。

第四节　证券法

熟悉证券法的适用范围；掌握证券发行和交易的"三公"原则；掌握发行交易当事人的行为

准则;掌握证券发行、交易活动禁止行为的规定。

掌握公开发行证券的有关规定;熟悉证券承销业务的种类、承销协议的主要内容;熟悉承销团及主承销人;熟悉证券的销售期限;熟悉代销制度。

掌握证券交易的条件及方式等一般规定;掌握股票上市的条件、申请和公告;掌握债券上市的条件和申请;熟悉证券交易暂停和终止的情形;熟悉信息公开制度及信息公开不实的法律后果;掌握内幕交易行为;熟悉操纵证券市场行为;掌握虚假陈述、信息误导行为和欺诈客户行为。

掌握上市公司收购的方式;熟悉上市公司收购的程序和规则。

熟悉证券交易所的组织架构、交易规则和风险基金制度。

熟悉证券登记结算机构的设立条件、职能、业务规则和证券结算风险基金。

熟悉违反证券发行规定的法律责任;熟悉违反证券交易规定的法律责任;掌握上市公司收购的法律责任;熟悉违反证券机构管理、人员管理相关规定的法律责任及证券机构的法律责任。

第五节 证券投资基金法

掌握基金管理人、基金托管人和基金份额持有人的概念、基金份额持有人的权利、基金管理人、基金托管人的职责;了解设立基金管理公司的条件;熟悉基金管理人的禁止行为;掌握基金财产的独立性要求;掌握基金财产债权债务独立性的意义。

熟悉基金公开募集与非公开募集的区别;了解公募基金运作的方式;了解非公开募集基金的合格投资者的要求;了解非公开募集基金的投资范围;了解非公开募集基金管理人的登记及非公开募集基金的备案要求;了解相关的法律责任。

第六节 期货交易管理条例

掌握期货的概念、特征及其种类;熟悉期货交易所的职责;了解期货交易所会员管理、内部管理制度的相关规定;了解期货公司设立的条件;了解期货公司的业务许可制度;了解期货交易的基本规则;了解期货监督管理的基本内容;了解期货相关法律责任的规定。

第七节 证券公司监督管理条例

熟悉证券公司依法审慎经营、履行诚信义务的规定;熟悉禁止证券公司股东和实际控制人滥用权利、损害客户权益的规定;了解证券公司股东出资的规定;了解关于成为持有证券公司5%以上股权的股东、实际控制人资格的规定;掌握证券公司设立时业务范围的规定;熟悉证券公司变更公司章程重要条款的规定;了解证券公司合并、分立、停业、解散或者破产的相关规定;了解证券公司及其境内分支机构的设立、变更、注销登记的规定;熟悉有关证券公司组织机构的规定;掌握证券公司及其境内分支机构经营业务的规定;掌握证券公司为客户开立证券账户管理的有关规定;熟悉关于客户资产保护的相关规定;熟悉证券公司客户交易结算资金管理的规定;了解证券公司信息报送的主要内容和要求。

了解证券监督管理机构对证券公司进行监督管理的主要措施(月度、年度报告、信息披露、检查、责令限期整改的情形及可采取的措施);了解证券公司主要违法违规情形及其处罚措施。

第二章 证券经营机构管理规范

第一节 公司治理、内部控制与合规管理

熟悉证券公司治理的基本要求;掌握证券公司与股东之间关系的特别规定;掌握对证券公司

董事会、监事会、高级管理人员的相关要求;熟悉证券公司与客户关系的基本原则。

熟悉证券公司内部控制的基本要求;熟悉证券公司各类业务内部控制的主要内容;了解对证券公司业务创新的相关规定;了解对证券公司内部控制的监督、检查与评价机制。

熟悉证券公司合规、合规管理及合规风险的概念;掌握证券公司合规经营基本原则与应遵守的基本要求;熟悉证券公司合规管理基本制度的有关内容;掌握证券公司董事会、监事会或监事、下属单位负责人的合规管理职责;掌握证券公司工作人员在业务活动和执业行为中的合规管理职责;掌握证券公司合规负责人进行合规审查、合规检查、对公司违法违规行为或合规风险隐患的处理规定;熟悉证券公司合规部门、合规管理人员的相关规定;熟悉证券公司合规负责人和合规管理人员的独立性原则;了解证券公司合规报告的内容规定;了解对证券公司及有关人员违反合规管理规定的监管措施。

掌握证券公司管理敏感信息的基本原则和保密要求;熟悉各主体在证券公司信息隔离墙制度建立和执行方面的职责;掌握证券公司跨墙人员基本行为规范;熟悉证券公司观察名单、限制名单管理的基本要求。

掌握证券公司分类监管的概念;熟悉证券公司分类监管的评价指标体系及评价方法;熟悉基于分类监管要求划分的证券公司基本类别。

掌握反洗钱的定义;熟悉客户身份识别和客户身份资料保存的基本要求;掌握洗钱和恐怖融资风险评估及客户分类管理要求;掌握证券公司反洗钱保密要求;掌握应当提交可疑交易报告的情形及后续控制措施;熟悉涉及恐怖活动资产冻结的流程及要求。

第二节 风险管理

掌握证券公司风险控制指标基本规定;了解净资本计算标准;掌握证券公司从事相关证券业务的净资本标准;掌握证券公司应持续符合的风险控制指标标准;了解证券公司编制风险控制指标监管报表相关要求;了解风险控制指标相关监管措施。

掌握全面风险管理的定义;掌握全面风险管理体系所包括的内容和覆盖范围;掌握证券公司全面风险管理的责任主体;熟悉证券公司应将子公司风险管理纳入统一体系的要求;了解中国证券业协会就证券公司的全面风险管理实施自律管理可采取的措施。

掌握证券公司流动性风险的定义;掌握证券公司流动性风险管理的目标;熟悉证券公司流动性风险管理应遵循的原则;了解证券公司流动性风险管理的组织架构及职责;了解证券公司流动性风险限额管理的基本要求;了解证券公司融资管理的基本要求。

第三节 投资者适当性管理

熟悉证券经营机构执行投资者适当性的基本原则;掌握经营机构向投资者销售产品或提供服务应了解的投资者信息;掌握普通投资者享有特别保护的规定;熟悉专业投资者的范围;掌握确定普通投资者风险承受能力的主要因素;熟悉划分产品或服务风险等级时应考虑的因素;掌握经营机构在投资者坚持购买风险等级高于其承受能力的产品时的职责;熟悉经营机构销售产品或提供服务的禁止性行为;熟悉经营机构向普通投资者销售产品或提供服务前应告知的信息;掌握经营机构需进行现场录音录像留痕的要求;掌握对经营机构违反适当性管理规定的监管措施。

第四节 从业人员管理

了解从事证券业务的专业人员范围;了解专业人员从事证券业务的资格条件;熟悉从业人员申请执业证书的条件和程序;了解从业人员监督管理的相关规定;熟悉违反从业人员资格管理相关规定的法律责任。

掌握证券业从业人员执业行为准则;熟悉中国证监会及中国证券业协会诚信管理的有关规定;掌握证券市场禁入措施的实施对象、内容、期限及程序;掌握廉洁从业有关规定。

掌握证券公司从事经纪业务相关人员的要求;熟悉从事证券经纪业务人员不得存在的行为;了解证券公司承担技术、合规管理和风险控制职责的人员不得从事的工作;了解违反经纪业务相关规定的人员承担的法律责任。

掌握证券经纪业务营销人员执业资格管理的有关规定;了解证券经纪人与证券公司之间的委托关系;掌握证券经纪业务营销人员执业行为的范围、禁止性规定。

掌握证券投资基金销售人员执业资格管理的有关规定;掌握销售证券投资基金、代销金融产品的行为规范。

掌握证券投资咨询人员分类及其执业资格管理的有关规定;掌握证券投资顾问与证券分析师的注册登记要求;掌握发布证券研究报告应遵循的执业规范;掌握对署名证券分析师发布研究报告的基本要求。

熟悉保荐代表人的资格管理规定;掌握保荐代表人执业行为规范;掌握保荐代表人应遵守的职业道德准则;掌握保荐代表人违反有关规定的法律责任或被采取的监管措施。

熟悉财务顾问主办人应该具备的条件;熟悉财务顾问主办人执业行为规范。

掌握客户资产管理业务投资主办人执业注册的有关要求;熟悉资产管理投资主办人执业行为管理的有关要求。

了解证券资信评级业务人员有关规定。

第三章　证券公司业务规范

第一节　证券经纪

了解证券公司经纪业务的主要法律法规;熟悉证券经纪业务的特点;熟悉证券公司经纪业务中营销管理的主要内容、证券经纪人制度的主要内容、账户管理、客户适当性、客户交易结算资金三方存管、交易委托、异常交易行为管理、客户交易安全监控、佣金管理、指定交易及托管、转销户等环节的基本规则、业务风险及规范要求;掌握经纪业务的禁止行为;了解经纪业务风险防范的主要内容;熟悉监管部门对经纪业务的监管措施和自律组织对经纪业务的自律管理措施。

熟悉沪港通、深港通股票范围及主要交易规则;了解对证券基金经营机构开展港股通相关业务内部管理和业务流程的基本要求;了解证券交易所对沪港通、深港通业务的自律管理措施。

第二节　证券投资咨询

掌握证券投资咨询、证券投资顾问、证券研究报告的概念和基本关系;掌握证券投资咨询机构及人员资格管理要求;掌握证券、期货投资咨询业务的管理规定;掌握监管部门对发布证券研究报告业务的有关规定;掌握监管部门对证券投资顾问业务的有关规定;掌握证券公司、证券投资咨询机构及其执业人员向社会公众开展证券投资咨询业务活动的有关规定;掌握利用"荐股软件"从事证券投资咨询业务的相关规定;掌握证券投资咨询人员执业行为准则;了解监管部门和自律组织对证券投资咨询业务的监管措施和自律管理措施。

第三节　与证券交易、证券投资活动有关的财务顾问

了解上市公司收购以及上市公司重大资产重组等主要法律法规;掌握财务顾问业务的业务许可情况;熟悉从事上市公司并购重组财务顾问业务的业务规则;熟悉财务顾问的监管和法律责任。

第四节 证券承销与保荐

了解证券公司发行与承销业务的主要法律法规;熟悉证券发行保荐业务的一般规定;了解证券发行与承销信息披露的有关规定;掌握证券公司发行与承销业务的内部控制规定;熟悉监管部门对证券发行与承销的监管措施;掌握违反证券发行与承销有关规定的法律责任。

第五节 证券自营

了解证券公司自营业务的主要法律法规;掌握证券公司自营业务投资范围的规定;了解证券自营业务决策与授权的要求;掌握证券自营业务相关风险控制指标;了解证券自营业务操作的基本要求;掌握自营业务的禁止性行为;熟悉证券自营业务的监管措施和法律责任。

第六节 证券资产管理

熟悉证券公司开展资产管理业务的法律法规体系和基本要求;掌握证券公司客户资产管理业务类型。

掌握证券资产管理业务的一般性规定;掌握资产管理业务投资主办的基本要求、合同签署及内容约定要求;掌握不同类型资产管理计划委托资产的其实金额、资产来源等要求;掌握资产管理计划成立和存续的基本条件;掌握资产管理业务客户参与、退出、终止的要求;掌握资产管理计划推广销售的要求;掌握不同类型的资产管理计划投资交易的要求;掌握证券公司以自有资金参与集合资产管理计划的相应要求;熟悉关联交易的要求;熟悉资产管理业务的托管要求;掌握资产管理业务禁止行为的有关规定。

掌握监管部门对资产管理业务的监管措施及后续监管要求;掌握资产管理业务违反有关规定的法律责任。

掌握对证券期货经营机构及相关销售机构销售资产管理计划的监管要求;掌握委托第三方机构为资管计划提供投资建议的监管要求。

熟悉从事证券资产管理业务活动的违法情形;熟悉证券资产管理业务为违法证券期货业务活动提供交易便利的情形;熟悉"资金池"性质的私募资产管理业务。

掌握金融机构开展资产管理业务遵循的基本原则、产品种类、适当性、内控要求、金融机构基本职责、代销要求、投资范围、资金池要求、估值要求、禁止刚性兑付要求、分级要求、通道及嵌套要求、人工智能、监管原则等。

了解合格境外机构投资者境内证券投资、合格境内机构投资者境外证券投资的相关监管规定。

熟悉证券公司开展资产证券化业务的主要规则;熟悉资产证券化业务基础资产负面清单;了解专项计划管理人主要职责;了解专项计划设立、运作的一般流程;了解资产支持证券挂牌、转让的相关规定;熟悉资产证券化业务的尽职调查规定;了解资产支持证券信息披露的相关要求。

第七节 证券公司信用业务

了解证券公司信用业务的主要法律法规;掌握融资融券业务管理的基本原则;了解证券公司申请融资融券业务资格应具备的条件;掌握融资融券业务的账户体系;熟悉融资融券业务客户的申请、客户征信调查、客户的选择标准;掌握融资融券业务合同及风险揭示书的基本内容;熟悉融资融券业务所形成的债权担保的有关规定;掌握标的证券、保证金和担保物的管理规定;了解融券业务所涉及证券的权益处理规定;掌握监管部门对融资融券业务的监管措施;了解转融通业务的基本概念及主要规则;了解转融通业务中资金和证券的来源及权益处理。

熟悉股票质押式回购、约定式购回、质押式报价回购业务的主要规则;了解股票质押回购、约定式购回、质押式报价回购业务的风险管理、违约处置及异常交易处理的一般规定。

第八节 证券公司场外业务

了解全国股转系统的性质、服务对象及主要功能;熟悉全国股转系统一般业务规则;掌握主办券商在全国股转系统开展业务的主要业务类别、业务申请条件及业务管理要求;掌握主办券商在全国股转系统开展业务的主要规则;熟悉全国股转系统对主办券商的自律管理措施。

了解证券公司柜台交易、柜台市场的概念、基本要求;熟悉证券公司可以在柜台市场发行、销售与转让的产品种类;了解柜台市场发行、销售与转让产品可采取的方式;熟悉柜台交易合同签订、财产担保的有关要求;熟悉柜台市场账户、登记、托管、结算的有关要求;熟悉柜台市场内控制度建设、投资者适当性管理、信息披露的有关要求;了解证券公司柜台市场业务的自律管理要求。

了解证券公司参与区域性股权交易市场的业务范围;熟悉证券公司在区域性股权交易市场提供业务服务的相关规定;了解证券公司参与区域性股权交易市场的自律管理要求。

第九节 其他业务

熟悉代销金融产品的规范和禁止性行为。

熟悉证券公司中间介绍业务的业务范围;掌握证券公司开展中间介绍业务的业务规则与禁止行为;熟悉对中间介绍业务的监管措施。

了解证券公司另类投资业务的概念及投资范围;熟悉证券公司另类投资业务的主要业务规则;了解证券公司设立子公司开展另类投资业务的相关规定。

熟悉证券公司私募投资基金业务的主要业务规则;了解证券公司设立子公司开展私募投资基金业务的相关规定。

掌握非银行金融机构开展证券投资基金托管业务的条件与管理要求。

了解股票期权交易的主要制度安排;熟悉证券公司开展股票期权业务的条件与主要业务规则。

熟悉证券公司金融衍生品的交易范围、种类及其备案管理。

第四章 证券市场典型违法违规行为及法律责任

第一节 证券一级市场

熟悉擅自公开或变相公开发行证券的特征及其法律责任;熟悉欺诈发行股票、债券的犯罪构成、刑事立案追诉标准及其法律责任;掌握非法集资类犯罪的犯罪构成、立案追诉标准并熟悉其法律责任;掌握违规披露、不披露重要信息的行政责任、刑事责任的认定;了解擅自改变公开发行证券募集资金用途的法律责任。

第二节 证券二级市场

掌握诱骗投资者买卖证券、期货合约的刑事责任的认定;掌握利用未公开信息交易的刑事责任及行政责任的认定;掌握内幕交易、泄露内幕信息的刑事责任、民事责任及行政责任的认定;掌握操纵证券期货市场的刑事责任、民事责任及行政责任的认定;掌握在证券交易活动中作出虚假陈述或者信息误导的法律责任认定;熟悉背信运用受托财产的犯罪构成、刑事追诉标准及其法律责任。

附录三　证券分析师胜任能力考试大纲(2015版)

第一部分　业务监管

第一章　发布证券研究报告业务监管

第一节　资格管理

了解证券分析师执业资格的取得方式;熟悉证券分析师的监管、自律管理和机构管理;了解证券分析师后续职业培训的要求。

第二节　主要职责

熟悉证券公司、证券投资咨询机构及证券分析师在发布证券研究报告中应履行的职责。

第三节　工作规程

掌握证券投资咨询业务分类;掌握证券研究报告的分类;掌握证券研究报告的基本要素、组织结构和撰写要求;熟悉证券研究报告对象覆盖的要求;熟悉证券研究报告信息收集的要求;熟悉对上市公司调研活动管理的规范要求;熟悉证券研究报告制作的要求;掌握证券研究报告的质量控制要求;熟悉证券研究报告的合规审查要求;熟悉发布研究报告的业务管理制度;熟悉证券研究报告的销售服务要求;掌握业务主体的主要职责、业务流程管理与合规管理。

第四节　执业规范

掌握发布证券研究报告业务的相关法规;掌握证券公司、证券投资咨询机构及其人员从事发布证券研究报告业务,违反法律、行政法规和相关规定的法律后果、监管措施及法律责任。

第二部分 专 业 基 础

第二章 经 济 学

熟悉需求函数、需求曲线和需求弹性的含义;熟悉供给函数、供给曲线和供给弹性的含义;掌握市场均衡原理。

熟悉完全竞争市场的特征;熟悉利润最大化与完全竞争企业的供给曲线的含义;熟悉完全垄断市场的特征;熟悉垄断企业的需求和边际收益曲线的含义;熟悉垄断企业的短期均衡与利润最大化原理;熟悉垄断企业供给曲线的含义;熟悉垄断企业的长期均衡与利润最大化原理;熟悉垄断竞争市场的特征;熟悉垄断竞争企业的短期均衡原理;熟悉垄断竞争企业的长期均衡原理;熟悉寡头市场的特征;熟悉古诺模型的原理;熟悉纳什均衡的基本原理;熟悉囚徒困境的基本原理。

熟悉社会总需求、社会总供给的含义;掌握宏观经济均衡的基本原理;熟悉产品市场和货币市场的一般均衡;掌握 IS-LM 模型;熟悉可贷资金市场均衡、外汇市场均衡及可贷资金市场与外汇市场同时均衡。

第三章 金 融 学

熟悉单利和复利的含义;熟悉连续复利的含义;熟悉终值、现值与贴现因子的含义;掌握无风险利率和风险评价、风险偏好的概念;熟悉无风险利率的度量方法及主要影响因素;掌握风险溢价的度量方法及主要影响因素。

熟悉资本资产定价模型的假设条件;熟悉资本市场线和证券市场线的定义和图形;了解证券系数 β 的含义和应用;熟悉资本资产定价模型的含义及应用;掌握因素模型的含义及应用。

熟悉市场有效性和信息类型;熟悉有效市场假说的含义、特征、应用和缺陷;熟悉预期效用理论;熟悉判断与决策中的认知偏差;熟悉金融市场中的行为偏差的原理;了解行为资产定价理论;了解行为资产组合理论。

第四章 数理方法

熟悉概率与随机变量的含义、计算和原理;熟悉多元分布函数及其数字特征;熟悉随机变量的函数;掌握对数正态分布等统计分布的特征和计算。

熟悉总体、样本和统计量的含义;熟悉统计推断的参数估计;熟悉统计推断的假设检验。

熟悉一元线性回归模型的含义和特征;熟悉多元线性回归模型的含义和特征;掌握非线性模型线性化的原理;掌握回归模型常见问题和处理方法。

了解时间序列的基本概念;了解平稳时间序列模型的含义和应用;了解非平稳时间序列模型的含义和应用;熟悉协整分析和误差修正模型。

熟悉常用统计软件及其应用。

第三部分 专业技能

第五章 基本分析

第一节 宏观经济分析

熟悉宏观经济分析的信息来源;熟悉宏观经济分析所需信息和数据的内容;熟悉宏观经济分析信息和数据的质量要求;熟悉宏观经济分析信息的收集与处理方法;熟悉宏观经济分析的总量分析法和结构分析法;熟悉长期分析和短期分析的应用与局限。

掌握国内生产总值的概念及计算方法;掌握经济增长率的概念及计算方法;掌握固定资产投资的概念及分类;熟悉工业增加值、社会消费品零售总额的概念;熟悉失业率与通货膨胀率的概念及衡量方式;掌握居民消费价格指数与生产者价格指数的概念及计算方法;掌握采购经理指数(PMI)的概念及应用;掌握国际收支中商品贸易、资本流动的概念;掌握各项指标变动对宏观经济的影响。

掌握主要的宏观经济政策;熟悉宏观调控的手段和目标;熟悉宏观调控对证券市场的影响;熟悉主要的产业政策工具及其对证券市场的影响。

掌握主要的货币政策工具;掌握货币供应量的三个层次;掌握社会融资总量的含义与构成;熟悉我国货币政策的传导机制;掌握货币政策变动对实体经济和证券市场的影响。

掌握汇率的概念;熟悉汇率制度及汇率变动对证券市场的影响;熟悉外汇储备与外汇占款的含义;了解货币当局和金融机构资产负债表的构成及含义;了解利率和汇率市场化改革的方向;了解资本账户改革方向;了解资本账户开放对证券市场的影响。

掌握主要的财政政策工具;掌握扩张性财政政策、中性财政政策和紧缩性财政政策对实体经济和证券市场的影响;熟悉财政收支以及财政赤字或结余的概念;熟悉主权债务的概念;熟悉主权债务相关的分析预警指标;掌握主要的税收制度;熟悉税收制度变化对实体经济和证券市场的影响;了解我国财税体制改革的方向。

掌握影响证券市场供给和需求的主要因素;熟悉股市制度改革的方向;熟悉股市制度变革对股市运行的影响;熟悉国际金融市场环境对我国证券市场的影响。

第二节 行业分析

熟悉行业分析的信息来源;熟悉行业分析所需信息和数据的内容;熟悉行业分析信息和数据的质量要求;熟悉行业分析信息的收集与处理方法;了解对所获得的行业部门、行业内部竞争、部门需求和供给数据进行分析的方法。

掌握行业分类方法;掌握描述行业基本状况的各种指标;掌握行业的市场结构;掌握行业供需分析方法;熟悉行业盈利模式;熟悉行业集中度的概念;掌握以行业集中度为划分标准的产业市场结构分类;了解产业价值链概念;熟悉价值链上不同环节的各种特征及竞争策略;熟悉各类行业的运行状态与经济周期的变动关系、具体表现、产生原因及投资者偏好等;熟悉行业生命周期的含义、发展顺序、表现特征与判断标准;熟悉处于各周期阶段的企业的风险、盈利表现及投资者偏好。

掌握行业兴衰的实质及影响因素;熟悉技术进步的行业特征及影响;了解政府和行业监管、货币政策、财政政策对行业的影响;熟悉重组、并购等对行业的影响。

第三节 公司分析

熟悉上市公司调研的目的和对象;熟悉上市公司调研的分类内容和重点;熟悉上市公司调研的流程;熟悉公司分析所需信息和数据的来源;熟悉公司分析所需信息的内容;熟悉公司分析信息和数据的质量要求;熟悉公司分析信息的收集与处理方法。

掌握公司法人治理结构、股权结构规范和相关利益者的含义;熟悉健全的法人治理机制的具体体现和独立董事制度的有关要求;熟悉监事会的作用及责任。

熟悉公司盈利能力和成长性分析的内容;掌握公司盈利预测的主要假设及实际预测方法;熟悉影响公司收益或增长预测的因素;了解经营战略的含义、内容和特征;熟悉公司规模变动特征和扩张潜力与公司成长性的关系;熟悉公司基本分析在上市公司调研中的实际运用。

熟悉资产负债表、利润分配表、现金流量表和股东权益变动表的含义、内容、格式、编制方式以及资产、负债和股东权益、现金流量的内在关系;熟悉建立、维持和更新公司财务表现的历史数据。

熟悉使用财务报表的主体、目的以及报表分析的功能、方法和原则;熟悉比较分析法和因素分析法;熟悉财务比率的含义与分类;掌握公司变现能力、营运能力、长期偿债能力、盈利能力、投资收益和现金流量的含义、影响因素及其计算;熟悉或有负债的概念及内容;熟悉影响企业存货结构及周转速度的指标;熟悉资产负债率与产权比率、有形资产净值债务率与产权比率的关系;熟悉融资租赁与经营租赁在会计处理方式上的区别;熟悉流动性与财务弹性的含义;了解本期到期债务的统计对象;熟悉财务指标的评价作用、变动特征与对应的财务表现以及各变量之间的关系;熟悉公司会计报表附注项目的主要项目;掌握会计报表附注对基本财务比率的影响。

熟悉预测公司潜在收益的方法;熟悉公司经营的安全边际;了解可能影响公司收益或增长预测的因素。

熟悉公司资产重组和关联交易的主要方式、具体行为、特点、性质以及与其相关的法律规定;熟悉资产重组和关联交易对公司业绩和经营的影响;熟悉会计政策的含义以及会计政策与税收政策变化对公司的影响;熟悉运用市场价值法、重置成本法、收益现值法评估公司资产价值的步骤和优缺点。

第四节 策略分析

掌握投资策略的分类;熟悉积极型投资策略、消极型投资策略及混合型投资策略。

掌握投资策略研究大势研判的方法;熟悉大势研判的超预期理论;熟悉驱动市场变动的重要因素和维度。

熟悉投资时钟的方法、逻辑和结论;熟悉全球资产配置和大类资产配置的方法和逻辑;了解投资时钟理论的局限性。

熟悉股票投资策略的含义与分类;掌握趋势型策略、事件驱动型策略、相对价值型策略、套利型策略的概念;掌握主题投资的含义和特征;熟悉主题投资的主要类型和特点;掌握主题投资的方法;熟悉主题投资介入时机的因素。

掌握行业比较的目的;掌握利用景气、估值进行行业基本面分析与行业比较的基本分析框架;熟悉行业板块绝对估值与相对估值的概念及计算方法;熟悉行业景气与估值变化的主要影响因素;了解主要行业景气与估值历史变动情况;了解行业比较方法的局限性。

第六章 技术分析

熟悉技术分析的含义、要素、假设和理论基础;熟悉量价关系变化规律;掌握道氏理论的原理。

熟悉K线理论;掌握K线的主要形状及其组合的应用;熟悉切线理论;熟悉趋势的定义和类型;熟悉技术支撑和阻力的含义和作用;掌握趋势线、通道线、黄金分割线、百分比线的画法及应用;熟悉形态理论;掌握各主要反转形态和整理形态的定义、特性及应用;熟悉各种缺口类型的定义、特性及应用。

熟悉技术分析方法的分类及其特点;了解技术分析的应用前提和适用范围;了解技术分析方法的局限性。

第七章 量化分析

熟悉量化投资分析的特点;了解量化投资分析的理论基础;了解量化投资分析的主要内容和方法;了解量化选股、量化择时、股指期货套利、商品期货套利、统计套利、算法交易、资产配置及风险控制等量化投资技术;了解量化投资技术的应用前提和适用范围;了解量化分析的主要应用。

第四部分 证券估值

第八章 股 票

第一节 基本理论
熟悉股票估值原理;熟悉预期收益率和风险的含义和计算;掌握各类估值方法的特点;掌握公司价值和股权价值的概念及计算方法。

第二节 绝对估值法
熟悉现金流贴现法的原理;掌握自由现金流的含义;掌握各种口径自由现金流的计算方式;熟悉公司自由现金流(FCFF)、股权自由现金流(FCFE)、股利贴现模型(DDM)等现金流贴现法的步骤;了解贴现率的内涵;掌握股权资本成本与公司整体平均资金成本(WACC)的概念;掌握公司整体平均资金成本(WACC)的计算公式;掌握资本资产定价模型(CAPM)参数的确定方式;熟悉终值的概念;掌握增长率法和可比法计算终值的原理和公式;熟悉两阶段、三阶段模型的特点及参数设置的规则;熟悉各种绝对估值法的区别和优缺点。

第三节 相对估值法
掌握相对估值法的原理与步骤;了解可比公司的特征;熟悉计算股票市场价格的市盈率方法及其应用缺陷;熟悉市盈率倍数的概念及应用;熟悉企业价值倍数(EV/EBITDA)的概念及应用;熟悉市盈率相对盈利增长比率(PEG)法的概念及应用;熟悉市净率、市售率的概念及应用;了解收益倍数法和资产倍数法的区别与联系。

第九章 固定收益证券

第一节 基本理论
熟悉基准利率、货币市场利率的概念;熟悉决定利率方向与变化幅度的因素;熟悉经济基本面、资金面与收益率曲线的关系;了解不同经济阶段收益率曲线的特点。

第二节 债券定价
掌握债券的概念和分类;熟悉不同类别债券累计利息的计算和实际支付价格的计算;熟悉债券现金流的确定因素;掌握债券贴现率的概念及计算公式;熟悉债券估值模型;熟悉零息债券、附息债券、累息债券的定价计算;熟悉债券当期收益率、到期收益率、即期利率、持有期收益率、赎回收益率的计算;掌握收益率曲线的概念及类型;熟悉期限结构的影响因素及利率期限结构理论。

熟悉资产证券化产品、非公开定向债务融资工具(PPN)、中小企业私募债、城投债、市政债、项目收益债券的风险及定价方法。

第三节 债券评级

掌握信用利差的概念、影响因素及其计算;熟悉信用利差和信用评级的关系;了解债券评级的概念和主要等级标准;了解主要的债券评级机构;了解常见的影响债券评级的因素及其与评级的关系;熟悉常见的影响债券评级的财务指标及计算;了解我国信用体系的特点。

第十章 衍 生 产 品

第一节 基本理论

掌握衍生产品的种类和特征;掌握股指期货合约乘数、保证金、交割结算价、基差、净基差等;掌握期权内在价值、时间价值、行权价、历史波动率、隐含波动率等;熟悉场外衍生品主要交易品种;了解场外衍生品的定价与对冲。

第二节 期货估值

熟悉股指期货定价理论;熟悉股指期货套利和套期保值的定义、原理;熟悉股指期货套利的主要方式;熟悉期现套利、跨期套利、跨市场套利和跨品种套利的概念、原理;熟悉 ALPHA 套利的概念、原理;了解股指期货套期保值交易实务;熟悉套期保值与期现套利的区别;了解股指期货投资的风险。

掌握国债期货定价的基本原理;熟悉基本指标基差、净基差、隐含回购利率的含义和计算方法;了解运用国债期货对冲利率风险、国债期货基差交易、国债期货跨期套利;了解国债期货空头交割期权的含义。

第三节 期权估值

了解期权定价原理和主要模型;熟悉二叉树定价模型;熟悉 BLACK-SCHOLES 定价模型和期权平价公式;熟悉影响期权价值的因素;熟悉期权投资的风险;熟悉期权的分类;了解期权 4 种基本头寸的风险收益结构;了解期权方向性交易的原理和方法;了解期权套利的原理和方法;了解期权套期保值的原理和方法;了解期权波动率交易的原理和方法。

第四节 其他衍生产品估值

掌握可转换债券的转股价、赎回、修正、回售和转换价值;了解可转换债券的定价原理;了解可转换债券套利的原理。

熟悉基金评价的指标体系和主要方法。熟悉创新产品估值。

附录四 证券投资顾问胜任能力考试大纲(2015版)

第一部分 业务监管

第一章 证券投资顾问业务监管

第一节 资格管理
掌握证券投资顾问的执业资格取得方式;掌握证券投资顾问的监管、自律管理和机构管理;掌握证券投资顾问后续执业培训的要求。

第二节 主要职责
熟悉证券公司、证券投资咨询机构及证券投资顾问提供品种选择投资建议服务的职责;熟悉证券公司、证券投资咨询机构及证券投资顾问提供投资组合投资建议服务的职责;熟悉证券公司、证券投资咨询机构及证券投资顾问提供理财规划投资建议服务的职责。

第三节 工作规程
熟悉证券投资顾问业务管理制度;熟悉证券投资顾问业务合规管理和风险控制机制;熟悉证券投资顾问业务推广、协议签订、服务提供、客户回访和投诉处理等业务环节;掌握证券投资顾问业务的原则;熟悉证券投资顾问业务的要求;熟悉证券投资顾问业务的流程;熟悉证券投资顾问业务风险揭示书的要求;熟悉证券投资顾问服务协议的要求;熟悉证券投资顾问向客户提供投资建议的相关依据;熟悉证券投资顾问业务投资者适当性管理的要求;熟悉证券投资顾问业务客户回访机制;熟悉证券投资顾问业务客户投诉处理机制;掌握对证券投资顾问业务各环节留痕管理的要求;掌握证券投资顾问的禁止性行为的要求;掌握证券投资顾问应具备的职业操守;熟悉证券投资顾问人员管理制度;熟悉证券投资顾问按照证券信息传播的有关规定,通过公众媒体开展业务的要求。

第四节 法律责任
掌握证券公司、证券投资咨询机构及其人员从事证券投资顾问业务,违反法律、行政法规和相关规定的法律后果、监管措施及法律责任。

第二部分 专业基础

第二章 基本理论

第一节 生命周期理论

熟悉投资者偏好特征;熟悉生命周期各阶段的特征、需求和目标;熟悉生命周期各阶段的理财重点;熟悉生命周期各阶段的理财规划。

第二节 货币的时间价值

了解货币时间价值概念及影响因素;熟悉时间价值与利率的基本参数;熟悉现值和终值的计算;熟悉复利期间和有效年利率的计算;熟悉年金的计算。

第三节 资本资产定价理论

熟悉资本资产定价模型的假设条件;熟悉资本市场线和证券市场线的定义、图形及其经济意义;了解证券系数β的涵义和应用;熟悉资本资产定价模型的应用。

熟悉套利定价理论的原理;掌握套利组合的概念及计算;熟悉运用套利定价方程计算证券的期望收益率;熟悉套利定价模型的应用。

第四节 证券投资理论

掌握证券组合的含义;熟悉证券组合可行域和有效边界的含义;熟悉证券组合可行域和有效边界的一般图形;熟悉有效证券组合的含义和特征;熟悉最优证券组合的含义和选择原理。

熟悉战略性资产配置、战术性资产配置和动态资产配置。

第五节 有效市场假说

熟悉预期效用理论;熟悉认知过程的偏差;熟悉过度自信和心理账户的概念;熟悉羊群效应;熟悉时间偏好和损失厌恶效应;了解前景理论;熟悉金融市场中的个体心理与行为偏差的概念;熟悉金融市场中的群体行为与金融泡沫;掌握金融市场泡沫的特征和规律;了解行为资产定价理论。

了解有效市场假说的概念、假设条件;了解有效市场假说与行为金融理论的联系与区别;掌握强式有效、弱式有效、半强式有效的基本特征;掌握有效市场假说在证券投资中的应用。

第三部分 专业技能

第三章 客户分析

第一节 信息分析
熟悉客户信息的分类;熟悉客户定量信息和定性信息的内容;熟悉客户财务信息和非财务信息的内容;掌握客户信息收集方法。

第二节 财务分析
熟悉个人资产负债表的项目及其内容;熟悉个人现金流量表的项目及其内容;掌握预测客户未来收入的方法;掌握预测客户未来支出的方法。

第三节 风险分析
了解客户理财价值观;了解客户风险偏好的主要类型;熟悉客户风险承受能力的影响因素;掌握客户风险承受能力的评估方法;熟悉客户风险特征的内容;掌握客户风险特征矩阵的编制方法;了解投资渠道偏好、知识结构、生活方式、个人性格等对客户证券投资方式和产品选择的影响。

第四节 目标分析
熟悉客户证券投资需求和目标的分类;熟悉客户证券投资目标的内容;掌握客户证券投资目标分析方法。

第四章 证券分析

熟悉证券分析方法的主要类型;了解基本分析、技术分析和量化分析的基本原理。

第一节 基本分析
了解基本分析的两种主要方法。

了解由上而下分析法的基本原理;掌握由上而下分析法的主要步骤;熟悉由上而下分析法的主要内容。

了解由下而上分析法的基本原理;掌握由下而上分析法的主要步骤;熟悉由下而上分析法的主要内容。

熟悉宏观经济分析的主要内容;掌握证券市场的供求关系分析;熟悉证券市场传导宏观经济政策的主要途径和内在机制。

熟悉行业分析的主要内容；熟悉行业竞争情况分析的主要内容和基本方法；熟悉行业生命周期分析的主要内容和基本方法。

熟悉公司分析的主要内容；掌握公司财务报表分析的主要方法；掌握分析公司资本结构、偿债能力、盈利能力、营运能力、成长能力和现金流量等主要财务比率指标；掌握公司杜邦分析；掌握公司分红派息；掌握证券估值在公司未来财务预测中的应用分析。

熟悉证券估值方法的主要类型；掌握股息贴现模型和股息增长模型等绝对估值方法；掌握市盈率和资本资产定价模型等相对估值法。

第二节 技术分析

了解技术分析的基本假设；熟悉技术分析使用的线形图、棒形图、阴阳矩形图和点数图；熟悉技术分析的趋势线；熟悉技术分析的阻力位与支持位；掌握移动平均数、相对强弱指数、移动移动平均值背离指标等常用技术分析指标；熟悉道氏理论和艾氏波浪理论两种技术分析方法。

熟悉技术分析方法的分类及其特点；了解技术分析的应用前提和适用范围；了解技术分析方法的局限性。

熟悉总体、样本和统计量的含义；熟悉统计推断的参数估计；熟悉统计推断的假设检验；熟悉常用统计软件及其应用。

第五章 风险管理

熟悉证券投资顾问业务的主要风险类别；掌握证券投资顾问业务风险管理流程；掌握证券投资顾问业务风险管理的主要策略。

第一节 信用风险管理

熟悉信用风险类别；掌握信用风险识别的内容和方法；掌握计量证券信用风险的客户评级和债项评级的内容和计量方法；熟悉监测信用风险的主要指标和计算方法；熟悉预警信用风险的程序和主要方法；掌握控制信用风险的限额管理方法；掌握信用风险缓释技术的主要内容及处理方法。

第二节 市场风险管理

了解市场风险的四种类型；掌握久期分析、风险价值、压力测试、情景分析的基本原理和适用范围；掌握市场风险管理流程；掌握控制市场风险的限额管理、风险对冲等方法。

第三节 流动性风险管理

了解资产负债期限结构、分布结构影响流动性的途径和机制；掌握流动性比率法、现金流分析法、缺口分析法和久期分析法等流动性风险评估方法；了解流动性风险的监测指标和预警信号；掌握利用压力测试、情景分析预测流动性；熟悉控制流动性风险的主要做法。

第四部分 专项业务

第六章 品种选择

第一节 产品选择

熟悉证券产品选择的目标;掌握证券产品选择的基本原则;掌握证券产品选择的步骤;熟悉现金类、债券类、股票类和衍生产品类证券产品的组成及基本特征;掌握产品与客户适配的相关要求。

第二节 时机选择

掌握买卖证券产品时机的一般原则;熟悉证券产品进场时机选择的要求;熟悉证券产品买进时机选择的策略;熟悉证券产品卖出时机选择的策略。

第三节 行业轮动

了解行业轮动的特征;了解行业轮动的驱动因素;了解行业轮动的主要策略及配置;了解不同行业轮动的关联性和介入时点的选择。

第七章 投资组合

熟悉投资组合管理的目标;熟悉投资组合管理的步骤;了解投资组合管理的基本策略;掌握积极型管理、被动型管理的假设前提、基本原理及适用范围。

第一节 股票投资组合

熟悉股票投资风格分类体系;掌握股票投资风格绩效评价的指标体系和计算方法。

掌握积极型股票投资策略操作方法;了解简单型消极投资策略;掌握指数型消极投资策略的市值法和分层法;熟悉加强指数法。

第二节 债券投资组合

掌握水平分析、债券互换、骑乘收益率曲线等积极型债券组合管理策略。

掌握指数策略、免疫策略等消极型债券组合管理策略。

第三节 衍生工具

熟悉实施对冲策略的主要步骤;掌握风险敞口分析和对冲比率确定的主要内容;掌握主要条款比较法、比率分析法和回归分析法等常见的对冲策略有效性评价方法。

熟悉实施套利策略的主要步骤;熟悉期现套利、跨期套利、跨商品套利和跨市场套利等套利方法。

第八章 理财规划

第一节 现金、消费和债务管理

熟悉现金、消费和债务管理的目标;熟悉现金预算编制的内容和程序;了解现金预算控制的方法;了解现金预算与实际的差异分析;了解应急资金管理的内容。

熟悉即期消费和远期消费的内容;熟悉消费支出预期的内容;了解其他消费的内容。

熟悉有效债务管理的目标;熟悉银行借贷品种及还款方式的选择及需要考虑的因素;了解个人信贷能力的决定因素;了解债务管理应注意的事项。

掌握家庭财务预算的综合分析。

第二节 保险规划

了解保险基本原理和我国主要的保险品种;熟悉保险规划的目标;掌握制定保险规划的原则;掌握保险规划的主要步骤;熟悉保险规划的风险类型;熟悉保险规划的典型案例。

第三节 税收规划

了解我国的税收体系和主要税种;熟悉税收规划的目标;熟悉税收规划的原则;熟悉税收规划的基本内容;熟悉税收规划的主要步骤;熟悉税收规划的典型案例。

第四节 人生事件规划

掌握教育规划的分类、内容和制定方法;掌握退休规划的误区和步骤;熟悉遗产规划工具和策略的选择。

第五节 投资规划

熟悉投资规划目标;熟悉投资规划的基本内容;掌握投资规划的步骤;熟悉投资规划的典型案例。

附件 参考书目及相关法规目录

证券投资顾问胜任能力考试涉及但不限于以下参考书目及相关法规。

一、参考书目

1. 证券业从业资格考试统编教材(2012年):《证券投资分析》,中国金融出版社。
2. 中国银行业从业人员资格认证考试教材(2013年):《个人理财》《风险管理》,中国金融出版社。
3. 《投资学》,滋维.博迪主编(第9版),机械工业出版社。

二、相关法规目录

1. 《证券、期货投资咨询管理暂行办法》。
2. 《证券投资顾问业务暂行规定》。

附录五　保荐代表人胜任能力考试大纲(2018版)

第一章　保荐业务监管

第一节　资格管理
掌握保荐机构和保荐代表人注册、变更登记的条件和程序;熟悉维持保荐机构和保荐代表人资格的条件。

第二节　主要职责
熟悉证券发行上市保荐制度的主要内容;掌握保荐机构和保荐代表人在尽职推荐期间应履行的职责;掌握保荐机构和保荐代表人在持续督导期间应履行的职责。

第三节　工作规程
掌握保荐机构开展保荐工作需要建立的相关制度体系;熟悉开展保荐工作涉及的关联保荐、保荐机构更换、保荐代表人推荐及更换要求;掌握持续督导保荐工作的基本要求、应关注事项、应发表的独立意见、现场核查工作具体要求;掌握与保荐义务有关文件的签字要求及保密义务。掌握保荐机构和保荐代表人承担保荐责任时的权利;熟悉保荐业务协调工作的具体要求。

第四节　执业规范
掌握保荐工作过程中相关方的法律责任;掌握违反保荐制度的法律后果、监管措施及法律责任。

第五节　内部控制
掌握保荐业务内部控制的目标和原则;掌握内部控制组织体系、职责分工及制度保障等具体要求;掌握立项、尽职调查、持续督导等各业务环节的内部控制措施;熟悉质量控制、内核等工作程序、方法。

第二章　财务分析

第一节　会计
一、基础会计理论及财务报告

掌握会计核算基本假设、会计基础及会计信息的质量要求;掌握资产、负债、所有者权益、收入、费用、利润等会计要素的确认与计量原则。

掌握财务报表的主要构成及基本内容;掌握财务报告附注的有关披露要求;掌握分部报告的内容和披露要求;掌握各种情况下对稀释每股收益的影响;掌握非经常性损益的主要内容。

二、会计要素的确认和计量

熟悉金融工具的定义和分类;熟悉金融资产减值损失的确认和计量;熟悉金融资产转移的确认和计量。

掌握存货的确认和计量。

掌握长期股权投资的确认和计量;掌握长期股权投资减值的判断标准及会计处理;熟悉共同经营的会计处理;熟悉在其他权益主体中的披露。

掌握固定资产的确认和计量;熟悉固定资产减值的判断标准;熟悉固定资产处置的会计处理。

熟悉投资性房地产的确认和计量。

掌握无形资产的确认和计量;掌握研究阶段和开发阶段的划分及计量;熟悉持有待售非流动资产、处置组和终止经营的确认和计量。

掌握资产减值准则涵盖的范围;熟悉资产减值的迹象与测试;掌握估计资产可收回金额的基本方法;熟悉资产减值的会计处理。

熟悉短期借款、应付票据、预收款项、职工薪酬、应交税费、应付利息、应付股利、其他应付款等流动负债的核算内容;熟悉长期借款、应付债券、递延收益、长期应付款等非流动负债的核算内容。

熟悉实收资本的确认和计量;熟悉资本公积的确认和计量;熟悉盈余公积、其他综合收益、其他权益工具、未分配利润的核算内容及会计处理。

掌握收入的定义和分类;掌握各类收入确认条件和计量方法;掌握成本和费用等项目的概念及核算内容;熟悉营业外收支的核算内容;熟悉综合收益的概念及核算内容。

三、主要会计事项及处理

掌握或有事项的概念及特征;掌握或有负债和或有资产的主要内容;掌握预计负债的确认和计量。

掌握非货币性资产交换的认定、确认和计量;熟悉非货币性资产交换的会计处理。

掌握债务重组的定义及主要方式;熟悉各种债务重组方式的会计处理。

掌握股份支付工具的主要类型;掌握股份支付的确认和计量;熟悉股份支付各个时点的会计处理。

掌握租赁的分类;熟悉经营租赁及融资租赁的会计处理。

掌握政府补助的定义、主要形式及分类;熟悉政府补助的会计处理;掌握关联方披露内容。

熟悉借款费用的会计处理。

掌握资产、负债的计税基础和暂时性差异;熟悉当期所得税、递延所得税、所得税费用的确认和计量。

掌握会计政策及其变更的内容;掌握追溯调整法及未来适用法的适用情况及会计处理;掌握会计估计及其变更的内容;掌握前期会计差错的内容、前期会计差错更正的会计处理。

掌握资产负债表日后事项的内容及相关的会计处理。

掌握企业合并的概念、方式及类型划分;掌握控制标准的具体应用及合并财务报表合并范围的确定;熟悉合并报表的编制方法。

掌握公允价值计量的基本要求。

熟悉权益工具和金融负债的区分及相关的会计处理。

熟悉外币财务报表折算。

第二节 财务分析

掌握基本财务比率分析；掌握财务预测的步骤和方法；熟悉增长率与资本需求的测算。

掌握企业价值评估方法；掌握产品成本分类；熟悉产品成本的归集和分配。

掌握本量利分析法中损益方程式的内容；掌握保本分析；熟悉利润敏感性分析。

第三节 税法、审计、内部控制与评估

熟悉现行税法体系、税收管理体制；掌握增值税、消费税、企业所得税、个人所得税的纳税义务人、征税对象、税率、计税依据和税收优惠等相关规定；掌握企业改制、重组业务中税务的相关规定。

掌握风险评估的概念、程序及信息来源；熟悉被审计单位及环境、被审计单位内部控制的风险评估程序。

掌握审计证据的性质和获取审计证据的程序；掌握函证、监盘及分析程序的运用。

掌握销售与收款循环、采购与付款循环、生产与存货循环涉及的主要业务活动；熟悉上述循环的实质性测试程序；熟悉货币资金的实质性测试程序。

掌握审计报告内容及意见的基本类型；掌握预测性财务信息审核报告及前次募集资金使用情况报告的鉴证报告的格式与内容。

掌握内部控制的定义、目标、原则、要素；掌握内部控制各要素的具体内容和实施要求；掌握内部控制审计报告的格式与内容。

掌握资产评估的基本方法及适用条件。

第三章 股权融资

第一节 首次公开发行股票

一、条件和要求

掌握《公司法》《证券法》《首次公开发行股票并上市管理办法》《首次公开发行股票并在创业板上市管理办法》等法律、法规及部门规章中关于首次公开发行股票并上市的条件和要求的规定。

二、尽职调查

掌握关于保荐机构及保荐代表人尽职调查工作勤勉尽责、诚实守信的基本标准。

掌握尽职调查工作的目的、一般要求、特别要求与具体要求。

掌握尽职调查工作对发行人基本情况、公司业务与技术、同业竞争与关联交易、高级管理人员、组织结构与内部控制、财务与会计以及招股说明书等文件中披露的其他重要事项进行全面核查的要求。

掌握招股说明书验证工作。

掌握工作底稿的编制要求、工作底稿目录及必须涵盖的内容。

掌握对企业信用信息尽职调查工作的要求。

三、推荐和申报

掌握保荐机构向监管机构推荐企业发行上市的要求及有关工作流程；掌握工作中对律师事务所、会计师事务所、评估机构及相关经办人员的要求。

掌握主板和创业板发行保荐书、发行保荐工作报告的要求和主要内容。

掌握主板和创业板首次公开发行股票申请文件及其基本要求。

掌握首次公开发行并在创业板上市对公司成长性及自主创新能力等的相关要求。

四、核准程序

掌握主板和创业板首次公开发行股票并上市的核准程序。

掌握股票发行审核制度；熟悉发行审核委员会的组成、职责和工作程序。

掌握发行人报送申请文件并预披露后终止审查、恢复审查、终止审查、反馈意见回复、变更中介机构等程序的具体要求；掌握通过发审会后拟发行证券公司封卷及会后事项监管的相关要求。

掌握证券交易所主板和创业板上市条件和上市保荐书的要求和主要内容。

掌握关于股票限售期的规定。

五、信息披露

掌握招股说明书(意向书)及摘要的内容与格式；掌握招股说明书(意向书)及摘要的编制和披露要求；熟悉特殊行业招股文件的主要披露要求。

掌握首次公开发行股票并上市工作中的信息披露要求；掌握信息披露的法律规定、操作规范及相关当事人的法律责任；掌握股票上市公告书的内容及披露要求。

掌握首次公开发行股票并在创业板上市工作中的信息披露要求及招股说明书(意向书)的编制和披露要求；掌握创业板上市招股书备查文件的披露及发行公告、投资风险特别公告等信息披露的特殊要求。

第二节 上市公司发行新股

一、条件和要求

掌握上市公司公开发行新股的条件、要求及程序；掌握上市公司不得公开发行股票的情形。

掌握上市公司非公开发行股票的条件；掌握上市公司不得非公开发行股票的情形。

掌握国有控股上市公司发行证券的特殊规定。

掌握上市公司发行优先股的条件、要求及程序；熟悉上市公司不得发行优先股的情形。

掌握上市公司分拆境外上市的条件、批准程序及信息披露要求。

二、推荐和申报

掌握上市公司新股发行的决策程序和申请程序；掌握发行申请前保荐机构尽职调查内容。

掌握申请文件的编制要求和基本内容。

掌握上市公司公开发行、非公开发行股票的申请文件和审核程序。

三、发行上市程序及信息披露

掌握增发、配股的发行方式；掌握新增股票上市业务操作流程。

掌握发行申请前后及公开发行过程中的信息披露要求；掌握非公开发行的发行上市程序和发行申请前后的信息披露要求。

第三节 非上市公众公司股份公开转让

熟悉全国股转系统的职能和自律监管的相关规定；掌握证券公司在全国股转系统从事相关业务的规定及要求；掌握全国股转系统有关投资者适当性管理的规定。

掌握非上市公众公司在全国股转系统挂牌的条件、程序和信息披露要求；掌握挂牌公司发行股票的条件、程序及信息披露要求；熟悉非上市公众公司发行优先股的条件、程序及信息披露要求；掌握挂牌公司股票转让的相关规定；熟悉挂牌公司信息披露的相关规定。

第四章 债权融资

第一节 政府债券
掌握我国国债的发行方式；掌握地方政府债券的发行条件。

第二节 金融债券
掌握证券公司债、证券公司次级债、证券公司短期融资券的发行条件、程序及信息披露要求。熟悉商业银行、保险公司等金融机构发行金融债券的一般性规定。

第三节 公司债券

一、公司债券

掌握公司债券发行方式、发行场所、发行条件及条款设计要求；掌握公开发行的公司债券发行的申报与核准的程序、发行申请文件内容；掌握非公开发行公司债券的发行备案程序；掌握公司债券上市条件、上市申请和核准程序、挂牌转让条件、挂牌转让申请和核准程序；掌握公司债券存续期内的信息披露及持续性义务、信用风险管理；掌握公司债券持有人权益保护的相关规定；掌握证券交易所对公司债券发行、上市、交易及分类监管的相关规定；掌握交易所对投资者适当性管理的管理原则。

二、可转换公司债券

掌握可转换公司债券的发行条件、要求及程序；掌握可转换公司债券的股份转换、债券偿还、转股价格调整、转股价格修正、赎回及回售等概念；掌握可转换公司债券发行条款的设计要求。

掌握可转换公司债券的发行申报程序和申请文件要求；掌握可转换公司债券的发行核准程序、发行方式、程序和上市的一般规定；掌握上海、深圳证券交易所对可转换公司债券上市的规定；掌握发行可转换公司债券申报前的信息披露要求、募集说明书及摘要和上市公告书披露的基本要求；熟悉发行可转换公司债券持续性信息披露的有关要求。

三、可交换公司债券

掌握可交换公司债券的发行场所、发行方式、发行条件和要求；掌握可交换公司债券中预备用于交换的上市公司股票应具备的条件；掌握可交换公司债券的主要条款；掌握上市公司国有股东发行可交换公司债券的其他要求。

四、信用评级

掌握信用评级的概念、要素、指标、标准等一般性规定；熟悉信用评级流程、信用评级方法、信用评级结果发布的相关规定；熟悉债券存续期内信用评级信息披露原则和安排的相关规定。

第四节 企业债券

一、企业债券

掌握企业债券的发行条件、程序及信息披露要求；掌握企业债券发行的申报与核准要求；掌握企业债券发行申请文件内容；熟悉企业债券上市条件、上市申请和核准；熟悉企业债券持有人权益保护的相关规定。

二、非金融企业债务融资工具

熟悉非金融企业债务融资工具的发行人分类管理、发行机制、发行条件、发行规模、资金使用、询价机制、信用评级、信息披露、后续管理和监督管理等一般性规定。

第五节 资产证券化

掌握资产证券化发行方式、发行场所和交易结构设计;掌握资产证券化发行备案的相关规定;掌握资产证券化各方参与者的条件、职责等相关内容;掌握资产证券化产品尽职调查和信息披露的相关要求。

第五章 定价销售

第一节 股票估值

掌握证券的投资价值分析及估值方法;掌握现金流量法估值模型与可比公司法估值模型;掌握股票收益率的确定与股票价值的计算方法。

熟悉影响股票投资价值的内部因素和外部因素;熟悉目前国家主要产业政策的相关规定;熟悉公司基本分析与财务分析的要素与方法;熟悉投资价值分析报告的要求、内容及格式要点。

第二节 债券估值

掌握债券价值的计算、债券收益率的计算、债券转让价格的近似计算;掌握债券利率期限结构的概念、类型、理论;熟悉影响债券估值定价的内部因素和外部因素。

掌握可转换公司债券的投资价值、转换价值与理论价值的计算;掌握可转换公司债券的转换平价、转换升水、转换贴水的概念及计算;掌握可转换公司债券中债券价值部分的计算与股票期权价值部分的计算模型。

第三节 股票发行与销售

掌握股票发行的基本规则、发行方式和操作流程;掌握股票承销团的相关规定。

掌握首次公开发行股票的基本规则和操作程序;掌握首次公开发行股票的询价、配售、老股转让、回拨机制、路演推介、投资者管理、超额配售选择权等内容的相关规定;熟悉首次公开发行股票的信息披露要求。

第四节 债券发行与销售

掌握各类债券发行的基本规则、发行方式和操作流程;掌握各类债券承销团组织的相关规定;掌握簿记建档的操作流程和要求。

掌握上市公司发行可转换公司债券的发行方案要点、发行方式和操作流程;熟悉可交换公司债券的发行方案要点、发行方式和操作流程。

第六章 财务顾问

第一节 业务监管

掌握上市公司并购重组财务顾问的职责及业务规程;掌握财务顾问业务的监督管理和法律责任。

第二节　上市公司收购

掌握公司收购的概念、形式及基本业务流程;熟悉公司反收购策略。

掌握上市公司收购业务中收购人、一致行动与一致行动人、上市公司控制权的概念;掌握上市公司收购过程中权益披露的相关规定;掌握要约收购的概念、基本规则和操作程序;掌握要约收购义务豁免的相关规定;掌握协议收购的概念、基本规则和操作程序;掌握间接收购规则。

第三节　上市公司重大资产重组

掌握上市公司重大资产重组行为的原则、标准;掌握上市公司重大资产重组涉及重组上市、配套融资等情况的相关规定。

掌握上市公司实施重大资产重组的程序、信息管理要求和内幕交易的法律责任;掌握上市公司发行股份购买资产的特别规定;掌握上市公司重大资产重组后再融资的有关规定;掌握证监会关于上市公司重大资产重组问题与解答的相关规定。

掌握上市公司重大资产重组的监管规定和法律责任;掌握上市公司并购重组委员会运行规则。

第四节　涉外并购

掌握外国投资者并购境内企业的相关规定;熟悉外国投资者并购境内企业安全审查制度;熟悉外国投资者并购境内企业涉及反垄断审查的相关规定;掌握外国投资者对上市公司战略投资的相关规定。

掌握我国投资者对外国企业并购的相关规定。

第五节　非上市公众公司并购

掌握股票在全国股转系统公开转让的非上市公众公司进行重大资产重组的相关规定。

掌握股票在全国股转系统公开转让的非上市公众公司收购的相关规定。

第七章　持续督导

第一节　法人治理

掌握上市公司股东的权利、义务及相应法律责任;掌握上市公司控股股东的行为规范、股东大会的职权;掌握上市公司股东大会的召集、召开和提案规则、议事规则、决议程序;掌握股东大会分类表决、网络投票、选举董事、监事的累计投票制的相关规定;掌握董事会、独立董事和符合条件的股东征集投票权等保护社会公众股股东权益的相关规定。

掌握董事的任职资格和产生程序;熟悉董事的权利和义务;掌握董事长的职权;掌握董事会的职权、议事规则、规范运作及决议方式;熟悉董事会秘书的任职资格、权利和义务;熟悉董事会专门委员会的职责;熟悉经理的任职资格、产生办法和职责。

掌握监事的任职资格和产生程序;熟悉监事的权利义务;熟悉监事会的组成、职权和议事规则;熟悉监事会的规范运作和决议方式。

掌握独立董事的产生程序、任职资格、职权、在董事会中所占比例及专业构成等要求;熟悉需要独立董事发表独立意见的情形;熟悉保证独立董事行使职权的措施;熟悉独立董事在年度报告期间的相关工作。

熟悉股东大会、董事会、监事会会议记录的签署及保管规定。

掌握上市公司法人治理的相关要求；熟悉内幕信息知情人登记制度。

第二节　规范运作

掌握对上市公司"五独立"的要求；掌握上市公司对外担保应履行的程序、信息披露要求。

掌握关联交易的形式、界定及其处理原则；掌握上市公司与控股股东资金往来的限制性规定；掌握上市公司被关联方占用的资金应采取的清偿方式、范围和应履行的程序。

掌握上市公司对外担保、关联交易、委托理财、信息披露、控股子公司、对外承诺、衍生品交易等方面的内部控制要求；掌握上市公司上述活动的检查和信息披露要求。

掌握上市公司股份回购的相关要求；掌握上市公司股权激励的相关要求。

熟悉投资者关系管理的自愿信息披露及相关投资者关系活动。

掌握关于募集资金管理的相关规定。

掌握上市公司股东、实际控制人、董事、监事、高级管理人员及关联方买卖股票的相关规定。

第三节　信守承诺

掌握对上市公司及相关当事人承诺及承诺履行的相关要求。

掌握对上市公司及相关当事人信守承诺进行持续督导的基本要求、督导措施。

掌握上市公司现金分红的相关要求。

第四节　持续信息披露

掌握上市公司信息披露的一般原则及具体要求；掌握年度报告、半年度和季度报告的编制及披露要求；熟悉上市公司向监管机构报送定期报告的时间要求。

掌握保荐机构在上市公司信息披露中需要履行的督导责任。

掌握定期报告中主要财务指标的计算方法；掌握年度报告中关于关联交易的披露要求；掌握被责令改正或主动改正会计差错和虚假陈述、非标意见等事项的披露要求；掌握财务信息更正的披露要求。

掌握需要提交临时报告的事项、首次披露和持续披露要求；掌握上市公司收购、出售资产、股份变动等交易的审议程序及披露要求；熟悉上市公司收购、出售资产公告的内容及要求。

掌握上市公司主要关联交易事项及关联法人、关联自然人；熟悉上市公司关联交易审议程序及披露要求。

掌握上市公司重大诉讼和仲裁、募集资金变更等其他需要及时披露的重大事件审议程序及披露要求；熟悉上市公司临时公告及相关附件报送监管机构备案的要求。

掌握上市公司停牌、复牌、风险警示及暂停上市的相关规定；掌握上市公司恢复上市、终止上市及退市公司重新上市的相关规定。

第五节　法律责任

掌握上市公司、控股股东、实际控制人、董事、监事、高级管理人员在发行上市、信息披露及规范运作等方面的法律责任；熟悉中介机构在发行上市、信息披露及规范运作等方面的法律责任。

附件 参考书目及常用法规目录

一、参考书目

1. 中国证券监督管理委员会编:《证券发行上市审核工作手册》(2014),中国财政经济出版社。

2. 中国证券业协会编:证券业从业资格考试统编教材(2012),《证券发行与承销》,中国金融出版社。

3. 中国注册会计师协会编:2018年注册会计师全国统一考试辅导教材,《会计》《财务成本管理》《审计》,中国财政经济出版社。

二、常用法规目录

保荐代表人胜任能力考试涉及但不限于以下法律、法规、规章、规范性文件和行业自律规则;如有修订,以修订版为准。

(一)保荐业务监管

1.《中华人民共和国证券法》(1998年12月29日通过,2014年8月31日最新修订,2014年8月31日起施行)。

2.《中华人民共和国公司法》(1993年12月29日通过,2013年12月28日最新修订,2014年3月1日起施行)。

3.《中华人民共和国公司登记管理条例》(1994年6月24日发布,2016年2月6日最新修订,2016年3月1日起施行)。

4.《证券发行上市保荐业务管理办法》(2009年5月13日,证监会令第63号,根据2017年12月7日证监会令第137号令修改)。

5.《关于进一步加强保荐业务监管有关问题的意见》(2012年3月15日,证监会公告〔2012〕4号)。

6.《证券发行上市保荐业务工作底稿指引》(2009年4月1日,证监会公告〔2009〕5号)。

7.《保荐人尽职调查工作准则》(2006年5月29日,证监发行字〔2006〕15号)。

8.《发行证券的公司信息披露内容与格式准则第27号——发行保荐书和发行保荐工作报告》(2009年3月27日,证监会公告〔2009〕4号)。

9.《深圳证券交易所上市公司保荐工作指引》(2014年10月24日,深证上〔2014〕387号)。

10.《上海证券交易所证券发行上市业务指引》(2017年9月8日,上证发〔2017〕55号)。

11.《上海证券交易所证券上市审核实施细则》(2013年12月27日,上证发〔2013〕28号)。

12.《发行监管问答——关于进一步强化保荐机构管理层对保荐项目签字责任的监管要求》(2017年9月22日,证监会发行监管部)。

13.《证券公司投资银行类业务内部控制指引》(2018年3月23日,证监会公告〔2018〕6号)。

(二)财务分析

1.《中华人民共和国会计法》(1985年1月21日通过,1999年10月31日最新修订,2000年7月1日起施行)。

2.《中华人民共和国企业所得税法》(2007年3月16日通过,2017年2月24日最新修订,

2017年2月24日起施行)。

3.《企业财务会计报告条例》(2000年6月21日,国务院令第287号)。

4.《企业会计准则—基本准则》(财政部2014年7月23日,财政部令第76号)。

5.《企业会计准则—具体准则》(财政部)。

6.《企业会计准则应用指南》(财政部)。

7.《企业会计准则解释第1-12号》(财政部)。

8.《企业财务通则》(2006年12月4日,财政部令第41号)。

(三) 股权融资

1.《首次公开发行股票并上市管理办法》(2018年6月6日,证监会令第141号)。

2.《首次公开发行股票并在创业板上市管理办法》(2018年6月6日,证监会令第142号)。

3.《存托凭证发行与交易管理办法(试行)》(2018年6月6日,证监会令第143号)。

4.《国务院办公厅转发证监会〈关于开展创新企业境内发行股票或存托凭证试点若干意见的通知〉》(2018年3月30日,国办发〔2018〕21号)。

5.《上市公司证券发行管理办法》(2006年5月8日,证监会令第30号,根据2008年10月9日证监会令第57号修改)。

6.《创业板上市公司证券发行管理暂行办法》(2014年5月14日,证监会令第100号)。

7.《发行监管问答——关于引导规范上市公司融资行为的监管要求》(2017年2月17日,证监会发行监管部)。

8.《发行监管问答——关于首次公开发行股票预先披露等问题》(2017年12月7日,证监会发行监管部)。

9.《发行监管问答—首次公开发行股票申请审核过程中有关中止审查等事项的要求》(2017年12月7日,证监会发行监管部)。

10.《关于首次公开发行股票并上市公司招股说明书财务报告审计截止日后主要财务信息及经营状况信息披露指引》(2013年12月6日,证监会公告〔2013〕45号)。

11.《关于首次公开发行股票并上市公司招股说明书中与盈利能力相关的信息披露指引》(2013年12月6日,证监会公告〔2013〕46号)。

12.《关于进一步加强保荐机构内部控制有关问题的通知》(2013年12月27日,证监会发行监管函〔2013〕346号)。

13.《中国证券监督管理委员会发行审核委员会办法》(2017年7月7日,证监会令第134号)。

14.《上市公司非公开发行股票实施细则》(2017年2月15日,证监会公告〔2017〕5号)。

15.《优先股试点管理办法》(2014年3月21日,证监会令第97号)。

16.《深圳证券交易所优先股试点业务实施细则》(2014年6月12日,深证上〔2014〕204号)。

17.《上海证券交易所优先股业务试点管理办法》(2014年5月9日,上证发〔2014〕31号)。

18.《国务院关于全国中小企业股份转让系统有关问题的决定》(2013年12月13日,国发〔2013〕49号)。

19.《全国中小企业股份转让系统有限责任公司管理暂行办法》(2017年12月7日,证监会令第137号)。

20.《非上市公众公司监督管理办法》(2013年12月26日,证监会令第96号)。

21.《全国中小企业股份转让系统业务规则(试行)》(2013年12月30日,股转系统公告〔2013〕40号)。

22.《全国中小企业股份转让系统主办券商管理细则(试行)》(2013年2月8日,股转系统公告〔2013〕3号)。

23.《全国中小企业股份转让系统主办券商推荐业务规定(试行)》(2013年2月8日,股转系统公告〔2013〕3号)。

24.《全国中小企业股份转让系统主办券商尽职调查工作指引(试行)》(2013年2月8日,股转系统公告〔2013〕6号)。

25.《全国中小企业股份转让系统主办券商内核工作指引(试行)》(2016年6月8日,股转系统公告〔2016〕32号)。

26.《全国中小企业股份转让系统投资者适当性管理细则(试行)》(2017年6月27日,股转系统公告〔2017〕196号)。

27.《全国中小企业股份转让系统股票挂牌条件适用基本标准指引》(2017年9月6日,股转系统公告〔2017〕366号)。

(四)债权融资

1.《公司债券发行与交易管理办法》(2015年1月15日,证监会令第113号)。

2.《上市公司股东发行可交换公司债券试行规定》(2008年10月17日,证监会公告〔2008〕41号)。

3.《中国证监会关于开展创新创业公司债券试点的指导意见》(2017年7月4日,证监会公告〔2017〕10号)。

4.《上海证券交易所公司债券上市规则》(2015年5月29日,上证发〔2015〕49号)。

5.《深圳证券交易所公司债券上市规则》(2015年5月29日,深圳证券交易所)。

6.《关于开展绿色公司债券试点的通知》(2016年3月16日,上证发〔2016〕13号)。

7.《公开发行公司债券监管问答(一)》(2015年10月16日,证监会公司债券监管部)。

8.《公开发行公司债券监管问答(二)》(2015年12月2日,证监会公司债券监管部)。

9.《公开发行公司债券监管问答(三)》(2016年1月29日,证监会公司债券监管部)。

10.《公开发行公司债券监管问答(四)》(2016年3月23日,证监会公司债券监管部)。

11.《公开发行公司债券监管问答(五)》(2016年9月6日,证监会公司债券监管部)。

12.《上海证券交易所债券招标发行业务操作指引》(2013年12月24日,上证发〔2013〕25号)。

13.《企业债券管理条例》(2011年1月8日,国务院令第588号)。

14.《银行间债券市场非金融企业债务融资工具管理办法》(2008年4月9日,中国人民银行令〔2008〕第1号)。

15.《全国银行间债券市场金融债券发行管理操作规程》(2009年3月25日,中国人民银行公告〔2009〕第6号)。

16.《证券公司及基金管理公司子公司资产证券化业务管理规定》(2014年11月19日,证监会公告〔2014〕49号)。

(五)定价销售

1.《中国证监会关于进一步推进新股发行体制改革的意见》(2013年11月30日,证监会公告〔2013〕42号)。

2.《关于加强新股发行监管的措施》(2014年1月12日,证监会公告〔2014〕4号)。

3.《关于新股发行定价相关问题的通知》(2012年5月23日,中国证监会发行监管部、创业板发行监管部)。

4. 《证券发行与承销管理办法》(2018年6月15日,证监会令第144号)。
5. 《首次公开发行股票承销业务规范》(2018年6月15日,中证协发〔2018〕142号)。
6. 《首次公开发行股票网下投资者管理细则》(2018年6月15日,中证协发〔2018〕142号)。
7. 《首次公开发行股票配售细则》(2018年6月15日,中证协发〔2018〕142号)。
8. 《上海市场首次公开发行股票网上发行实施细则》(2016年1月5日,上证发〔2016〕1号)。
9. 《上海市场首次公开发行股票网下发行实施细则》(2016年1月5日,上证发〔2016〕2号)。
10. 《深圳市场首次公开发行股票网上发行实施细则》(2016年1月5日,深证上〔2016〕3号)。
11. 《深圳市场首次公开发行股票网下发行实施细则》(2016年1月5日,深证上〔2016〕3号)。

(六) 财务顾问

1. 《上市公司并购重组财务顾问业务管理办法》(2008年6月3日,证监会令第54号)。
2. 《国务院关于促进企业兼并重组的意见》(2010年9月6日,国发〔2010〕27号)。
3. 《国务院关于进一步优化企业兼并重组市场环境的意见》(2014年3月7日,国发〔2014〕14号)。
4. 《上市公司收购管理办法》(2014年10月23日,证监会令第108号)。
5. 《上市公司重大资产重组管理办法》(2016年9月8日,证监会令第127号)。
6. 《关于规范上市公司重大资产重组若干问题的规定》(2016年9月9日,证监会公告〔2016〕17号)。
7. 《关于在借壳上市审核中严格执行首次公开发行股票上市标准的通知》(2013年11月30日,证监发〔2013〕61号)。
8. 《关于加强与上市公司重大资产重组相关股票异常交易监管的暂行规定》(2016年9月9日,证监会公告〔2016〕16号)。
9. 《证券期货法律适用意见第4号——〈上市公司收购管理办法〉第六十二条及〈上市公司重大资产重组管理办法〉第四十三条有关限制股份转让的适用意见》(2009年5月19日,证监会公告〔2009〕11号)。
10. 《证券期货法律适用意见第7号——〈上市公司收购管理办法〉第六十二条有关上市公司严重财务困难的适用意见》(2011年1月10日,证监会公告〔2011〕1号)。
11. 《〈上市公司收购管理办法〉第六十二条、第六十三条有关要约豁免申请的条款发生竞合时的适用意见——证券期货法律适用意见第8号》(2011年1月17日,证监会公告〔2011〕2号)。
12. 《证券期货法律适用意见第9号——〈上市公司收购管理办法〉第七十四条有关通过集中竞价交易方式增持上市公司股份的收购完成时点认定的适用意见》(2011年1月17日,证监会公告〔2011〕3号)。
13. 《证券期货法律适用意见第10号——〈上市公司重大资产重组管理办法〉第三条有关拟购买资产存在资金占用问题的适用意见》(2011年1月17日,证监会公告〔2011〕4号)。
14. 《证券期货法律适用意见第11号——〈上市公司重大资产重组管理办法〉第十二条上市公司在12个月内连续购买、出售同一或者相关资产的有关比例计算的适用意见》(2011年1月17日,证监会公告〔2011〕5号)。
15. 《〈上市公司重大资产重组管理办法〉第十四条、第四十四条的适用意见——证券期货法律适用意见第12号》(2016年9月8日,证监会公告〔2016〕18号)。
16. 上市公司重大资产重组问题与解答相关规定(证监会上市公司监管部)。

17.《关于外国投资者并购境内企业的规定》(2009年6月22日,商务部令2009年第6号)。

18.《商务部实施外国投资者并购境内企业安全审查制度的规定》(2011年8月25日,商务部公告2011年第53号)。

19.《国务院关于经营者集中申报标准的规定》(2008年8月3日,国务院令第529号)。

20.《外国投资者对上市公司战略投资管理办法》(2005年12月31日,商务部、中国证券监督管理委员会、国家税务总局、国家工商行政管理总局、国家外汇管理局令2005年第28号)。

21.《非上市公众公司重大资产重组管理办法》(2014年6月23日,证监会令第103号)。

22.《非上市公众公司收购管理办法》(2014年6月23日,证监会令第102号)。

23.《非上市公众公司监管指引第4号——股东人数超过200人的未上市股份有限公司申请行政许可有关问题的审核指引》(2013年12月26日,证监会公告〔2013〕54号)。

(七)持续督导

1.《上市公司章程指引(2016年修订)》(2016年9月30日,证监会公告〔2016〕23号)。

2.《上市公司股东大会规则(2016年修订)》(2016年9月30日,证监会公告〔2016〕22号)。

3.《上市公司信息披露管理办法》(2007年1月30日,证监会令第40号)。

4.《关于加强上市证券公司监管的规定》(2010年6月30日,证监会公告〔2010〕20号)。

5.《关于规范上市公司与关联方资金往来及上市公司对外担保若干问题的通知》(2003年8月28日,证监发〔2003〕56号)。

6.《关于规范上市公司对外担保行为的通知》(2005年11月4日,证监发〔2005〕120号)。

7.《上市公司监管指引第2号——上市公司募集资金管理和使用的监管要求》(2012年12月19日,证监会公告〔2012〕44号)。

8.《上市公司监管指引第3号——上市公司现金分红》(2013年11月30日,证监会公告〔2013〕43号)。

9.《关于进一步落实上市公司现金分红有关事项的通知》(2012年5月4日,证监发〔2012〕37号)。

10.《关于上市公司建立内幕信息知情人登记管理制度的规定》(2011年10月25日,证监会公告〔2011〕30号)。

11.《上海证券交易所上市公司持续督导工作指引》(2009年7月15日,上证公字〔2009〕75号)。

12.《上市公司监管指引第1号——上市公司实施重大资产重组后存在未弥补亏损情形的监管要求》(2012年3月23日,证监会公告〔2012〕6号)。

13.《上市公司监管指引第4号——上市公司实际控制人、股东、关联方、收购人以及上市公司承诺及履行》(2013年12月27日,证监会公告〔2013〕55号)。

14.《上市公司股权激励管理办法》(2016年7月13日,证监会令第126号)。

15.《上市公司股东、董监高减持股份的若干规定》(2017年5月26日,证监会公告〔2017〕9号)。

16.《上海证券交易所股票上市规则》(2018年4月20日,上证发〔2018〕20号)。

17.《深圳证券交易所股票上市规则》(2018年4月20日,深证上〔2018〕166号)。

18.《深圳证券交易所创业板股票上市规则》(2018年4月20日,深证上〔2018〕166号)。

19.《关于鼓励上市公司兼并重组、现金分红及回购股份的通知》(2015年8月31日,证监发〔2015〕61号)。

20.《国务院关于积极稳妥降低企业杠杆率的意见》(2016年10月10日,国发〔2016〕54号)。

21.《上市公司回购社会公众股份管理办法(试行)》(2005年6月16日,证监发〔2005〕51号)。

22.《关于上市公司以集中竞价交易方式回购股份的补充规定》(2008年10月9日,证监会公告〔2008〕39号)。

附录六　证券投资市场常用术语

1. 开盘价

开盘是指某种证券在证券交易所每个营业日的第一笔交易,第一笔交易的成交价即为当日开盘价。按上海证券交易所规定,如开市后半小时内某证券无成交,则以前一天的盘价为当日开盘价。

有时某证券连续几天无成交,则由证券交易所根据客户对该证券买卖委托的价格走势,提出指导价格,促使其成交后作为开盘价。首日上市买卖的证券经上市前一日柜台转让平均价或平均发售价为开盘价。

2. 收盘价

收盘价是指某种证券在证券交易所一天交易活动结束前最后一笔交易的成交价格。如当日没有成交,则采用最近一次的成交价格作为收盘价,因为收盘价是当日行情的标准,又是下一个交易日开盘价的依据,可据以预测未来证券市场行情;所以投资者对行情分析时,一般采用收盘价作为计算依据。

3. 最高盘价

最高价也称高值,是指某种证券当日交易中最高成交价格。

4. 最低盘价

最低价也称为低值,是指某种证券当日交易中的最低成交价格。

5. 多头

多头是指投资者对股市看好,预计股价将会看涨,于是趁低价时买进股票,待股票上涨至某一价位时再卖出,以获取差额收益。一般来说,人们通常把股价长期保持上涨势头的股票市场称为多头市场。多头市场股价变化的主要特征是一连串的大涨小跌。

6. 空头

空头是投资者和股票商认为现时股价虽然较高,但对股市前景看坏,预计股价将会下跌,于是把借来的股票及时卖出,待股价跌至某一价位时再买进,以获取差额收益。采用这种先卖出后买进、从中赚取差价的交易方式称为空头。

人们通常把股价长期呈下跌趋势的股票市场称为空头市场,空头市场股价变化的特征是一连串的大跌小涨。

7. 开高

今日开盘价在昨日收盘价之上。

8. 开平

今日开盘价与昨日收盘价持平。

9. 开低

今日开盘价在昨日收盘价之下。

10. 套牢

是指进行股票交易时所遭遇的交易风险。如投资者预计股价将上涨,但在买进后股价却一直呈下跌趋势,这种现象称为多头套牢。

相反,投资者预计股价将下跌,将所借股票放空卖出,但股价却一直上涨,这种现象称为空头套牢。

11. 股票线

将股市的各项中的同类数据表现在图表上,作为行情判断基础的点的集合。如K线,移动平均线等。

12. 趋势

股价在一段时间内朝同一方向运动,即为趋势。

13. 涨势

股价在一段时间内不断朝新高价方向移动。

14. 跌势

股价在一段时间内不断朝新低价方向移动。

15. 盘整

股价在有限幅度内波动。

16. 压力点或压力线

股价在涨升过程中,碰到某一高点(或线)后停止涨升或回落,此点(或线)称为压力点(或线)。

17. 支撑点或支撑线

股市受利空信息的影响,股价跌至某一价位时,做空头的认为有利可图,大量买进股票,使股价不再下跌,甚至出现回升趋势。股价下跌时的关卡称为支撑线。

18. 关卡

股市受利多信息的影响,股价上涨至某一价格时,做多头的认为有利可图,便大量卖出,使股价至此停止上升,甚至出现回跌。

股市上一般将这种遇到阻力时的价位称为关卡,股价上升时的关卡称为阻力线。

19. 突破

股价冲过关卡或上升趋势线。

20. 跌破

股价跌到压力关卡或上升趋势线以下。

21. 反转

股价朝原来趋势的相反方向移动分为向上反转和向下反转。

22. 回档

在股市上,股价呈不断上涨趋势,终因股价上涨速度过快而反转回跌到某一价位,这一调整现象称为回档。

一般来说,股票的回档幅度要比上涨幅度小,通常是反转回跌到前一次上涨幅度的三分之一左右时又恢复原来上涨趋势。

23. 探底

寻找股价最低点过程,探底成功后股价由最低点开始翻升。

24. 底部

股价长期趋势线的最低部分。

25. 头部

股价长期趋势线的最高部分。

26. 高价区

多头市场的末期,此时为中短期投资的最佳卖点。

27. 低价区

多头市场的初期,此时为中短期投资的最佳买点。

28. 买盘强劲

股市交易中买方的欲望强烈,造成股价上涨。

29. 卖压沉重

股市交易中持股者争相抛售股票,造成股价下跌。

30. 骗线

主力或大户利用市场心理,在趋势线上做手脚,使散户作出错误的决定。

31. 超买

股价持续上升到一定高度,买方力量基本用劲,股价即将下跌。

32. 超卖

股价持续下跌到一定低点,卖方力量基本用劲,股价即将回升。

33. 牛市

股票市场上买入者多于卖出者,股市行情看涨称为牛市。形成牛市的因素很多,主要包括以下几个方面:

① 经济因素:股份企业盈利增多、经济处于繁荣时期、利率下降、新兴产业发展、温和的通货膨胀等都可能推动股市价格上涨。

② 政治因素:政府政策、法令颁行,或发生了突变的政治事件都可引起股票价格上涨。

③ 股票市场本身的因素:如发行抢购风潮、投机者的卖空交易、大户大量购进股票都可引发牛市发生。

34. 熊市

熊市与牛市相反。股票市场上卖出者多于买入者,股市行情看跌称为熊市。引发熊市的因素与引发牛市的因素差不多,不过是向相反方向变动。

35. 抢帽子

抢帽子是股市上的一种投机性行为。在股市上,投机者当天先低价购进预计股价要上涨的股票,然后待股价上涨到某一价位时,当天再卖出所买进的股票,以获取差额利润。或者在当天先卖出手中持有的预计要下跌的股票,然后待股价下跌至某一价位时,再以低价买进所卖出的股票,从而获取差额利润。

36. 坐轿子

坐轿子是股市上一种哄抬操纵股价的投机交易行为。投机者预计将有利多或利空的信息公布,股价会随之大涨大落,于是投机者立即买进或卖出股票。等到信息公布,人们大量抢买或抢卖,使股价呈大涨大落的局面,这时投机者再卖出或买进股票,以获取厚利。先买后卖为坐多头轿子,先卖后买称为坐空头轿子。

37. 抬轿子

抬轿子是指利多或利空信息公布后,预计股价将会大起大落,立刻抢买或抢卖股票的行为。抢利多信息买进股票的行为称为抬多头轿子,抢利空信息卖出股票的行为称为抬空头轿子。

38. 利多

利多是指刺激股价上涨的信息,如股票上市公司经营业绩好转、银行利率降低、社会资金充足、银行信贷资金放宽、市场繁荣等,以及其他政治、经济、军事、外交等方面对股价上涨有利的信息。

39. 利空

利空是指能够促使股价下跌的信息,如股票上市公司经营业绩恶化、银行紧缩、银行利率调高、经济衰退、通货膨胀、天灾人祸等,以及其他政治、经济军事、外交等方面促使股价下跌的不利消息。

40. 洗盘

投机者先把股价大幅度杀低,使大批小额股票投资者(散户)产生恐慌而抛售股票,然后再将股价抬高,以便乘机渔利。

41. 回档

在股市上,股价呈不断上涨趋势,终因股价上涨速度过快而反转回跌到某一价位,这一调整现象称为回档。

一般来说,股票的回档幅度要比上涨幅度小,通常是反转回跌到前一次上涨幅度的三分之一左右时又恢复原来上涨趋势。

42. 反弹

在股市上,股价呈不断下跌趋势,终因股价下跌速度过快而反转回升到某一价位的调整现象称为反弹。

一般来说,股票的反弹幅度要比下跌幅度小,通常是反弹到前一次下跌幅度的三分之一左右时,又恢复原来的下跌趋势。

43. 整理

股市上的股价经过大幅度迅速上涨或下跌后,遇到阻力线或支撑线,原先上涨或下跌趋势明显放慢,开始出现幅度为15%左右的上下跳动,并持续一段时间,这种现象称为整理。整理现象的出现通常表示多头和空头激烈互斗而产生了跳动价位,也是下一次股价大变动的前奏。

44. 轧空

即空头倾轧空头。股市上的股票持有者一致认为当天股票将会大下跌,于是多数人去抢卖空头帽子卖出股票,然而当天股价并没有大幅度下跌,无法低价买进股票。股市结束前,做空头的只好竞相补进,从而出现收盘价大幅度上升的局面。

45. T+1交收

结算是在一笔证券交易达成之后的后续处理,包括清算和交收两项内容,是证券市场交易持续进行的基础和保证。

T+1交收是指交易双方在交易次日完成与交易有关的证券、款项收付,即买方收到证券、卖方收到款项。目前我国上海、深圳证券交易所对A股实行T+1交收,对B股实行T+3交收。

46. 多杀多

即多头杀多头。股市上的投资者普遍认为当天股价将会上涨是大家抢多头帽子买进股票,然而股市行情事与愿违,股价并没有大幅度上涨,无法高价卖出股票,等到股市结束前,持股票者竞相卖出,造成股市收盘价大幅度下跌的局面。

47. 股票价格涨跌幅限制

制定股票价格涨跌幅限制的目的,是防止股价剧烈波动,维护证券市场的稳定,保护中小投资者的利益。

经中国证监会同意,上海、深圳两个交易所自1996年12月16日起,分别对上市交易的股票(含A、B股)、基金类证券的交易实行价格涨跌幅限制,即在一个交易日内,除上市首日证券外,上述证券的交易价格相对上一交易日收市价格的涨跌幅度不得超过10%;超过涨跌限价的委托为无效委托。

目前,在我国证券市场上许多人将涨跌幅限制制度与涨跌停板制度混为一谈。实际上,涨跌幅限制是一种委托价格下限制,在证券价格达到波动限制时,并不停止交易,只是越过波动范围的委托为无效委托。而在涨跌停板制度下,证券价格达到波动限制时,就立即暂停交易。

48. 除息

股票发行企业在发放股息或红利时,需要事先进行核对股东名册、召开股东会议等多种准备工作,于是规定以某日在册股东名单为准,并公告在此日以后一段时期为停止股东过户期。

停止过户期内,股息红利仍发入给登记在册的旧股东,新买进股票的持有者因没有过户就不能享有领取股息红利的权利,这就称为除息。同时股票买卖价格就应扣除这段时期内应发放股息红利数,这就是除息交易。

49. 除权

除权与除息一样,也是停止过户期内的一种规定,即新的股票持有人在停止过户期内不能享有该种股票的增资配股权利。配股权是指股份公司为增加资本发行新股票时,原有股东有优先认购或认配的权利。这种权利的价值可分以下两种情况计算。

① 无偿增资配股的权利价值＝停止过户前一日收盘价－停止过户前一日收盘价÷(1＋配股率);

② 有偿增资机股权利价值＝停止过户前前一日收盘价－(停止过户前一日收盘价＋新股缴款额×配股率)÷(1＋配股率)。其中配股率是每股老股票配发多少新股的比率。除权以后的股票买卖称除权交易。

50. 每股净资产值、净资产收益率

净资产收益率每股税后利润又称每股盈利,可用公司税收后利润除以公司总股数来计算。

例如,一家上市公司当年税后利润是 2 亿元,公司总股数为 10 亿股,那么,该公司的每股税收后利润为 0.2 元(即 2 亿元除以 10 亿股)。

每股税后利润突出了分摊到每一份股票上的盈利数额,是股票市场上按市盈率定价的基础。如果一家公司的税后利润总额很大,但每股盈利却很小,表明它的经营业绩并不理想,每股价格通常不高;反之,每股盈利数额高,则表明公司经营业绩好,往往可以支持较高的股价。

公司净资产代表公司本身拥有的财产,也是股东们的公司中的权益,因此,又叫作股东权益。在会计计算上,相当于资产负债表中的总资产减去全部债务后的余额。公司净资产除以发行总股数,即得到每股净资产。

参 考 文 献

[1] 马洪雨. 论政府证券监管权[M]. 北京:法律出版社,2011.
[2] 史蒂夫·尼森. 日本蜡烛图技术:古老东方投资术的现代指南[M]. 丁圣元,译. 北京:地震出版社,2003.
[3] 王光伟. 金融工程学[M]. 北京:高等教育出版社,2006.
[4] 王松奇. 金融学[M]. 2版. 北京:中国金融出版社,2000.
[5] 王玉霞. 证券投资学[M]. 大连:东北财经大学出版社,2011.
[6] 中国金融期货交易所. 股指期货基础教程[M]. 修订版. 上海:远东出版社,2010年.
[7] 中国证券业协会. 证券发行与承销[M]. 北京:中国财政经济出版社,2011.
[8] 中国证券业协会. 证券交易[M]. 北京:中国财政经济出版社,2011.
[9] 中国证券业协会. 证券市场基础知识[M]. 北京:中国财政经济出版社,2011.
[10] 中国证券业协会. 证券投资分析[M]. 北京:中国财政经济出版社,2011.
[11] 中国证券业协会. 证券投资基金[M]. 北京:中国财政经济出版社,2011.
[12] 孙可娜. 证券投资教程[M]. 北京:机械工业出版社,2009.
[13] 吉特曼,乔恩科,斯马特. 投资学基础[M]. 北京:电子工业出版社,2011.
[14] 孙鹏,周黎明. 证券投资[M]. 北京:对外经贸大学出版社,2009.
[15] 亚历山大. 内幕交易与洗钱:欧盟的法律与实践[M]. 北京:法律出版社,2011.
[16] 约翰·墨菲. 期货市场技术分析[M]. 丁圣元,译. 北京:地震出版社,2008.
[17] 李爱梅,谭清方. 情绪代理变量对投资者决策的影响[J]. 心理科学进展,2009(1).
[18] 李英. 证券投资理论与实务[M]. 2版. 北京:机械工业出版社,2010.
[19] 吴晓求. 证券投资学[M]. 3版. 北京:中国人民大学出版社,2009.
[20] 希勒. 非理性繁荣[M]. 2版. 李心丹,等,译. 北京:中国人民大学出版社,2008.
[21] 杨大楷. 投资学[M]. 北京:高等教育出版社,2006.
[22] 杨德勇,葛红玲. 证券投资学[M]. 北京:中国金融出版社,2009.
[23] 杨继. 股指期货投资指引[M]. 武汉:武汉大学出版社,2007.
[24] 张新,朱武祥. 证券监管的经济学分析[M]. 上海:上海三联书店,2008.
[25] 张永林. 数理金融学与金融工程基础[M]. 2版. 北京:高等教育出版社,2011.
[26] 张玉明. 证券投资学[M]. 北京:清华大学出版社,2010.
[27] 郎荣燊,何孝贵,等. 投资学[M]. 2版. 北京:中国人民大学出版社,2005.
[28] 林茂. 证券投资学[M]. 北京:中国人民大学出版社,2010.
[29] 贺显南. 投资学原理及应用[M]. 北京:机械工业出版社,2011.
[30] 饶育蕾,刘达峰. 行为金融学[M]. 2版. 上海:上海财经大学出版社,2003.
[31] 饶育蕾. 行为金融学[M]. 3版. 上海:复旦大学出版社,2010.
[32] 高广阔. 证券投资理论与实务[M]. 上海:上海财经大学出版社,2007.
[33] 贾俊平,何晓群,等. 统计学[M]. 4版. 北京:中国人民大学出版社,2009.
[34] 徐国祥. 统计指数理论及应用[M]. 北京:中国统计出版社,2005.
[35] 博斌. 证券投资[M]. 昆明:重庆的大学出版社,2007.

[36] 博迪.投资学[M].9版.北京:机械工业出版社,2012.
[37] 崔巍.行为金融学[M].北京:中国发展出版社,2008.
[38] 傅学良.现代证券投资[M].上海:上海交通大学出版社,2009.
[39] 章颉,艾正家.证券投资学[M].上海:复旦大学出版社,2010.
[40] 赫什·舍夫林.超于恐惧和贪婪:行为金融学与投资心理诠释[M].贺学会,等,译.上海:上海财经大学出版社,2005.